广州市技工院校
教师职业能力大赛作品集
（2023）

广州市人力资源和社会保障发展研究中心　组织编写

中国劳动社会保障出版社

图书在版编目（CIP）数据

广州市技工院校教师职业能力大赛作品集 . 2023 / 广州市人力资源和社会保障发展研究中心组织编写 . 北京：中国劳动社会保障出版社，2024. -- ISBN 978-7-5167-6758-0

Ⅰ. G718.1

中国国家版本馆 CIP 数据核字第 202450955L 号

中国劳动社会保障出版社出版发行

（北京市惠新东街 1 号　邮政编码：100029）

*

北京市艺辉印刷有限公司印刷装订　　新华书店经销

787 毫米 ×1092 毫米　16 开本　18.25 印张　391 千字

2024 年 12 月第 1 版　　2025 年 4 月第 3 次印刷

定价：49.00 元

营销中心电话：400-606-6496

出版社网址：https://www.class.com.cn

https://jg.class.com.cn

编 委 会

序　言

2023年，广州技工教育以习近平新时代中国特色社会主义思想为指导，深入贯彻《中华人民共和国职业教育法》《关于深化现代职业教育体系建设改革的意见》《关于加强新时代高技能人才队伍建设的意见》等法规文件精神，围绕落实广东省委“1310”具体部署和广州市委“1312”思路举措，深入实施人社领域“1315”行动方案，落实部、省、市关于技工教育的“十四五”规划及高质量发展大会精神，以提升技工院校关键能力为基础，以深化产教融合、校企合作为重点，大力推进工学一体化技能人才培养模式实施，坚持以赛促教、以赛促学，注重教育教学内涵提升，促进技工院校提质培优，进一步打造技工教育广州名片，服务区域经济社会发展成效凸显。

为此，广州市人力资源社会保障局与广州市总工会联合举办“广东技工”工程羊城行动——“羊城工匠杯”2023年广州市技工院校教师职业能力大赛。本次大赛围绕技工院校教师岗位群职业能力要求，设计了公共课、专业课、培训课教师教学能力竞赛和班主任育人能力竞赛四个赛道7个组别的比赛。其中，专业课赛道是对新一轮工学一体化技能人才培养模式实施具体内容和要求在教师职业能力竞赛中的首次应用，旨在以赛项设计及其评价标准为引领，以赛项产出优秀成果为示范，培养并带动一批懂课程开发、能教学设计、会课堂实施的高素质、专业化、创新型技工院校专业课教师队伍。培训课赛道是全国首个聚焦世界技能大赛项目标准转化的竞赛项目，重点考察教师依据世界技能大赛项目的技术标准开发企业高级工及以上层次培训课程的能力，赛项设计得到人力资源和社会保障部有关部门领导的高度认可。总体而言，公共课赛道考察更全面、专业课赛道实践更深入、培训课赛道探索更超前、班主任育人赛道维度更多元，四个赛道虽各自独立，又连为一体，开启了赛道融合的新探索和新实践。广州市19所技工院校、累计158名教师、共124项作品参加决赛，吸引了全国各地3.7万余人次一同在“云”上观摩竞赛，反响热烈。

本书即这次大赛的优秀作品荟萃，旨在提供标杆示范，鼓舞和引导技工院校教师投身教学改革和班级管理，进而促进技工教育事业高质量创新发展。本书分为公共课教师教学能力竞赛优秀作品、专业课教师教学能力竞赛优秀作品、培训课教师教学能力竞赛优秀作品、班主任育人能力竞赛优秀作品四部分。公共课教师教学能力竞赛优秀作品聚焦思政育人和通用职业素质提升，推动公共基础课程改革；专业课教师教学能力竞赛优秀作品旨在助力全国工学一体化改革，打造优质课堂和精品课程建设样板；培训课教师教学能力竞赛优秀作品旨在促进世界技能大赛技能标准转化，探索世界技能大赛赋能技能人才培养新路径；班主任育人能力竞赛优秀作品为化解新生代学生培育的疑难问题提供借鉴参考。本书收录作品的作者均为技工院校一线教师，其作品经过多轮教学和管理实践检验，再经过竞赛的打磨淬炼，具有较强可行性和代表性。由于篇幅和形式所限，本书收录的作品只是反映了广州技工教育的部分成果，未必能够全面反映广州技工教育工作者辛勤耕耘的全貌。

本书由我中心张利芳提出策划思路和审定定稿，由李伟、罗伟、贾海成、李兴军、古斯婷、林晓群、雷宇、夏嘉婕、谭洁、陈冰、江晚霞、毛海清、赵晓鹏等具体组织编校，同时得到许多技工院校教师的大力支持，他们为本书提出了诸多有价值的评审意见和建议。

由于水平有限，书中难免存在疏漏与不足，恳请读者批评指正。

广州市人力资源和社会保障发展研究中心

目　录

公共课教师教学能力竞赛优秀作品

专业课教师教学能力竞赛优秀作品

培训课教师教学能力竞赛优秀作品

班主任育人能力竞赛优秀作品

公共课教师教学能力竞赛优秀作品

历史：宋元时期民族关系与社会经济文化的新发展

广州市公用事业技师学院　朱晗

学习单元分析

学习单元名称	宋元时期民族关系与社会经济文化的新发展	单元课时	8	授课班级（含年级、专业、学制和层次）	2020 级计算机广告制作专业 2 班（初中起点高级五年制）
所属课程名称	历史	选用教材	《中等职业学校教学用书·中国历史》	课程类别	公共基础类

一、学习单元价值分析

1. 单元来源

历史课程是技工院校各专业学生必修的公共基础课程，由中国历史、世界历史两大基础模块和职业教育与社会发展、历史上著名的工匠两大拓展模块构成。本学习单元源自中国历史模块，参考教材为朱汉国主编《中等职业学校教学用书·中国历史》，选取第五单元《宋元时期民族关系与社会经济文化的新发展》开展历史综合实践教学。

2. 单元地位

本单元主要讲述宋元时期民族关系与社会经济文化的新发展，包含《从政权并立到元朝统一》和《社会经济与科技文化》两大学习主题。从历史的横向联系来看，宋元时期的政权并立与更迭推动了各民族之间的交融，为社会经济与科技文化的发展提供了有利条件。从历史的纵向发展来看，经过三国两晋南北朝和隋唐五代的发展，两宋的社会经济与科技文化水平达到了历史顶峰，呈现出空前繁荣态势，也为明清的继续发展奠定了基础。因此，在中国历史学习模块中，本单元占有举足轻重的地位，起到承上启下的作用。

3. 单元价值

本学习单元具有较高的学习价值、育人价值和专业价值：

（1）学史明理，强化责任担当。本单元涵盖了初中历史统编教材八课的知识点，学生在初中历史知识储备的基础上，以唯物史观为指导进行历史大单元学习。通过大单元的学习，学生能够厘清宋元历史知识间的逻辑关系，把握这一时期民族交融、经济繁荣、文化昌盛、科技发达的时代特征，认识到宋元的繁荣与进步是各族劳动人民勤劳与智慧的结晶，领悟人民群众是历史的创造者，从而树立唯物史观，增强历史使命感和社会责任感。

（2）学史增信，厚植家国情怀。通过了解宋元时期政权并立、民族交融的历史事实，学生能够增强民族共同体意识，树立中华民族多元一体的格局观。通过了解宋元时期经济繁荣、文化昌盛、科技发达的历史事实，学生能够增强文化认同和文化自信，提升民族自豪感和自信心，厚植家国情怀。

续表

（3）学史力行，促进传承创新。根据中职学校历史课程标准“历史学习与学生职业发展相融合”的教学要求，结合学院专业人才培养方案，本单元创设了与计算机广告制作专业相近的教学情境，学生将所学宋元时期的历史知识迁移应用于文创作品的设计中，通过文创作品阐释宋元历史文化的内涵和价值，促进历史文化的推广、传承与创新。

二、单元学习目标

为落实立德树人的根本任务，本单元以培养学生的历史核心素养为本位，把唯物史观、历史时空观、史料实证、历史解释、家国情怀贯穿于教学始终，协同责任担当、文化认同等思政素养和钻研创新、精益求精等职业素养的培育，形成协同育人合力，设置单元学习目标（见表 1），并对学习单元进行了分解（见表 2）。

表 1　学习目标

明理	1. 了解宋元时期民族关系、社会经济、科技文化发展的概况，能对照教材内容和参考资料，收集和整理宋元时期民族关系、社会经济、科技文化发展相关的文字、图片史料，提升史料实证的能力 2. 把握宋元时期民族关系、社会经济、科技文化发展的时代背景，能准确梳理这一时期的历史大事件，完成历史时间轴的绘制，培养历史时空观 3. 了解宋元时期民族关系、社会经济、科技文化发展的表现，能对相关史料做出分析和归纳，绘制相应的思维导图 4. 结合宋元时期民族关系、社会经济、科技文化发展的特点，能设计出具有宋元时代特点的文创作品，提升历史解释能力 5. 理解宋元时期的民族融合促进了社会经济和科技文化的发展，能对相关史料作出分析和总结，体会各民族劳动人民的勤劳与智慧，认识到人民群众是历史的创造者，树立唯物史观，增强历史使命感和社会责任感
增信	1. 掌握宋元时期民族关系的发展概况，能阐明这一时期各族劳动人民在推动统一多民族国家中的作用，增强中华民族共同体意识，树立中华民族多元一体格局观，厚植家国情怀 2. 掌握宋元时期社会经济和科技文化发展的概况，能认识到这一时期的社会经济与科技文化发展水平达到历史高峰，增强文化认同和文化自信，提升民族自豪感和自信心，升华家国情怀
力行	1. 能设计、推广具有宋元时代特点的文创作品，自觉践行历史文化的传承与创新 2. 能根据指导意见打磨文创作品，培养钻研创新和精益求精的品质

表 2　学习单元分解

序号	学习主题	学习目标	学习内容	重难点分析及解决	学习资源	学习成果	学业评价
一	从政权并立到元朝统一（4 课时）	1. 课前目标 （1）能自主学习教材和课程资料，初步了解宋元时期民族关系发展的概况 （2）能对照教材和课程资料，收集整理与辽、宋、西夏、金、元等民族政权相关的文字和图片史料，提升史料实证能力 2. 课中目标 （1）了解宋元时期民族政权并立和更迭的时代背景，能梳理出辽宋夏金元政权的建立时间、地点和建立者等信息，绘制相应的历史时间轴，培养时空观念 （2）掌握宋元时期各民族政权间的战与和，能对相关史料做出分析和归纳，绘制思维导图 （3）能结合宋元时期政权并立、民族交融的特点，制订和推演“元朝旅游攻略”，加深对这一时期民族关系的认识，提高历史解释能力	1. 辽、西夏和北宋的并立（960—1127） 北宋建国时，北方的燕云十六州已被辽占据，双方曾在此对峙。1004 年辽军大举南下，一直打到黄河北岸的澶州。1005 年，北宋与辽议和，史称“澶渊之盟”。西夏建国后，时常进犯北宋边境。战争破坏正常的贸易，也导致西夏国力的损失。1044 年，双方达成和议。至此，辽、西夏与北宋并立局面形成 2. 金与南宋的对峙（1126—1234） 北宋末年，金国迅速强大，举兵灭辽，并两度大举南下攻宋。1126 年，金军南下攻陷北宋都城开封，北宋灭亡。宋室南迁，定都临安，史称南宋。1141 年南宋与金在绍兴议和，史称“绍兴和议”，金与南宋对峙局面形成	1. 学习重点 掌握宋元时期民族关系发展的概况 2. 确定依据 宋元时期是一个从民族政权并立、战争不断到最终走向统一的历史时期，了解宋与辽、西夏、金、元的民族关系有助于从整体上把握宋元时期政权并立和民族交融的时代特点，是本课学习目标达成的关键 3. 突破方法 （1）翻转课堂：课前自主学习教材和课程资料，收集和整理相应的文字、图片史料，初步了解宋辽、宋夏、宋金和元朝等民族政权之间的关系 （2）分析归纳：课中进一步分析和归纳宋元时期各阶段民族关系的史料，梳理辽宋夏金元政权对峙与更迭，总结宋辽、宋金、宋夏及与元的战与和，从整体把握宋元时期民族关系发展的概况	1. 硬件资源 （1）智慧课室 （2）磁贴、展示板、卡纸、大头笔 （3）手机 2. 信息化资源 （1）学习通 （2）微信群 （3）问卷星 （4）教学视频 （5）教学课件 （6）辽、宋、西夏、金的形势图 （7）元朝疆域图 （8）辽宋输出商品对比表 （9）宋、辽、西夏文字对比图	1. 过程性成果 （1）宋朝与辽、西夏、金等各民族政权交往的文字、图片史料的收集和整理 （2）辽宋夏金元政权并立与更迭的时间轴绘制 （3）辽宋夏金元政权间战与和的思维导图绘制 （4）“元朝旅游攻略”的制订与推演 （5）课堂学习感悟	1. 评价方式 本课为检验学习目标是否达成，依据课前、课中和课后三个学习环节设置过程性量化评价，组织学生自评、小组互评和教师点评。重点评估知识的理解、综合能力的提升，以及历史核心素养、职业素养、思政素养的培育 2. 评分标准 本学习过程评价表共有 10 个评价项目，每项 10 分，设优秀（10～8 分）、一般（7～5 分）、不理想（4～0 分）三个梯次。过程成绩按权重比例计入总成绩，其中自评权重 30%、组评权重 30%、师评权重 40% 3. 评价内容 （1）课前评价 ①自主学习教材和学习通的课程资料 ②对照教材和课程资料，准确收集整理与辽、

续表

序号	学习主题	学习目标	学习内容	重难点分析及解决	学习资源	学习成果	学业评价
一	从政权并立到元朝统一（4课时）	（4）理解宋元时期民族交融的意义，能对相关史料进行分析和总结，领悟中国历史是各民族共同创造、发展、巩固统一的伟大祖国的历史，树立唯物史观，增强民族共同体意识 3. 课后目标 （1）能结合学习内容和历史资源包，利用广告设计的专业软件为宋元历史的民族卡牌设计创意图案，并在社交平台分享推广，自觉践行历史文化的传承与创新 （2）能根据校企专家指导意见对作品进行打磨完善，培养钻研创新和精益求精的品质	3. 元朝的建立与统一（1271—1368） 蒙古于1227年和1234年先后攻亡西夏和金 1260年，成吉思汗的孙子忽必烈登上汗位，1271年改国号为元，定都大都，成为元世祖。元朝建立以后很快发动了对南宋的战争，并于1279年完成了统一 4. 政权并立和更迭中的民族交融 宋与辽、西夏、金达成和议，各民族在边界恢复正常经济文化交流。元朝统一以后，各民族间的联系进一步加强，经济文化往来更为频繁 5. 民族交融的意义 （1）推动了各民族的经济文化交流：少数民族与中原汉族通过正常的贸易往来和迁移杂居，共同劳动、互通有无，推动了经济文化的交流与进步	（3）创意表达：课后利用广告设计的专业知识为宋元民族交往卡牌设计相应的历史创意图案，通过文创方式呈现宋元民族关系发展的概况，进一步强化历史认识和历史表达 4. 学习难点 理解宋元时期民族融合的意义 5. 确定依据 宋元时期的民族交融促进了各民族的经济文化交流和中华民族多元一体格局的形成。理解这一意义，对学生的史料分析能力和历史解释能力提出了较高的要求，具有一定的难度 6. 化解方法 （1）情境模拟：设置穿越元朝完成任务的游戏化情境，使学生从历史的学习者变为历史的体验者，有助于学生沉浸式感受元朝民族交融的场景，积极主动地进行历史分析和解	（10）参考文章《金冲及：中华民族是怎样形成的》 3. 纸质资源 （1）学习任务书 （2）教学参考书 （3）历史卡牌	2. 终结性成果 利用专业软件为宋元民族卡牌设计相应的历史创意图案，并在网络平台分享推广	宋、西夏、金、元等民族政权相关的文字和图片史料 （2）课中评价 ①正确梳理辽宋夏金元政权的建立时间、地点和建立者等信息，绘制相应的历史时间轴 ②正确分析归纳辽宋夏金元政权的战与和，绘制相应的思维导图 ③在良好的团队合作下，制订和推演“元朝旅游攻略” ④“元朝旅游攻略”能较好地呈现元朝疆域辽阔、制度创新、经济发达、文化进步的特点 ⑤填写课堂感悟，能体现唯物史观和民族共同体意识 （3）课后评价 ①结合学习内容和历史资源包，利用专业软件为宋元民族卡牌设计相应的历史创意图案

续表

序号	学习主题	学习目标	学习内容	重难点分析及解决	学习资源	学习成果	学业评价
一	从政权并立到元朝统一（4课时）		（2）推动了中华民族多元一体格局的形成：少数民族通过学习中原汉族先进的生产方式、政治制度等，促进了民族区域的管理与开发，巩固了统一多民族国家的发展，共同推动了中华民族多元一体格局的形成	释，有效降低难度 （2）史料探究：引导学生收集、分析和运用史料制订推演“元朝旅游攻略”，从疆域、制度、经济、文化四个方面展现元朝社会的进步，从中认识和体会民族交融对统一多民族国家的发展所产生的重要推动作用，化解难点			②根据校企专家的指导意见有针对性地打磨完善作品，1周内将作品提交 ③在社交平台分享推广作品
二	社会经济与科技文化（4课时）	1. 课前目标 初步了解宋朝社会经济与科技文化的发展概况，能对照教材和课程资料，收集整理与宋朝社会经济和科技文化发展相关的文字和图片史料，提升史料实证能力 2. 课中目标 （1）能根据宋朝社会经济和科技文化发展的时代背景，梳理影响宋朝社会经济和科技文化发展的大事件，绘制时间轴，培养历史时空观念	1. 社会经济与科技文化发展的时代背景 （1）政权并立：宋朝建立后逐步结束了五代十国的分裂局面。辽、西夏、金等北方少数民族政权与宋朝并立，构成了多元政权并立的局面。多元政权彼此间虽有战争，但各民族主导关系是和平共处和经济、文化上的正常交往 （2）民族交融：多元政权之间的战争、商贸等引发少数民族内迁、内地汉人南迁或迁徙边地，促进了物产、劳动力、生产技术的流动，为两宋时期	1. 学习重点 掌握宋朝社会经济和科技文化发展的概况 2. 确定依据 经济、文化和科技的发展是宋朝历史脉络的核心知识点，掌握宋朝社会经济和科技文化发展的概况，是学习目标达成的关键 3. 突破方法 （1）翻转课堂：课前自主学习教材和课程资料，收集和整理相应的文字、图片史料，初步了解宋朝的社会经济与科技文化的发展概况	1. 硬件资源 （1）智慧课室 （2）磁贴、展示板、卡纸、大头笔 （3）手机 2. 信息化资源 （1）学习通 （2）微信群 （3）问卷星 （4）教学视频 （5）教学课件	1. 过程性成果 （1）宋朝社会经济与科技文化发展的文字、图片史料的收集和整理 （2）宋朝历史时间轴的绘制 （3）宋朝经济、文化和科技发展思维导图的绘制	1. 评价方式 本课为检验学习目标是否达成，依据课前、课中和课后三个学习环节设置过程性量化评价，组织学生自评、小组互评和教师点评。重点评估知识的理解、综合能力的提升，以及历史核心素养、职业素养、思政素养的培育 2. 评分标准 本问卷量表共有10个评价项目，每项10分，设优秀（10~8分）、一般（7~5）、不理想（4~0分）三个梯次。过程成绩按权重比例计入

续表

序号	学习主题	学习目标	学习内容	重难点分析及解决	学习资源	学习成果	学业评价
二	社会经济与科技文化（4课时）	（2）掌握宋朝社会经济和科技文化发展的表现，能对相关史料做出分析和归纳，绘制相应的思维导图 （3）能结合宋朝社会经济和科技文化发展的特点，完成宋朝历史卡牌的“史图设计”“文史竞猜”“史误寻踪”任务，加深对宋朝经济繁荣、文化昌盛、科技发达的认识，提升历史解释能力 （4）理解宋朝社会经济和科技文化发展的原因，能通过完成“沉浸推演”任务和分析相关史料，感悟宋朝各族劳动人民的勤劳与智慧，认识到人民群众是历史的创造者，树立唯物历史观，增强历史使命感和社会责任感	社会经济和科技文化的发展创造了有利条件 2. 社会经济与科技文化发展的概况 （1）经济：宋朝农业、手工业和商业共同发展、高度繁荣，经济重心完成南移 （2）文化：宋朝文学与艺术取得辉煌灿烂的成就，诗词、杂剧、书法、绘画等各种文艺形式异彩纷呈 （3）科技：宋朝是中国古代科学技术发展的高峰期，“三大发明”在宋朝有了划时代的发展，天文、数学、建筑等各领域在当时世界上处于领先水平	（2）分析归纳：课中分析归纳宋朝的社会经济和科技文化的史料，完善宋朝社会经济、科技和文化发展的思维导图，整体把握宋朝社会经济和科技文化发展的表现 （3）创意表达：课后结合专业知识为宋朝社会经济、文化和科技卡牌设计相应的历史创意图案，通过文创方式呈现宋朝社会经济繁荣、文化昌盛、科技发达的特点，进一步强化历史认识和历史表达 4. 学习难点 探究宋朝社会经济与科技文化发展的原因 5. 确定依据 通过了解宋朝社会经济和科技文化发展的概况，从中总结宋朝社会经济和科技文化发展的原因，这对学生的史料分析能力和历史解释能力提出了较高的要求，具有一定的难度	（6）两宋农具、农产品、丝织品、瓷器示意图 （7）《清明上河图》《千里江山图》《杂剧图》节选 （8）苏轼、辛弃疾、李清照诗词节选 （9）苏轼、黄庭坚、米芾、蔡襄、赵佶书法作品节选 （10）突火枪、活字印刷术、罗盘示意图 （11）宋元对外交通路线图 （12）电子书《原来宋朝这么有趣》	（4）宋朝经济卡牌的图案设计初稿 （5）宋朝文化卡牌的知识竞猜作答 （6）宋朝科技卡牌的史误纠正 （7）“宋潮生活攻略”的制订与推演 （8）课堂学习感悟	总成绩，其中自评权重30%、组评权重30%、师评权重40% 3. 评价内容 （1）课前评价 对照教材和课程资料，准确收集整理与宋朝社会经济和科技文化发展相关的文字和图片史料 （2）课中评价 ①按时间顺序罗列影响宋朝社会、经济、科技、文化发展的大事件，完成宋朝历史时间轴的绘制 ②正确分析归纳宋朝社会、经济、科技、文化发展的表现，绘制相应的思维导图 ③在良好的团队合作下，完成“史图设计”任务 ④在良好的团队合作下，完成“文史竞猜”任务

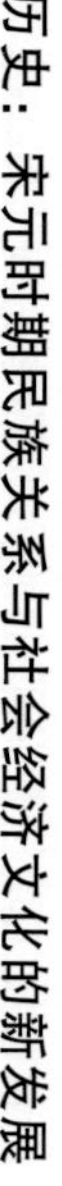

续表

序号	学习主题	学习目标	学习内容	重难点分析及解决	学习资源	学习成果	学业评价
二	社会经济与科技文化（4课时）	3. 课后目标 （1）能结合学习内容和历史资源包，利用广告设计的专业软件为宋朝经济、文化、科技的卡牌设计相应历史创意图案，并在社交平台分享推广，自觉践行历史文化的传承与创新 （2）能根据校企专家指导意见对作品进行打磨完善，培养钻研创新和精益求精的品质	3. 社会经济与科技文化发展的原因 （1）两宋时期，内迁各族人民积极参与社会生产，通过辛勤劳动共同推动了社会经济的繁荣 （2）两宋时期的统治者、知识分子、农民、手工业者等社会各阶层勇于开拓，以聪明才智推动了科技文化的进步	6. 化解方法 （1）情境模拟：创设穿越宋朝利用卡牌完成任务的游戏化情境，使学生从历史的学习者变为历史的体验者，有助于学生沉浸式感受历史，积极主动地进行历史分析和解释，降低学习难度 （2）史料探究：引导学生运用史料制订和推演“宋潮生活攻略”，从中领悟各族劳动人民以勤劳和智慧打造了宋朝的繁荣盛世，有效化解本课难点	3. 纸质资源 （1）学习任务书 （2）教学参考书 （3）历史卡牌	2. 终结性成果 利用专业软件为宋朝社会、经济、文化、科技卡牌设计相应的历史创意图案，并在网络平台分享推广	⑤在良好的团队合作下，完成“史误寻踪”任务 ⑥在良好的团队合作下，完成“沉浸推演”任务 ⑦分享课堂学习的收获及启发，完成“学史感悟”任务 （3）课后评价 ①根据校企专家意见设计和打磨宋朝社会、经济、科技、文化的卡牌历史创意图案，两周内提交作品 ②在社交平台推广作品

教学设计

所属课程名称	历史	课程类别	公共基础课
学习单元名称	宋元时期的民族关系与社会经济文化的新发展		
学习主题	社会经济与科技文化	课时	4

一、选题价值

1. 选题来源

本课题源自技工院校历史课程必修模块中国历史，参考教材为朱汉国主编的中等职业学校教学用书《中国历史》，选取第五单元第二讲《社会经济与科技文化》展开历史综合实践教学。从历史的横向联系看，宋元时期的政权并立与更迭推动了各民族之间的交融，为社会经济与科技文化的发展提供了有利的条件。从历史的纵向发展来看，经过三国两晋南北朝和隋唐五代的发展，两宋的社会经济与科技文化水平达到了历史高峰，呈现出空前繁荣的态势，也为明清的继续发展奠定了基础，具有承上启下的重要作用，如图1所示。

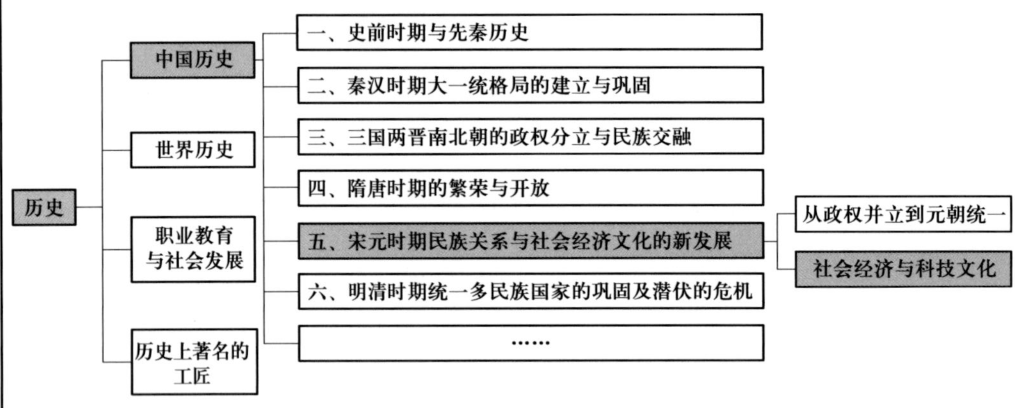

图1　选题示意图

2. 选题价值

本课题具有较高的学习价值、育人价值和专业价值：

（1）学史明理，强化责任担当。

学生通过探究宋朝社会经济和科技文化发展的原因，能认识到宋朝的繁荣与进步是各族劳动人民勤劳与智慧的结晶，领悟人民群众是历史的创造者，从而树牢唯物史观，增强历史使命感和社会责任感。

（2）学史增信，升华家国情怀。

学生通过掌握宋朝社会经济和科技文化的发展概况，能认识到宋朝的社会经济与科技文化发展水平达到了历史高峰，居世界领先地位，从而增强文化认同和文化自信，提升民族自豪感和自信心，升华家国情怀。

（3）学史力行，促进传承创新。

本课题遵循"历史学习与学生职业发展相融合"的课标要求，学生将所学历史知识迁移应用于文创作品的设计中，通过文创作品阐释宋朝历史文化的内涵和价值，促进历史文化的推广、传承与创新。

二、学情分析

授课对象是计算机广告制作专业初中起点三年级学生，全班33人，其中女生11名，男生22名。为准确制订学习目标，设计教学策略，结合课前调研问卷，对学生基本情况分析如下：

续表

1. 学习基础

学生经过初中三年的历史学习和本单元第一讲的学习，已对两宋社会经济和科技文化发展的时代背景有了一定的理解，奠定了良好的知识基础，适合课前翻转课堂自主学习。

2. 学习能力

学生具备了一定的逻辑思维能力和独立思考意识，但缺乏一定的史料分析能力、历史解释能力和知识迁移能力。适合课前引导学生收集、整理史料，课中引导学生研读、归纳史料，课后布置拓展任务，从而帮助学生实现历史知识的迁移。

3. 学习态度

学生探究欲、表现欲强，思维活跃，乐于合作，适合开展任务驱动式学习，通过分组探究、情境模拟等，激发活力，促进交流。

4. 学习兴趣

学生对历史类游戏和国潮文化具有浓厚兴趣，且经过两年的专业课学习，已具备清晰的职业意识，希望体验职业行为。因此，教师可结合学生专业设计游戏化的历史学习情境，增强学生学习兴趣，让他们沉浸式探索和体验历史。

三、学习目标

根据部颁中等职业学校历史课程标准“历史学习与学生职业发展相融合 ”的教学要求，结合学院计算机广告制作专业人才培养方案，为落实立德树人的根本任务，本课以培养学生的唯物史观、时空观念、史料实证、历史解释、家国情怀五大历史核心素养为本位，协同责任担当、文化认同等思政素养和钻研创新、精益求精等职业素养的培育，形成育人合力。结合本课学习内容和学情分析，设定单元学习目标（见表 3）。

表 3　学习目标

课前目标	初步了解宋朝社会经济与科技文化的发展概况，能对照教材和课程资料，收集整理与宋朝社会经济和科技文化发展相关的文字和图片史料，提升史料实证能力
课中目标	1. 能根据宋朝社会经济和科技文化发展的时代背景，梳理影响宋朝社会经济和科技文化发展的大事件，绘制时间轴，培养历史时空观念 2. 掌握宋朝社会经济和科技文化发展的表现，能对相关史料做出分析和归纳，制订相应的思维导图 3. 能结合宋朝社会经济和科技文化发展的特点，完成宋朝历史卡牌的“史图设计”“文史竞猜”“史误寻踪”任务，加深对宋朝社会经济繁荣、文化昌盛、科技发达的认识，提升历史解释能力，厚植家国情怀 4. 理解宋朝社会经济和科技文化发展的原因，能通过完成“沉浸推演”任务和分析给出的史料，感悟宋朝各族劳动人民的勤劳与智慧，认识到人民群众是历史的创造者，树立唯物历史观，增强历史使命感和社会责任感
课后目标	1. 能结合学习内容和历史资源包，利用广告设计的专业软件为宋朝经济、文化、科技的卡牌设计相应历史创意图案，并在社交平台分享推广，自觉践行历史文化的传承与创新 2. 能根据教师和校企专家指导意见对作品进行打磨完善，培养钻研创新和精益求精的品质

四、学习内容（含重难点分析）

1. 学习任务描述

近年来，传统文化与现代科技相结合的国潮文创产品深受年轻人追捧。学院为打造校园双创孵化基地，携手某品牌企业为学生提供国潮文创产品创业实践孵化平台，面向计算机广告制作专业学生征集选拔“创新、好

续表

用、可转化”的国潮文创作品和设计方案。为推进历史教育与专业教育、创新创业教育有机融合，本次课要求学生在掌握宋朝历史发展脉络的基础上，借助绘画技巧、图形创意等专业能力打造一款兼具历史底蕴与创意设计的历史潮玩卡牌。学习任务具体要求见表 4。

表 4　学习任务

课前任务	对照教材和参考资料，收集和整理宋朝社会经济与科技文化发展的文字和图片史料，上传至学校课程资源平台
课中任务	了解宋朝社会经济与科技文化发展的时代背景，完成任务一“穿越时空”
	分析归纳宋朝社会经济与科技文化发展的表现，依次完成任务二“史图设计”、任务三“文史竞猜”、任务四“史误寻踪”
	结合宋朝社会经济繁荣、文化昌盛、科技发达的特点，完成任务五“沉浸推演”
	总结宋朝社会经济与科技文化发展的原因，完成任务六“学史感悟”
课后任务	设计、打磨宋朝社会经济、科技和文化的卡牌历史创意图案，两周内提交至学校课程资源平台
	在社交平台推广宋朝历史潮玩卡牌

2. 学习内容描述

本次课学生主要学习以下几项内容：

（1）社会经济与科技文化发展的时代背景。

①政权并立：北宋建立以后逐步结束了五代十国的分裂局面。辽、西夏、金等北方少数民族政权与宋朝并立，构成了多元政权并立的局面。多元政权彼此间虽有战争，但各民族主导关系是和平共处和经济、文化上的正常交往。

②民族交融：多元政权之间的战争、商贸等引发少数民族内迁、内地汉人南迁或迁徙边地，促进了物产、劳动力、生产技术的流动，为两宋时期社会经济和科技文化的发展创造了有利条件。

（2）社会经济与科技文化发展的概况。

①经济：宋朝农业、手工业和商业共同发展、高度繁荣，经济重心完成南移。

②文化：宋朝文学与艺术取得辉煌灿烂的成就，诗词、杂剧、书法、绘画等各种文艺形式异彩纷呈。

③科技：宋朝是中国古代科学技术发展的高峰期，“三大发明”在宋朝有了划时代的发展，天文、数学、建筑等各领域在当时世界上处于领先水平。

（3）社会经济与科技文化发展的原因。

①两宋时期，内迁各族人民积极参与社会生产，通过辛勤劳动共同推动了社会经济的繁荣。

②两宋时期的统治者、知识分子、农民、手工业者等社会各阶层勇于开拓，以聪明才智推动了科技文化的进步。

3. 学习重难点分析

根据学习目标，结合学习内容和学情，确定单元学习重点和难点（见表 5）。

表 5　学习重难点

学习重点	内容描述	掌握宋朝社会经济与科技文化发展的概况
	确定依据	经济、文化和科技的发展是本课的核心知识点，掌握宋朝社会经济和科技文化发展的概况，是学习目标达成的关键

续表

续表

学习重点	突破方法	翻转课堂：自主学习教材和课程资料，收集和整理相应的文字、图片史料，初步了解宋朝社会经济与科技文化的发展概况
		分析归纳：分析归纳宋朝社会经济和科技文化的史料，完善宋朝经济、科技和文化发展的思维导图，整体把握宋朝社会经济和科技文化发展的表现
		创意表达：结合专业知识为宋朝经济、文化和科技的卡牌设计相应历史创意图案，通过文创方式呈现宋朝社会经济繁荣、文化昌盛、科技发达的特点，进一步强化历史认识和历史表达
学习难点	内容描述	探究宋朝社会经济与科技文化发展的原因
	确定依据	从宋朝社会经济与科技文化发展的历史现象中探究其原因，这对学生的史料分析能力和历史解释能力提出了较高的要求，具有一定的难度
	化解方法	情境模拟：创设穿越宋朝利用卡牌完成任务的游戏化情境，使学生从历史的学习者变为历史的体验者，有助于学生沉浸式感受历史，积极主动地进行历史分析和解释，降低学习难度
		史料探究：引导学生在做中学、做中悟，在收集、分析、运用史料制订推演“宋潮生活攻略”的过程中，领悟各族劳动人民以勤劳和智慧打造了宋朝的繁荣盛世，有效化解本课难点

4. 教学策略

本课以真实任务为导向，采用任务驱动教学，充分体现学生的主体地位和教师的引导作用。为了更好地实现教学目标，提高教学效果，采取以下教学策略：

（1）教学方法灵活多样。结合学情和学习内容，课前采用翻转课堂，学生自主学习，运用信息检索完成史料收集任务。课中创设穿越时空完成闯关任务的游戏化教学情境，学生在合作探究、分析归纳中建立历史知识体系，借助史图设计、文史竞猜、史识寻踪、学史感悟等任务，驱动历史解释，促进知识内化于心。课后进行拓展延伸，学生强化对知识的迁移应用，将知识和技能外化于行。

（2）教学组织循序渐进。根据学习目标和学习重难点，设计课前自主研学、课中合作探究、课后拓展延伸三个教学模块，分解为“自主研宋朝—穿越宋朝—探宋朝经济—品宋朝文化—寻宋朝科技—悟宋朝繁华—玩转‘宋潮’”七个教学环节，循序渐进，体现梯度原则。学生利用旧知，发挥潜能，得到新知，用于实践，促进知行合一。

（3）评价方法多维精准。为检验学习目标是否达成，依据课前、课中和课后三个学习环节设置过程性量化评价，组织学生自评、小组互评和教师点评。通过多维度联合评价，动态看待学生学习和成长过程，准确判断学生知识、能力和素养的落实情况。

（4）核心素养贯穿始终。本课结合中职历史课程标准和计算机广告制作专业人才培养方案，将唯物史观、时空观念、史料实证、历史解释、家国情怀五大历史核心素养，责任担当、文化认同等思政素养，钻研创新、精益求精等职业素养的培育贯穿教学始终，形成育人合力，促进学生的全面发展。

续表

五、学习资源

根据学习目标，结合学习内容和学情，确定单元学习资源（见表6）。

表6　学习资源

类型	名称	运用环节	数量
硬件资源	智慧课室	集中教学、合作探究、资料查阅、交流展示时使用	一间
	磁贴、展示板	课中探究合作、分享展示、教师板书时使用	若干
	卡纸、大头笔	课中探究合作、分享展示、教师板书时使用	若干
	手机	课前查阅资料、课中合作探究、课后拓展学习、评价总结时使用	若干
信息化资源	学习通	课前接收学习任务、课中完成学习任务、课后拓展学习，以及进行互评时使用	一个
	问卷星	课前填写学情调研问卷时使用	一个
	教学视频	课前自主学习、课中合作探究时使用	若干
	教学课件	课前和课中明确学习内容时使用	一个
	宋朝经济的文字、图片史料	课前收集资料、课中合作探究、课后拓展学习时使用	若干
	宋朝文化的文字、图片史料	课前收集资料、课中合作探究、课后拓展学习时使用	若干
	宋朝科技的文字、图片史料	课前收集资料、课中合作探究、课后拓展学习时使用	若干
	电子书《原来宋朝这么有趣》	课前自主学习时使用	六册
纸质资源	教学参考书	课前自主学习、课中合作探究、课后拓展学习时使用	一本
	学习任务书	课前自主学习、课中合作探究、课后拓展学习时使用	一本
	历史卡牌	课中合作探究、课后拓展学习时使用	若干

续表

六、教学组织					
教学过程	学习内容	学生活动	教师活动	教学手段、方法	设计意图
环节一： 自主研宋朝 （课前一周）	1. 自主学习教材和课程资料，初步了解宋朝社会经济与科技文化发展概况 2. 对照教材和课程资料，收集和整理与宋朝社会经济和科技文化发展相关的文字和图片史料，上传至学校学习平台	1. 完成问卷 完成课前问卷，反思自身知识储备、学习的优势和不足 2. 接收任务 （1）在学校学习平台接收任务书，精读任务单 （2）组建经世、风华、匠心、江山四个团队，进行任务分工 3. 自主学习 根据课前任务要求，自主学习教材和课程资料，收集整理相应的史料，上传至学校学习平台历史资源包	1. 课前调研 设计发布问卷星调研问卷，了解学情，因材施教 2. 发布任务 （1）在学校学习平台发布学习任务书 （2）上传视频《你好！宋潮》和系列微课《跟着状元游宋朝》等课程资料 3. 督促沟通 （1）查阅学习通，记录学生的课前自学情况，提醒督促学生按时完成资料的收集 （2）通过学校学习平台和微信群聊与学生沟通答疑，引导学生分类整理上传史料，培养史料实证能力	1. 教学手段：问卷星、学校学习平台、教学视频、微信 2. 教学方法：翻转课堂、自主学习、信息检索	翻转课堂，引导学生自主完成课前任务，培养学生史料实证能力，达成课前目标
环节二： 穿越宋朝 （30 分钟）	1. 政权并立：北宋建立以后逐步结束了五代十国的分裂局面。辽、西夏、金等北方少数民族政权与宋朝并立，构成了多元政权并立的局面。多元政权彼此间虽有战争，但各民族主导关系是和平共处和经济、文化上的正常交往 2. 民族交融：多元政权之间的战争、商贸等引发少数民族内迁、内地汉人南迁或迁徙边地，促进了物产、劳动力、生产技术的流动，为两宋时期社会经济和科技文化的发展创造了有利条件	1. 史料展示 学习小组派代表依次展示课前收集宋朝历史大事件的图片和文字史料 2. 合作探究 （1）结合史料，按照时间顺序梳理出影响宋朝社会经济和科技文化发展的事件 （2）将与事件对应的时空卡牌放入历史时间轴中，并进行课堂展示	1. 导入情境 作为文创设计师，你将穿越时空，收集宋朝系列卡牌，运用卡牌完成 6 个闯关任务 2. 发布组织 （1）发布任务一“穿越时空”：每组获得一副宋朝时空卡牌，请结合史料线索，在时间轴上排列卡牌顺序，获得进入宋朝时空隧道的资格 （2）组织小组轮流上台展示课前收集宋朝历史大事件的史料	1. 教学手段：教学课件、教学视频、历史卡牌、学校学习平台 2. 教学方法：游戏化教学、任务驱动、小组合作	1. 设置穿越时空完成闯关任务的游戏化情境，激发学生兴趣 2. 引导学生合作探究时代背景，绘制历史时间轴，培养学生的历史时空观念，达成课中目标 1

续表

教学过程	学习内容	学生活动	教师活动	教学手段、方法	设计意图
环节二： 穿越宋朝 （30分钟）		3. 小组互评 其他小组对展示小组的历史时间轴进行评价，指出错误或提出建议	3. 分析引导 （1）对各小组收集的史料进行分析和补充 （2）引导各小组按时间顺序梳理出影响宋朝社会经济和科技文化发展的事件，对照排列时空卡牌并进行展示 4. 评价总结 组织小组对历史时间轴进行互评、纠错，并进行阶段点评和引导		
环节三： 探宋朝经济 （30分钟）	1. 农业：宋朝政府兴修水利工程、推进先进的农具，推广种植高产作物占城稻等，桑、麻、茶等经济作物也有很大发展 2. 手工业：两宋时期江南地区的丝织业、制瓷业高度发达，成为社会经济发展的重要支柱。海船制造技术领先世界 3. 都市商贸：宋朝的城市商贸开始打破时间和空间的限制，出现了夜市、街市、草市等。北宋都城开封和南宋都城临安是当时闻名世界的国际化大都市。宋朝出现了世界上最早的纸币交子 4. 对外贸易：宋朝“海上丝绸之路”畅通，在广州、泉州、明州等地设市舶司，专门管理海外贸易	1. 史料展示 学习小组派代表依次展示课前收集宋朝农业、手工业、都市商贸、对外贸易的史料 2. 合作探究 （1）结合史料，探究宋朝农业、手工业、都市商贸和对外贸易之间的内在联系，整体把握宋朝经济发展的表现 （2）归纳整理经济卡牌，完成宋朝经济思维导图 （3）小组选取一张经济卡牌，结合宋朝经济发展的概况，讨论、设计和展示创意图案 3. 小组互评 其他小组对展示小组的思维导图、创意图案进行评价，指出错误或提出建议	1. 发布组织 （1）发布任务二“史图设计”：每小组获得一副宋朝经济卡牌，请结合史料线索，归纳整理卡牌，进行图案设计 （2）组织各小组轮流上台展示课前收集的有关宋朝经济的史料线索 2. 分析引导 （1）对各小组收集的史料进行分析和补充 （2）引导学生整体把握宋朝经济发展的表现，完成思维导图 （3）引导学生结合宋朝经济发展的表现，为经济卡牌设计创意图案，并进行展示 3. 点评总结 组织小组对思维导图、创意图案进行互评、纠错，并进行阶段点评引导	1. 教学手段：教学课件、教学视频、历史卡牌、学校学习平台 2. 教学方法：游戏化教学、任务驱动、小组合作	设计意图：引导学生制作思维导图归纳宋朝经济发展的表现，并通过“史图设计”任务，加深对宋朝经济繁荣的认识，提升历史解释能力和家国情怀，落实课中目标2和课中目标3

续表

教学过程	学习内容	学生活动	教师活动	教学手段、方法	设计意图
环节四：品宋朝文化（30分钟）	1. 宋词：宋朝著名的词人有苏轼、李清照、辛弃疾等。宋词适应了城市商业经济发展后社会娱乐的需要，成为宋朝文学的主要形式 2. 杂剧：杂剧是宋朝戏剧表演的主要形式，包含说唱、杂技、歌舞、傀儡等技艺，主要在集市、繁华市区、勾栏瓦舍等场所进行表演 3. 书法：宋代书法以行书见长，现在一般认为苏轼、黄庭坚、蔡襄、米芾为“宋四家”，他们突破唐人重视法度的束缚，推崇自然抒情的书画艺术 4. 绘画：宋代是中国绘画全面发展的时期，这一时期人物、山水、花鸟各科涌现出新的流派，题材进一步开拓，写实能力提高，主要代表作品有《千里江山图》《富春山居图》等	1. 史料展示 学习小组派代表依次展示课前收集的宋朝诗词、杂剧、书法、绘画的史料 2. 合作探究 （1）品读宋朝具有代表性的作品，掌握作者和年代信息 （2）归纳整理文化卡牌，完成宋朝文化思维导图 （3）小组派代表抽一张文化卡牌，结合卡牌图片，现场回答对应的作品名称、作者和年代等信息 3. 小组互评 其他小组对展示小组的思维导图、现场作答进行评价，指出错误或提出建议	1. 发布组织 （1）发布任务三“文史竞猜”：每组获得一副宋朝文化卡牌。请结合史料线索，归纳整理卡牌，完成卡牌上的竞猜题目 （2）组织小组轮流上台展示课前收集的有关宋朝文化的史料线索 2. 分析引导 （1）对各小组收集的史料进行分析和补充 （2）引导学生品读宋朝文化，把握宋朝文化发展的表现，完成思维导图 （3）引导学生结合宋朝文化发展的表现，完成卡牌竞猜题目 3. 点评总结 组织小组对思维导图、“文史竞猜”进行互评、纠错，并进行阶段点评引导	1. 教学手段：教学课件、教学视频、历史卡牌、学校学习平台 2. 教学方法：游戏化教学、任务驱动、小组合作	引导学生制作思维导图归纳宋朝文化发展的表现，并通过“文史竞猜”任务，加深对宋朝文化昌盛的认识，提升历史解释能力，厚植家国情怀，落实课中目标2和课中目标3
环节五：寻宋朝科技（30分钟）	1. 印刷术：唐朝雕版印刷术到了宋朝得到了广泛使用。北宋时毕昇发明了活字印刷术，高效、便捷的活字印刷术是印刷史上的重要革新 2. 指南针：北宋时，人们运用人工磁化法使钢针具有磁性，制作出悬挂在丝线上的指南针。南宋时，人们更将磁针装置在方位盘上，制成罗盘，用于航海	1. 史料展示 学习小组派代表依次展示课前收集的宋朝“三大发明”以及天文、数学、建筑等史料 2. 合作探究 （1）分析史料，重点了解宋朝“三大发明”的出现、应用及影响 （2）归纳整理科技卡牌，完成宋朝科技思维导图	1. 发布组织 （1）发布任务四“史误寻踪”：每个小组获得一副宋朝科技卡牌。请结合史料归纳整理卡牌，寻找卡牌内容与史实不符之处并加以纠正 （2）组织各小组轮流上台展示课前收集的有关宋朝科技的史料线索 2. 分析引导 （1）对各小组收集的史料进行分析和补充	1. 教学手段：教学课件、教学视频、历史卡牌、学校学习平台 2. 教学方法：游戏化教学、任务驱动、小组合作	引导学生制作思维导图归纳宋朝科技发展的表现，并通过“史误寻踪”任务，加深对宋朝科技发达的认识，提升历史解释能力，

续表

教学过程	学习内容	学生活动	教师活动	教学手段、方法	设计意图
环节五：寻宋朝科技（30分钟）	3. 火药：火药的发明源于炼丹术。唐末时，火药已被用于军事作战。宋朝的火药兵器有火箭、火炮、震天雷等。印刷术、指南针和火药等经由阿拉伯商人传到欧洲，促进欧洲文化教育、航海技术的发展，推动了欧洲封建社会的瓦解及大航海时代的到来	（3）小组派代表抽取一张科技卡牌，对科技卡牌的图案和文字信息进行解读，指出与史实不符之处并加以纠正 3. 小组互评 其他小组对展示小组的思维导图、“史误寻踪”进行评价，指出错误或提出建议	（2）引导学生把握宋朝“三大发明”的出现、应用及影响，完成思维导图 （3）引导学生结合宋朝科技发展的表现，寻找卡牌内容与史实不符之处并加以纠正 3. 点评总结 组织小组对思维导图、“史误寻踪”进行互评、纠错，并进行阶段点评引导		厚植家国情怀，落实课中目标2和课中目标3
环节六：悟宋朝繁华（40分钟）	1. 宋朝内迁的各族人民积极参与社会生产，通过辛勤劳动推动了社会经济的繁荣 2. 宋朝统治者、知识分子、农民、手工业者等社会各阶层勇于开拓，以聪明才智推动了科技文化的进步	1. 合作探究 学习小组结合所学，从经济、文化、科技三个方面制订和推演“宋潮生活攻略”，突出宋朝经济繁荣、文化昌盛、科技发达的特点 2. 小组互评 其他小组对展示小组的展示情况进行评价，选出最能反映宋朝经济繁荣、文化昌盛、科技发达的攻略 3. 史料分析 分析史料，总结原因：宋朝各族人民以勤劳和智慧推动了社会经济和科技文化的繁荣与进步	1. 发布组织 （1）发布任务五“沉浸推演”：历经重重考验，你终于集齐了宋朝系列卡牌，接下来将迎来终极挑战——制订和推演“宋潮生活攻略” （2）组织各小组从经济、文化、科技三个方面制订攻略，并运用卡牌在白板上推演 2. 点评引导 （1）组织小组互评，选出最能体现宋朝经济繁荣、文化昌盛、科技发达的生活攻略 （2）出示史料，引导学生思考和总结宋朝社会经济和科技文化发展的原因	1. 教学手段：教学课件、教学视频、历史卡牌、学校学习平台 2. 教学方法：游戏化教学、情境模拟、任务驱动、小组合作	引导学生从做中悟，在沉浸式推演宋朝的繁荣与进步中感悟劳动人民的勤劳与智慧，启发学生树立唯物史观，以史为鉴，增强历史使命感和社会责任感，达成课中目标4

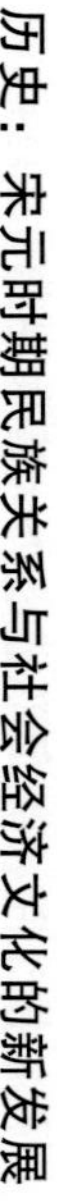

续表

教学过程	学习内容	学生活动	教师活动	教学手段、方法	设计意图
环节六： 悟宋朝繁华 （40分钟）		4. 分享感悟 聆听教师寄语，填写“学史感悟”，分享学习的收获及启发	3. 教师寄语 （1）引用习近平总书记话语，“中国的昨天已经写在人类史册上，中国的今天正在亿万人民手中创造，中国的明天必将更加辉煌”。同学们应增强历史使命感和社会责任感，弘扬以爱国主义为核心的民族精神和以改革创新为核心的时代精神，勇做新时代的弄潮儿 （2）引导学生填写任务六“学史感悟”，分享启发		
环节七： 玩转 “宋潮” （课后两周）	1. 真实性：在尊重基本史实的基础上进行设计 2. 准确性：结合历史事物的特点进行设计 3. 创新性：新颖有趣，兼具历史底蕴与时代新潮元素 4. 审美性：合理美观，具有一定的审美价值	1. 设计打磨 （1）各小组结合本课所学，设计反映宋朝经济、科技、文化的历史创意卡牌 （2）结合指导老师的意见进一步打磨作品，课后两周内将作品提交学校学习平台 2. 宣传推广 在社交平台推广宣传作品 3. 评价反思 填写评价表，检查学习效果	1. 发布任务 设计反映宋朝经济、科技、文化的历史创意卡牌，打造一款独立完整的历史潮玩卡牌，并在社交平台进行推广宣传 2. 指导支持 联合专业教师和企业专家对学生提供资源包，指导学生完成作业 3. 评价反馈 进行教师点评和组织学生自评，分析学习目标达成情况，并报送优秀作品	1. 教学手段：历史资源包、历史卡牌、问卷星、学校学习平台 2. 教学方法：任务驱动、小组合作	通过课后拓展任务，培育学生钻研创新和精益求精的品质，推进历史文化的传承与创新，达成课后目标

续表

七、教学评价

为了检验学习目标是否达成，将课前、课中和课后三个学习环节设置过程性量化评价表，重点评估知识的理解、综合能力的提升以及历史核心素养、职业素养、思政素养的落实，见表7。

表7 学习过程评价表

班级： 小组： 姓名：				
环节				
环节	评价项目及标准（优秀10～8分，一般7～5分，不理想4～0分）	自评（20%）	组评（40%）	师评（40%）
课前	对照教材和课程资料，准确收集整理与宋朝社会经济和科技文化发展相关的文字和图片史料			
课中	按时间顺序罗列影响宋朝社会经济和科技文化发展的大事件，完成宋朝历史时间轴的绘制			
	正确分析归纳宋朝经济、科技、文化发展的表现，绘制相应的思维导图			
	在良好的团队合作下，完成“史图设计”任务（评分要点：能尊重史实、突出特点、创意新颖、图案美观）			
	在良好的团队合作下，完成“文史竞猜”任务（评分要点：能现场作答且表述严谨）			
	在良好的团队合作下，完成“史误寻踪”任务（评分要点：能准确找出错误并进行纠正）			
	在良好的团队合作下，完成“沉浸推演”任务（评分要点：能尊重史实、突出特点、创意新颖、符合逻辑）			
	分享课堂学习的收获及启发，完成“学史感悟”任务（评分要点：能体现唯物史观和责任担当意识）			
课后	根据教师、校企专家意见设计和打磨宋朝经济、文化、科技的历史创意卡牌，两周内将作品提交至学校学习平台			
	在社交平台分享推广作品			
总计				

八、教学反思

1. 教学亮点

本课学生参与度、学习目标达成度和教学满意度较高，教学效果较好。教学亮点如下：

（1）采取多样的教学方法，体现学生主体地位。本课以真实任务为导向，采用任务驱动教学，以学生为中心，充分体现学生的主体地位，发挥教师的引导作用。通过课前翻转课堂，引导学生自主学习；课中创设穿越情境，引导学生合作探究；课后进行拓展延伸，促进学生知识迁移，使学生将历史知识内化于心、外化于行，从而取得了较好的学习效果，有效达成了学习目标。

续表

（2）运用丰富的教学手段，引导学生乐学善学。本课运用丰富的教学手段，引导学生在做中学、乐中学、玩中学。课前利用学校学习平台发布参考资料和学习任务书，引导学生共建历史资源包，收集整理文字、图片、图表、视频等多种史料，将历史知识可视化、简洁化；课中采用历史卡牌进行任务驱动，依次发布穿越时空、史图设计、文史竞猜、史误寻踪、沉浸推演等闯关任务，提升历史知识的丰富性和趣味性；课后鼓励学生利用历史资源包为卡牌设计历史创意图案，促进历史知识的迁移应用。通过趣味引导，层层深入，使学生乐学、善学历史。 （3）贯穿核心素养的培育，促进学生的全面发展。本课将唯物史观、时空观念、史料实证、历史解释、家国情怀五大历史核心素养，责任担当、文化认同等思政素养，钻研创新、精益求精等职业素养的培育贯穿教学始终，使教学实现“知、情、意、行”的统一，使学生能够明理、增信、力行，促进学生的全面发展。 2. 诊断改进 根据教师观察、各方反馈、教学效果调查，主要的不足为学生设计的历史卡牌创新性不足。由于历史文创设计的难度较大，加之历史文化内涵丰富，需要进一步学习和实践，不断创新方式方法。

【点评】广州市公用事业技师学院　黄伟强

该选题依据中职历史课程标准，立足广告专业人才培养方案，选取宋朝的社会经济与科技文化展开历史综合实践教学，教学理念先进、设计新颖，通过创设穿越时空完成闯关任务的游戏化教学情境和课后历史文创拓展任务，帮助学生树立唯物史观，增强文化认同与文化自信，提升历史使命感与社会责任感，助力学生成为历史文化的推广、传承与创新者。整个教学设计与实践富有新意，特色鲜明，彰显职业素养与历史学科素养双向融合，落实了课程思政的目标，对基础课教学创新改革具有示范意义。

基础英语模块一：Food

广州市技师学院　张家莲

学习单元分析

学习单元名称	Food	单元课时	8	授课班级（含年级、专业、学制和层次）	2022级农村电商与直播技术（高级五年）班
所属课程名称	基础英语模块一	选用教材	《新模式英语1》	课程类别	公共基础课
一、学习单元价值分析					
1. 选取依据 本学习单元选自中国劳动社会保障出版社出版的《新模式英语1》的Unit 3 Food（食物）。根据人力资源社会保障部《技工院校英语课程标准（2016）》和《技工院校公共基础课程方案（2022年）》对于英语育人和能力培养的要求，为落实立德树人的根本任务，我们立足广东地区乡村振兴战略和学院农村电商与直播技术专业布局，将职业情境融入英语课堂教学，引导学生通过推介家乡美食惠民助农，提升学生的职业素养和专业技能，符合职业教育公共基础课程服务专业的教改趋势。 2. 单元定位 本单元选自基础英语模块一，是各专业学生英语学习的入门课程，包含Welcome to Our Class（欢迎与问候）、Talking with Others（日常交际）、Let's Go Shopping（购物消费）、Food（食物）四大学习单元，创设有朋自远方来、“衣”在中国、“食”在中国等英语情境。其中，Food（食物）这一单元立足广东地域特色进行校本开发，重构Common Food（中外美食大比拼）、Describing Food（食物品鉴面面观）和Introducing Food in Guangdong（广东美食大推介）三大递进式学习主题，在整个课程体系中处于承上启下的地位。基础英语课程体系如图1所示，从左往右纵向依次为课程名称、课程模块、学习单元、学习主题。 3. 单元价值 中华饮食文化独具特色，富有内涵，Food也是技工院校英语能力课程中的一个重要学习单元。本单元紧扣立德树人的根本任务和工学一体的教学理念重构主题内容，将有助于学生学习能力的迁移、语言技能的提升、职业能力的培养、思政素养的增强和地域文化的传承，具体学习价值分析如下： （1）学习能力迁移：在真实情境中培养学生处理信息、沟通交际、自主学习和解决问题的能力。 （2）语言技能提升：积累美食主题词汇，掌握描述食物的句型，提高学生在跨文化语境下英语写作和口语表达的能力。 （3）职业能力培养：食物介绍文案写作和直播推介等学习活动贴近真实岗位工作内容，有助于学生职业能力的培养。 （4）思政素养增强：以推介广东美食为学习切入口，学生利用专业特长直播推介地方美食，树立技能成才、回报家乡的职业理想。 （5）地域文化传承：立足于家乡特色美食，学生从了解家乡到热爱家乡、振兴家乡，树立主人翁意识，助力家乡经济发展。					

续表

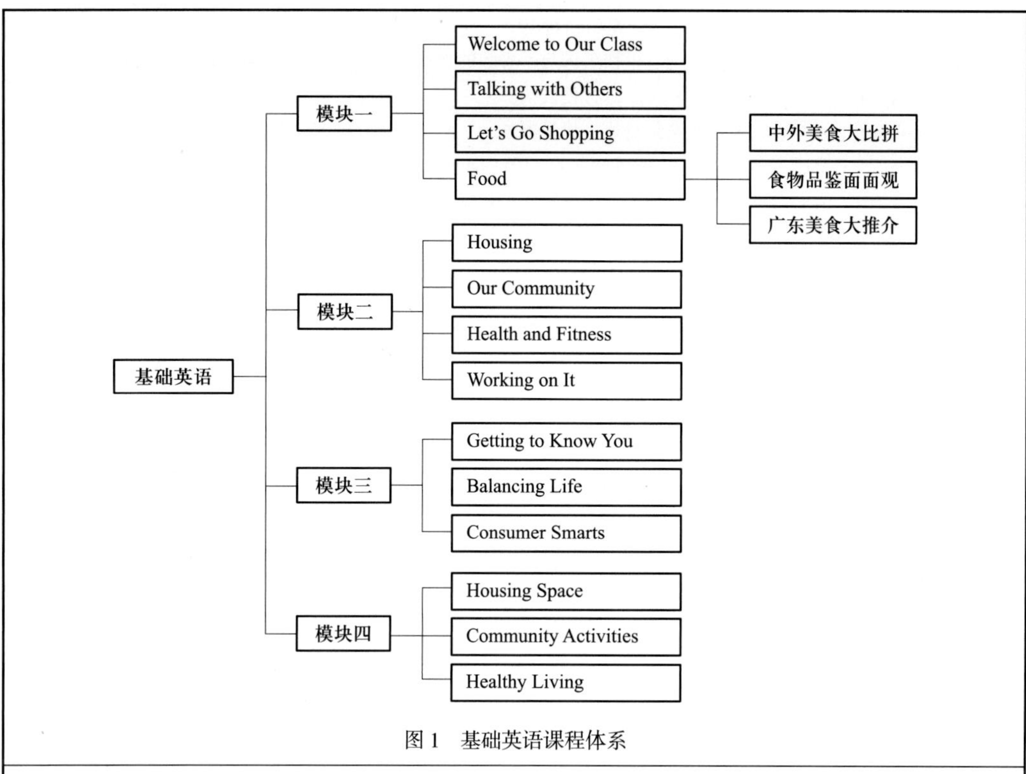

图 1　基础英语课程体系

二、单元学习目标

1. 知识目标

（1）能说出常见中西美食的英文名称，准确拼读与识记描述食物相关的名词、形容词及量词。

（2）能正确运用一般现在时的句子与同伴讨论饮食偏好，口语介绍广东美食。

（3）能阅读并正确识读健康饮食金字塔、食物广告等图表的关键信息，写出食物推介的句子与短文。

2. 能力目标

（1）通过从单词、句型到语篇的学习，提升英语听说读写用的语言能力。

（2）通过角色扮演、小组协作、案例分析等任务提升沟通表达、团队合作、解决问题的社会能力。

（3）通过利用信息技术手段提升学习效率，提高自主学习能力。

3. 素养目标

（1）通过学习健康饮食金字塔和一日三餐搭配，培养均衡健康的饮食习惯。

（2）通过对比中西方美食和学习广东特色食品，开拓国际视野，增强地域文化认同及文化自信。

（3）通过认识和推介地域美食，模拟惠民助农直播，坚定技能报国的理想信念。

三、单元学习内容

本学习单元围绕“广东美食”校本开发系列教学活动和资源，创设贴近广东本土学生生活的学习情境，设计与学生专业相结合的任务活动，并增加中国文化知识的输入，构建中外美食大比拼（Common Food）、食物品鉴面面观（Describing Food）、广东美食大推介（Introducing Food in Guangdong）三大学习主题，以食物（Food）为切入口，为学生搭建了解家乡—热爱家乡—振兴家乡的知识链与思政线。单元学习内容要点分析如下：

1. 学习主题一：中外美食大比拼（Common Food）

（1）理论知识：食物名称词汇、一日三餐表达、表达爱好的三大句型。

（2）通用技能：讨论饮食偏好、比较中西方饮食差异。

（3）思政素养：健康饮食理念、跨文化视野、了解家乡。

续表

2. 学习主题二：食物品鉴面面观（Describing Food）

（1）理论知识：食物特征类形容词、可数名词与不可数的食物名词、“主语 +be+ 形容词”句型。

（2）通用技能：描述食物特征、介绍广东特色食物。

（3）思政素养：地域饮食文化、文化自信、热爱家乡。

3. 学习主题三：广东美食大推介（Introducing Food in Guangdong）

（1）理论知识：食物容器类量词、描述食物价格句型、食物推介语篇写作结构。

（2）通用技能：食品广告图表识认、食品推介文案写作、英语直播带货。

（3）思政素养：家国情怀、技能报国、振兴家乡。

四、学情分析

本单元学习对象为2022级农村电商与直播技术（高级五年）班学生，为五年制初中起点班。全班20人，男女生比例约为1∶2。82%为广东省内生源，其中生源地区按比例大小依次为珠三角、粤东、粤西、粤北。农村户籍学生比例超过90%。现从学习基础、学习兴趣、学习态度、学习习惯、学习动机、学习能力六个维度对该班学生情况进行分析，详见表1。

表1　学习者特征分析

维度	特征	策略
学习基础	1. 掌握词汇量较少，英语水平参差不齐 2. 具备初级计算机应用和网络检索信息的能力	分层分组、合作学习、数字应用
学习兴趣	1. 视听型学习者居多，喜欢视频、游戏、生活案例等直观材料和动手操作 2. 对理论教学缺乏兴趣，部分认为用不上英语	游戏化教学、交际法、情境化教学
学习态度	1. 课堂纪律好，乐于配合教师，任务完成率较高 2. 部分学生因基础不好对英语学习有畏难心理	小组帮扶、个性化指导
学习习惯	1. 喜欢信息化手段和新鲜事物 2. 被动接受知识为主，注意力容易不集中	启发式教学、成果导向教学
学习动机	多数学生学英语动机单一，功利性较强，缺乏持续学习英语的内在动力	思政融入、职业导向
学习能力	独立学习、自主探究能力普遍较弱	引导文教学、混合式教学

五、单元重点和难点

广东食物主题词汇贯穿单元学习始终，是实现本单元学习目标的基础，也是英语听说读写能力培养的关键。同时，英文句子的书面与口头输出是学生讲好广东美食故事的必备能力。但英文连词成句、连句成段的语言输出任务对学生而言有一定困难，据此确定本单元学习重难点及化解突破方法（见表2），并进行学习单元分解（见表3）。

表2　单元重难点分析

学习重点	重点	运用食物主题词汇和相关句型描述常见的广东特色食物
	突破方法	1. 突破词汇：单元前置学习激活食物词汇记忆，课中游戏教学、直观演示、头脑风暴深入理解词汇，课后词汇应用内化迁移，学习活动环环相扣，帮助学生突破词汇关 2. 突破句型：遵循从掌握句式规律到会话交际的认知顺序，创设中外美食比拼、热评广东美食、特产直播推介等情境，让学生在语境中理解句子，在抱团游戏、问答接力、会话演练、你说我猜、直播文案等语言实践中应用句子
学习难点	难点	家乡特色食物的英文直播推介
	化解方法	1. 输入：线上线下调研挖掘卖点，头脑风暴提炼食品信息，填写工作页建直播语料库 2. 构建：读范例文案分析语篇结构，看直播视频梳理推介流程，读直播4S原则（smile/speak/specific/support）明确口播要点 3. 输出：朗读文案纠语音，角色扮演练交际，模拟直播拼表达

表 3　学习单元分解

序号	学习主题	学习目标	课时分配	重难点分析及解决	学习资源	学习成果	学业评价
一	中外美食大比拼（Common Food）	1. 知识目标：能说出 20 个常见中西美食的英文名称及食物类别 2. 技能目标：能用三种英语句型讨论食物偏好，具备用简单英文句子沟通和团队协作的能力 3. 素养目标：能通过制订英文健康三餐计划表培养健康的饮食理念；能尊重中西饮食文化差异，厚植乡土情怀	2	1. 学习重点 识记 20 个食物英文名称 2. 重点突破 （1）课前：食物主题词汇摸底测试，小组绘制食物词汇树 （2）课中：组织听音辨词、你说我传、单词分类与配对等课堂活动，小组积分比赛 （3）课后　设计制作三餐计划表、看微视频、译食物名等学习任务 3. 学习难点 运用三大句型讨论食物偏好 4. 难点化解 （1）“趣味相投”抱团游戏，巧记陈述句 （2）一日三餐问答接力游戏，攻克特殊疑问句 （3）食物大转盘会话演练，玩转一般疑问句	1. 学习环境：智慧课室 2. 数字化资源：云班课、有道词典、问卷星、学习强国 App、听力音频、饮食计划表 3. 非数字化资源：KWL 学习记录表、三餐清单工作页、食物大转盘工作页、食物图卡	1. 食物主题词汇摸底测问卷 2.KWL 学习记录 3. 食物主题词汇树思维导图 4. 食物大转盘会话演练 5. 健康饮食周计划表	1. 以形成性评价为主，诊断性和终结性评价为辅 2. 兼顾教师、学生、平台等多个评价主体 3. 涉及问卷星、云班课、小组积分榜、口头点评、自我评价表等评价手段

续表

序号	学习主题	学习目标	课时分配	重难点分析及解决	学习资源	学习成果	学业评价
二	食物品鉴面面观（Describing Food）	1. 知识目标：学生通过视频感知、实物观察、游戏参与，能列举 20 个描述食物的英语形容词，辨析常见的食物可数名词和不可数名词，正确运用“主语 +be 动词 + 形容词”句式 2. 技能目标：学生通过掌握句法规律，进行口语输出和书面表达操练，提高句子组织和沟通协作能力 3. 素养目标：学生通过广东特色食品的案例学习，体验与认同地域饮食文化，增强文化自信，提升对家乡的热爱	2	1. 学习重点 识记 20 个描述食物特征的词汇 2. 重点突破 （1）主题感知：看《老广的味道》纪录片，列出 10 个描述食物的形容词 （2）实物导入：食物进课堂，快问快答解锁五味词 （3）牛刀小试：常见食物特征关键词工作页限时答题 （4）特征贴纸：抽取食物图卡，张贴特征词，累计积分比赛 3. 学习难点 用英文句子描述广东特色食物 4. 难点化解 （1）看外国友人热评广东美食，掌握句式表达结构 （2）“你说我猜”广东物产，反复进行句子练习 （3）共绘广东风味地图，微课拓展巩固听说	1. 学习环境：智慧课室 2. 数字化资源：云班课、有道词典、问卷星、纪录片视频、微课视频 3. 非数字化资源：食品实物、食物特征描述工作页、广东特色食物图卡	1. 食物特征形容词工作页 2.“你说我猜”英语对话展示 3. 食物特征词汇贴纸 4. 广东风味英文地图 5. 句子朗读音频	1. 小组积分榜贯穿课堂学习活动始终 2. 教师课堂观察、纸笔记录定量评分、口头点评与个性化评语定性评价 3. 云班课投票最佳“广东风味地图”制作小组

续表

序号	学习主题	学习目标	课时分配	重难点分析及解决	学习资源	学习成果	学业评价
三	广东美食大推介（Introducing Food in Guangdong）	1. 知识目标：能列出食品特征关键词，正确听辨食物商品包装或容器的量词与价格，划出四段式语篇写作结构，书面或口头推介食物 2. 技能目标：能通过合作学习、案例学习等绘制双语食品宣传海报，撰写英语直播文案，巧用思维导图培养自主学习能力 3. 素养目标：能通过直播推介家乡特色食品，增强文化自信与职业认同，厚植家国情怀，坚定技能报国的理想信念	4	1. 学习重点 写英文食品直播推介文案 2. 重点突破 （1）遣词造句：头脑风暴列关键词，填商品信息卡提炼卖点 （2）结构搭建：读文案范例理写作结构，看写作指南定直播流程 （3）语篇写作：划样文句型圈衔接词，套四段式结构仿写初稿 （4）文案优化：智能批改，交叉互改润色，小组选优文案 3. 学习难点 食品英语直播的口语表达 4. 难点化解 （1）学生活动：从朗读比拼到头脑风暴、角色扮演、直播演练触发多次口语训练 （2）教师指导：样例示范、询问指导、点评指引等全过程引导 （3）资源支持：直播片段示范、直播实景演练、企业导师点评、视频平台评测等多元助学	1. 学习环境：校内直播实训室、校外特产超市 2. 数字化资源：云班课、有道词典、问卷星、Xmind思维导图、易企秀、抖音、微课视频 3. 非数字化资源：双语海报样例、直播脚本写作指南、直播语料库工作页、写作任务书	1. 课前：特产食物图片、双语食品海报 2. 课中：图表阅读工作页、食品商品信息卡、食品直播文案、直播演练视频 3. 课后：直播优化视频、最美助农人及助农团队评选结果	1. 以学生、教师、平台和企业导师为评价主体 2. 线上和线下评价相结合 3. 以学业总评表为载体，对学生课堂参与度、任务完成度、目标达成度、企业认同度进行学业综合评价

教学设计

<table>
<tr><td>所属课程名称</td><td>基础英语模块一</td><td>课程类别</td><td colspan="2">英语</td></tr>
<tr><td>学习单元名称</td><td colspan="4">Food 食物</td></tr>
<tr><td>学习主题</td><td colspan="2">Recommending Food in Guangdong
美食大推介，粤味飘四海——广东美食大推介</td><td>课时</td><td>4</td></tr>
<tr><td colspan="5">一、学习目标</td></tr>
<tr><td colspan="5">1. 课前目标
根据云班课食物双语海报样例，分组列出直播推介食物商品的特征信息关键词，绘制食品双语宣传海报，从而提升学生信息搜集、小组协作的能力和职业素养。
2. 课中目标
（1）能够提炼食物卖点的英文信息，包括品名（name），原产地（origin），价格（price），味道（taste），颜色（color）等。
（2）能够梳理出四段式英文语篇写作结构，并仿照直播文案范例撰写食物推介文案。
（3）能够流畅朗读直播文案，独立或合作进行食品类英语直播推介。
3. 课后目标
根据教师和企业导师指导意见，优化食物英语口语表达，网上发布小组助农直播视频，并进行评选。回顾总结学习重点，坚定技能报国和振兴家乡的理想信念。</td></tr>
<tr><td colspan="5">二、学习内容（含重难点分析）</td></tr>
<tr><td colspan="5">1. 学习任务情境
某电子商务公司电商学院拟孵化培育“粤字号”广东优品助农主播新生力军，需招募若干具备中英双语直播能力的学员，面向粤港澳大湾区的国际社区消费群体推介广东特色食物。
2. 学习内容分析
以“职业情境＋学习任务”为内容设计双主线，对接助农直播实际工作流程和要求，分解完成广东特色食品英语推介任务所需内容，要点如下：
（1）食物商品广告信息关键词：name（品名）、type（类型）、package/container（包装／容器）、feature（特点）、price（价格）。
（2）食物容器量词：jar（罐）、box（盒）、bag（袋）、pack（包）、can（听）、bottle（瓶）、glass（杯）、bunch（束／扎）、pound（磅）、loaf（条）、carton（箱）、each（个）。
（3）食物价格问答句式：
–How much is/are…（……多少钱）?
–It is …（a jar）. 或 They are …（a pound）.（一罐）……；（一磅）……
（4）直播文案四段式写作结构：
开场欢迎（opening）—产品解说（product introduction）—报价促单（placing order）—互动答疑（interaction）。
（5）口语：直播 4S 原则（smile/speak/specific/support）、英语演讲技巧、语音语调。
3. 学习重点和难点
根据主题学习目标、学习内容和学情分析，确定本课的学习重点、难点以及突破和化解方法，详见表 4。

表 4　学习重点和难点
<table><tr><td>重点</td><td>食品直播推介的英文文案写作</td></tr><tr><td>确定理由</td><td>1. 英语直播脚本撰写是实现直播带货的关键环节，文案质量直接影响推介效果
2. 文案写作是本专业学生从事电商相关岗位的必备能力，能提升英语书面表达能力</td></tr></table></td></tr>
</table>

续表

续表

突破方法	1. 积累词汇，准备语料。小组头脑风暴讨论食物特征关键词，填写食品信息工作页，提炼直播食品卖点 2. 赏析范例，梳理结构。研读直播文案样例，梳理四段式写作结构 3. 组织句子，仿写文案。圈出范例实用推介句式，在大纲中套入卖点词汇，仿写成篇 4. 多元评改，优化语篇。批改网自动纠错，学伴交叉互改，小组推优，教师反馈指导
难点	食品英语直播的口语表达
确定理由	1. 学生缺乏英语演讲经验，词汇记忆、连句成段的语言综合运用能力不足 2. 学生较难在直播演示过程中熟记食品信息的英语表达，并有效与听众进行互动交流
化解方法	1. 学生活动：从朗读文案到组内比赛、头脑风暴、角色扮演、直播演练，进行多次口语训练 2. 教师指导：样例示范、问题反馈、询问指导、点评指引等全过程、多维度引导 3. 资源支持：直播片段示范、直播实景演练、企业导师点评、直播平台评测多元助学

三、学习资源

1. 学习环境

（1）校内学习场地：学院校企合作电商直播实训室。内设集中教学区、直播实训区、成果展示区、产品储物区等。

（2）校外调研场所：某广东特产超市。

2. 学习资源

为了有效引导学生完成学习任务，激发学习兴趣，适应教学各环节活动的开展需求，帮助突破学习重点及化解难点，在原有教材学材的基础上，开发了任务书、工作页、写作指南、文案范例等非数字化学习资源和希沃白板教学课件、食品海报、微视频、听力音频、问卷星评分量表等数字化学习资源，详见表 5。

表 5　学习资源一览表

序号	资源类别	名称	运用环节	资源用途
1	非数字化资源	教材《新模式英语 1》	全过程	课前预习、课中引领
2		图表阅读工作页	课中	巩固食品容器 / 包装类词汇
3		商品信息卡工作页	课中	食品信息关键词串联
4		直播文案语料库工作页	课中	搭建文案写作语料库
5		文案范例	课中	直播文案写作参考
6		直播脚本写作指南	课中	制订脚本评价规范
7		写作任务书	课中	引导学生独立写作
8	数字化资源	希沃白板教学课件	全过程	教学流程直观化
9		食品海报案例图	课前	提供小组任务样本
10		直播助“荔”销售微视频	课前	思政浸润
11		广东优品助农直播片段	课中	直播演练前观摩学习
12		食物容器量词听力音频	课中	听力输入，练习巩固
13		直播演练评分问卷	课中	直播演练小组互评
14		小组成员表现鉴定表	课后	小组组长评价
15		学习成效自评问卷	课后	学生自评
16		学业总评表	课后	教师学业总评

续表

3. 工具材料

在教、学、评课堂活动中，主要应用到了软件工具、网站平台、教学材料等作为辅助教学的手段，详见表6。

表6　工具材料一览表

序号	名称	运用环节	资源用途
1	云班课	课前 / 后	发布任务，投票测评
2	有道词典	全过程	词汇释义及发音查阅
3	淘宝平台	课前	电商文案信息检索
4	易企秀	课前	小组设计食物选品海报
5	学习强国	课前	观看助农直播视频
6	食品实物	课中	直播推介载体
7	Xmind 软件	课中	写作前辅助学生构思
8	批改网	课中	写作即时反馈纠错
9	教具（磁贴、便利贴）	课中	辅助教学实施
10	抖音 App	课后	直播视频上传
11	问卷星	课中、课后	小组评价与问卷调查

四、教学组织

以课前导学、课中练习、课后提升的教学主线，创设英语助农直播的任务情境，通过 8 个环节的教与学活动，助推学习目标实现，具体教学流程见表 7，教学实施过程见表 8。

表7　教学流程一览表

教学环节	教学流程	学生活动	教师活动	学习成果	教学方法
课前导学	助农有约 任务初探	实地调研 绘制海报	发布任务	特产信息 食品海报	任务驱动教学法 案例教学法 合作学习法 角色扮演法
课中练习	选品汇报 语料搭建	展示选品 视听输入	创设情境	图表理解 听音填词	
	卖点提炼 信息串联	头脑风暴 梳理卖点	演示组织	食品信息卡 卖点思维导图	
	脚本研读 案例仿写	案例学习 仿写初稿	解析范例	直播语料库 文案初稿	
	团队帮扶 文案优化	交叉互改 修订文案	巡回指导	文案定稿	
	主播遴选 口语比赛	组内评优 分角预演	记录反馈	朗读语音 互动题库	
	直播演练 实战互评	口语推介 互动互评	提升指引	英语直播	
课后提升	视频发布 在线评比	视频优化 视频发布	学业总评	助农直播短视频	

表 8　教学实施过程

教学过程	学生活动	教师活动	教学手段与方法	学习成果	学习评价	设计意图
课前导学						
助农有约，任务初探（课前 1 周）	1. 组建直播团队，明确分工，确定食物选品 2. 实地走访，线上调研，搜集食品信息关键词并上传 3. 结合云班课示例分组设计双语食品海报 4. 观看助农直播视频片段	1. 组织学生分组分工 2. 发布助农行动任务和指引 3. 云班课上传数字化资源	1. 教学手段：云班课、学习强国、淘宝平台、有道单词 App 2. 教学方法：分层教学、合作学习法	1. 特产关键词 2. 食物图片 3. 双语食品海报	教师线上定量评价为主，定性评价为辅	激发学生主动学习的动机与热情，确保学生全员参与任务实践，建立助农直播认知与职业认同
课中练习						
Step 1：选品汇报，语料搭建（25 分钟）	1. 小组展示双语食品海报，问卷星互评 2. 阅读食品广告，填写工作页，听辨容器量词及价格 3. 记录食品推介词汇，建语料库	1. 检验课前任务成果，组织互评 2. 情境导入，引导图表阅读与工作页填写 3. 讲授食物容器类量词，讲评听力练习	1. 教学手段：教学课件、食品实物、问卷星 2. 教学方法：翻转课堂、讲授法、引导文教学法	1. 双语海报展示 2. 图表阅读工作页 3. 直播文案语料库	1. 问卷星小组互评 2. 教师观察评价 3. 学伴交叉互评	让学生做课堂的主人，在真实情境中主动学习，为写作任务打好词汇基础
Step 2：卖点提炼，信息串联（20 分钟）	1. 回顾食物分类（type）、名称（name）、特征（features）和“主语 +be 动词 + 形容词”的描述句式 2. 填写本组推介食品的商品信息卡（product information） 3. 头脑风暴，绘制食物卖点思维导图（food mindmap）	1. 思维导图演示单元主题一、二知识点 2. 巡回指导学生填写商品信息卡工作页 3. 示范演练 Xmind 软件如何搭建食物主题知识链，发布小组任务，巡回指导	1. 教学手段：计算机、Xmind 软件 2. 教学方法：思维导图教学法、合作学习法	1. 食物卖点思维导图 2. 食物英文商品信息卡	教师评价为主，学伴互评为辅	串联旧知与新知，让学生从整体感知单元主题知识；发散学生思维，提高课堂专注力和参与度

续表

教学过程	学生活动	教师活动	教学手段与方法	学习成果	学习评价	设计意图
Step 3：脚本研读，案例仿写（35 分钟）	1. 阅读 150 个左右单词的直播脚本样文，划分语篇结构（text structure） 2. 梳理直播流程，确定文案写作框架，记录段落衔接词（cohesive words） 3. 结合食品信息工作页和思维导图，套用文案大纲结构，将食品卖点信息词串联成句，独立完成写作任务书（writing task）	1. 分析直播推介文案案例，组织快速阅读（scanning） 2. 邀请学生展示研读成果，讲解四段式写作结构（outline） 3. 解析直播文案写作指南，发布写作任务书，指导学生写出文案初稿（first draft）	1. 教学手段：教学课件、直播文案范例、计算机、写作任务书 2. 教学方法：案例教学法、任务驱动教学法	1. 直播文案语料库 2. 食品直播推介文案初稿	学生互查互评文案写作结构，教师关注学生对四段式写作结构的初步运用	引入直播文案范例和直播写作指南，提高学生创新意识、自主学习能力和对标行业规范的职业素养
Step 4：团队帮扶，文案优化（20 分钟）	1. 上传初稿至写作批改软件，筛查语法、拼写、句子完整性等低阶错误，根据反馈润色文案 2. 小组间交叉阅读，圈出错误并给出修改提示，返回原作者二次修订 3. 小组内评选本组最佳文案，共享至小组学习群熟读	1. 引导学生用好写作批改软件订正文案错误 2. 组织小组间交叉传阅文案，给出共性错误的修改意见 3. 观察小组活动和独立修改完成情况，记录在总评表中	1. 教学手段：教学课件、批改网平台 2. 教学方法：合作学习法	助农食品直播文案修订稿	平台评测、小组互评、教师一体多元评价	智能写作批改软件提供即时反馈，提高课堂效率；小组帮扶互评互改，营造互助式学习的良好氛围，提高英语文案写作能力

续表

教学过程	学生活动	教师活动	教学手段与方法	学习成果	学习评价	设计意图
Step 5：主播遴选，口语比赛（25 分钟）	1. 观看直播视频样例，记录直播要点 2. 反复朗读文案并录音，直至表达通畅 3. 组内口语比赛，选出助农主播 4. 角色扮演试播，互动提问，记录问题	1. 介绍直播 4S 原则：Smile/Speak/Specific/Support（微笑 / 表达 / 具体 / 协作） 2. 巡回指导，纠正语音语调等口语表达问题 3. 组织口语比拼和角色扮演活动，确定主播	1. 教学手段：教学课件、直播视频、录音软件 2. 教学方法：角色扮演法、交际法	1. 朗读语音 2. 直播推介互动问题语料 3. 英语直播预演	学生自评句子表达流畅性，组长评价成员解说连贯性，教师总评英语口语输出水平	通过视频直播让学生直观感知直播实战流程，口语比拼活跃课堂氛围，角色扮演对直播场景进行教学化处理
Step 6：直播演练，实战互评（35 分钟）	1. 助农食品直播预告，齐喊双语卖点口号 2. 模拟助农直播，限时 5 分钟讲解食物及互动 3. 在问卷星进行小组互评，口头评价直播表现，提出建议 4. 总结与反思个人和小组学习收获，接受课后任务	1. 组织直播预告，介绍模拟演练安排，重申直播 4S 原则 2. 协助直播实战活动顺利开展，记录小组及成员表现 3. 引导小组线上互评，邀请学生现场点评 4. 总结回顾直播表现与本课学习内容要点，布置课后提升任务	1. 教学手段：直播设备、问卷星 2. 教学方法：情境教学法	助农直播演练视频	小组和教师对主播是否口语表达流畅、产品介绍完整、卖点展示具体、顾客互动有效、团队配合度高进行评价	激发地域美食文化自信和团队合作精神，打造沉浸式直播体验，增加学生的职业成就感和英语学习收获感
课后提升						
视频发布，在线评比（课后一周）	1. 接受企业导师直播表现点评，重拍助农直播视频 2. 发布视频至视频平台，广泛传播获取点赞 3. 组长总结成员表现，用问卷星填写鉴定表	1. 邀请企业导师录制点评视频 2. 指导各组进一步优化直播视频，并审核内容后上传视频平台 3. 评选“最美助农人”和“最佳公益助农团队”	1. 教学手段：直播设备、云班课、视频平台 2. 教学方法：任务驱动法	优化后的助农直播视频	组长评定、企业评价、平台评测、教师总评四位一体	对接真实工作岗位需求，延展课堂空间，培养职业自豪感，让学生厚植家国情怀

续表

五、课堂教学实录说明

本实录视频对应“环节六：直播演练，实战互评”，展示内容包括直播预告、两组学生模拟助农直播、现场进行广东代表性食品带货解说和互动答疑过程，辅以教师活动组织、指导反馈与小组互评。具体内容见表9。

表9　课堂教学实录内容分析

学习步骤	学生活动	教师活动
直播预告	1. 分组进行直播预告	导入直播演练环节，邀请每组进行直播预告，营造直播气氛
直播4S原则	2. 回顾朗读直播4S原则： （1）Smile to your audience 微笑热情，展示新农人风采 （2）Speak English fluently 流畅表达，讲好广东美食故事 （3）Give specific information 卖点具体，让销量翻倍 （4）Support the team 团队配合，在合作中共同进步	带读直播4S原则，重申英文直播评分要点，介绍直播展示顺序和流程，安排学生任务
模拟直播	3. 单品直播解说：两组主播分别上台进行限时直播，每组限时3分钟 4. 互动答疑：即时回答其他组成员的提问，互动时长限2分钟	组织直播活动，对主播及团队表现进行过程记录；引导其他组学生扮演听众，模拟直播间互动
小组互评	5. 小组互评：在两组完成模拟直播后填写问卷星评分表，根据以下5个维度进行评分：口语表达流畅、产品介绍完整、卖点展示具体、顾客互动有效、团队配合高效	在学习群发放问卷星评分表，指导小组互评，巡回指导
小结	6. 知识小结：整体点评前两组直播表现，回顾直播要点	对知识点进行小结，预告下节课内容

六、教学反思

1. 教学效果

以真实工作任务为引领，直播相关工作成果为导向，基于英语听说读写综合语言能力培养要求设计工学一体的学习活动，让学生在练中学、学中练，以课堂演练促直播实战，这样教学更加有效。多种信息化软件资源入课堂，实现单词速记、海报设计轻松上手、电商文案范例演示、写作快速构思、作文秒批、学业评价快捷、学习数据智能采集，这样学习更加高效（多元信息化手段及其效果如图2所示）。聚焦于广东优品助农扶贫直播的任务，在学习活动中树立地方特产和美食文化的自信，感悟本专业服务区域乡村振兴和家乡产业的社会价值，强化电商职业认同感和技能报国的理想信念，内化于心、外化于行、实践于行，这样育人更加长效。

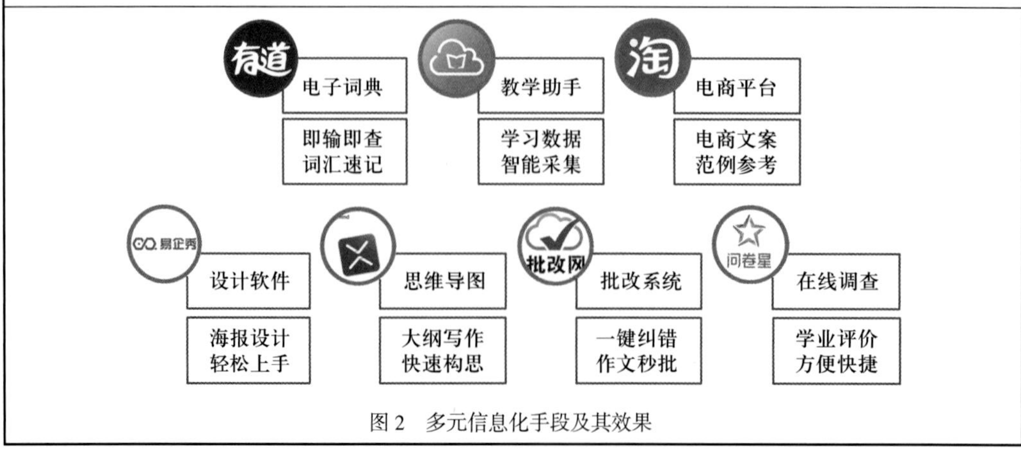

图2　多元信息化手段及其效果

续表

2. 特色创新 学生了解家乡—热爱家乡—振兴家乡的家乡情怀贯穿始终，素养培养得到阶梯提升；坚持工学一体化技能人才培养模式，在课堂内外创设真实职业情境，立足广东地域和专业实际二次开发英语课程，设计英文直播推介教学活动，服务了专业人才培养；课堂前中后三阶段信息化手段充分运用，学生主动学习、自主学习、探究学习的能力得到成长。 3. 不足与改进 学生尚处于专业学习的初始阶段，产出的部分专业相关成果质量不佳，同时缺乏英语口语演讲经验，直播讲解食品时自信心仍显不足。在今后的英语教学实践中，应给予学生更多的课内外口语表达机会，让他们想说、敢说、能说英语，如创设英语交际环境，营造有趣的英语课堂，组织丰富的英语输出活动，包括但不限于课前集体朗读、轮值上台带读、口语课堂操练、课后英语交流等。

【点评】广州市技师学院　郭世航

本作品围绕“立德树人”和“工学一体”两大教学理念，对教材《新模式英语 1》中的 Food（食物）这一主题的学习内容进行了重构。让学生发挥专业特长，用英语讲好中国美食故事，助力乡村振兴，落实“立德树人”根本任务。让学生了解、热爱、振兴家乡，是贯穿整个单元设计的思政主线。学生通过比拼家乡美食，加深了对家乡美食的了解；通过食物品鉴，提升对家乡美食的热爱；通过美食推介，为家乡美食代言，实现振兴家乡的目的。教学中，基于学生的专业特长，引入主播带货的职业情境，设计美食比拼、食物品鉴、美食推介三个分主题，将英语语言知识学习、技能习得、素养培养融入具体情境中，促使学生在情境中学习。尤其是第三个分主题，以工学一体的教学理念为引领，开发电商工作场景、直播学习资源，对主播的职业活动进行教学化转化，对接产出了系列直播学习成果，是公共基础课服务专业，以及在基础课中实践“工学一体”技能人才培养模式的有益探索。

语文：古代诗词欣赏

广州市白云工商技师学院　周文清

学习单元分析

课程名称	语文	学习任务	古代诗词欣赏
课时	20	教学对象	2021级幼儿教育中技2班

一、学习单元价值分析

1. 单元来源

古代诗词欣赏单元选自《语文（基础模块）》上册第五单元，该教材共分青春年华、处事美德、科学精神、职场起点、古代诗词欣赏、小说剧本欣赏、磨砺心智七个单元。每一单元学习目标清晰，文体和阅读方式系统化，且在每一单元设有阅读与欣赏、表达与沟通、语文综合实践活动三大板块。每个教学板块既相互独立又相互联系，共同组成教学单元。该教材注重语文学习方法和语文基础知识与应用，通过口语交际、写作、语文综合实践活动的相关训练，提高学生语文综合应用能力。选文注重经典性、时代性、情境性、实用性，符合中职生年龄特点和兴趣爱好。

2. 单元价值

古诗词是我们中华优秀传统文化的重要组成部分，能陶冶学生情操，提升审美能力，是中职语文教学的重要内容，占教材内容的比例大，有单独的单元设置。学习鉴赏古诗词，有利于提升语文核心素养，即语言建构与运用、审美鉴赏与创造、思维发展与提升、文化传承与理解。

（1）古诗词教学有利于提高学生的语言建构与运用能力。

好的诗歌都是用经过锤炼的艺术语言写成的，是运用语言的典范，也是学生学习语言的好材料。让学生诵读古代经典诗文，使其得到优秀传统文化的熏陶，这既是阅读教学的应有之义，也是语文学科实施素质教育行之有效的良方。

（2）古诗词教学能使学生提高审美鉴赏与创造能力。

古诗把色彩美、画面美、意境美与艺术妙笔融为一体，有着特殊的审美功能，学生能从中受到美的熏陶。“诗中有画”“画中有诗”“诗中有情”“诗中有理”，既闪耀着美的光彩，又给人以深刻的启迪；既抓住“亦画、亦情、亦理”的特点，又让学生思想情操受到美的陶冶和升华。不仅加深了对古诗词的理解和感悟，更锻炼了学生独立的思维能力，对于提升学习语义的能力、促进智力发展和培养学生创造性思维具有十分显著的作用。

（3）古诗词教学能促进学生思维发展与提升。

通过古诗词联读，既可以拓展学习空间，开阔眼界，活跃思维，使学生对古诗文的认识更加充分、深刻，又可以让他们看到阅读材料彼此间的差别，把握其特点，提高古诗词鉴赏能力。学生开动脑筋、活跃思维，最大限度地打通课内课外知识，提升语文的知识迁移能力，拓宽语文学习的空间，开阔诗歌鉴赏视野，培养了思维能力。

（4）古诗词教学能帮助弘扬民族传统文化。

古诗词不仅体现古人对社会事物、人情哲理的深刻认识，更是千百年来劳动人民的智慧结晶。它能让学生珍惜新生活，激发热爱祖国和思乡惜友之情，学会阐明事理、为人处世之道，在潜移默化中提高思想道德素质。

续表

二、单元学习目标
从语言、思维和价值三个维度确立本单元的学习目标，分别为： 1. 语言目标 （1）能准确、流利、有感情地诵读诗词，体会古诗词的音韵美。 （2）能鉴赏诗词作品的意象、人物形象、语言风格、表达技巧，并深度鉴赏诗歌的语言魅力。 2. 思维目标 （1）能运用思维导图、人物轨迹图等形式梳理诗词的情感线索和人物生平，提升思维的严密性。 （2）能对比赏析诗词内容和情感的异同点，提升比较分析的能力。 3. 价值目标 （1）能拓展诗词美的内涵，培养高尚的审美情趣和审美能力。 （2）能品悟诗词意象中承载的文化内涵，培养积极的价值取向。
三、单元学习内容
古代诗词欣赏单元是《语文（基础模块）》上册第五单元，教材所选的诗歌容量大，共有12首诗歌，课时安排较为紧张，为20课时。在这种情况下，对每一首诗都具体研读是不可能的。语文课标明确了语文的课程性质是工具性与人文性的统一；使学生具有较强的语文应用能力和一定的审美能力、探究能力；注重学生的“情感态度和价值观”的培养。 在新课标理念指导下，设计本单元时注意到了对学生人文情感的熏陶，把诗歌单元中同一类型的题材组织起来进行教学。一共5个主题20个课时，涉及古诗鉴赏中常见的浪漫主义、现实主义、豪放派、山水田园诗、爱情诗5种类型，分别为：诗酒人生化谪仙——《将进酒》《宣州谢朓楼饯别校书叔云》联读；望跌宕人生路，系一世家国情——杜甫《登高》赏析；千古赤壁，豪情万丈——《赤壁怀古》《赤壁》《青玉案》联读；赏日月山川，悟文人情怀——《归园田居》《客至》《山居秋暝》联读；“我想你了”用古诗怎么说？——《无题》《一剪梅》联读。五大学习主题边界清晰，层次清楚，按照诗人、诗歌在诗歌史的地位并结合诗歌类型进行课程排序，衔接紧密，具有梯次性。
四、学情分析
本课程学习对象是2021级幼儿教育中技2班，共24人，其中男生3人，女生21人，女生居多。由于幼教专业的特殊性，该班的艺术特征较为明显，审美能力较强。根据课堂班级优化大师平台线上评价反映，该班学生近一个月的学习状态在一周前达到峰值，本周学习状态有所下降，结合问卷星调查发现学生目前学习所遇困境主要集中在学习效率和动机上。学情数据分析如图1所示。 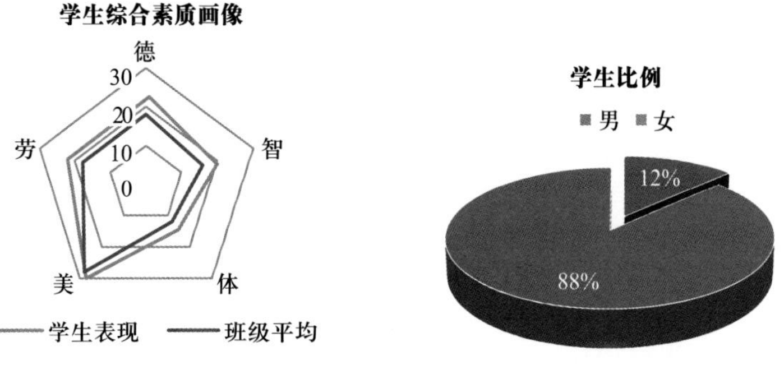

续表

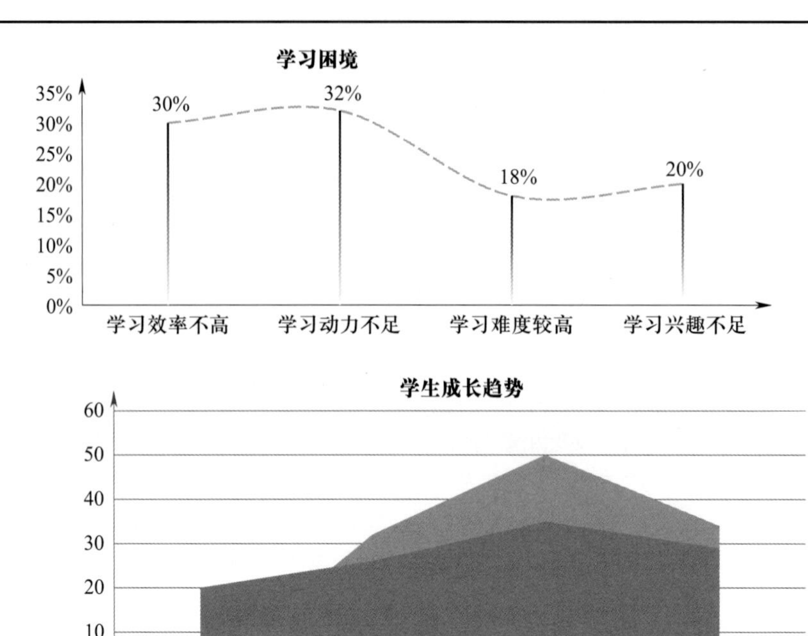

	三周前	两周前	一周前	本周
■学生表现	0	32	50	34
■班级平均	20	26	35	29

图 1　学生学情数据分析

五、单元重点和难点

1. 学习单元重难点

重点：逐步掌握古诗词鉴赏基本方法，认识古诗词的当代价值。

难点：欣赏诗歌的独特魅力，思考人生感悟，提高思想修养和文化品位。

2. 化解方法

（1）诗词鉴赏教学应以学生为中心，把学生作为鉴赏主体。引导学生走进作品，用自己曾经有过的阅读体验和生活体验，自由感受诗词，去想象、认识作者眼中的世界和心里的世界，洞见作者的人品性格，逐步培养学生的诗词鉴赏能力和审美愉悦情感。

（2）充分发挥好教师的主导作用。就诗词鉴赏教学来说，技工院校学生处于审美意识、审美观念初步形成的阶段。教师要充分发挥好主导作用，设置情境，巧妙引导，充分调动学生的情感，让他们体味作品的思想内容，进行广泛的联想活动，从中发现自己、认识自己，产生共鸣，得到启迪。

（3）引导学生熟悉诗词创作的常见手法，掌握诗词欣赏的常用技巧。诗词表达技巧的获得不能依靠教师的灌输，需要学生结合自身鉴赏实践进行总结。教师要引导学生把一些零星的鉴赏体会总结成规律性的东西。在具体的教学中，教师要适时提出一些针对性的问题，让学生的自主学习更深入，这样学生的水平才会慢慢提高。当然，鉴赏经验的获得不是一次就能完成的，要经过反复练习，循序渐进地培养学生诗词鉴赏的语感。

（4）课堂上辅以多媒体手段。用优美的画面和精练的视频营造诗词氛围，创建“课堂诗场”，启发学生在诗歌情境中讨论探究，在优美的诗词氛围中对比阅读、体会感悟。还可以采用一些多样性的教学方式，例如研讨、比赛、模仿等，增加学生的课堂参与度，提高学习积极性。

教学设计

<table>
<tr><td>课程名称</td><td>语文</td><td>学习任务</td><td>《登高》赏析</td></tr>
<tr><td>课时</td><td>4</td><td>教学对象</td><td>2021 级幼儿教育中技 2 班</td></tr>
<tr><td colspan="4">一、选题价值</td></tr>
<tr><td colspan="4">1. 主题来源
本次学习主题选自《语文（基础模块）》上册第五单元古代诗词欣赏第 2 个学习主题，以杜甫诗歌篇目《登高》为讲解重点，共设计为 4 个课时，结合布鲁姆认知层次理论（图 2）分为浅层学习和深度学习各 2 个课时，旨在帮助学生夯实诗歌诵读基础知识的同时对学生进行人文素养熏陶，全面加强素养训练，提高学生的职业素养。
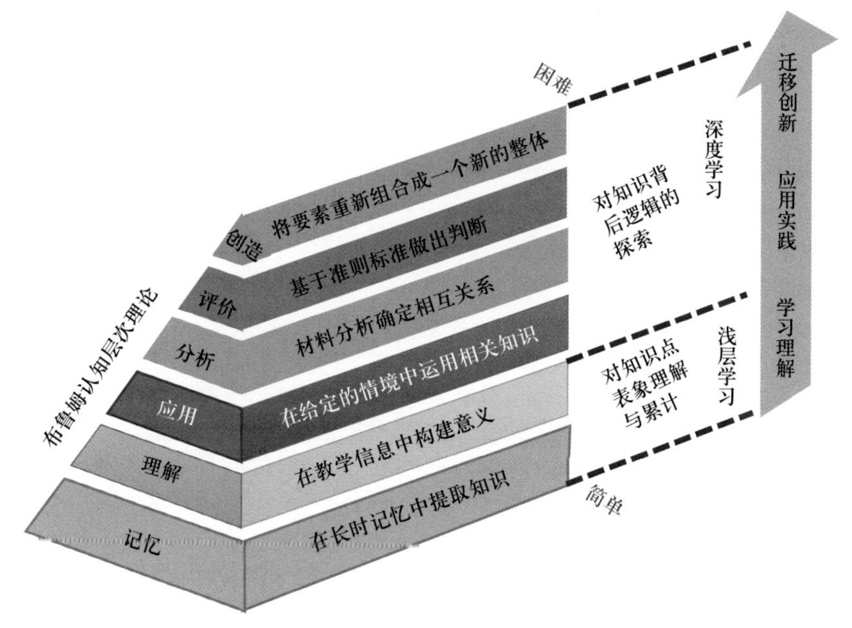

图 2　布鲁姆认知层次理论
2. 选题价值
本次主题围绕杜甫诗歌《登高》进行讲解。优秀的古典诗文是我们的国之瑰宝，它是古代文化精英们对宇宙自然的独特观察，具有永恒的思想情感和艺术魅力。杜甫作为中国古代诗文史上一颗璀璨的明星，是后世文人眼中的“诗圣”，是鲁迅口中的“中国人的脊梁”，他的不朽诗篇和心系天下的家国情怀是每个中国人应该传承的精神财富。</td></tr>
<tr><td colspan="4">二、学习目标</td></tr>
<tr><td colspan="4">1. 确立依据
语文课程是技工院校学生必修的一门公共基础课程。本课程的任务是通过阅读与欣赏、表达与交流和语文综合实践等学习活动，使学生具有较强的语言文字运用能力和思维能力，能够传承中华民族优秀文化，吸收人类进步文化，提高人文素养，养成良好的道德品质，成为全面发展的高素质技术技能人才。
为落实此任务，在教授本学习主题的过程中结合了学生发展六大要素，如图 3 所示。以科学性、时代性和民族性为基本原则，以培养“全面发展的人”为核心，促进学生全面发展。
学生发展的六大素养 18 个基本要点：以科学性、时代性和民族性为基本原则，以培养“全面发展的人”为核心，分为三个方面，综合表现为六大素养，具体细化为国家认同等 18 个基本要点。</td></tr>
</table>

续表

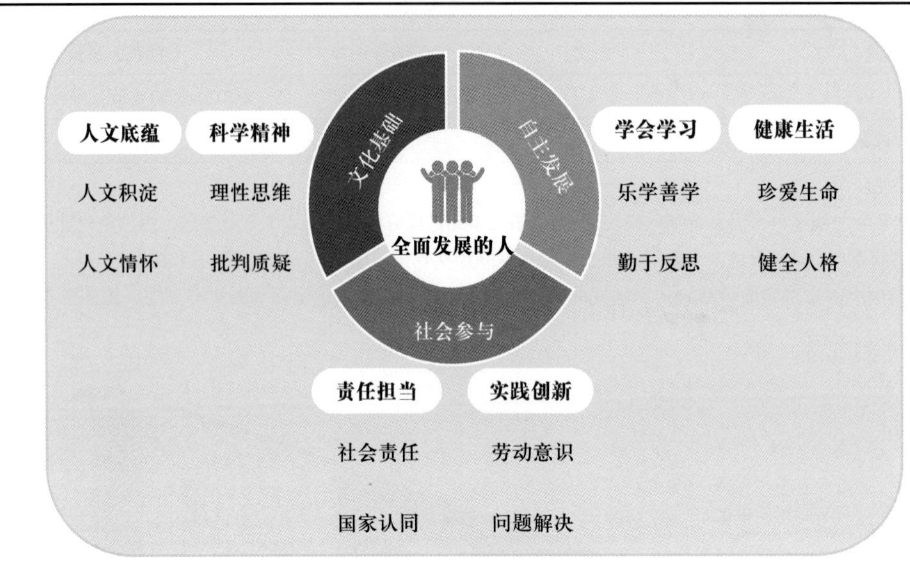

图 3　学生发展六大要素

2. 学习目标

依据课程标准任务以及学生发展六大要素，制订该主题浅层学习和深度学习两个学习阶段的课前、课中、课后学习目标，见表 1。

表 1　课程浅层学习、深度学习阶段学习目标

阶段	浅层学习阶段（2 课时）目标	深度学习阶段（2 课时）目标
课前	1. 通过微课视频学习，了解杜甫生平及创作背景，制作杜甫人物简历 2. 能借助互联网资源，在学习任务书中为生字词（渚、鬓、潦）标音、释义并概括诗歌的基本内容	1. 能联系所学内容结合幼儿教育专业知识，以小组合作的形式探讨并制订幼儿园教学活动方案 2. 能在课堂练习“人物颁奖词”写作，并排演成课堂节目
课中	1. 能读准字音，读准诗句节奏，准确把握全诗悲壮的情感基调并背诵 2. 能指出情景交融和意象在《登高》中的运用，理解“一切景语皆情语”，感受诗人深沉的苦痛与忧思 3. 穿越唐朝为杜甫撰写“感动中国人物颁奖词”	1. 能联系之前所学“望诗”《望岳》《春望》，与《登高》进行对比赏析，画出杜甫三个人生阶段的坐标轴 2. 能结合幼儿教育专业知识，模拟幼儿园教学情境，给幼儿园小朋友从小种下“爱国的种子” 3. 以“我话杜甫”为题撰写杜甫人物颁奖词，并在班级展现。品味杜甫在逆境中不懈追求人生价值的抱负和承受苦难的人格，怀家国之心，担时代重任
课后	1. 诗画中国：能结合之前所学杜甫“望诗”《春望》《望岳》，为三首“望诗”中任意一首诗歌配图 2. 根据建议优化人物颁奖词	1. 能以小组为单位在专家督导老师的点评下完善跟诗圣杜甫幼儿教学有关的创意方案，并拍摄抖音视频，完成抖音集赞任务 2. 最高分小组获得专家指导，参加当代杯全国幼儿教师职业技能大赛

续表

教学目标特点：由浅入深，层层深入，多维度，立体化，明确具体，可迁移，操作性强，符合布鲁姆认知层次理论。

三、内容分析

1. 学习内容

根据学生学情，从理论知识、通用能力和思政素养三个方面设置本主题学习内容和学习任务，见表2。

表2 主题学习内容和学习任务

类型	内容		学习任务
理论知识	知诗人	杜甫生平介绍	设计杜甫人物简历 职业素养
	找意象 悟意境	风、天、猿、渚、沙、鸟、落木、长江意象的文化内涵以及渲染的氛围	撰写诗歌镜头脚本； 诗画中国：为诗歌配图 创新能力 审美能力
	明手法 解诗情	情景交融手法在诗歌中的运用； 杜甫的“悲”情体现在何处	人物采访，与杜甫对话； 为杜甫撰写“感动中国人物颁奖词” 创新能力 表达能力 写作能力
	比读“望诗”	结合所学知识比读《登高》《望岳》《春望》的异同 思辨能力 分析能力	绘制三首诗的坐标轴 创新能力
	职业教育	《登高》在幼教专业幼儿教学活动上的运用； 《登高》在培育职业道德上的作用 职业素养	用打击乐、手势舞和声乐的形式表达《登高》； 用集体朗诵的形式表现杜甫颁奖词 创新能力 表达能力
思政素养	在逆境中不懈追求人生价值的抱负；厚植家国情怀		

备注：方框部分为通用能力。

2. 学习过程

结合学情、学习内容和学习任务，分别设置穿越唐朝帮助杜甫参加《感动中国》栏目和结合幼儿教育专业知识模拟幼儿园古诗教学的两个教学情境，如图4所示。

本学习主题的学习过程以具体情境为载体，坚持学生的主体地位，一共分为与杜甫相遇—与杜甫同行—与杜甫同感—与杜甫对话—为杜甫撰写颁奖词—《登高》《望岳》《春望》对比联读—“望诗”内容结合幼教专业创设幼儿园情境—杜甫颁奖词的创新演绎8个部分，浅层学习和深度学习两个阶段，由浅入深，从理解到运用，帮助学生提高语文素养，促进全面发展。学习过程如图5所示。

续表

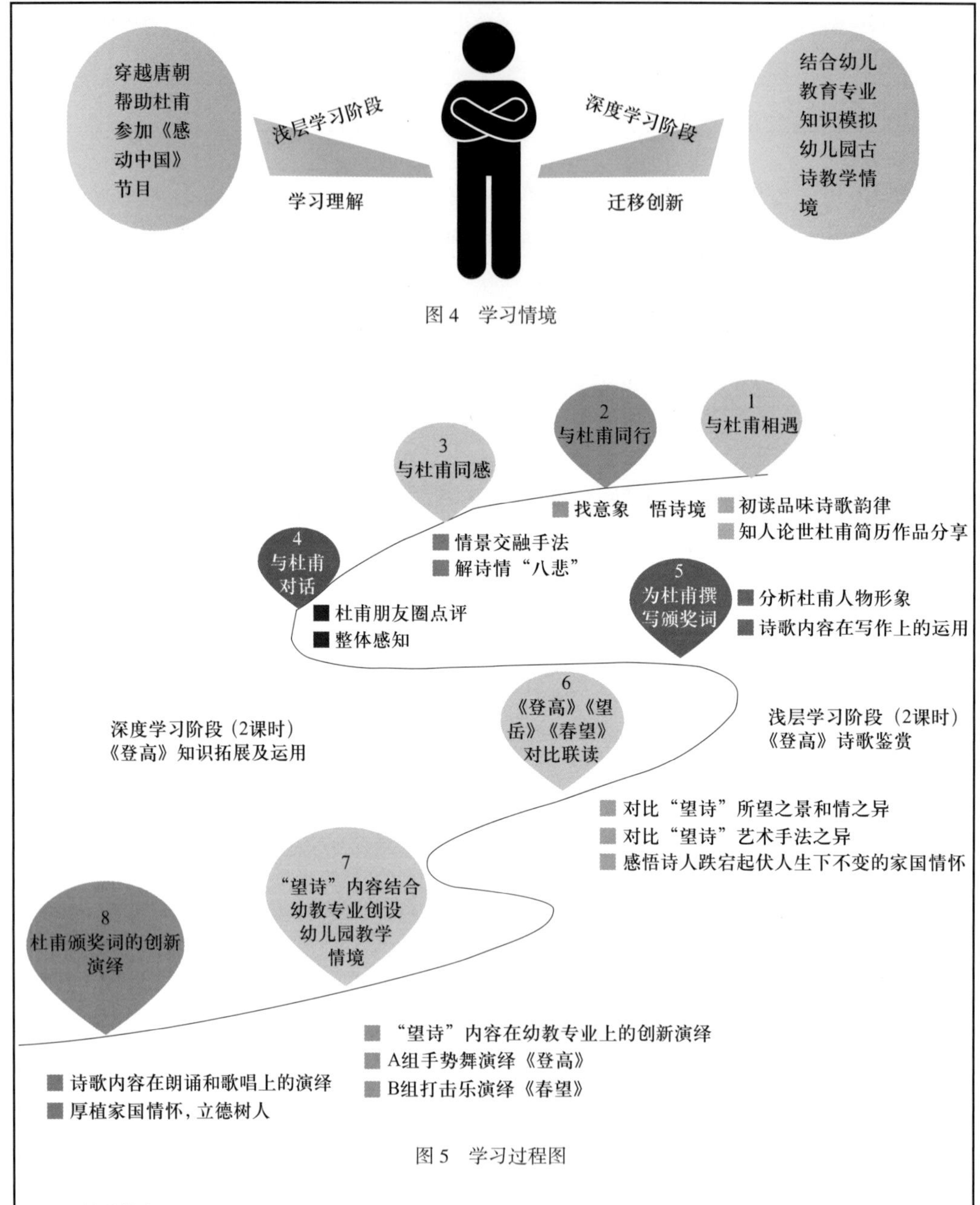

图4　学习情境

图5　学习过程图

3. 教学策略

为了完成上述学习内容，教学全程采用ISW（Instructional Skills Workshop）工作坊所培训的教学模式BOPPPS混合式教学模式，该模型以教学目标导向、以学生为中心，分为B——Bridge-in（引入、热身、导语）、O——Objective/Outcome（学习目标或结果）、P——Pre-Assessment（课前摸底或前测）、P——Participatory learning（参与式学习）、P——Post-assessment（后测）和S——Summary（总结）六个教学环节。通过课前、课中和课后三个环节展开线上线下教学，并结合任务驱动法、情境教学法、图画法、头脑风暴法、游戏法、思维导图法等多样化教学方法，提高学生的课堂参与度和学习深度，实现良好的师生互动。具体实施流程如图6所示。

续表

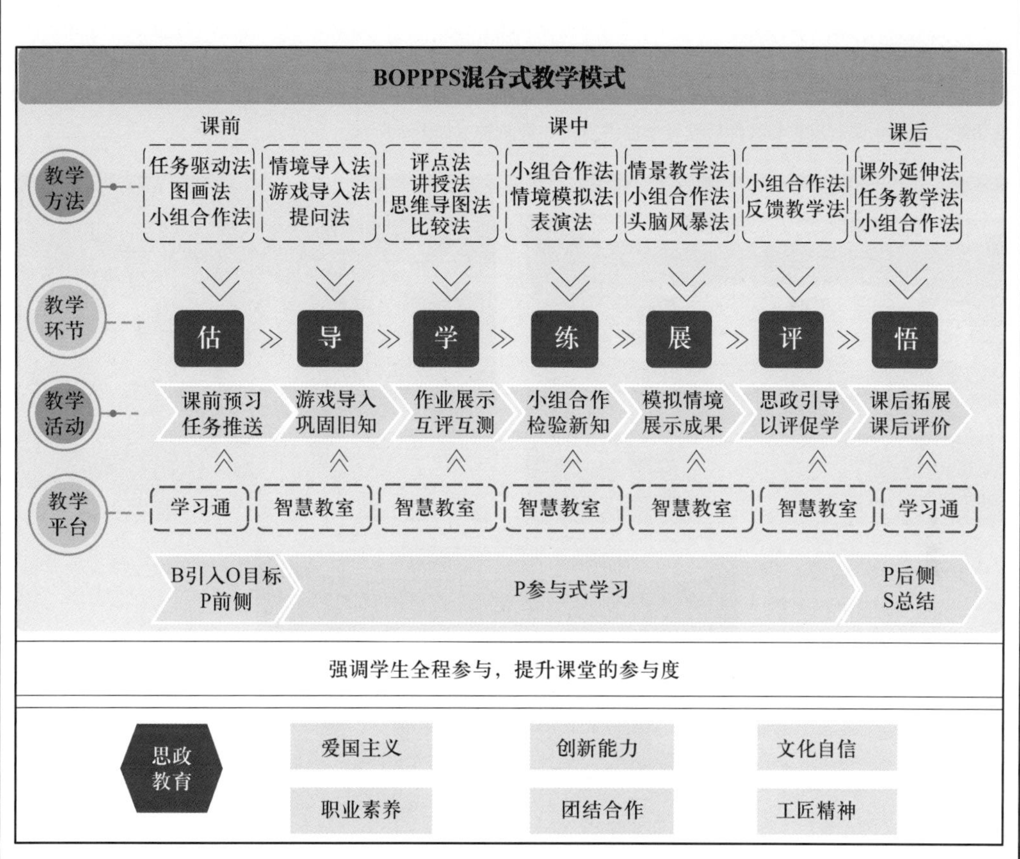

图 6 BOPPPS 混合式教学模式实施流程图

四、学习资源

1. 学习场地

（1）模拟幼儿园

学生能在模拟教室里面最大程度地去参与真实的幼儿园教育教学活动，操作丰富多样的教具，开展幼儿园游戏及各领域教育活动的试教活动。模拟幼儿园如图 7 所示。

图 7 模拟幼儿园

续表

<table>
<tr><td>

（2）智慧教室

课中学生进入智慧课堂，营造良好的团队合作、交流学习氛围，提高学习积极性，同时具备全自动录播课堂功能，为学生课后反思和教师后续教学提供支持。智慧教室如图 8 所示。

图 8　智慧教室

（3）资源配备

1）集中教学区：配备多媒体和实物教具，授课方式方便、快捷，辅助学生有效学习。

2）资料查询区：存放学习资料（指导书等资料），帮助学生自主学习。

3）专业督导教师区：邀请专家督导教师参与课堂，及时给予学生指导，用活动标准引领和激励学生学习。

2. 学习资源

为了便于混合式教学模式，硬件资源使用投影仪、黑板投屏一体机、白板、电脑、马克笔、绘画笔、钢琴等。并加入方式新颖、形式多样的数字化资源，综合运用了多媒体课件、学习通、问卷星、班级优化大师、视频平台等，提升学生的积极性。

</td></tr>
<tr><td>五、教学组织</td></tr>
<tr><td>教学组织见表 3。</td></tr>
</table>

表 3　教学组织表

教学过程	学生活动	教师活动	学习成果	学习评价	设计意图	教学手段与方法
课前准备	明确任务与任务评价标准 1. 接受任务，明确任务学习要求及评价标准 （1）通过微课资源预习新课知识，并根据杜甫生平介绍《唐之韵·一代诗圣》设计杜甫人物简历 （2）借助互联网资源，在学习任务书中为生字词（渚、鬓、潦）标音、释义并概括诗歌的基本内容 2. 就任务书中的疑难问题与教师在线答疑 3. 课前 3 天在线提交课前任务书 4. 按照任务书的评分标准对杜甫人物简历进行评价	发布任务与任务评价标准 1. 发布学习任务，提出学习要求及评价标准 （1）观看微课视频，预习新课，并借助互联网查阅相关资料，完成学习任务书中相关预习内容 （2）完成杜甫人物简历 2. 上传学习资源 （1）微课视频 （2）《唐之韵·一代诗圣》视频 （3）任务书 3. 在线沟通学生反馈的共性和个性化问题 4. 记录学习通中学生预习完成情况和共性问题	1. 成果 （1）学习通预习新课学习报告单 （2）杜甫人物简历 2. 呈现方式 （1）简历 （2）学习通学情分析单	任务评价 1. 参与态度 能按时完成预习内容 2. 创新和实践 能结合所学专业绘制杜甫人物简历 3. 能力提高 （1）通用能力：能自主探究，分析概括诗歌内容 （2）审美能力：能将人物背景用手绘简历的形式展现	用人物手绘简历的方式，有利于激发学生自主探索杜甫人物的兴趣；并且通过手绘实践，有利于加深学生对于杜甫的认知，启迪思维，拓宽视野	1. 教学手段（工具） 学习通、微视频、手机、教材、学习任务书、个人评价表、小组评价表 2. 教学方法 目标教学、分组教学、翻转课堂、任务驱动、视频教学、自主探究、图画法

续表

教学过程	学生活动	教师活动	学习成果	学习评价	设计意图	教学手段与方法
组织教学（3 分钟）	明确课堂纪律要求 1. 分组就座 2. 佩戴胸卡，对手机等通信设备进行静音设置，整理仪容仪表，相互检查，相互监督 3. 检查所需的学习材料是否准备完备 （1）教材 （2）任务书 （3）小组评价表和个人评价表 4. 师生问好，进行签到	提出课堂纪律要求 1. 组织学生分组就座 2. 检查教学设备和教学资源（课件、任务书、教师评价表等相关材料），强调礼仪规范要求 3. 与学生确认课前学习成果的准备情况 4. 宣布上课，问候、回礼，检查出勤情况	1. 成果 （1）签到，全班 24 人，到课率 100% （2）仪容仪表端正，手机静音 2. 呈现方式 打卡签到	任务评价 1. 参与态度 课堂到课率高，没有请假、迟到、旷课等现象 2. 协作精神 （1）能按小组要求就座，配合度高 （2）小组物料准备齐全，未出现遗漏 （3）能力提高：责任感、自我管理能力	1. 线上签到方式提高课堂效率 2. 课前整理仪容仪表，提升学生上课的仪式感 3. 学生自行准备上课物料，提升学生的责任感和职业道德，培养学生自我管理能力	1. 教学手段 学习通 2. 教学方法 讲授法
课堂导入与杜甫相遇（7 分钟）	1. 明确课堂情境和学习目标 （1）假如唐朝也有《感动中国》栏目，杜甫是其中最热门的候选人，但是杜甫很忙，你作为该栏目的负责人，请你帮他完成下列任务 （2）明确学习目标内容	1. 提出课堂情境和学习目标 （1）展示课堂情境 PPT （2）提出学习目标 1）能读准字音，读准诗句节奏，准确把握全诗悲壮的情感基调并背诵 2）能指出情景交融和意象在《登高》中的运用，并理解“一切景语皆情语” 3）穿越唐朝为杜甫撰写“感动中国人物颁奖词”	1. 成果 杜甫《感动中国》节目参赛简历 2. 呈现方式 最佳简历	任务评价 1. 参与态度 （1）能积极参与到课堂情境中，沉浸课堂 （2）能认真观看朗诵视频，感知诗歌韵律 2. 协作精神 能小组合作选出小组内最佳简历，配合度高	视频具有视听一体化的优势，是知识可视化的一种途径或工具，符合学生以具体形象思维为主的心理发展特征。在教学中融入多媒体，有利于激发学生的学习兴趣，让学生沉浸于课堂	1. 教学手段（工具） 学习通、微视频、手机、课件、教材、学习任务书、个人评价表、班级优化大师

续表

教学过程	学生活动	教师活动	学习成果	学习评价	设计意图	教学手段与方法
课堂导入与杜甫相遇（7分钟）	2. 学生进入课堂情境 （1）学生仔细观看视频内容，体会诗歌韵律，整体感知《登高》 （2）学生分享杜甫简历作业成果，并以小组为单位各选出一份最佳简历，作为杜甫参加《感动中国》的参赛简历	2. 引导学生进入课堂情境 （1）播放《登高》名家经典朗诵视频 （2）引导学生联系课前学习内容观看视频，与诗人"相遇" （3）引导学生分享课前杜甫简历作业成果		3. 能力提高 能跟随视频感知诗歌韵律		2. 教学方法 情境导入法、目标教学、任务驱动、分组教学、多媒体教学
课中浅层学习阶段（83分钟）	1. 和杜甫同行 （1）杜甫初印象 1）联系课前学习内容和名家经典朗诵视频，输入一个词语概括诗人形象 2）师生共同评出最佳形象概括词 （2）找意象，悟意境，写镜头脚本 1）以小组合作的形式找出图中与诗歌对应的意象——风、天、猿、渚、沙、鸟、落木、长江 2）为找到的意象填写画面拍摄角度和字幕 3）进行小组成果展示，并在教师的引导下对成果进行评价	1. 和杜甫同行 （1）引导学生概括杜甫的形象 1）引导学生利用学习通软件中的本班群聊功能，每个学生打出一个词汇描述杜甫 2）评出最佳形象概括词，写在白板上 （2）创设情境（你与杜甫同登高台，看到同样的景色，记录下这样的珍贵镜头，你会怎样拍摄，写出镜头脚本），引导学生找出《登高》具体意象，品悟意境 2. 和杜甫同感 （1）引导学生就诗歌情感绘制思维导图，并进行评价	1. 成果 （1）总结出杜甫最佳初印象词语 （2）为《登高》的首联和颔联写出拍摄脚本 （3）深究诗歌内容，绘制诗人情感思维导图 （4）与杜甫进行人物访谈，对话的过程中，切身感受到杜甫跌宕起伏人生境遇下的家国之情 （5）为杜甫撰写颁奖词	任务评价 1. 参与态度 能积极参与课堂活动中，思考并回答问题 2. 协作精神 （1）能小组合作写出杜甫所看之景的镜头脚本 （2）能小组合作绘制思维导图 （3）能小组合作完成人物访谈 （4）能小组间进行分享，并选出小组最优颁奖词	1. 采用群聊活动的形式让学生说出对杜甫的初印象，有利于活跃课堂气氛，帮助学生树立诗人的形象 2.《登高》的首联和颔联一共用了7个意象，对于技校学生而言抽象晦涩难懂。将难懂的诗歌语言转化成生活中常见的镜头语言，有利于帮助学生将抽象的内容转化为具体镜头	1. 教学手段（工具） 学习通、微视频、手机、教材、学习任务书、个人评价表、小组评价表、班级优化大师

续表

教学过程	学生活动	教师活动	学习成果	学习评价	设计意图	教学手段与方法
课中浅层学习阶段（83分钟）	2. 和杜甫同感 找情感，绘制情感思维导图 （1）以小组合作的方式找出首联的八悲 （2）小组合作绘制思维导图，并组间对小组思维导图成果进行评价 （3）有感情地朗诵，进入诗歌情境，感受诗人的沉郁、凄清、悲怆 3. 与杜甫对话 情境模拟，对话“杜甫” （1）小组探讨选出“杜甫”和栏目负责人代表 （2）小组合作设置情境问题并派学生代表上台展示 （3）学生对课堂展示进行评价 4. 为杜甫撰写颁奖词 （1）进入情境，为杜甫撰写颁奖词 1）进入情境并结合杜甫的生平和作品撰写颁奖词 2）对个人成果进行小组间评价和分享 3）各小组选出小组最优颁奖词进行点评和分享 （2）有感情地朗诵并背诵全诗	（2）教师对小组成果进行评价 （3）提出问题：诗中情和景的关系，小组探讨得出答案 3. 与杜甫对话 引导学生情境模拟和人物访谈 （1）提出情境模拟要求：以小组为单位进行讨论，选出两个代表，一个模仿杜甫，一个模仿《感动中国》栏目负责人 （2）引导学生选出代表、设置问题并模拟人物形象 （3）引导学生对课堂展示进行评价 4. 为杜甫撰写颁奖词 引导学生进入情境，为杜甫撰写颁奖词 （1）设置情境：恭喜杜甫成功入选唐朝首届感动中国人物，请你为他撰写颁奖词，并在各小组中选出一份最优颁奖词 （2）引导学生结合所学内容进行撰写和分享 （3）引导学生对颁奖词进行评价 （4）引导学生有感情朗诵并背诵全诗	2. 呈现方式 （1）杜甫最佳初印象词语 （2）镜头脚本 （3）思维导图 （4）访谈表演 （5）颁奖词	3. 创新与实践 （1）能将诗歌内容用镜头脚本的形式展现，从拍摄角度切身体会诗人所见之景 （2）能将诗人情感用思维导图的形式展现 （3）能将诗歌内容以人物对话的方式呈现 4. 能力提高 （1）写作能力 （2）语言表达能力 （3）人文素养提高，在写作的过程中感受杜甫在逆境中不懈追求人生价值的抱负	3. 运用思维导图的形式帮助学生将抽象的诗歌情感进行图解，更加生动具象。在绘制思维导图的过程中，学生深究诗歌内容和脉络，有助于帮助学生理解诗歌 4. 以情境模拟的方式帮助学生将诗歌内容融入情境，并且配以表演和音乐，帮助学生进行情境感悟，体验情感 5. 配合背景音乐进行反复诵读，加强学生的诗歌语感，帮助学生理解诗人情感	2. 教学方法 情境导入法、写作法、分组教学、多媒体教学、诵读法、思维导图法、小组合作、提问法、表演法、写作法、头脑风暴法

续表

教学过程	学生活动	教师活动	学习成果	学习评价	设计意图	教学手段与方法
课中深度学习阶段（90分钟）	1. 比读“望诗” （1）回顾旧知，加深印象 1）学生有感情地朗诵《登高》《望岳》和《春望》三首古诗 2）配合老师共同探究杜甫三首诗的所望之景和所望之情的不同点 3）小组合作探讨诗人的生平历程和忧国忧民的精神内核，并进行小组汇报 4）画出杜甫三首“望诗”所望之景和所望之情坐标轴 （2）巩固新知，夯实基础 1）阅读击鼓传花游戏规则 2）派学生代表上台演奏钢琴背景音乐 （3）音乐背景响起开始传花，花由第一个同学的手里传出。音乐停止时，花传到谁手上，谁就要接受老师提问。依次类推回答 PPT 中呈现问题 2. “望诗”内容结合幼教专业创设幼儿园情境 （1）阅读情境活动要求	1. 比读“望诗” （1）引导学生巩固旧知识 1）组织学生有感情地诵读《登高》《望岳》和《春望》三首古诗 2）点评学生朗诵的情感和停顿是否到位 （2）引导学生进行新知探究 1）引导学生结合之前所学知识、课前微课视频和课前资料搜集，对三首“望诗”的所望之景、所望之情进行小组探究和师生共同探讨 2）引导学生画出杜甫三首“望诗”所望之景和所望之情坐标轴 （3）引导学生在游戏中巩固新知 1）展现游戏规则 PPT 2）游戏过程中注意课堂纪律 3）背景音乐停止时向学生提问 4）根据学生回答情况评分并点评	1. 成果 （1）在游戏过程中巩固所学知识，加深记忆，提高学习效率 （2）将古诗内容结合幼教专业知识融入幼教模拟课堂，帮助学生提升职业素养 （3）通过朗诵、声乐、手势舞、打击乐、绘画、多媒体等具象的方式呈现诗歌，加深了学生对于杜甫家国情怀的理解 （4）通过班级展示活动，学生对学杜甫的历史意义有了更深刻的理解 （5）以《少年中国说》结束，学生爱国情怀和社会责任感再次点燃	任务评价 1. 参与态度 （1）能积极参与到游戏中来，课堂参与度高 （2）能积极配合老师进行课堂展示 （3）能就老师提出的问题积极探索 2. 协作精神 （1）小组合作展示配合度高 （2）课堂展示结束后能及时完成小组互评 （3）能针对问题进行小组探索求知 （4）班级展示过程中，个别同学朗诵或合唱遇到问题时全班能积极配合 3. 创新和实践	1. 该班学生思维活跃，但课堂专注力不够。经过一段时间的知识探索，学生学习状态开始进入下滑期。用游戏的方式重新激活课堂氛围，能激发学生的学习兴趣，提高学生的课堂专注度，同时渲染课堂气氛，启迪学生思维 2. 在热身游戏的过程中融入了之前所学知识，让学生巩固旧知识，加深记忆。同时老师点评，让学生查漏补缺，弥补不足 3. 以小组合作的形式就一个话题进行深入探讨，提高学生的课堂参与度和学习的自信心，激发学生主动学习	1. 教学手段（工具） 学习通、教材、微视频、手机、学习任务书、钢琴、教学课件、个人评价表、小组评价表、班级优化大师

续表

教学过程	学生活动	教师活动	学习成果	学习评价	设计意图	教学手段与方法
课中深度学习阶段（90分钟）	（2）查看小组评价表模拟幼儿园情境教学活动部分评分标准 （3）小组长汇报各自组的教学活动方案 1）A组《登高》主题：诗歌朗诵配合手势舞 + 绘画 + 背景视频 2）B组《春望》主题：诗歌新唱配合打击乐 + 背景视频 （4）小组长组织组员进行课堂展示并完成小组互评 （5）听取专家督导的建议，记录优化建议 （6）学生回答问题 1）学生思考，小组合作探究 2）小组代表发言 3）学生总结杜甫的精神内核，并思考学习杜甫对于当代年轻人的意义 3. “我话杜甫” 完成“我话杜甫”活动 （1）阅读班级活动要求PPT （2）明确小组评价表的班级活动部分 （3）学生代表上台组织活动，并进行活动展示	2. “望诗”内容结合幼教专业创设幼儿园情境 （1）呈现情境活动要求 1）模拟幼儿园的古诗教学活动 2）要求：内容符合主题，生动有趣；能激发幼儿对古诗的兴趣；让小朋友从小种下“爱国的种子” （2）引导学生查看并讲解小组评价表中模拟幼儿园情境教学活动部分评分标准 （3）组织小组汇报教学活动方案 （4）组织小组进行课堂展示，引导各组进行互评 （5）汇报各组该环节的评分 （6）引导学生技能成才、技能报国。 3. “我话杜甫” （1）呈现“我话杜甫”活动PPT内容 1）主题：“我话杜甫” 2）以班集体朗诵的形式表达你想对杜甫说的话	2. 呈现方式 （1）钢琴曲 （2）杜甫人生坐标轴 （3）击鼓传花游戏式学习	（1）课堂展示中声乐画朗诵相结合，并灵活运用新媒体手段实现，有创新意识 （2）能将教学活动方案落地 （3）朗诵与声乐结合，从杜甫延伸到现代《觉醒年代》，从古到今层层深入，具有创新点 4. 能力提高 （1）专业能力：声乐、手势舞、打击乐、诗歌朗诵等能力 （2）人文素养：家国情怀、爱国热情、责任感、使命感	4. 以行为导向为指导，将语文课程融入幼儿专业特色，在培养学生语文素养的同时锻炼职业技能，提高职业素养 5. 通过教学情境的创设，将难懂的诗歌、抽象的情感通过声乐、绘画、手势、多媒体等具象的方式展现，有利于加深学生对杜甫诗歌的理解，进一步体会杜甫的家国情怀 6. 以小组比赛的形式进行课堂展示，在注重合作的同时形成良性竞争，培养学生的进取精神 7. 通过提问法的方式进行课堂过渡，由专业技能引出思政，层层深入，进一步升华主题，启发学生对当代和自身的思考	2. 教学方法 情境导入法、游戏教学法、多媒体教学、诵读法、提问法、表演法、头脑风暴法、归纳总结、评价激励、行为导向教学法、分组教学、竞赛法、反馈教学

续表

教学过程	学生活动	教师活动	学习成果	学习评价	设计意图	教学手段与方法
课中深度学习阶段（90分钟）	1）活动形式：朗诵加声乐 2）朗诵部分： 内容：筛选并优化“杜甫人物颁奖词”作业的文字稿件 形式：全班合作转化成现代诗的形式，并以全班朗诵的形式呈现。背景视频为杜甫从年青到垂垂老矣的一生的时代画像 3）声乐部分： 内容：《人世间》歌曲 形式：背景视频为《觉醒年代》片段，青年人为中华崛起奋勇拼搏的画面 4. 归纳与总结 （1）归纳总结本次学习任务的收获和感受 （2）认真听取教师的建议，适当做笔记 （3）演唱歌曲《少年中国说》	3）感情充沛，体会杜甫的家国情怀 4）思考作为当代青年我们应该有怎样的担当 （2）引导学生查看并讲解小组评价表中班级活动部分评分标准 （3）对学生的展示进行教师点评和专家督导点评 4. 总结与号召 （1）对本次课程内容进行总结 （2）再次对学生的成果展示内容进行点评，希望学生课后对不足之处进行优化 （3）号召学生厚植家国之心，担时代重任，“以吾辈之青春，捍卫盛世之中华” （4）以《少年中国说》歌曲结束活动	（4）手势舞 （5）声乐		8. 以班级活动的形式将之前课程作业串联，以可视化（视频、朗诵、声乐）的形式呈现出来，从而增强学生学习的自信心、参与感和热情 9. 通过学生的朗诵和声乐，能进一步检测学生对杜甫家国情怀的理解程度。通过教师点评和专家督导点评查漏补缺，提高学习效果 10. 以《少年中国说》歌曲结尾，再次点燃学生的爱国热情和时代使命感，激发学生民族精神，增强学生社会责任感	
课后拓展	明确拓展任务 按照专家督导老师的点评意见完善与专业有关的创意活动方案，并拍摄抖音视频集赞	布置拓展任务 1. 指导完善幼儿教学活动方案 2. 统计视频集赞数和个人分数 3. 最高分小组将获得专家指导，参加当代杯全国幼儿教师职业技能大赛	1. 成果 完善版教学活动视频 2. 呈现方式 抖音视频	任务评价 1. 协作精神 能小组合作完善幼儿教学有关的创意教学方案 2. 应用能力 模拟幼儿园古诗教学情境	1. 将视频上传至公共媒体，有利于帮助学生树立自信，增强荣誉感 2. 有利于培养学生迁移能力和分析解决问题能力	1. 教学手段（工具） 视频、抖音等新媒体 2. 教学方法 任务驱动、小组合作

续表

六、教学反思
根据专家督导的评价和学生课后问卷反馈，运用 KPT 复盘模型（图 9）总结本次课堂效果，主要从保持、尝试和问题三个维度进行反思。 1. 需要继续保持的创新点 （1）遵循学生认知特点。在课堂设置上采用布鲁姆认知层次理论重构教学内容，将主题课程设计为浅层学习和深度学习两个阶段，从对理论知识的理解把握到内化吸收及运用，层层深入，符合学生的认知特点。 （2）一个教学模式结合多元化的教学手段。在教学过程中，采用了 BOPPPS 混合式教学模式，分“估、导、学、练、展、评、悟”七个阶段，采取课前、课中和课后三个环节线上线下协同进行，充分体现学生的主体地位。并且融合了情境教学法、游戏法、翻转课堂、提问法、图画法等多元化的教学方式，将传统的诗词用古诗新唱、手势舞、打击乐、绘画、视频、写作等多种形式表现，让“古老”的诗词奏响了“创新”的凯歌。 （3）语文课程结合“职业教育”与“大思政”。在注重提高语文素养和职业技能的同时，加强了学生的思想政治教育。以杜甫的家国情怀为内核，强化学生的爱国热情，引导他们技能成才、技能报国，增强文化自信，促进文化传承。 （4）坚持评教与评学相结合。本次课堂将诊断性评价、过程性评价和结果性评价相结合，课前、课中、课后贯穿使用多元化的评价机制，线上线下协同进行，以此帮助学生落实学习目标，完成学习任务，做到学有所得。 （5）以任务为导向设置学习情境。以学生为本设计两个阶段的学习情境，分别为穿越唐朝帮助杜甫参加《感动中国》栏目和结合各专业职业情境，对接职业岗位，关注学生的体验感，激发学生的情感共鸣。 2. 课堂中遇到的问题 在课中教学环节中，主要以小组和班集体活动为主，过多强调团体，有少部分学生注意力不集中，可多关注这部分学生，提高他们的参与感。 3. 今后改进的地方 关注学生的差异性，做到分层教学。对待不同的学生要做到因材施教，对待学习困难的学生要“低起步，领着走”，对待中等生要“小步走，勤反馈”，对待优等生要“主动走、重能力”。根据学生学情布置分层任务，在小组组员的分配上注意组内分层，发挥优等生带动效应，合作共赢，互帮互助。 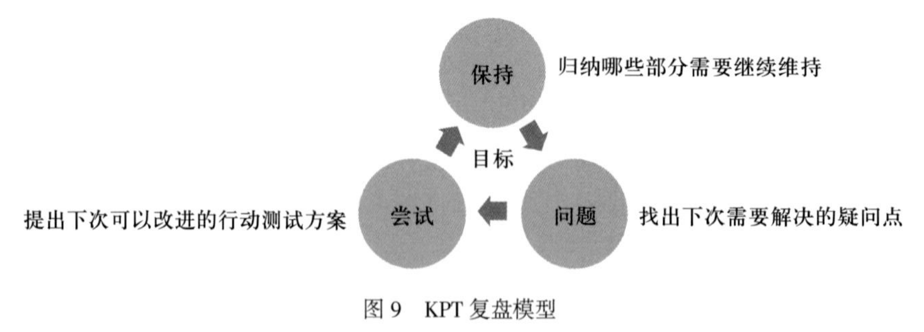 图 9　KPT 复盘模型

【点评】广州市白云工商技师学院　肖华华

该选题运用布鲁姆认知层次理论重构教学内容，将主题课程设计为浅层学习和深度学习两个阶段，层层深入，角度新颖，充分发挥了学生的主体地位，符合学生的认知特点。在教学过程中，能贯穿采用 BOPPPS 混合式教学模式，融合情境教学法、游戏法、翻转课堂、提问法、图画法等多元化的教学方式，将传统的诗词用古诗新唱、

手势舞、打击乐、绘画、视频、写作等多种形式表现，让语文课程、“职业教育”与“大思政”三者紧密结合，体现了多元育人的理念，促进了学生综合素质的全面提升。在评价上，能够评教与评学相结合，将诊断性评价、过程性评价和结果性评价相结合，线上线下协同进行，帮助学生达成学习目标，完成学习任务，做到学有所得。从评价的过程和评价的结果，以及整体课堂的反馈上来看，学生的参与度和吸收度都极高，是一个集创新性、可行性及良好效果于一体的精品教学设计。

中国特色社会主义：“五位一体”总体布局

广州市轻工技师学院　陈柳青

学习单元分析

<table>
<tr><td>学习单元名称</td><td>“五位一体”总体布局</td><td>单元课时</td><td>16</td><td>授课班级（含年级、专业、学制和层次）</td><td>2022 级多媒体制作高级 1 班（初中起点 5 年制高级工班）</td></tr>
<tr><td>所属课程名称</td><td>中国特色社会主义</td><td>选用教材</td><td>《中国特色社会主义理论读本》</td><td>课程类别</td><td>思想政治</td></tr>
<tr><td colspan="6">一、学习单元价值分析</td></tr>
<tr><td colspan="6">1. 选取依据：“中国特色社会主义理论”是提升技工院校学生政治认同核心素养的核心课程，内容包括中国特色社会主义理论的形成过程、主要内容和意义价值。“‘五位一体’总体布局”分别阐明中国特色社会主义经济、政治、文化、社会、生态五个方面建设的基本内容，属于中国特色社会主义理论的主要内容。
2. 单元定位：“‘五位一体’总体布局”是教材中第二单元，承上启下。以第一单元“中国特色社会主义理论的创立、发展和完善”为基础，详细讲述了为实现中国梦在中国特色社会主义经济、政治等五个方面的具体措施以及目标要求，为第三单元的“战略安排及使命担当”奠定政治认同与公共参与的基础。课程框架如图 1 所示。本单元围绕幸福将“‘五位一体’总体布局”分解为：经济建设、政治建设、文化建设、社会建设、生态建设五个并列的学习主题，分别设置对应的五个学习任务：见证繁荣广州，体验民主广州，探索文化广州，解密幸福广州和发现美丽广州，在任务驱动下通过自主学习或合作学习，培养学生的政治觉悟、社会责任、价值观念、创新思维、家国情怀、实践能力。价值分析如图 2 所示。
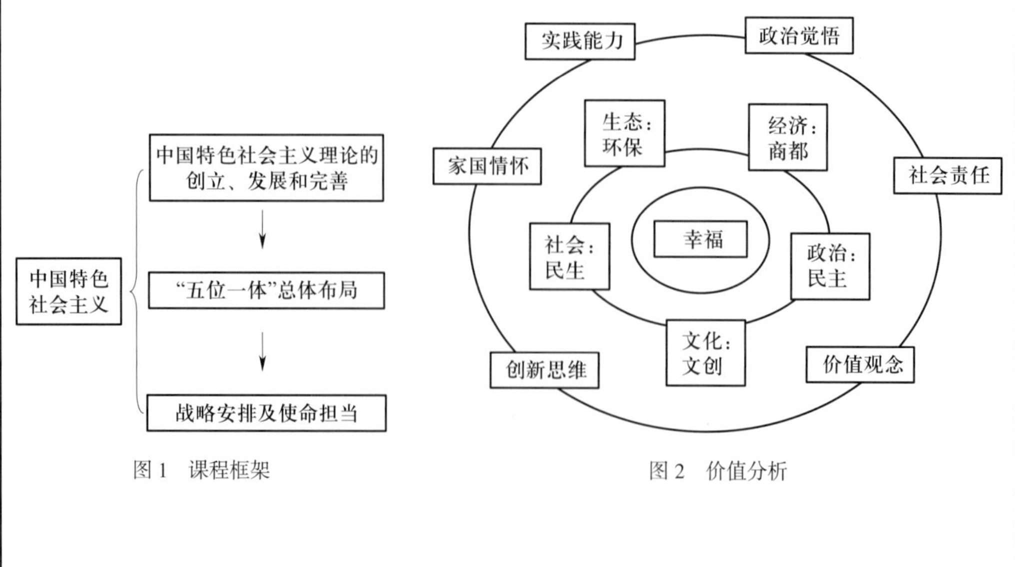

图 1　课程框架　　　图 2　价值分析</td></tr>
</table>

续表

3. 学习内容：本单元基于《中等职业学校思想政治课程标准（2020年版）》的要求，根据一年级学生现阶段的理论基础和技能水平，结合广州本土资源，设置"社会民生建设——解密幸福广州"等五个学习主题，引导学生正确认识中国特色社会主义经济建设、政治建设等基本理论、政策和重大成就；引导学生感悟中国特色社会主义制度和国家治理体系的显著优势，坚定"四个自信"；同时培养学生的综合职业素养。
二、单元学习目标
根据《中等职业学校思想政治课程标准（2020年版）》的要求、一年级学生现阶段的理论基础和技能水平以及五个并列的学习主题，设置了相应的学习目标，见表1。

表1　单元学习目标

序号	学习主题	学习目标
1	经济建设	1. 通过分析资料，说明贯彻新发展理念的必要性，培养学生自主学习的能力 2. 通过案例分析，归纳出新发展理念的内涵，绘制手抄报，培养学生信息处理和创新的能力 3. 制作宣传视频，培养学生对中国特色社会主义经济制度优越性的认同感
2	政治建设	1. 通过查阅资料，归纳出全过程人民民主的本质，培养学生自主学习的能力 2. 根据案例分析，列出全过程人民民主的实践环节，培养学生信息处理的能力 3. 通过问卷调查，形成总结性建议，培养学生数字应用的能力，进而引导学生树立热爱祖国、服务人民的家国情怀
3	文化建设	1. 通过探究资料，概括发展社会主义文化的重要性，培养学生信息处理的能力 2. 通过设计文创作品，弘扬优秀传统文化，坚定文化自信 3. 通过产品展示与推广，培养学生的创新能力，进而引导学生建立对中国特色社会主义文化的自信
4	民生建设	1. 通过实地参观收集素材，归纳民生建设的内容，培养学生与人交流的能力 2. 通过小组讨论，提炼出民生建设的措施与目标，绘制思维导图，培养学生与人合作的能力；撰写推文提纲，培养学生的创新能力 3. 通过制作视频并展示与解说，进而引导学生践行社会主义核心价值观，提升幸福感
5	生态建设	1. 通过分析案例，说明生态文明建设的必要性，培养学生关注时政的意识 2. 通过收集素材，归纳生态文明体制改革的措施，培养学生信息处理的能力；能结合学习资料，认同"绿水青山就是金山银山"的理念，通过争做"环保小达人"，培养学生解决问题的能力 3. 通过拍摄推介视频，培养学生对中国特色社会主义生态文明建设的责任感

三、单元学习内容
根据多媒体制作专业人才培养方案以及单元学习目标，结合学生大部分为广州本地人，对广州的政治、经济、文化等各方面有一定了解的情况，将"'五位一体'总体布局"分解为经济建设、政治建设、文化建设、社会建设、生态建设五个并列的学习主题，分别设置对应的五个学习任务，使学生在任务驱动下通过自主学习或合作学习，见证繁荣广州，体验民主广州，探索文化广州，解密幸福广州和发现美丽广州，从而引导学生正

续表

确认识中国特色社会主义经济、政治建设等基本理论、政策和重大成就，认同中国特色社会主义制度和国家治理体系的显著优势，坚定“四个自信”，在此过程中培养学生信息处理、与人沟通、解决问题等通用能力。

以“社会民生建设——解密幸福广州”为主题设置了“创作幸福民生宣传作品”的学习任务：2022 年 9 月，广州黄埔区主办“喜迎国庆，宣传幸福民生”优秀作品征集活动。作为多媒体制作专业志愿服务的对接社区，广州幸福里特邀学生前往宣传，要求能如实反映国家现阶段人民的幸福生活。为了完成此次宣传任务，我们组织 2022 级多媒体制作专业高级 1 班学生参观广州幸福里，要求学生能结合中国特色社会主义社会民生建设的目标、内容和措施，从教育、就业、社会保障、脱贫、健康五个角度任选其一搜集素材，进行幸福民生宣传作品的创作。单元学习内容如图 3 所示。

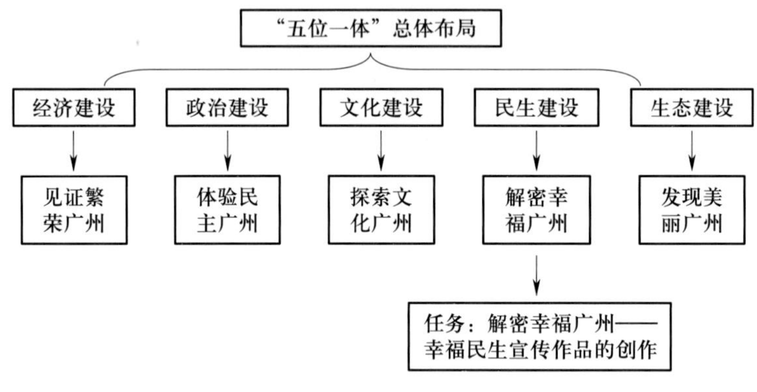

图 3　单元学习内容

四、单元学习重点和难点

基于单元学习目标及并列单元学习内容，根据学生对“‘五位一体’总体布局”的理论认识有待提高，喜欢通过信息化手段学习的情况，确定了学习重点和难点，见表 2。根据教学目标、内容，分学习主题，确定学习单元分解，见表 3。

表 2　单元学习重难点

学习重点	1. 新发展理念的内涵 2. 全过程人民民主的实践 3. 发展社会主义文化的重要性 4. 民生建设的措施与目标 5. 生态文明体制改革的措施
学习难点	1. 建立对中国特色社会主义经济制度优越性的认同感 2. 树立热爱祖国、服务人民的家国情怀 3. 坚定文化自信 4. 践行社会主义核心价值观 5. 树立对中国特色社会主义生态文明建设的责任感

表 3　学习单元分解

序号	学习主题	学习目标	学习内容	课时分配	重难点分析及解决	学习资源	学习成果	学业评价
1	经济建设——见证繁荣广州	1. 通过查阅高第街、荔湾老街等资料，分析广州旧商圈发展的困境，列出贯彻新发展理念的必要性，培养学生自主学习的能力 2. 根据北京路步行街、天河城商圈、荔湾区商圈等广州商圈变革的具体案例，归纳出新发展理念的内涵，绘制成图文并茂的手抄报，培养学生信息处理和创新的能力 3. 运用学生的专业特长创作时长不超过 5 分钟的宣传视频并解说，要求视频内容体现新发展理念内涵（创新、协调、绿色、开放、共享）之一的精彩景象，从而培养对中国特色社会主义经济制度优越性的认同感	1. 理论知识：贯彻新发展理念的必要性、新发展理念的内涵 2. 能力与素养：培养学生自主学习、信息处理能力，培养学生对中国特色社会主义经济制度优越性的认同感	4	1. 重点内容：新发展理念的内涵 突破方法：运用案例分析法，学生在教师的引导下，通过小组合作归纳出新发展理念的内涵并展示 2. 难点内容：培养学生对中国特色社会主义经济制度优越性的认同感 化解方法：利用网络搜索资料，进行信息化处理，并在教师的引导下列出贯彻新发展理念的必要性；通过体现新发展理念内涵的精彩景象视频拍摄与解说，建立对中国特色社会主义经济制度优越性的认同感	1. 学习资料 （1）教材：《中国特色社会主义理论读本》（中国劳动社会保障出版社）P42 ~ 46 （2）微课：《新发展理念》 （3）网络：新华网、"学习通" App、中国经济网公众号 （4）学材：广州商圈变革的具体案例 2. 场地 思政智慧课室、广州荔湾区商圈	1. 广州商圈变革手抄报（规格：A4 纸之内；绘制方式：小组合作；要求：图文并茂） 2. 体现新发展理念的视频（时长：不超过 5 分钟；大小：不超过 600 MB）	1. 广州商圈变革手抄报 （1）评价时机：课中 （2）评价方式：小组互评、教师评价 （3）评价要点：契合主题、内容完整、图文并茂 2. 体现新发展理念的视频 （1）评价时机：课后 （2）评价方式：教师评价、社会评价 （3）评价要点：主题鲜明、内容积极向上、表达准确、画面清晰，能体现社会主义经济制度的优越性

续表

序号	学习主题	学习目标	学习内容	课时分配	重难点分析及解决	学习资源	学习成果	学业评价
2	政治建设——体验民主广州	1. 查阅法的概念、立法的具体程序，阐述全流程立法的意义，归纳全过程人民民主的本质，培养学生自主学习的能力 2. 学生代表参观广州市立法工作单位，列出全过程人民民主的实践环节，绘制思维导图，培养学生信息处理能力 3. 对市民进行广州全过程人民民主实践（民主选举、民主协商、民主决策、民主管理、民主监督）的问卷调查，进行数据分析，提炼出不少于3条促进民主广州发展的建议，培养学生数字应用能力，帮助他们厚植热爱祖国、服务人民的家国情怀	1. 理论知识：全过程人民民主的本质、全过程人民民主的实践 2. 能力与素养：培养学生自主学习、信息处理、数字应用的能力，帮助学生厚植热爱祖国、服务人民的家国情怀	2	1. 重点内容：全过程人民民主的实践 突破方法：运用案例分析法，学生在教师引导下，通过小组合作提炼出全过程人民民主的实践环节，并进行展示 2. 难点内容：厚植热爱祖国、服务人民的家国情怀 化解方法：通过网络搜索资料，进行信息化处理，在教师指导下归纳出全过程人民民主的本质；通过对市民进行全过程人民民主实践的问卷调查，提炼出促进民主广州发展的建议，帮助学生厚植热爱祖国、服务人民的家国情怀	1. 学习资料 （1）教材：《中国特色社会主义理论读本》（中国劳动社会保障出版社）P47～54 （2）微课：《全过程人民民主》 （3）网络：南方网、学习通App （4）学材：全流程立法的真实案例——学生代表参观广州市立法工作单位 2. 场地 思政智慧课室、北京路步行街 3. 工具 学习单、白板、卡纸、彩笔、磁贴	1. 体现全过程人民民主实践环节的思维导图（规格：A4纸之内；绘制方式：小组合作；呈现方式：张贴） 2. 民主广州的发展建议（数量：不少于3条；呈现方式：提交到学习通App；完成时限：10分钟）	1. 体现全过程人民民主实践环节的思维导图 （1）评价时机：课中 （2）评价方式：小组互评、教师评价 （3）评价要点：结构完整，逻辑清晰 2. 民主广州的发展建议 （1）评价时机：课后 （2）评价方式：小组互评、教师评价 （3）评价要点：建议不少于3条，能体现全过程人民民主

续表

序号	学习主题	学习目标	学习内容	课时分配	重难点分析及解决	学习资源	学习成果	学业评价
3	文化建设——探索文化广州	1. 搜集美食、建筑、语言等岭南文化代表性元素，探究岭南文化的价值，概括发展社会主义文化的重要性，培养学生信息处理的能力 2. 通过小组合作，绘制体现岭南文化代表性元素文创作品的设计图纸，并根据图纸制作文创作品，培养学生的创新能力，弘扬优秀传统文化，坚定文化自信 3. 以校园文化艺术节为契机，分组展示各组文创作品，并运用虚拟现实技术对岭南文化进行宣传，建立对中国特色社会主义文化的自信	1. 理论知识：发展社会主义文化的重要性、坚定文化自信 2. 能力与素养：培养学生信息处理和创新能力，引导学生建立对中国特色社会主义文化的自信	4	1. 重点内容：发展社会主义文化的重要性 突破方法：利用网络搜索资料，进行信息化处理，通过小组展示与合作探究，概括发展社会主义文化的重要性 2. 难点内容：坚定文化自信 化解方法：通过引导学生设计文创产品，进行展示与推广，弘扬中华优秀传统文化，建立对中国特色社会主义文化的自信	1. 学习资料 （1）教材：《中国特色社会主义理论读本》（中国劳动社会保障出版社）P54～58 （2）网络：中国新闻网、学习通 App 2. 场地 思政智慧课室、沙湾古镇 3. 工具 学习单、白板、卡纸、彩笔、磁贴	1. 体现岭南文化代表性元素的设计图纸（规格：A4 纸之内；绘制方式：小组合作；呈现方式：展示） 2. 体现岭南文化代表性元素的文创作品（数量：每组不少于 2 件；展示内容：设计图纸；呈现方式：代表解说） 3. 宣传岭南文化的视频（时长：不超过 5 分钟；大小：不超过 600MB）	1. 体现岭南文化代表性元素的设计图纸 （1）评价时机：课中 （2）评价方式：小组互评、教师评价 （3）评价要点：设计新颖，表达清晰 2. 体现岭南文化代表性元素的文创作品 （1）评价时机：课中 （2）评价方式：小组互评、教师评价 （3）评价要点：设计新颖，契合主题 3. 宣传岭南文化的视频 （1）评价时机：课后 （2）评价方式：教师评价、社会评价 （3）评价要点：符合主题，画质清晰

续表

序号	学习主题	学习目标	学习内容	课时分配	重难点分析及解决	学习资源	学习成果	学业评价
4	社会民生建设——解密幸福广州	1. 参观广州幸福里，收集广州幸福里微改造的素材，归纳民生建设的内容（如：教育、就业、社会保障、收入、健康等），培养学生与人交流的能力 2. 通过小组讨论，对比广州幸福里改造前后的变化并归纳原因，从广州幸福里微改造的举措中提炼出民生建设的措施，并总结民生建设的目标，绘制思维导图，培养学生与人合作的能力 3. 根据民生建设的内容，独立撰写幸福民生宣传推文，培养学生创新能力 4. 通过小组合作，选取广州各地微改造实景进行拍摄，制作视频以体现国家富强、民主、文明、和谐，并分组展示与解说，引导学生践行社会主义核心价值观，提升幸福感	1. 理论知识：民生建设的内容、民生建设的措施与目标 2. 能力与素养：培养学生与人交流、合作、创新的能力，引导学生践行社会主义核心价值观，提升幸福感	4	1. 重点知识：民生建设的措施与目标 突破方法：运用案例分析法，学生在教师的引导下，通过小组合作归纳出民生建设的措施与目标，并进行展示 2. 难点内容：践行社会主义核心价值观 化解方法：在教师的引导下，提炼民生建设的内容；撰写幸福民生宣传推文，小组合作拍摄体现国家富强、民主、文明、和谐的视频，并展示与解说，引导学生践行社会主义核心价值观，提升幸福感	1. 学习资料 （1）教材：《中国特色社会主义理论读本》（中国劳动社会保障出版社）P58～61 （2）视频：《文冲幸福里》《永庆坊》《口袋公园》 （3）网络：学习强国App，学习通App （4）学材：广州幸福里的改造过程、党的十八大至二十大报告中民生内容的节选 2. 场地 思政智慧课室、广州幸福里 3. 工具 学习单、白板、卡纸、彩笔、磁贴	1. 体现民生建设措施与目标的思维导图（规格：A4纸之内；绘制方式：小组合作；呈现方式：代表解说） 2. 幸福民生宣传推文（规格：A4纸之内；字数：不少于200字；要求：内容新颖、图文并茂） 3. 体现国家富强、民主、文明、和谐的视频（规格：不超过10分钟；大小：不超过800 MB）	1. 体现民生建设措施与目标的思维导图 （1）评价时机：课中 （2）评价方式：小组互评、教师评价 （3）评价要点：结构完整、逻辑清晰 2. 幸福民生宣传推文 （1）评价时机：课中 （2）评价方式：小组互评、教师评价 （3）评价要点：字数符合要求，内容新颖，图文结合 3. 体现国家富强、民主、文明、和谐的视频 （1）评价时机：课中 （2）评价方式：教师评价、社会评价 （3）评价要点：画质清晰、内容新颖，能体现民生建设的幸福生活

续表

序号	学习主题	学习目标	学习内容	课时分配	重难点分析及解决	学习资源	学习成果	学业评价
5	生态建设——发现美丽广州	1. 以日本核污染水排海事件作为案例，小组合作分析生态文明建设面临的挑战，阐述生态文明建设的必要性，培养学生的环保意识，养成关注时政的习惯 2. 分组参观四个广州环保地标，搜集并对比前后变化的素材，制作PPT并展示，归纳生态文明体制改革的措施，培养学生信息处理的能力 3. 分组搜集并列出广州市致力于生态文明建设的具体措施，制作手抄报，树立绿水青山就是金山银山的理念 4. 每周打卡完成一件环保小事，争做“环保小达人”，培养学生自我管理能力，树立对中国特色社会主义生态文明建设的责任感	1. 理论知识：生态文明建设的必要性、生态文明体制改革的措施 2. 能力与素养：培养学生信息处理、自我管理能力；引导学生树立对中国特色社会主义生态文明建设的责任感	2	1. 重点内容：生态文明体制改革的措施 突破方法：通过实地参观收集素材，进行对比展示；在教师的指导下，通过小组讨论，归纳生态文明体制改革的措施 2. 难点内容：树立对中国特色社会主义生态文明建设的责任感 化解方法：通过案例分析法，利用网络搜集素材，学生分组提炼出生态文明建设的具体措施，践行“两山理念”，树立对中国特色社会主义生态文明建设的责任感	1. 学习资料 （1）教材：《中国特色社会主义理论读本》（中国劳动社会保障出版社）P64～67 （2）微课：《美丽中国说》 （3）网络：学习强国App、央视网 （4）学材：《广州市生态文明建设的具体举措》 （5）资源：《广州四张环保名片游学指导手册》 2. 场地 思政智慧课室、华南植物园 3. 工具 学习单、白板、卡纸、彩笔、磁贴	1. 以生态文明建设具体措施为主题的手抄报（规格：A4纸之内；绘制方式：小组合作；要求：图文并茂） 2. 环保小达人的打卡表（次数：每周不少于1次；方式：秒应打卡）	1. 以生态文明建设具体措施为主题的手抄报 （1）评价时机：课中 （2）评价方式：小组互评、教师评价 （3）评价要点：契合主题、内容全面、图文并茂 2. 环保小达人的打卡表 （1）评价时机：课后 （2）评价方式：学生互评 （3）评价要点：满足次数要求，完成秒应打卡

教学设计

<table>
<tr><td>课程名称</td><td>中国特色社会主义</td><td>课程类别</td><td colspan="2">思想政治</td></tr>
<tr><td>学习单元名称</td><td colspan="4">“五位一体”总体布局</td></tr>
<tr><td>学习主题</td><td colspan="2">社会民生建设——解密幸福广州</td><td>课时</td><td>4</td></tr>
<tr><td colspan="5">一、选题价值</td></tr>
</table>

1. 选题来源

本选题源自技工院校思想政治理论课程《中国特色社会主义理论读本》的第四章：“五位一体”总体布局与“四个全面”战略布局。通过整合教材内容，将“五位一体”分解为中国特色社会主义经济、政治、文化、社会、生态五个方面的建设。本选题源自五个方面的社会建设——“坚持在发展中保障和改善民生”，课程框架如图4所示。立足“培养担当民族复兴大任的时代新人”目标，依托广州黄埔幸福里微改造，针对多媒体制作专业一年级学生的学情，设置了主题：社会民生建设——解密幸福广州。

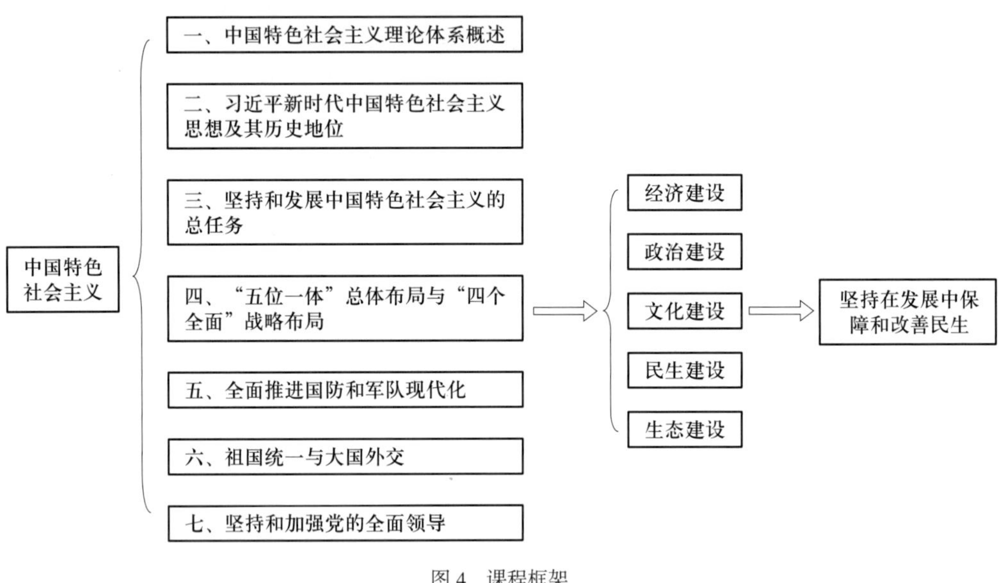

图4　课程框架

2. 选题价值

（1）选题作用分析

本选题是“五位一体”中不可或缺的组成部分，与经济建设、政治建设、文化建设、生态文明建设相互关联，相互促进，共同推动中国特色社会主义事业建设的发展。

（2）学习需求分析

针对人民日益增长的美好生活需要，使学生通过参观广州幸福里，感受身边的幸福生活，从而为传播幸福生活而贡献力量。

以“喜迎国庆，宣传幸福民生”优秀作品征集活动为契机，结合广州本土资源，将理论课转化为理论实践课，契合以学生为中心、能力为本位的思想政治理论课改方向。本选题基于多媒体制作专业人才培养方案和《中等职业学校思想政治课程标准（2020年版）》的要求，根据学生现阶段的理论基础和技能水平，结合广州本土资源，设置五个学习主题之一：“社会民生建设——解密幸福广州”。

（3）学习价值分析

通过学习，学生能够深入理解社会主义核心价值观中和谐的价值观念；能够意识到自己在社会中的责任和义务，主动参与社会建设；能够学会从多个角度思考问题，找到合适的解决方案，为社会发展提供有益的建议

续表

<table>
<tr><td>和措施；能够培养分析问题和解决问题的能力；能够积极参与志愿活动，关心弱势群体，发扬团队合作精神，共同为保障和改善民生贡献力量。
能帮助学生正确认识中国特色社会主义经济建设、政治建设等基本理论、政策和重大成就，引导他们感悟中国特色社会主义制度和国家治理体系的显著优势，坚定"四个自信"，同时培养学生综合职业素养。</td></tr>
<tr><td>二、学习活动</td></tr>
<tr><td>2022 年 9 月，广州黄埔区召开"喜迎国庆，宣传幸福民生"优秀作品征集活动。作为广州幸福里社区的志愿服务人员，多媒体制作专业的学生受邀前往广州幸福里进行宣传。
为了完成此次宣传任务，我们组织了 2022 级多媒体制作专业高级 1 班学生参观广州幸福里，要求学生能结合中国特色社会主义社会民生建设的目标、内容和措施，从教育、就业、社会保障、脱贫、健康五个角度任选其一搜集素材，进行幸福民生宣传作品的创作。</td></tr>
<tr><td>三、学情分析</td></tr>
<tr><td>从整体情况、学习基础、学习态度、学习习惯四个角度进行学情分析，具体如下：
1. 整体情况：2022 级多媒体设计制作专业高级 1 班的学生是初中起点 5 年制高级工班，年龄 15 ~ 17 岁，共 28 人，男生 5 人，女生 23 人，90% 为广州本地人。
2. 学习基础：对习近平新时代中国特色社会主义思想的内容及广州政治、经济等有一定了解，但对"五位一体"总体布局理论认识有待提高，因此结合本土案例开展教学，能增加课堂体验感与趣味性。
3. 学习态度：大部分学生态度认真，能自主学习，对新事物、新观念容易接受，课堂参与度比较高。
4. 学习习惯：较适应合作学习的方式，喜欢通过信息化手段学习，擅长剪辑与制作视频，具备写作基本技能。</td></tr>
<tr><td>四、学习目标</td></tr>
<tr><td>（一）课前目标
1. 通过网络搜索广州幸福里改造前后的图片。
2. 通过查阅资料，归纳中国特色社会主义社会民生建设的内容（教育、就业、收入、社会保障、脱贫、健康）。
3. 组队参观广州幸福里并收集素材，制作幸福里的新旧面貌对比 PPT，上传到学习通 App，培养学生信息处理能力。
（二）课中目标
1. 小组代表展示分享 PPT，阐述幸福里的新旧面貌对比差异以及中国特色社会主义社会民生建设的内容。
2. 通过小组讨论，归纳广州幸福里改造前后变化的原因，从广州幸福里微改造的举措中提炼出中国特色社会主义社会民生建设的措施与目标，绘制思维导图，培养学生与人合作的能力。
3. 根据中国特色社会主义社会民生建设的内容，独立撰写幸福民生宣传推文，培养学生创新能力。
4. 通过小组合作，根据收集的广州幸福里微改造素材，创作体现人民幸福生活的视频，并分组展示与解说，培养学生解决问题的能力，引导学生践行社会主义核心价值观，提升幸福感。
（三）课后目标
优化广州幸福里的宣传作品，并参与征集评选活动，外化于行，为广州民生发展做实事，践行中国特色社会主义社会民生建设。</td></tr>
<tr><td>五、学习内容（含重难点分析）</td></tr>
<tr><td>（一）学习内容
围绕学习活动，从学生学什么、为什么学、怎么学、学得怎样进行分析，具体见表 4。</td></tr>
</table>

续表

表 4　学习内容分析

类别	学什么	为什么学	怎么学	学得怎样
课前	广州幸福里微改造前后的变化	培养学生信息处理、与人合作、创新、解决问题的能力，引导认同以人民为中心的发展理念，认同中国特色社会主义社会民生建设的基本理论、基本政策和基本制度，坚定对国家治理体系显著优势的信心，践行社会主义核心价值观，提升幸福感	利用网络搜索资料，实地参观收集素材	制作幸福里的新旧对比 PPT
课中	广州幸福里微改造中体现的中国特色社会主义社会民生建设的内容		查资料，运用案例分析法进行小组合作提炼	列出内容要点
	广州幸福里微改造中体现的中国特色社会主义社会民生建设的措施		运用案例分析法，在教师的指导下，小组讨论提炼并归纳	绘制思维导图
	广州幸福里微改造中体现的中国特色社会主义民生建设的目标			
课后	优化广州幸福里推文的技巧		利用网络学习平台进行小组合作学习	幸福民生推文
	创作视频的方法			幸福民生视频

（二）学习重难点

根据课程要求、学习目标和学习内容，结合学生实际情况以及学习能力，提炼学习重点和难点，并找到方法突破重点、化解难点，学习重难点分析见表 5。

表 5　学习重难点分析

学习重点	重点内容	中国特色社会主义社会民生建设的措施与目标
	突破方法	1. 柔化重点：小组讨论，分析、总结广州幸福里微改造的措施 2. 活化重点：小组合作从广州幸福里微改造中提炼、分享社会民生建设的措施与目标 3. 羽化重点：小组合作将社会民生建设的目标与措施绘制成思维导图，并进行展示
学习难点	难点内容	践行社会主义核心价值观
	化解方法	1. 案例析难点：运用案例分析法，小组合作提炼中国特色社会主义社会民生建设的内容 2. 推文去难点：结合中国特色社会主义社会民生建设的内容，撰写宣传幸福民生的推文 3. 视频破难点：小组合作创作体现幸福民生的视频，并展示与解说，引导学生践行社会主义核心价值观，提升幸福感

六、学习资源

（一）学习资料

1. 教材：《中国特色社会主义理论读本》（中国劳动社会保障出版社）P58～62。

续表

2. 学材：广州幸福里的改造过程、党的十八大至二十大报告中民生内容的节选。

3. 视频：《习近平：青年强，则国家强》《文冲幸福里》《永庆坊》《口袋公园》。

4. 微课：《以人民为中心的发展思想》《脱贫攻坚战》《健康广州》。

5. 推文：《西有永庆坊、东有幸福里》《广州城市微改造：转角遇到口袋公园》《以"绣花"功夫匠心打造岭南文化校园》《广州：用"绣花"功夫留下城市记忆》。

6. 网络：学习强国 App、学习通 App、广州黄埔发布微信公众号、广州市规划和自然资源局微信公众号、文冲生活圈微信公众号。

7. 手册：《广州幸福里游学攻略》。

（二）场地

1. 思政智慧课室，如图 5 所示。

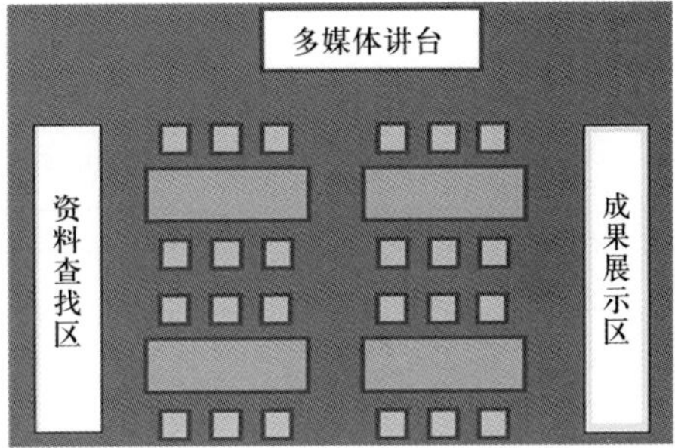

图 5　思政智慧课室实景

2. 广州幸福里基地，如图 6 所示。

图 6　广州幸福里基地实景

（三）工具

班级微信群、学习单、白板、卡纸、彩笔、磁贴。

七、教学组织

按照学生中心、能力本位的教学理念，设计课前、课中、课后三个阶段学习过程，以此组织教学，教学实施过程如图 7 所示，课前、课中、课后活动见表 6。

续表

教学流程
学生活动
教师活动
学习成果
课前
寻觅幸福
接受任务
明确分组情况
完成参观任务
提交成果
发布任务及资源
科学分组
在线答疑
成果评价
幸福里的新旧对比PPT
课中
展示幸福
分享课前成果
记录分享要点
讨论归纳知识
成果展示分享
听评价记要点
引导分享成果
要求记录并巡视
巡视引导集中讲解
引导成果展示
引导总结与点评
民生建设内容的关键词
描绘幸福
阅读知识索引
讨论填写表格
绘制展示成果
接受指导
巡视阅读索引
引导讨论填写表格
引导绘制展示
巡回记录并指导
知识清单、民生建设措施与目标思维导图
宣传幸福
小组讨论并提炼要点
自主撰写宣传推文
进行组内互评
记录修改意见
引导查阅资料
巡视记录集中讲解
引导展示与修改
引导总结与点评
幸福民生宣传推文
续写幸福
合作创作视频
代表展示与解说
记录修改意见
进行组内互评
巡视创作视频
引导展示与解说
记录指导修改
组织组内互评
幸福民生创作视频
课后
征集幸福
根据要求优化作品
参加作品征集活动
布置优化任务
引导参加征集活动
幸福民生推文及视频

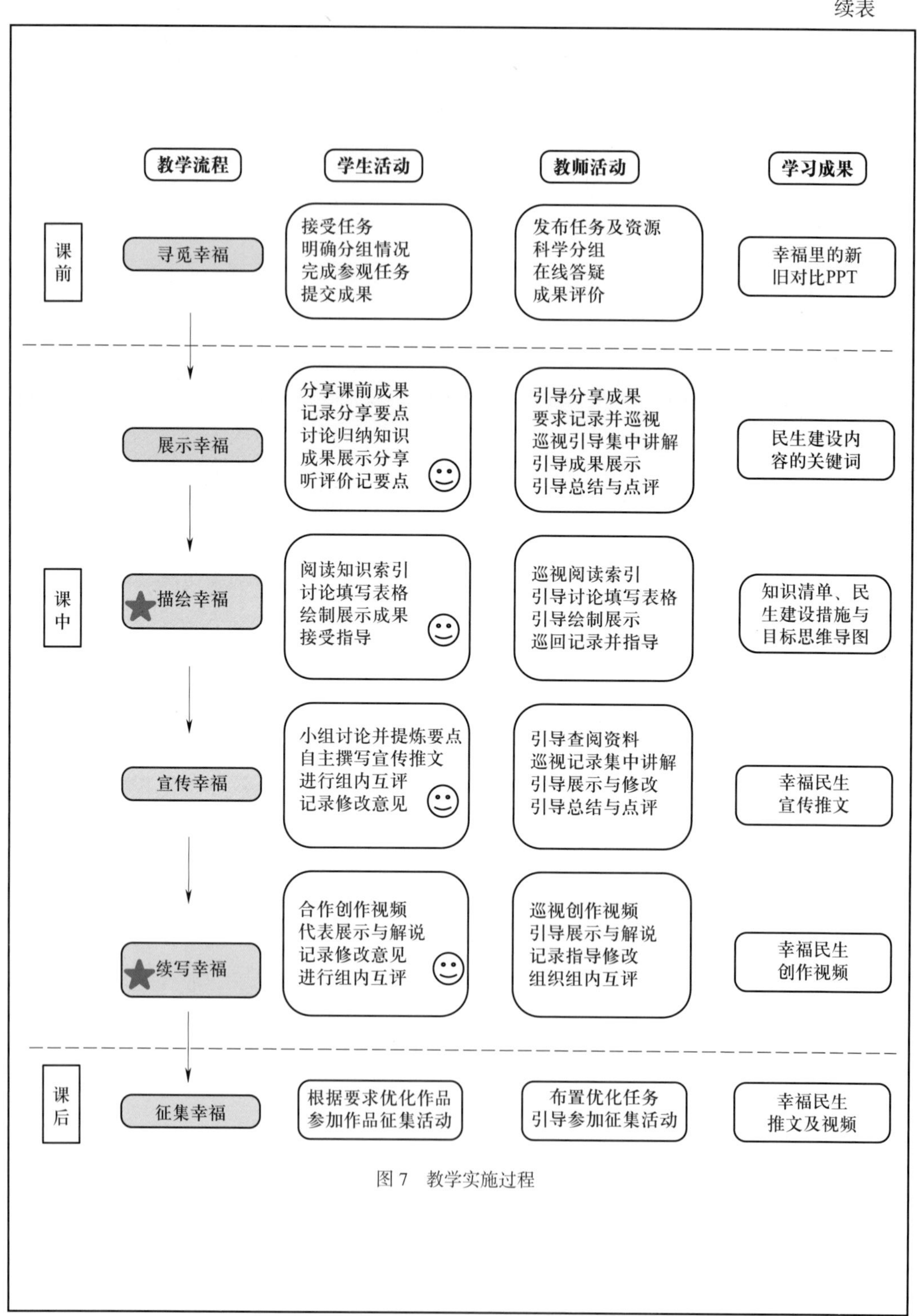

图7 教学实施过程

表 6　课前、课中、课后活动

课前活动							
教学过程	学习内容	学生活动	教师活动	教学手段与方法	学习成果	学习评价	设计意图
寻觅幸福	1. 党的十八大至二十大报告中民生内容的节选 2. 出行手册 3. 广州幸福里素材	1. 接受任务，阅读资料 2. 分组分工，选出小组长和安全员，查看安全提示，学习出行手册 3. 依据学习单指导完成任务，提出疑问，及时汇报完成进度 4. 提交幸福里新旧对比 PPT	1. 学习通 App 发布任务学习单，布置小组参观广州幸福里，发布党的十八大至二十大报告中民生内容的节选 2. 引导学生自行分工，推选小组长，设置安全员，建立微信群，发布安全提示和出行手册 3. 在线督促学生按时完成任务，及时答疑安全提示，跟踪进度 4. 收集学生制作的幸福里新旧对比 PPT，根据评价标准进行在线评分	1. 教学手段：微信群、课前学习单、学习通 App 2. 教学方法：引导文法	广州幸福里的新旧对比 PPT	1. 评价时机：课前 2. 评价方式：线上提交成果 3. 评价主体：教师 4. 评价要点： PPT：不少于 6 页、8 张图片以上，图文并茂、内容积极向上	翻转课堂引导学生自主查找关键词并制作 PPT，培养学生的信息处理能力，达成课前目标
课中活动							
教学过程	学习内容	学生活动	教师活动	教学手段与方法	学习成果	学习评价	设计意图
环节一：展示幸福（20 分钟）	1. 小组展示并分享感受 2. 其他组的分享要点 3. 中国特色社会主义社会民生建设内容的关键词	1. 分组上台展示（每组 2 人、3 分钟以内） 2. 记录其他组的分享要点 3. 讨论总结知识要点，提炼 5 个以上关键词 （例：教育、就业、收入、社会保障、脱贫、健康） 4. 张贴社会民生建设内容关键词，小组互评 5. 记录总结要点	1. 引导学生分组展示课前学习成果 PPT 2. 要求学生记录并提炼其他组的分享要点，并巡视 3. 巡视学生讨论，引导提炼关键词，针对共性问题集中讲解 4. 引导学生小组进行成果展示和小组互评 5. 引导学生总结：保障和改善民生要抓住人民最关心最直接最现实的利益问题	1. 教学手段：教学课件、卡纸、学生任务评价表 2. 教学方法：可视化法、张贴板教学法	中国特色社会主义社会民生建设内容的关键词	1. 评价时机：课中 2. 评价方式：线下现场检查 3. 评价主体：学生 4. 评价要点：多于 5 个关键词；准确体现民生建设内容	课堂分享培养学生语言表达能力，达成课堂知识共建的目标；关键词的提取与张贴培养学生信息处理的能力，实现课中目标 1

续表

课中活动							
教学过程	学习内容	学生活动	教师活动	教学手段与方法	学习成果	学习评价	设计意图
环节二：描绘幸福（20 分钟）	1. 中国特色社会主义社会民生建设的措施 2. 中国特色社会主义社会民生建设的目标 3. 小组展示并分享感受	1. 自主阅读学习单，记录关键词并回答 2. 分组进行讨论与分享，提炼出民生建设的措施与目标，并完成表格填写 3. 分组绘制思维导图，并进行展示 4. 小组线上互评 5. 记录要点	1. 巡视学生完成资料学习和知识索引 2. 引导学生讨论、填写表格 3. 引导学生绘制思维导图，并进行展示 4. 巡回观察，记录指导，小组互评 5. 引导学生总结："人民就是江山，江山就是人民"，广州幸福里人民的幸福生活体现了人民至上的发展理念	1. 教学手段：广州幸福里改造过程的资料、中国特色社会主义社会民生建设的知识清单、A4 纸、学习通 App 2. 教学方法：合作学习法、头脑风暴、思维导图法	1. 知识清单 2. 思维导图	1. 评价时机：课中 2. 评价方式：线下现场检查 3. 评价主体：学生、教师 4. 评价要点 （1）知识清单：内容准确，3 条以上 （2）思维导图：逻辑清晰，构图美观	小组讨论提升分析问题的思辨能力，突破重点；绘制思维导图，实现知识内化，培养学生与人合作的能力，达成课中目标 2
环节三：宣传幸福（40 分钟）	1. 优秀推文 2. 优秀推文的写作要点	1. 自主查阅推文案例及推文写作要点（如：南方财经报道：《广州城市微改造：转角遇到口袋公园》《广州：用"绣花"功夫留下城市记忆》） 2. 根据民生建设的内容与写作要点，独立撰写幸福民生宣传推文 3. 展示推文，组内互评选出最佳推文 4. 听总结，记录要点	1. 引导学生查阅推文案例及写作要点 2. 巡视学生撰写宣传推文，记录指导，针对共性问题进行集中讲解 3. 引导学生展示推文，进行组内互评 4. 引导学生总结：人民对美好生活的向往就是我们的奋斗目标	1. 教学手段：教学课件、优秀推文 2. 教学方法：案例分析法、任务驱动法	幸福民生的宣传推文	1. 评价时机：课中 2. 评价方式：线下现场检查 3. 评价主体：学生 4. 评价要点：不少于 200 字、5 张以上图片，能体现民生建设的成就	通过撰写推文，培养学生解决问题能力，达成课中目标 3

续表

课中活动							
教学过程	学习内容	学生活动	教师活动	教学手段与方法	学习成果	学习评价	设计意图
环节四：续写幸福（80 分钟）	1. 体现现阶段人民幸福生活的视频 2. 个别展示并分享感受	1. 根据收集的广州幸福里微改造素材，创作体现现阶段人民幸福生活的宣传视频 2. 分组进行展示与解说 3. 修改视频，组内互评点赞优秀作品 4. 听总结，记录要点	1. 引导学主创作体现现阶段人民幸福生活的宣传视频，巡回指导 2. 引导学主展示并解说视频内容 3. 指导修改，进行组内互评 4. 引导学生总结：一个国家的进步，镌刻着青年的足迹；一个民族的未来，寄望于青春的力量	1. 教学手段：教学课件 2. 教学方法：任务驱动法	体现现阶段人民幸福生活的创作视频	1. 评价时机：课中 2. 评价方式：线下现场检查 3. 评价主体：学生、教师 4. 评价要点：画质清晰、内容新颖，能解决实际问题，能体现人民的幸福生活	通过小组合作创作视频，并展示与解说，培养学生创新能力，引导学生践行社会主义核心价值观，提升幸福感，突破难点
课后活动							
教学过程	学习内容	学生活动	教师活动	教学手段与方法	学习成果	学习评价	设计意图
征集幸福	1. 征集活动的规则 2. 符合征集活动要求的优秀作品	1. 根据要求优化作品 2. 参加广州黄埔区组织的优秀作品征集活动	1. 布置优化作品的任务，提出要求 2. 引导学生参加征集活动	1. 教学手段：课后活动页 2. 教学方法：任务驱动法	幸福民生推文及视频	1. 评价时机：课后 2. 评价方式：线上提交成果 3. 评价主体：社会评价 4. 评价要点：图、文、视频都有呈现，排版美观，画质清晰，内容积极向上	优化作品，巩固学习效果，提高解决问题的能力，达成课后目标

续表

八、课堂教学实录说明
1. 对应学习内容 《中国特色社会主义理论读本》⟹“五位一体”总体布局⟹第四节“坚持在发展中保障和改善民生”⟹民生建设的措施与目标。 2. 对应学习步骤 教学过程中环节二“描绘幸福”的环节，具体步骤如下： （1）自主阅读学习单，记录广州幸福里微改造做法的关键词。 （2）分组进行讨论与分享，提炼出民生建设的措施与目标，并完成表格填写。 （3）分组绘制民生建设措施与目标的思维导图，并进行展示。 （4）小组利用学习通 App 进行线上互评。 （5）记录学习要点：人民就是江山，江山就是人民，广州幸福里人民的幸福生活体现了人民至上的发展理念。
九、教学反思
本次课将中国特色社会主义社会民生建设与创作宣传作品相结合，引导学生实现对中国特色社会主义民生建设的基本理论、基本政策和基本制度的内化，教学重难点得以突破，取得较好的学习效果。 1. 优点 （1）抽象理论具象化。以微见著、以小见大，将中国特色社会主义社会民生建设理论融入具体案例中，理论落地，内化于心。 （2）资源选择本土化。根据学生大部分为广州人的情况，开发本土案例作为教学资源，贴近学生实际，激发学生兴趣。 （3）目标实现层级化。紧密贴合思政课“知情意行”的学习规律，设置三级目标，层层递进，学生参与度高。 （4）成果输出多样化。根据教学环节的不同，输出可视化、多样化的成果，学生成就感强。 （5）教学手段灵活化。翻转课堂提高课堂效率，任务驱动增加教学效果。 2. 不足与改进措施 （1）不足之处：个别学生在展示汇报过程中过于紧张，声音较小，不够自信。 （2）改进措施：创造更多机会，鼓励学生上台发言，提高语言表达能力，增强自信心。

【点评】广州市轻工技师学院　张婷

该选题根据《中等职业学校思想政治课程标准（2020 年版）》的要求，结合多媒体制作专业特点，以广州市黄埔区幸福里“喜迎国庆，宣传幸福民生”优秀作品征集活动为真实情境，确定了学习主题——“社会民生建设——解密幸福广州”。该选题把教学活动设计置于现实生活当中，充分利用广州本土资源，把“‘五位一体’总体布局”的思政理论转化为实践课，契合以学生为中心、能力为本位的思想政治理论课改革方向。选题设计逻辑性强，有层次感，分为课前、课中、课后三个阶段，教学实施过程设计为“寻觅幸福、展示幸福、描绘幸福、宣传幸福、续写幸福、征集幸福”六个环节，紧扣“幸福广州”这个主题，把中国特色社会主义民生建设的方针、措施、意义融进六个活动环节，自然浑成。单元设计巧妙，将“‘五位一体’总体布局”分解为经济建设、政治建设、文化建设、社会建设、生态建设五个并列的学习主题，分别设置对应的五个学习任务，使学生在任务驱动下通过自主学习或合作学习，见证繁荣广州，体验民主广州，探索文化广州，解密幸福广州和发现美丽广州，具体可见，符合实际。该选题以微见著，以小见大，为技校思政课讲活、讲透、讲深提供了很好的范例。

专业课教师教学能力竞赛优秀作品

城轨东站道岔故障时的行车组织

广州市轻工技师学院　陈琨韶　谢荣昭　赵赛芳

学习任务设计说明

一、学习任务基本信息

（一）专业名称

城市轨道交通运输与管理。

（二）培养层级

城市轨道交通运输与管理专业高级工：初中起点五年。
城市轨道交通运输与管理专业预备技师（技师）：高中起点四年。

（三）课程名称

城市轨道交通车站行车组织。

（四）学习任务情境描述（另附）

（五）学习目标

课程目标与本任务学习目标见表 1。

表 1　课程目标与本任务学习目标

学习环节	课程目标	学习目标
获取信息	能读懂车站行车组织任务书，在教师的指导下获取车站行车组织的基础技术条件，并与同学进行有效沟通，判断所检索信息正误；依据《城市轨道交通行车组织管理办法》《广州市城市轨道交通行车组织规则》辨析特定场景下车站适用的行车组织方法，说明工作内容和工作指标要求，具备一定的与人交流能力和安全意识、规则意识	1. 查阅《四五号线行车组织细则》等，识读 LOW（Local Operator Workstation 现场操作工作站）线路图界面，判断道岔故障类型 2. 开展故障道岔恢复试验，并辨析道岔现存功能，分析“道岔短闪”故障对列车折返进路建立和列车运行造成的影响 3. 查阅《信号故障处理指南》《行车组织细则》，选定道岔故障时的列车折返路径，明确行车组织的工作内容 4. 能在小组辨析道岔故障进路的安全等级时，在讨论现场提出问题，推动道岔故障时列车折返路径选定讨论的发展 5. 在车站按值班站长岗位任务的学习过程中，分析道岔故障的事故案例，树立行业“99+1=0”安全理念，增强安全意识

续表

学习环节	课程目标	学习目标
制订计划	能通过分析案例和企业技术资料，在教师指导下辨析并记录特定场景下车站行车组织的程序性风险，指出各类风险对车站行车安全的影响，分析风险防控要素，围绕“安全导向，贯彻集中指挥、逐级负责”的组织原则，制订合规的车站行车组织实施计划，具备一定的信息处理、与人合作能力和规则意识、奉献精神	1. 能依据《广州市城市轨道交通行车组织规则》，与教师、小组成员讨论确定道岔故障情况下行车组织风险，明确作业人员资质要求及各作业执行的条件 2. 依据车站行车作业现场实际情况，构想应急处理策略，制订道岔短闪故障行车组织实施计划 3. 能在梳理执行条件和操作资质的过程中，与同学讨论确定人员分工，推进道岔故障行车组织实施计划制订 4. 在学习道岔故障应急处理的原则及应急流程统筹和调整方法的过程中，基于“1995 年 11 月 5 日长椿街站列车撞车事故”思政案例分析，阐述道岔故障行车组织中违背规则背后的严重后果，认识依规作业的重要性
作出决策	能说明车站行车组织实施计划的主要内容，解释合规性，记录并讨论教师与同学的反馈意见，梳理行车组织实施计划的程序性风险和决策防控措施，完善实施计划，具备一定的数字应用、信息处理、解决问题能力和生命至上的安全意识	1. 通过小组协同的方式，整理教师与学生对《道岔短闪故障行车组织实施计划》提出的意见，补充安全防控措施，完善实施方案 2. 能依据既定的《道岔短闪故障行车组织实施计划》确定事前安全交底的内容，并按标准布置现场作业人员，强调风险点及防控措施 3. 在行车组织工作程序上机演练的过程中，能发现现存行车组织中存在的问题，并与同学讨论确定解决方法，梳理出正确的工作程序 4. 在学习道岔故障应急处理事前安全交底的过程中，结合“某地铁人员违规穿行轨道触电身亡”思政视频素材，强化行车组织作业中“安全第一、效率第二”的安全意识，树立生命至上的理念
实施计划	能依据车站行车组织实施计划，在教师指导下与同学合作，开展车站行车组织工作，关注团队的工作进度，判别现场应急处理的状态，动态调整计划，介入指导操作并记录问题，完成特定场景下行车组织的工作指标，具备一定的数字应用、与人合作能力和精益求精的工匠精神	1. 能依据《道岔短闪故障时行车组织实施计划》开展行车组织的演练，选择适当手段监控各岗位的工作质量和整体工作进度，及时制止违章作业，排除影响行车组织安全的各类风险 2. 能主动介入接收调度命令、人工排列进路、动车条件确认、设备状态恢复等关键环节的操作，指导、监督关键岗位人员作业，防控安全风险 3. 能依据现场情况，判断各项行车作业的实施时机，并及时发布适当指令，推进道岔短闪故障时的行车组织工作 4. 能结合演练过程，与教师和小组同学讨论、总结归纳道岔故障行车组织的关键点 5. 在监控各岗位工作质量和整体工作进度的过程中，能换位思考并理解别人的失误，以团队目标为导向，及时调整工作流程，确保团队目标完成 6. 在道岔故障时的行车组织实施过程中，不断改进实施计划并演练，在此过程中培养精益求精的工匠精神

续表

学习环节	课程目标	学习目标
过程控制	能收集并分析设备数据、视频、录音、台账及事情经过等不同渠道的信息，评估车站行车组织工作指标的完成情况，完成运营日报的撰写，具备一定的数字应用、解决问题能力和爱岗敬业的工匠精神	1. 能结合道岔故障行车组织的实际情况，查阅并分析后台数据、车站监控视频、实施过程记录等材料，复核《行车日志》《调度命令登记簿》《车站当班情况登记簿》等台账，判断并说明道岔故障时行车组织工作指标的完成情况，填写《运营日况》 2. 能依据演练各项工作的时间节点，灵活借助公式、工具等计算道岔故障时行车的各项时间参数，运用数据关系提出行车作业最优排序建议 3. 在分析道岔故障处理的过程中，结合“做城市轨道的‘值夜人’”的思政素材，阐述对“值夜人”爱岗敬业的感悟，强化爱岗敬业的工匠精神
评价反馈	能在教师的指导下、通过团队合作，围绕行车组织工作指标完成情况，评估并说明车站行车组织工作的成效，指出问题、分析问题、确定性质，提出改进建议；正确使用软件，选择合适的文本、数字、表格、图形、图像完成《行车安全事件（事故）分析报告》的撰写，具备一定运用开放思维解决问题的能力	1. 能分析行车安全事件经过，判断各岗位履责情况说明的完整性、真实性，提出需要补充说明或调查的内容，完善《行车安全事件（事故）分析报告》 2. 能依据《行车安全事件（事故）调查处理规定》，与教师和同学讨论分析道岔故障行车组织经过，判断事件性质并查找问题，提出改进建议，完善《行车安全事件（事故）分析报告》 3. 能总结道岔故障行车组织的技术要点，与同学合作找到其他情况下道岔故障时的行车组织办法 4. 在总结道岔故障行车组织技术要点的过程中，能正确提取整个学习任务的核心内容，采用适当的思维工具整合编排关键信息，并呈现信息内容之间的逻辑关系 5. 在总结道岔故障时的行车组织要点过程中，能基于技防技术应用分析，运用开放思维，借鉴国际先进技防技术，对现有的技防技术提出改进建议

（六）学习内容

本任务学习内容见表 2。

表 2　本任务学习内容

学习环节	实践知识	理论知识	职业素养
获取信息	1. LOW 信号报警信息的观察和判断 2. 道岔故障信息（现象、位置、类型）的判断 3. 道岔恢复试验结果的判断 4. 进路安全等级的辨析 5. 道岔故障对折返进路影响的判断 6. 不同折返路径的比较和选择的方法	1. 道岔恢复试验的工作程序 2. 转换道岔命令的联锁条件 3. 进路组织方式的判断原则	1. 与人交流 2. 安全意识 3. 规则意识

续表

学习环节	实践知识	理论知识	职业素养
制订计划	1. 折返进路问题节点的确定 2. 确定行车作业操作资质的方法 3. 行车作业执行条件的判断 4. 道岔故障应急过程的预想	1. 道岔故障时的接、发车组织程序 2. 进路、信号机、道岔间的联锁关系 3. 道岔短闪故障处理程序 4. 道岔故障处理时的风险防控措施	1. 与人合作 2. 规则意识
作出决策	1. 道岔故障时行车组织实施计划可行的判断 2. 道岔故障时行车组织实施可行性汇报信息的提取 3. 事前安全交底内容的确定方法	现场作业人员布局的考虑要素	1. 解决问题 2. 生命至上
实施计划	1. 道岔行车条件的观察和判断 2. 引导信号开放条件的观测和判断 3. 开放引导信号的站车联控 4. LOW 列车调整的操作 5. 运营期间 LOW 设置标准的观察和操作	1. 行车应急备品的管理办法 2. 接触轨带电作业和下线路实训作业的安全防护要求 3. 道岔结构及工作原理、轮轨关系 4. 调车方式办理折返配合抢修的行车组织办法 5. 调车方式办理折返配合抢修时的站车联控程序	1. 与人合作 2. 精益求精
过程控制	1.《运营日况》上报数据的收集方式和核实 2. 日况需上报内容的辨析 3. 道岔故障行车组织工作指标完成情况的判断 4.《运营日况》的撰写方法	1.《运营日况》上报数据的收集方式 2. 简报内容（故障处理经过、故障影响、故障处理效果的概要说明）的要素 3. 道岔故障行车组织的质量要求 4. 演练评估表的设计策略	1. 数字应用 2. 爱岗敬业
评价反馈	1. 岗位履责情况说明的完整性、真实性判断 2. 道岔故障行车安全事件性质的判断	道岔复合故障的行车组织方法	1. 信息处理 2. 开放思维

二、学习任务设计依据分析

（一）选取依据

1. 城市轨道交通车站行车组织的工作范畴

城市轨道交通车站行车组织，是指值班站长依据《运营时刻表》《施工行车通告》等行车组织计划，按照《行车组织细则》《车务安全应急处理程序》《施工管理规定》《车站运作手册》的要求，在车站行使调度指挥权、属地管理权和设备使用权，执行调度命令，开展所辖线路列车运行、行车设备维修等相关的组织工作。

2. 城市轨道交通车站行车组织的具体分类

本课程对应城市轨道交通车站服务员（高级）、城市轨道交通行车值班员（高级）等职业和城市轨道交通车站站务员、电客车司机、行车值班员、值班站长等岗位群，

由车站行车组织典型工作任务转化而来，行车组织按照交通运输部印发的《城市轨道交通行车组织管理办法》（交运规〔2019〕14 号）可分类为正常行车、非正常行车、施工行车。

3. 城市轨道交通车站行车组织的代表性工作任务

具体任务包括运营时的正常行车组织、施工维修时的行车组织、道岔故障时的行车组织、联锁故障时的行车组织。道岔故障时的行车组织属于非正常行车。

（二）设计思路

1. 地区产业特征分析

（1）对标企业情况

广州地铁涵盖多种城轨制式，是国内最繁忙、高效的城市轨道交通系统之一，用人需求旺盛，行车组织人才需求规格较高。

广州地铁集团有限公司下属运营事业总部（地铁制式）、广州有轨电车有限责任公司（现代有轨电车制式）、广东城际铁路运营有限公司（城际铁路制式），涵盖本地区所有的城轨交通运营制式，是学院校企合作和毕业去向的主要企业，是本专业技术标准的对标企业。根据毕业生就业去向特点和行业发展趋势，学院本专业发展主要对标地铁制式。

广州地铁客运量和运营里程稳居全国第三名，平均每公里客运量居全国第一名，主要采用目前处于国际先进水平的移动闭塞制式信号系统指挥列车运行，是国内最繁忙、高效的城市轨道系统之一。在交通运输部《城市轨道交通行车组织管理办法》（图 1）

中华人民共和国中央人民政府
www.gov.cn

首页 | 繁体 | 英文EN | 登录 | 邮箱

首页 > 国务院公报 > 2020年第4号

字号：默认 大 超大 | 打印 |

交通运输部关于印发《城市轨道交通行车组织管理办法》的通知

交运规〔2019〕14号

各省、自治区、直辖市交通运输厅（局、委）：

现将《城市轨道交通行车组织管理办法》印发给你们，请遵照执行。

交通运输部

2019年10月16日

城市轨道交通行车组织管理办法

第四章 非正常行车

第二十七条 线路出现道岔故障且通过终端操作、现场检查确认等手段仍无法消除的，行车调度人员应优先变更列车进路组织行车；如不能变更列车进路，行车调度人员或车站行车人员应单操单锁相关道岔；如道岔无法单操单锁，行车调度人员应组织车站行车人员将道岔钩锁到正确位置。上述操作完成，行车调度人员确认具备行车条件后方可组织行车。通过故障区域的首列车运行速度不应高于25km/h。

列车发生挤岔时严禁擅自动车，行车调度人员应通知设备维修人员现场确认安全，具备动车条件后方可组织该列车动车。

图 1　第四章非正常行车　第二十七条　道岔故障时的行车组织

和《广州市城市轨道交通行车组织规则》的框架下，形成了一套优于全国水平、具有广州当地特色的行车组织技术规范。

（2）任务对应的服务

道岔是地铁线路最基本的组成设备，使用频率高，同时故障频率也高，广州地铁客流量大，如何在故障情况下高效处理道岔故障是日常行车组织的一大难题。

本任务对应地铁制式下，在行车设备故障或功能受限的情况下组织行车，提供运输服务。

2. 学校特色分析

（1）技术对标情况

学院与广州地铁运营二中心签订了长期的校企合作框架协议，获得了企业深度技术支持。结合广州市政府东进南拓的发展战略和当前在建线路特点，学院对标运营二中心所管辖的 4 号线（南拓）、5 号线（东进）、6 号线（东进）行车设备的技术条件，建设了与企业作业程序、作业标准、作业环境一致的教学资源和教学场所。

（2）任务对应的设备品牌和场景

本任务与广州地铁五号线的行车技术条件对接，采用标准轨距 1 435 mm、列车第三轨供电。信号系统采用西门子移动闭塞制式的 CBTC 信号系统，其中 ATS（Automatic Train Supervision 列车自动监控系统）操作界面和功能完全一致。实训车站线路布局对接文冲站，采用站前渡线结合、站后双折返的站场线路布局。学习任务 D0308 道岔短闪故障对接文冲站 W2404 道岔短闪故障，均是终点站折返的咽喉道岔，其故障表示和对行车组织造成的影响一致。广州地铁五号线文冲站线路信号布置示意图如图 2 所示。

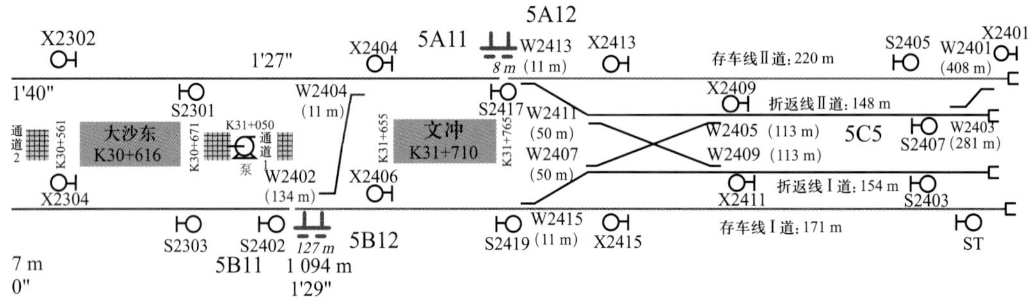

图 2　广州地铁五号线文冲站线路信号布置示意图

3. 学生情况分析

（1）学生已有基础

学生已经学习过《城市轨道交通职业认知》专业基础课程和《城市轨道交通车站行车作业》《城市轨道交通列车驾驶》等工学一体化课程，具有独立完成车站行车作业任务的能力基础。能规范使用 ATS 系统、调度命令系统、施工管理系统、车站主控系统、站间行车电话、道岔（转辙机）、对讲机等设备和工具，已具备行车设备的监控与操作、行车作业和列车驾驶的现场风险辨析与处置等能力。本课程在职业行动领域所处位置及能力培养重点如图 3 所示，本学习任务已学基础和任务关系图如图 4 所示。

	领域		行车组织领域			
	职业条目		ATC正常状态下运行监控	施工维修实施管理	运行紊乱下人工介入	
高手	技师	行车调度	《行车调度》技师第1门课	《行车调度》技师第1门课	《行车调度》技师第1门课	开放性任务：制订规则、程序，协调执行、争取最优目标
能手	高级	值班站长	《行车组织》高级工第2门课	《行车组织》高级工第2门课	《行车组织》高级工第2门课	蕴含问题的任务：运用程序制订流程，调整流程、解决问题
熟手	中级	行车值班员	《车站行车作业》中级工第2门课 《列车驾驶》中级工第3门课	《车站行车作业》中级工第2门课	《车站行车作业》中级工第2门课	程序任务：判断情况，选择标准和流程、规范作业
生手	中级	站务	《车站行车作业》中级工第2门课	《车站行车作业》中级工第2门课	《车站行车作业》中级工第2门课	定向性任务：在值班站长、值班员的指导下按章操作

图3　课程在职业行动领域所处位置及能力培养重点

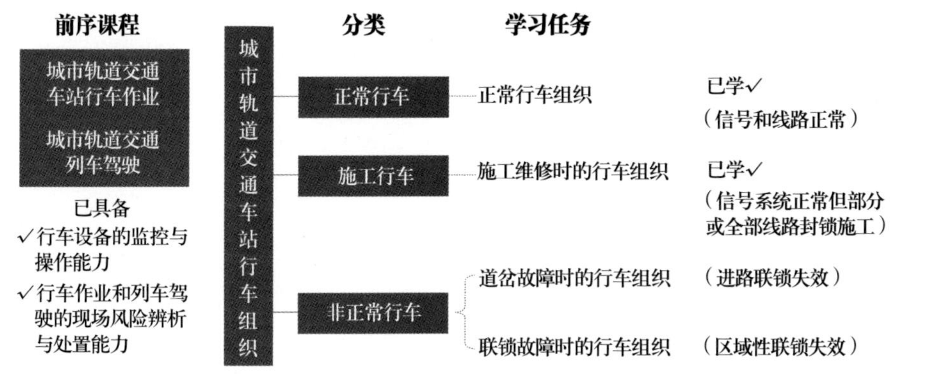

图4　本学习任务已学基础和任务关系图

（2）本任务的要求和结果

本任务学生将以值班站长的身份分析故障影响，选择折返路径，制订处理策略，行使调度指挥权，实现故障道岔的正确钩锁，确保列车通过故障道岔完成折返，监控和组织后序列车运行直至故障解除，恢复正常行车。

（三）学习价值

1. 工作价值

（1）城市轨道交通车站行车组织

城市轨道交通车站行车组织是各城市轨道交通运营管理企业核心业务模块，是城市轨道交通服务员高级技能的主要职业功能。道岔故障时的行车组织是发生频次较高的行车组织任务，是必须胜任的一类工作。

（2）某年广州地铁道岔故障数据统计分析

- 道岔故障在日常应急中属大型故障并且出现频率较高。
- 道岔故障多数发生在两端终点站及中间常用折返站。
- 道岔故障基本上不能通过信号系统操作后恢复正常。
- 道岔故障持续时间较长。

■ 道岔故障可以采用变更进路组织行车，降低故障对乘客服务的影响。

（3）道岔故障时行车组织的关键

如何合理、充分地使用各种行车调整手段来降低线上列车受道岔故障的影响，维持最大限度的运营服务，是行车组织的难题。关键词有：判断，处置，效率。具体为：判断故障影响和选择折返路径；制订处理策略，行使调度指挥权，分配人员处置；在安全第一的原则下，提高故障处理效率，尽快恢复正常行车。

2. 学习价值

（1）通过该任务学习，能识别各类城市轨道交通行车组织办法的适用场景、技术条件和启用条件，辨析相应的运作风险，明确其工作内容，应用各种安全质量控制手段，保障车站行车工作的安全、有序。形成胜任各种情景下车站行车组织工作的能力，为城市轨道交通的行车调度奠定基础。

（2）该任务学习中，将对城市轨道交通行车组织工作在车站出现的安全风险问题商讨解决方法，形成组织实施方案，锻炼和培养解决问题能力。

（3）该任务在指挥列车动车的过程中需要严格确认行车条件，防范安全事故，培养安全意识和生命至上、人民中心的职业素养。

（四）实施可行性条件

（1）学院软硬件条件分析

学院建设了城市轨道交通行车组织一体化学习工作站、城轨实训中心（两站一区间）、城际铁路车务综合实训中心、列车驾驶一体化学习工作站、行车值班员国赛训练中心等工学一体化学习工作站，如图 5、图 6、图 7 所示。按照工学一体化教学场地建设要求，设置集中教学区、分组操作区、信息检索区、工具存放区和成果展示区等学习工作区域。随着信息化教学手段不断赋能实训课堂，工学一体化学习工作站也呈现出了智慧化、集成化、高效化的发展新面貌。

（2）专业技术全面对接地区企业标准

学院行车组织沙盘参照五号线设计，ATS 参照文冲、黄村、大学城北、黄阁等行车咽喉站的站场图设计线路，并拥有多种不同制式和特点的 ATS 系统，包括：西门子移动闭塞（对标 4、5 号线及广佛线）、卡斯柯移动闭塞（对标 6 号线）、西门子准移动闭塞（对标 1、2、8 号线）等 ATS 实训系统，线路道岔主要由 ZD6 及 S700K 转辙机（全面对标广州地铁线网）控制，均按照设备特点，配套企业相关作业程序和作业标准。

图 5　城轨实训中心（两站一区间）

图 6　行车组织一体化学习工作站

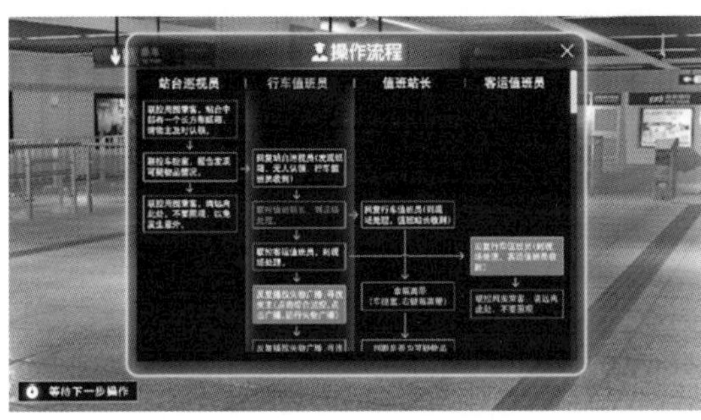

图 7　城际铁路车务综合实训中心

（五）学习任务代表性特征（见表 3）

表 3　学习任务代表性特征

序号	代表性方面	代表性特征
1	服务	在行车设备故障或功能受限的情况下，会直接影响行车组织的安全性和效率。采取临时措施维持运输服务，是城轨企业的法定责任和社会义务，主要服务包括：协助调度工作、临时调整行车计划、提供替代交通工具、安排人员引导乘客、维护车站现场秩序、处理突发事件等
2	情景	道岔故障时的行车组织是交通运输部颁布的《城市轨道交通行车组织管理办法》规范的工作情景之一，是城市轨道行车组织中常见的故障。当道岔发生故障时，首先影响到的是运营秩序，会导致列车运行晚点，甚至造成局部运营中断。道岔故障时的行车组织是城轨非正常行车组织工作领域中的代表性工作场景
3	故障表征	单个设备故障——道岔故障； 一条进路的联锁失效导致周边进路安全等级下降； 列车驾驶模式降级，列车自动监控系统 ATS 切除； 影响列车的运行，但在信号系统中能看到列车位置
4	劳动对象	组织工作的劳动对象主要是指被管理者，即员工。在车站行车组织中，实施管理行为人员的职务为车站值班站长，是行车组织指挥架构图中的二级调度；主要组织对象的职务是行车值班员、客运值班员、列车司机、站务员。道岔行车组织中，行车值班员和列车司机是城市轨道交通行车组织的关键岗位

续表

序号	代表性方面	代表性特征
5	劳动工具	在车站行车组织中，主要通过 ATS 系统、主控系统来监控人员工作、行车设备运行及列车行驶的状态；通过 ATS 系统和转辙机实现列车运行的组织意图，其中 ATS 系统是城市轨道交通行车组织工作的核心设备
6	工作方法	ATS 安全命令的操作方法、故障道岔恢复试验的方法、人工排列进路的方法、替代进路的选择方法、降级运行列车的接发车方法、进路开放条件的确认方法，均运用到了城轨行车组织的关键知识和技能，如铁路联锁逻辑的理论知识和手摇道岔技能

（六）学习任务在课程中的定位

1. 本任务与课程其他学习任务的关系及差异（如图 8 所示）

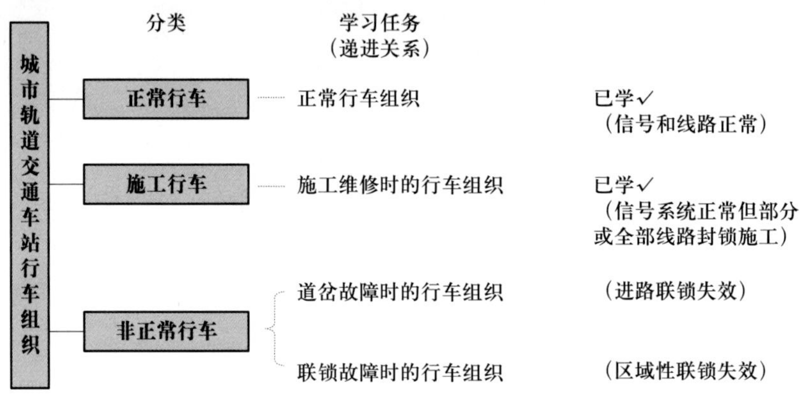

图 8　本任务与课程其他学习任务的关系及差异

本课程共设置 4 个参考性学习任务，涵盖正常行车、非正常行车、施工行车等工作分类，4 个参考性学习任务之间为递进关系。学习任务 1 侧重正常行车（信号和线路正常）、学习任务 2 侧重施工行车（信号系统正常但部分或全部线路封锁施工）、学习任务 3（单一设备故障导致进路联锁失效）和学习任务 4（区域性联锁失效）侧重非正常行车组织。学习任务目标和内容的增量对比见表 4。

表 4　学习任务目标和内容的增量对比

任务名称	学习任务 1	学习任务 2	学习任务 3	学习任务 4
	运营时的正常行车组织	施工维修时的行车组织	道岔故障时的行车组织	联锁故障时的行车组织
任务目标	【获取信息】 1. 读懂《运营时刻表》，识别时刻表各项技术参数特征 2. 能查阅《运营时刻表》《车站运作手册》《行车组织细则》，明确正常情况下车站行车组织的工作内容及要求	【获取信息】 1. 读懂《施工行车通告》及施工计划，筛选涉及本站的施工信息 2. 能查阅《施工行车通告》《行车组织细则》《行车设备施工管理规定》，明确正常当班车站施工组织的工作内容及要求	【获取信息】 1. 查阅《行车组织细则》，识读 LOW 线路图界面，判断道岔故障类型 2. 开展故障道岔恢复试验并辨析道岔现存功能，分析道岔短闪故障对列车折返进路建立和列车运行造成的影响	【获取信息】 1. 查阅《信号系统故障处理指南》，根据 LOW、区内列车和信号机的工作状态，识别联锁故障的范围 2. 依据《行车组织细则》《车务应急安全处理程序》，识读线路图

续表

任务名称	学习任务 1 运营时的正常行车组织	学习任务 2 施工维修时的行车组织	学习任务 3 道岔故障时的行车组织	学习任务 4 联锁故障时的行车组织
任务目标			3. 查阅《信号系统故障处理指南》《行车组织细则》，选定道岔故障时的列车折返路径，明确行车组织的工作内容	并判断联锁故障对车站行车的影响 3. 查阅《车务应急安全处理程序》并预判进路的准备要求，明确采用电话闭塞法组织行车的工作内容及要求
	【制订计划】 1. 能查阅《车站行车安全管理风险分析》，与老师、小组成员等讨论并确定《运营时刻表》执行要点 2. 能根据当班人员特点和现场实际情况，围绕运营前检查、退出服务列车清客、折返列车清客、ATS 操作、列车转备用、加开列车、开行专列、高峰期站台岗值守等工作要求，确定本班组的工作流程，制订实施计划	【制订计划】 1. 能查阅《施工行车通告》，与老师、小组成员等讨论确定重点及特殊施工项目 2. 根据当班人员特点和现场实际情况，围绕施工防护设置、设备测试操作、工程车与调试列车运行组织等作业实施的需求，制订《施工行车通告》实施计划	【制订计划】 1. 能依据《行车组织规则》，与老师、小组成员等讨论确定道岔故障情况下行车组织风险，明确作业人员资质要求及各作业执行的条件 2. 依据车站行车作业现场实际情况，构想应急处理策略，制订道岔短闪故障行车组织实施计划	【制订计划】 1. 能依据《行车组织细则》及现场实际情况，明确联锁故障情况下列车运行的组织方式 2. 查阅《电话闭塞实施细则》，与老师、小组成员等讨论确定电话闭塞法组织行车的执行要点，构想应急处理策略，制订联锁故障行车组织实施计划
	【作出决策】 1. 能通过小组协同的方式，整理老师、同学针对《运营时刻表实施计划》提出的改进意见，补充安全防控措施，完善实施方案 2. 能根据既定的《运营时刻表实施计划》，制订《班前安全预想》，按要求布置现场作业人员工作内容，强调风险点及防控措施	【作出决策】 1. 能通过小组协同的方式，整理老师、同学针对《施工行车通告实施计划》提出的反馈意见，补充安全防控措施，完善实施方案 2. 能依据既定的《施工行车通告实施计划》绘制施工安全控制表，并按标准布置现场作业人员，强调风险点及防控措施	【作出决策】 1. 通过小组协同的方式，整理老师、同学针对《道岔短闪故障行车组织实施计划》提出的反馈意见，补充安全防控措施，完善实施方案 2. 能依据既定的《道岔短闪故障行车组织实施计划》确定事前安全交底的内容，并按标准布置现场作业人员，强调风险点及防控措施	【作出决策】 1. 通过小组协同的方式，整理老师、同学针对《联锁故障时行车组织的实施计划》提出的反馈意见，补充安全防控措施，完善实施方案 2. 能依据既定的《联锁故障时行车组织实施计划》确定事前安全交底的内容，并按标准布置现场作业人员，强调风险点及防控措施

续表

任务名称	学习任务1 运营时的正常行车组织	学习任务2 施工维修时的行车组织	学习任务3 道岔故障时的行车组织	学习任务4 联锁故障时的行车组织
任务目标	【实施计划】 1. 能依据《运营时刻表执行计划》，主动介入ATS操作、列车转峰调整、高峰期站台接发车作业、站台门及车门异常处理等关键作业环节，指导、监督关键岗位人员工作，复核完成质量 2. 能通过各岗位汇报的问题、监听对讲机的对话和查看过程性工作记录，监控整体工作进度，分辨异常信息，并依据事件的轻重缓急调整工作流程，必要时介入处理，确保行车组织的安全有序 3. 能结合演练过程，与老师和小组同学讨论，总结归纳运营时正常行车组织工作的关键点	【实施计划】 1. 能依据《线网运营行车设备维修施工管理规定》《员工通用安全守则》，履行施工人员的现场管理职责，分辨现场作业风险，判断施工管理环节的推进条件，并在施工管理系统签注施工请销点工作的办理 2. 能依据《施工安全控制表》，主动介入施工请点、销点、设置防护、工程车运行组织等关键环节，指导、监督施工组织工作实施，处理异常事件，制止违章作业，复核完成质量，确保施工行车组织工作的安全有序 3. 能结合演练过程，与老师和小组同学讨论，总结归纳施工维修行车组织的关键点	【实施计划】 1. 能依据《道岔短闪故障时行车组织的实施计划》组织开展行车组织的演练，选择适当手段监控各岗位的工作质量和整体工作进度，及时制止违章作业，排除影响行车组织安全的各类风险 2. 能主动介入接收调度命令、ATS操作、人工排列进路、动车条件确认、设备状态恢复等关键环节的操作，指导、监督关键岗位人员作业，防控安全风险 3. 能依据现场情况，判断各项行车作业的实施时机并及时发布适当指令，推进道岔短闪故障时的行车组织工作	【实施计划】 1. 能依据《联锁故障时行车组织的实施计划》组织开展行车组织的演练，选择适当手段监控各岗位的工作质量和整体工作进度，及时制止违章作业，排除影响行车组织安全的各类风险 2. 能主动介入故障区摆车、故障区锁岔、接收调度命令、办理行车手续、列车折返、设备状态恢复等关键环节的操作，指导、监督关键岗位人员作业，防控安全风险 3. 能依据现场情况，判断各项行车作业的实施时机并及时发出适当指令，推进联锁故障时的行车组织工作
	【过程控制】 能结合运营时正常行车组织的实际情况，查阅并分析ATS后台数据、车站监控视频、实施过程记录等材料，复核《行车日志》《调度命令登记簿》《车站当班情况登记簿》等台账的完整性和真实性，评估运营时正常行车组织指标完成情况，并填写《运营日况》	【过程控制】 能结合施工维修行车组织的实际情况，查阅并分析ATS后台数据、车站监控视频、实施过程记录等材料，复核《行车日志》《调度命令登记簿》《车站当班情况登记簿》等台账的完整性和真实性，评估车站施工组织工作的指标完成情况，并填写《运营日况》	【过程控制】 能结合道岔故障行车组织的实际情况，查阅并分析ATS后台数据、车站监控视频、实施过程记录等材料，复核《行车日志》《调度命令登记簿》《车站当班情况登记簿》等台账，判断并说明道岔故障时行车组织工作指标的完成情况，填写《运营日况》	【过程控制】 能结合联锁故障行车组织的实际情况，查阅并分析ATS后台数据、车站监控视频、演练过程记录等材料，复核《行车日志》《调度命令登记簿》《车站当班情况登记簿》等台账，判断并说明联锁故障行车组织工作指标的完成情况，填写《运营日况》

续表

任务名称	学习任务 1 运营时的正常行车组织	学习任务 2 施工维修时的行车组织	学习任务 3 道岔故障时的行车组织	学习任务 4 联锁故障时的行车组织
任务目标	【评价反馈】 1. 能分析运营时正常行车组织的行车安全事件经过，判断各岗位履责情况说明的完整性、真实性，提出需要补充说明或调查的内容，完善《行车安全事件（事故）分析报告》 2. 能依据《安全事件（事故）调查处理规定》，与老师和同学讨论分析运营时正常行车组织的行车安全事件经过，判断事件性质并查找问题，提出改进建议，补充《行车安全事件（事故）分析报告》 3. 能总结运营时正常行车组织的技术要点，与同学合作编写非节日情况下（周末或工作日）的《班前安全预想》	【评价反馈】 1. 能分析施工维修行车组织的行车安全事件经过，判断各岗位履责情况说明的完整性、真实性，提出需要补充说明或调查的内容，完善《行车安全事件（事故）分析报告》 2. 能依据《安全事件（事故）调查处理规定》，与老师和同学讨论分析施工维修行车组织的行车安全事件经过，判断事件性质并查找问题，提出改进建议，完善《行车安全事件（事故）分析报告》 3. 能总结施工维修行车组织的技术要点，与同学合作编写其他情况下的《施工作业安全预想》	【评价反馈】 1. 能分析道岔故障行车组织的行车安全事件经过，判断各岗位履责情况说明的完整性、真实性，提出需要补充说明或调查的内容，完善《行车安全事件（事故）分析报告》 2. 能依据《安全事件（事故）调查处理规定》，与老师和同学讨论分析道岔故障行车组织经过，判断事件性质并查找问题，提出改进建议，完善《行车安全事件（事故）分析报告》 3. 能总结道岔故障行车组织的技术要点，与同学合作编写其他情况下的《道岔故障时的行车组织办法》	【评价反馈】 1. 能分析联锁故障行车组织的行车安全事件经过，判断各岗位履责情况说明的完整性、真实性，提出需要补充说明或调查的内容，完善《行车安全事件（事故）分析报告》 2. 能依据《安全事件（事故）调查处理规定》，与老师、同学讨论分析联锁故障行车组织经过，判断事件性质并查找问题，提出改进建议，完善《行车安全事件（事故）分析报告》 3. 能总结联锁故障行车组织的技术要点，与同学合作编写其他情况下的《联锁故障时的行车组织办法》
学习内容	【获取信息】 实践知识： 时刻表各项技术参数特征的识别	【获取信息】 实践知识： 车站施工信息的筛选	【获取信息】 实践知识： 1. 不同折返路径的比较和选择的方法 2. LOW 信号报警信息的观察和判断 3. 道岔故障信息（现象、位置、类型）的判断 4. 道岔恢复试验结果的判断 5. 进路安全等级的辨析 6. 道岔故障对折返进路影响的判断	【获取信息】 实践知识： 1. 联锁故障范围的识别 2. 联锁故障对车站行车影响的判断 3. 进路准备要求的预判 4. 联锁故障应急处理安全防控关键点的判断 5. 查询历史数据预估客流

续表

任务名称	学习任务 1 运营时的正常行车组织	学习任务 2 施工维修时的行车组织	学习任务 3 道岔故障时的行车组织	学习任务 4 联锁故障时的行车组织
学习内容	理论知识： 正常情况下车站行车组织的工作内容及要求	理论知识： 正常当班车站施工组织的工作内容及要求	理论知识： 1. 道岔恢复试验的工作程序 2. 转换道岔命令的联锁条件 3. 进路组织方式的判断原则	理论知识： 1. 联锁故障的行车组织路径 2. 采用电话闭塞法组织行车的工作内容及要求 3. 联锁故障的判断条件
	【制订计划】 实践知识： 1.《运营时刻表》执行要点的确定 2. 正常情况下行车组织安全风险的识别 3. 正常情况下行车组织工作的统筹 理论知识： 1. 正常情况下行车组织工作的统筹原则 2. 运营时正常行车组织的工作流程	【制订计划】 实践知识： 1.《施工行车通告》的撰写方法（撰写要素、撰写内容等） 2. 重点及特殊施工项目的确定 理论知识： 1. 施工项目的类别 2. 请销点办理的工作程序 3. 常见施工防护设施及设置的要求 4. 工程车与调试列车运行组织时的施工要求	【制订计划】 实践知识： 1. 确定行车作业的操作资质的方法 2. 折返进路问题节点的确定 3. 行车作业执行条件的判断 4. 道岔故障应急过程的预想 理论知识： 1. 道岔故障时的接、发车组织程序 2. 进路、信号机、道岔间的联锁关系 3. 道岔短闪故障处理程序 4. 道岔故障处理时的风险防控措施	【制订计划】 实践知识： 车站应急处理调用人员情况的估算 理论知识： 1. 电话闭塞法组织行车的执行要点 2. 联锁故障情况列车运行的组织方式 3. 连锁故障的应急处理策略 4. 联锁故障行车组织工作程序
	【作出决策】 理论知识： 1. 正常情况下行车组织安全防控的措施 2. 班前安全预想的内容 3. 安全控制前移的内涵 4. 现场作业人员工作内容的布置标准	【作出决策】 实践知识： 1. 车站施工条件的选择 2. 车站施工方法的判断 3. 车站施工的风险点识别 4. 车站施工安全防控措施的确定 理论知识： 布置现场作业人员的风险点及防控措施	【作出决策】 实践知识： 1. 事前安全交底内容的确定方法 2. 道岔故障时行车组织实施计划可行的判断 3. 道岔故障时行车组织实施可行性汇报信息的提取 理论知识： 现场作业人员布局的考虑要素	【作出决策】 实践知识： 联锁故障应急过程的预想及规划 理论知识： 1. 联锁故障行车组织安全防控措施 2. 联锁故障时行车组织中事前安全交底的内容 3. 电话闭塞法组织行车的安全要点

续表

<table>
<tr><td rowspan="2">任务名称</td><td>学习任务 1</td><td>学习任务 2</td><td>学习任务 3</td><td>学习任务 4</td></tr>
<tr><td>运营时的正常行车组织</td><td>施工维修时的行车组织</td><td>道岔故障时的行车组织</td><td>联锁故障时的行车组织</td></tr>
<tr><td rowspan="2">学习内容</td><td>【实施计划】
实践知识：
1. 异常信息辨别的方法
2. 关键岗位人员工作的内容、观察及作业风险辨析
3. 开站程序的执行组织及执行风险的辨析
4. 重点列车运行的观察和安全辨析
理论知识：
1. ATS 操作、列车转峰调整、高峰期站台接发车作业、站台门及车门异常处理等关键环节的作业内容
2. 运营时正常行车组织工作的关键点</td><td>【实施计划】
实践知识：
1. 施工组织异常事件的处理方法
2. 现场作业风险的分辨
3. 施工管理环节推进条件的判断
4. 施工维修行车组织关键点的归纳
理论知识：
1. 施工人员的现场管理职责
2. 施工管理系统签注的方法
3. 施工请点、销点、设置防护、工程车运行组织等关键环节的内容</td><td>【实施计划】
实践知识：
1. 道岔行车条件的观察和判断
2. 引导信号开放条件的观察和判断
3. 恢复运营条件的判断
4.LOW 列车运行的监控和操作
5. 运营期间 LOW 设置标准的观察和操作
理论知识：
1. 道岔结构及工作原理、轮轨关系
2. 行车应急备品的管理办法
3. 接触轨带电作业和下线路实训作业的安全防护要求
4. 引导信号的开放程序</td><td>【实施计划】
实践知识：
故障区摆车、故障区锁岔、接收调度命令、办理行车手续、列车折返、设备状态恢复等关键环节的操作
理论知识：
1. 联锁故障时行车组织关键岗位人员的作业内容
2. 各岗位工作质量和整体工作进度的监控方法
3. 影响行车组织安全的各类风险
4. 各项行车作业实施时机的判断及发出的指令
5. 电话闭塞法组织行车的找车程序和要求
6. 电话闭塞法“锁岔”阶段的道岔钩锁要求</td></tr>
<tr><td>【过程控制】
实践知识：
1. ATS 后台数据、车站监控视频、实施过程记录等材料的分析
2.《行车日志》《调度命令登记簿》《车站当班情况登记簿》等台账的完整性和真实性复核方法
3. 运营时正常行车组织指标完成情况的评估
4. 正常行车组织关键信息的提取及《运营日况》的填写</td><td>【过程控制】
实践知识：
1. 车站施工组织的工作指标完成情况的评估
2. 车站施工过程性信息的收集
3. 施工维修行车组织的关键信息提取及《运营日况》的填写</td><td>【过程控制】
实践知识：
1.《运营日况》的填写
2. 道岔故障行车组织关键信息的提取及《运营日况》的填写
理论知识：
1.《运营日况》上报数据的收集方式
2. 简报内容（故障处理经过、故障影响、故障处理效果概要说明）要素
3. 道岔故障行车组织的质量要求
4. 演练评估表的设计策略</td><td>【过程控制】
实践知识：
1. 联锁故障行车组织工作指标完成情况的评估
2. 联锁故障行车组织的关键信息提取及《运营日况》的填写</td></tr>
</table>

续表

任务名称	学习任务 1 运营时的正常行车组织	学习任务 2 施工维修时的行车组织	学习任务 3 道岔故障时的行车组织	学习任务 4 联锁故障时的行车组织
学习内容	【评价反馈】 实践知识： 1. 事件性质的判断方法 2. 运营时正常行车组织行车安全事件经过的分析 3. 各岗位履责情况说明完整性、真实性的判断 4. 需要补充说明或调查内容的确定 理论知识： 1.《行车安全事件（事故）分析报告》的内容 2. 运营时正常行车组织的技术要点	【评价反馈】 实践知识： 1. 施工维修行车组织行车安全事件经过的分析 2. 施工维修行车组织行车时各岗位履责情况说明的完整性、真实性的判断 3. 施工维修行车组织时补充说明或调查内容的确定 4. 施工维修行车组织技术要点的总结 理论知识： 列车联调施工作业程序	【评价反馈】 实践知识： 1. 岗位履责情况说明完整性、真实性的判断 2. 道岔故障行车安全事件性质的判断 理论知识： 道岔复合故障的行车组织方法	【评价反馈】 实践知识： 1. 联锁故障期间采用站后调车折返的行车组织方法 2. 联锁故障行车组织的行车安全事件经过的分析 3. 联锁故障行车组织时各岗位履责情况说明完整性、真实性的判断 4. 联锁故障行车组织时事件性质的判断 理论知识： 联锁故障行车组织的技术要点

2. 前序学习任务对本任务的影响

学生经过本课程前两个学习任务，能依据当班人员特点和现场实际情况编写《班前安全预想》，按标准给现场作业人员布置工作，强调风险点及防控措施。并依据《运营时刻表执行计划》，主动介入 ATS 操作、列车转峰调整、高峰期站台接发车作业、站台门及车门异常处理等关键的作业环节，指导、监督关键岗位人员工作，复核完成质量。

本学习任务的学习为道岔故障时关键岗位人员分配，关键作业环节的工作指导、监督及质量控制打下了良好的基础。

3. 本学习任务对后序学习任务的影响

学习任务 3 和任务 4 均侧重非正常行车组织，任务 3 针对单一设备故障导致的进路联锁失效，任务 4 针对信号故障导致的区域性联锁失效，是非正常行车组织的主要两种情况。

本学习任务培养的能力为后序学习任务奠定基础，并在相对更难的信号故障时的行车组织中得到巩固。相应的能力有：

（1）对列车折返进路建立和列车运行造成影响的分析。

（2）故障时进路的选定。

（3）故障情况下行车组织风险的辨析。

（4）应急处理策略的选择，故障行车组织实施计划的制订。

（5）事前安全交底的内容确定，现场作业人员的合理布置，风险点及防控措施的强调。

（6）关键岗位人员作业的指导和监督。

4. 本学习任务的核心目标和内容

学习任务核心目标和学习重难点见表 5。

表 5　学习任务核心目标和学习重难点

序号	学习环节	核心目标	学习重点	学习难点
1	获取信息	分析道岔短闪故障对列车折返进路建立和列车运行造成的影响，选定道岔故障时的列车折返路径	转换道岔命令的联锁条件、进路组织方式的判断原则	进路安全等级的辨析、不同折返路径比较和选择的方法
2	制订计划	辨析道岔故障情况下行车组织风险，选择应急处理策略，制订道岔短闪故障行车组织实施计划	道岔故障时的接发车组织程序、道岔故障处理时的风险防控措施	折返进路问题节点的确定、道岔故障应急过程的预想
3	作出决策	能依据既定的《道岔短闪故障行车组织实施计划》确定事前安全交底的内容，并按标准布置现场作业人员，强调风险点及防控措施	现场作业人员布置的考虑要素	道岔故障时行车组织实施计划可行的判断
4	实施计划	能依据《道岔短闪故障时行车组织实施计划》组织开展行车组织的演练，选择适当手段监控各岗位的工作质量和整体工作进度，及时制止违章作业，排除影响行车组织安全的各类风险	接触轨带电作业和下线路实训作业的安全防护要求、引导信号的开放程序	道岔故障行车条件的观察和判断、恢复运营条件的判断
5	过程控制	能判断并说明道岔故障时行车组织工作指标的完成情况	简报内容（故障处理经过、故障影响、故障处理效果要说明）的要素、《运营日况》的填写方法	《运营日况》的填写方法
6	评价反馈	能总结工作情况，辨析隐患，判断事件性质并查找问题，提出改进建议	安全隐患的辨析	改进建议的提出

5. 关联课程间通用能力、本课程不同学习任务间通用能力培养侧重点分布

通过企业调研情况及学生特点分析，城市轨道交通运输与管理专业确定了人才培养的核心通用能力为解决问题和与人交流能力，分级贯穿于所有工学一体化课程的所有学习任务实施过程中培养。同时，本学习任务围绕自身的特点，针对性培养与人合作、信息处理以及分析问题时所需的数字应用能力。企业调研获得的本专业通用能力词云图如图 9 所示。

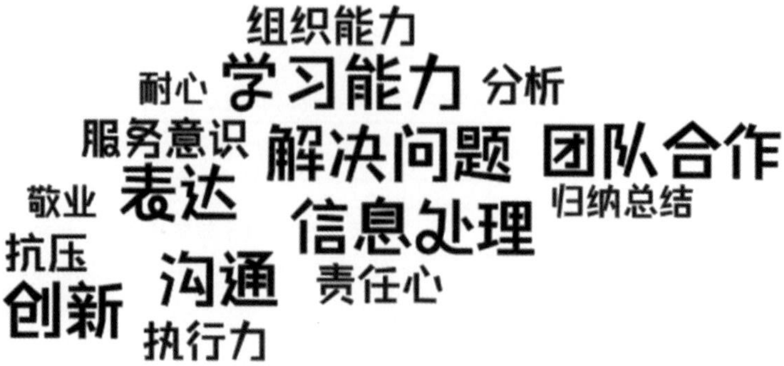

组织能力
耐心 学习能力 分析
服务意识 解决问题 团队合作
敬业 表达 归纳总结
信息处理
抗压
创新 沟通 责任心
执行力

图 9　企业调研获得的本专业通用能力词云图

本任务通用能力培养侧重点如图 10 所示。

层级	课程	学习任务	与人交流	与人合作	自主学习	解决问题	信息处理	数字应用	外语应用	创新能力	自我管理
中级工	车站行车作业	添乘监控作业	●			●	●	●			
		人工排列进路作业	●			●	●				
		车站运营前状态检查与确认	●			●	●	●			
		正常情况下车站接发列车作业	●			●	●	●			
		ATS故障处理作业	●			●	●	●			
		车站施工请销点作业	●			●	●				
高级工	行车组织	正常情况下的车站行车组织	●			●	●	●			
		车站施工组织	●			●	●				
		道岔故障时的行车组织	●	●		●	●	●			
		联锁故障时的行车组织	●	●		●	●				
技师	行车调度	车门故障时的行车调度	●	●		●		●		●	
		施工检修管理	●			●	●	●			
		道岔故障时的行车调度	●	●		●		●			
		列车救援时的行车调度	●	●		●	●				
		部分线路中断运营时的行车调度	●	●		●				●	

图 10　本任务通用能力培养侧重点

6. 本学习任务与专业、课程思政素养培养的关系

本专业根据行业特点，通过归纳思政维度、定义维度内涵、挖掘思政要素、寻找思政素材，构筑了具有专业特色的六个维度、34 个思政素养点的培养框架。

本课程主要聚焦家国情怀、工匠精神、法制意识、国际视野四个维度 8 个思政素养点的培养，本学习任务支撑本课程爱岗敬业、生命至上、安全意识、精益求精、规则意识、开放思维 6 个思政素养点的培养。本专业思政素养培养框架如图 11 所示。

维度	思政要素
政治认同	相信党的领导、道路自信、理论自信、制度自信、人民中心
家国情怀	热爱祖国、主权意识、奋斗精神、奉献精神、危机意识
工匠精神	爱岗敬业、生命至上、安全意识、服务意识、服从意识、一丝不苟、执着专注、精益求精、追求卓越、批判思维、创新精神
文化自信	珍视传统文化、传承革命文化、发扬社会主义先进文化、文化包容、文化创新
法制意识	依法治国、知法懂法、遵纪守法、规则意识
国际视野	全球意识、可持续发展、开放思维、谋求共赢

图 11　本专业思政素养培养框架

本课程和本任务思政素养维度和要素如图 12 所示。

维度	本课程思政要素	本学习任务思政要素
政治认同	—	—
家国情怀	奉献精神	—
工匠精神	爱岗敬业、生命至上、安全意识、精益求精、批判思维	爱岗敬业、生命至上、安全意识、精益求精
文化自信	—	—
法制意识	规则意识	规则意识
国际视野	开放思维	开放思维

图 12　本课程和本任务思政素养维度和要素

三、学习任务应用成效说明

（一）学习成果清单（见表 6）

表 6　本任务学习成果清单

环节	学习步骤	学习成果 （中括号中的活动序号对应教学活动策划中学生活动序号）
获取信息	确认道岔故障信息	【活动 3】城轨东站道岔故障信息确认表
	开展道岔恢复试验	1.【活动 1】转换道岔命令的连锁条件说明书 2.【活动 2】道岔恢复试验工作程序流程图 3.【活动 3】道岔恢复试验过程记录表 4.【活动 4】道岔恢复试验的结果：故障道岔现存功能
	判断道岔故障对行车的影响	1.【活动 2】故障进路安全等级讨论中的表现 2.【活动 3】道岔故障对行车的影响思维导图 3.【活动 4】城轨东站 D0308 道岔故障对进路影响分表
	确定道岔故障的折返进路	1.【活动 1】D0308 道岔短闪故障时折返进路条件分析图 2.【活动 2】最优进路折返过程中的工作内容 3.【活动 3】道岔故障时行车工作内容中需要警惕的问题

续表

环节	学习步骤	学习成果 （中括号中的活动序号对应教学活动策划中学生活动序号）
制订计划	辨析折返进路问题节点	【活动 3】折返进路问题节点解决方法表
	确认行车作业的操作资质和执行条件	【活动 3】道岔故障行车作业执行条件列表
	构思道岔故障时的风险防范策略	1.【活动 2】道岔故障行车组织中关于人的风险因素 2.【活动 2】道岔故障时的风险控制表 3.【活动 3】道岔故障工作项目组织要求列表
	制订道岔故障时行车组织的实施计划	1.【活动 2】合作编辑《城轨东站 D0308 道岔故障行车组织实施计划》 2.【活动 4】阐述道岔故障行车组织中违背规则背后的严重后果，体悟依规作业的重要性
作出决策	验证道岔故障时行车组织实施计划的可行性	1.【活动 2】针对行车组织中存在问题的讨论结果 2.【活动 2】调整后的方案并说明理由
	汇报道岔故障时行车组织实施计划的可行性	【活动 2】道岔故障时行车组织实施可行性的汇报演练
	完善道岔故障时行车组织的实施计划	1.【活动 1】安全交底的内容 2.【活动 4】完善后的实施计划说明
实施计划	道岔故障时行车组织演练前准备	【活动 1】接触轨区域安全注意事项
	钩锁道岔故障组织行车演练	1.【活动 1】下线路钩锁道岔操作视频 2.【活动 2】钩锁道岔故障组织行车演练评估表
	开放引导信号行车组织演练	1.【活动 1】开放引导信号行车组织演练视频 2.【活动 1】开放信号行车组织演练评估表
	故障恢复期间后续列车行车组织演练	1.【活动 1】故障恢复期间后续列车行车组织演练视频 2.【活动 1】故障恢复期间后续列车行车组织演练评估表
	故障恢复后行车组织演练	1.【活动 1】故障恢复后行车组织演练视频 2.【活动 1】故障恢复后行车组织演练评估表 3.【活动 6】阐述不断改进实施计划并演练过程中对精益求精工匠精神的体悟
过程控制	填报《运营日况》	【活动 3】《运营日况》的应急处理简报
	分析道岔处理过程中的改进点	【活动 4】演练评估表和本次应急时间的评估结果
评价反馈	完善《行车安全事件（事故）分析报告》	【活动 3】《行车安全事件（事故）分析报告》
	道岔复合故障时行车组织预想	1.【活动 1】道岔故障时的行车组织方法逻辑关系图 2.【活动 3】道岔故障行车组织的技防建议 3.【活动 4】区间道岔故障行车组织办法

（二）课堂情景及关键学习成果（见表 7）

表 7　课堂情景及关键学习成果

环节	学习步骤	学习成果 （序号对应教学活动策划中学生活动的序号）
获取信息	判断道岔故障对行车的影响 	学习步骤三【活动 3】道岔故障对行车影响思维导图 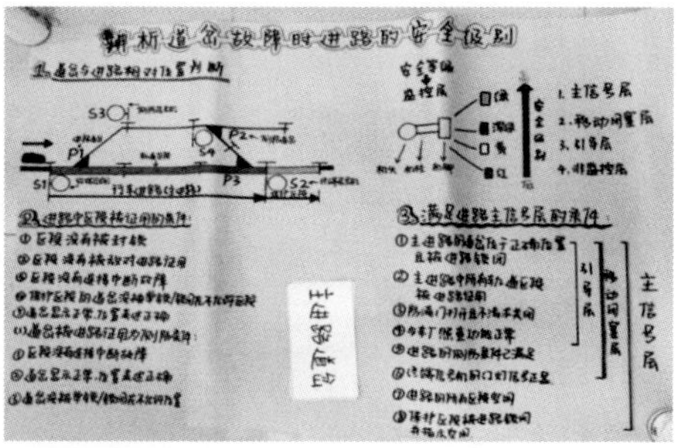
制订计划	制订道岔故障时行车组织的实施计划 	学习步骤四【活动 2】合作编写《城轨东站 D0308 道岔故障行车组织实施计划》 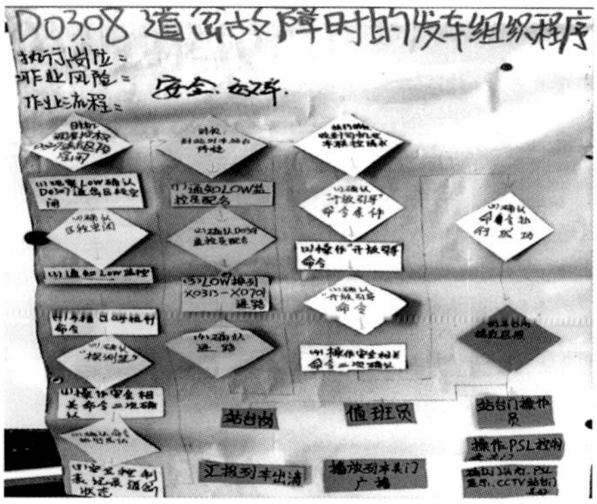
作出决策	验证道岔故障时行车组织实施计划的可行性 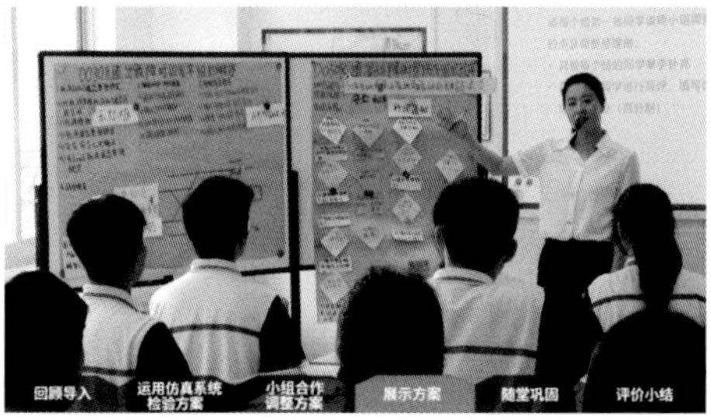	学习步骤一【活动 2】调整后的方案并说明理由 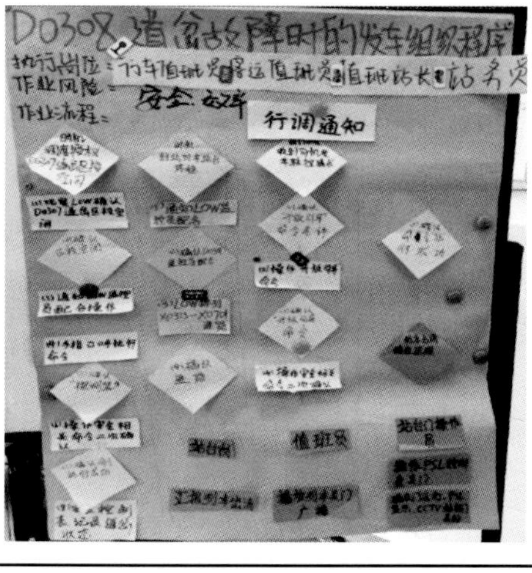

续表

环节	学习步骤	学习成果 （序号对应教学活动策划中学生活动的序号）
实施计划	钩锁道岔故障组织行车演练	学习步骤二【活动 1】下线路钩锁道岔操作视频
过程控制	分析道岔处理过程中的改进点	学习步骤二【活动 4】演练评估表
评价反馈	完善《行车安全事件（事故）分析报告》	学习步骤二【活动 1】道岔故障时的行车组织方法逻辑关系图

（三）学习成果的产出与任务设计、学生特征的关系分析

学习任务产出的学习成果回应了任务所对应的服务和相关要求，针对学生运用理论知识解决实际问题能力不足的特征，产出的学习成果凸显系统思维的活动，引导学生如何用理论知识解决实际问题。学习成果回应任务服务、要求和学生特征关系图如图 13 所示。

对应服务	相关要求	产出学习成果	学生情况
■ 地铁制式下 ■ 在行车设备故障或功能受限情况下 ■ 组织行车提供运输服务	以值班站长的身份		成果凸显系统思维活动 用理论解决问题 运用理论知识解决实际问题能力不足 系统思维不强
	□ 分析故障影响	道岔故障对行车的影响思维导图	
	□ 选择折返路径	道岔短闪故障时折返进路条件分析图	
	□ 制订处理策略	道岔故障时的接、发车组织程序流程图	
	□ 行使调度指挥权	道岔故障时行车组织实施可行性的汇报	
	□ 实现故障道岔的正确钩锁	拍摄下线路钩锁道岔操作视频（用于识别潜在风险）	
	□ 确保列车通过故障道岔完成折返	拍摄开放引导信号行车组织演练视频（用于识别潜在风险）	
	□ 监控和组织后序列车运行直至故障解除，恢复正常行车	道岔故障时的行车组织方法逻辑关系图	

图 13　学习成果回应任务服务、要求和学生特征关系图

（四）课堂评价结果分析

1. 考核项目设置情况

依据考核要点和通用能力考核维度设置 13 个考核项目。其中，技能考核类项目 3 个，学习成果类考核项目 3 个，通用能力观察类考核项目 7 个，如图 14 所示。

2. 考核项目与学生特征的关系分析

（1）学生职业角色认同感和代入感较强，但缺乏实践经历，潜意识有畏难心理，怕出现失误，所以，技能考核项和学习成果项要形成闭环，关注各环节心智技能培养，提升工作胜任力。

（2）学生在正常行车组织中，岗位之间的配合心理压力较小，故障时的行车组织要求准确高效，同时承担保障人民生命安全的责任，代入角色后心理压力大，指挥各岗位工作时，势必会遇到配合不顺畅或工作失误的情况，这时，学生的通用能力培养就会遇到挑战。所以，通用能力观察项的考核项目要形成闭环，关注各环节的核心关键能力培养，提升职业发展力。考核项目提升工作胜任力和职业发展力示意图如图 15 所示。

学习环节	考核项目	考核项目类别
获取信息	项目1：道岔恢复试验的操作及道岔现存功能的辨析	技能考核类
	项目2：确定受故障道岔影响进路安全等级的讨论	通用能力观察类（与人交流）
制订计划	项目3：道岔短闪故障行车组织实施计划的制订	学习成果类
	项目4：道岔故障行车组织实施计划人员分工的确定	通用能力观察类（与人合作）
作出决策	项目5：道岔短闪故障行车组织安全交底内容的确定	技能考核类
	项目6：道岔短闪故障行车组织问题的解决	通用能力观察类（解决问题）
实施计划	项目7：行车作业实施时机的判断和相关指令的发布	技能考核类
	项目8：道岔故障行车组织演练	通用能力观察类（与人合作）
	项目9：改进实施计划并演练	通用能力观察类（精益求精）
过程控制	项目10：《运营日况：道岔故障行车组织演练小结》的编制	学习成果类
	项目11：行车作业统筹时间节点的数字应用	通用能力观察类（数字应用）
评价反馈	项目12：区间道岔故障时行车组织办法的归纳总结	学习成果类
	项目13：总结道岔故障时行车组织技术	通用能力观察类（信息处理）

图 14　考核项目设置情况

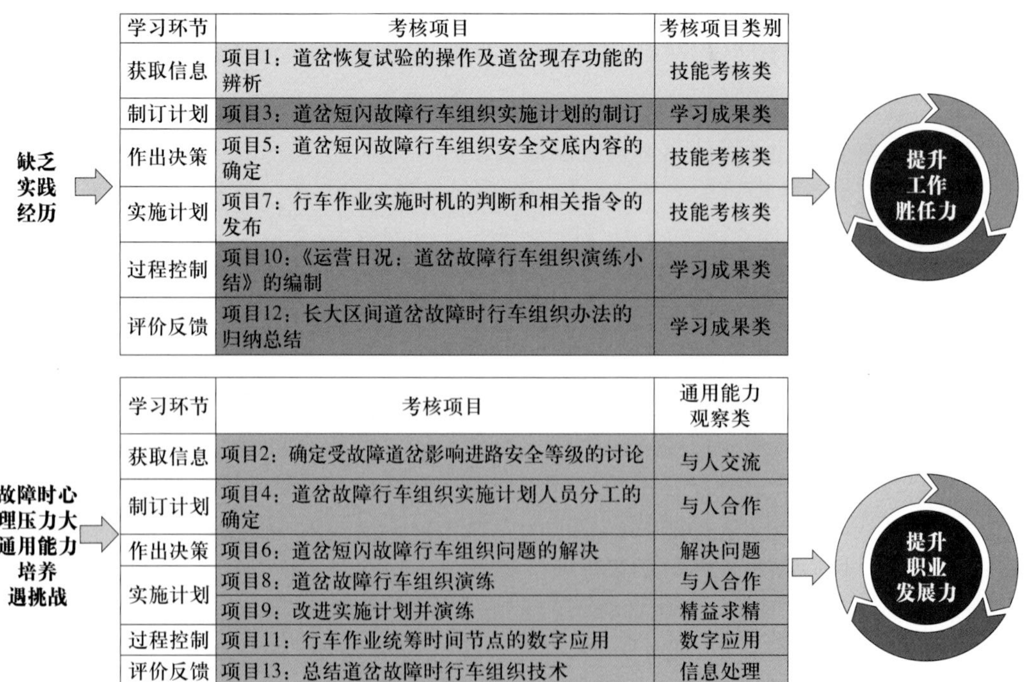

学习环节	考核项目	考核项目类别
获取信息	项目1：道岔恢复试验的操作及道岔现存功能的辨析	技能考核类
制订计划	项目3：道岔短闪故障行车组织实施计划的制订	学习成果类
作出决策	项目5：道岔短闪故障行车组织安全交底内容的确定	技能考核类
实施计划	项目7：行车作业实施时机的判断和相关指令的发布	技能考核类
过程控制	项目10：《运营日况：道岔故障行车组织演练小结》的编制	学习成果类
评价反馈	项目12：长大区间道岔故障时行车组织办法的归纳总结	学习成果类

学习环节	考核项目	通用能力观察类
获取信息	项目2：确定受故障道岔影响进路安全等级的讨论	与人交流
制订计划	项目4：道岔故障行车组织实施计划人员分工的确定	与人合作
作出决策	项目6：道岔短闪故障行车组织问题的解决	解决问题
实施计划	项目8：道岔故障行车组织演练	与人合作
	项目9：改进实施计划并演练	精益求精
过程控制	项目11：行车作业统筹时间节点的数字应用	数字应用
评价反馈	项目13：总结道岔故障时行车组织技术	信息处理

图 15　考核项目提升工作胜任力和职业发展力示意图

学习任务描述

【任务情景】

在某工作日 22：45，城轨东站（参照文冲站行车技术条件建设）D0308 道岔突发故障，城轨东站上行进站 5706 次（AM-C）列车发生紧急制动，在进站防护信号机 S0316 前停稳。城轨东站下行停靠站台 0619 次（AM-C）列车速度码为 0，出站防护信号机 X0313 显示红灯，行车值班员通知值班站长到车控室确认故障，并立即通过调度电话向行调 T016 汇报故障情况，如图 16 所示。你作为值班站长，接到上述信息后，请按照广州地铁《5 号线行车组织细则》《文冲站技术管理细则》《西门子 ATS 系统操作说明》，根据现场情况，构建应急处理策略，组织车站人员进行故障处理，维持列车运行，确保车站有序运营。

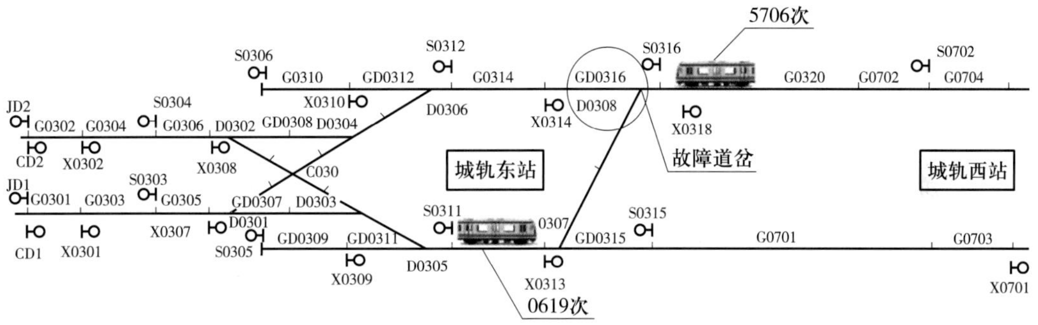

图 16　任务情景示意图

【工作要求】

1. 应急处理策略应严格遵从“安全第一、效率第二、先通后复”的原则，充分考虑道岔和进路的联锁关系、车站人员情况、设备状态等要素。

2. 根据处理策略，选派人员落实工作，至少包含以下布置安排：

（1）安排至少 1 人在车控室操作 LOW。

（2）根据车站站厅、出入口、客流情况，安排适量人员安放安民告示和晚点告示，维持相应区域秩序。

（3）合理选择 1 人配合下线路钩锁道岔。

（4）安排 1 人在站台操作 PSL 盘，配合司机开关站台门。

3. 值班站长需在 2 分钟内确认故障，人工排列进路不多于 7 分钟，首趟列车折返在 10 分钟内完成，故障期间行车间隔不大于 6 分钟。

4. 处理过程无间接引发有责服务投诉和票务事故。

5. 处理过程无直接造成事件苗头、一般事件、危险性事件等行车安全事件。

【任务资料】

1. 城轨东站设备状态示意图（车控室 LOW 界面）。

2. 车站布局沙盘示意图。

3. 车站当班情况登记表。

4. 列车运营时刻表 Z5133（节选故障发生时段）。

5. 故障时段客流统计特征表。

学习任务分析表（节选对应制订计划环节的工作步骤）

专业名称：城市轨道交通车站行车组织　　　　工学一体化课程名称：城市轨道交通车站行车组织

学习任务名称	城轨东站道岔故障时的行车组织	工作时长	1 小时	实践企业	广州地铁集团有限公司
学习任务代表性特征分析（选填）					
代表性方面	代表性特征				
服务	在行车设备故障或功能受限的情况下，会直接影响行车组织的安全性和效率，采取临时措施维持运输服务，是城轨企业法定责任和社会义务，主要服务包括：协助调度工作、临时调整行车计划、提供替代交通工具、安排人员引导乘客、维护车站现场秩序、处理突发事件等				
情景	道岔故障时的行车组织是交通运输部颁布的《城市轨道交通行车组织管理办法》规范的工作情景之一，是城市轨道行车组织中常见的故障。当道岔发生故障时，首先影响到的是运营秩序，导致列车运行晚点，甚至造成局部运营中断，是城轨非正常行车组织工作领域中的代表性工作场景				
故障表征	1. 单个设备故障——道岔故障 2. 一条进路的联锁失效导致周边进路安全等级下降 3. 列车驾驶模式降级，列车自动监控系统 ATS 切除 4. 影响列车的运行，但在信号系统中能看到列车位置				
劳动对象	行车组织工作的劳动者即行车工作的参与者。在车站行车组织中，实施管理行为人员为车站值班站长，主要组织对象的职务是行车值班员、客运值班员、列车司机、站务员。道岔行车组织中，行车值班员和列车司机是城市轨道交通行车组织的关键岗位				
劳动工具	在车站行车组织中，主要通过 ATS 系统、主控系统监控人员工作、行车设备运行及列车行驶的状态；通过 ATS 系统和转辙机实现列车运行的组织意图，其中 ATS 系统是城市轨道交通行车组织工作的核心设备				
工作方法	ATS 安全命令的操作方法、故障道岔恢复试验的方法、人工排列进路的方法、替代进路的选择方法、降级运行列车的接发车方法、进路开放条件的确认方法，均运用到了城轨行车组织的关键知识和技能，如铁路联锁逻辑的理论知识和手摇道岔技能				

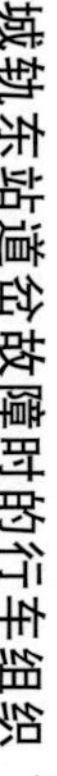

续表

序号	工作内容分析							学习内容分析		
	工作步骤	具体工作内容	工具材料设备	劳动组织关系	工作方法	工作成果	工作要求	实践知识	理论知识	职业素养
4 （节选）	辨析折返进路问题节点	1. 值班站长根据道岔故障对行车的影响，分析列车运行进路上可能出现的问题点 2. 提醒作业人员按作业的操作资质和执行条件处理道岔故障 3. 结合车站实际情况，预想道岔故障处理时的风险	1. 线路图 2. 车站 LOW 设备 3. 时刻表 4.《车务安全应急处理程序》 5.《城市轨道交通工程基本术语标准》 6.《城市轨道交通行车组织管理办法》 7.《信号设备故障应急处理指南》 8.《广州地铁 LOW 操作员培训教材》	独立工作	1. 折返进路问题节点的确定 2. 确定行车作业操作资质的方法 3. 行车作业执行条件的判断	现场处置方案（包括行车实施条件、道岔故障工作项目、道岔故障风险控制）	1. 根据故障信息预想风险，确定道岔故障的折返进路 2. 确认道岔故障时的行车作业内容、操作资质、执行条件	1. 折返进路问题节点的确定 2. 确定行车作业操作资质的方法 3. 行车作业执行条件的判断 4. 道岔故障应急过程的预想 5. 站台门的降级操作方法	1.进路、信号机、道岔间的联锁关系 2. 道岔短闪故障处理程序 3. 道岔故障处理时的风险防控措施	规则意识
5 （节选）	制订道岔故障时行车组织的实施计划	1. 值班站长依据道岔和进路的联锁关系，结合车站人员情况、设备状态，根据“安全第一、效率第二”为原则，构想道岔故障应急处理策略 2. 依据现有应急预案，制订道岔短闪故障行车组织实施计划	1. 线路图 2. 车站 LOW 设备 3. 时刻表 4. 对讲机 5.《运营中心车务安全应急处理程序》 6.《广州地铁行车组织细则》 7.《广州地铁车务安全应急处理程序》	1. 与行调人员沟通确认行车组织意图 2 与值班人员沟通确认当班人安排	1. 道岔故障应急过程的预想 2. 道岔故障时的接、发车组织程序的确定	道岔故障时行车组织的实施计划表	1. 结合现有预案，根据车站人员、设备情况，预想道岔故障应急处理策略 2. 制订的工作计划满足“安全第一、效率第二”原则	正常情况下行车组织现场管控的方法	道岔故障时的接、发车组织程序	与人合作 规则意识

教学活动策划（节选制订计划环节）

序号	环节学时	学习目标	学习步骤	学习内容	学生活动	教师活动	学习成果	学习资源
2	环节二：制订计划（6学时）	1. 能依据《城市轨道交通行车组织管理办法》，与老师、小组成员等讨论确定道岔故障情况下行车组织风险，明确作业人员资质要求及各作业执行的条件 2. 依据车站行车作业现场实际情况，构想应急处理策略，制订道岔短闪故障行车组织实施计划 3. 能在梳理执行条件和操作资质的过程中，与同学讨论确定人员分工，推进道岔故障行车组织实施计划制订 4. 在学习道岔故障应急处理原则、应急流程统筹和调整方法的过程中，基于《1995.11.5 长椿街站列车撞车事故》思政案例分析，阐述道岔故障行车组织中违背规则的严重后果，体悟依规作业的重要性	辨析折返进路问题节点	1. 移动闭塞联锁的实现设备与逻辑 2. 道岔短闪故障处理程序 3. 折返进路问题节点的确定	学生活动 1：明确被进路联锁监督的设备种类 学生独立查阅“《城市轨道交通工程基本术语标准》——联锁”“《LOW 操作员培训教材》——四五号线的联锁逻辑、四五号线的联锁设备”等资料，然后小组合作整理信息，对比上述两份文件中两者“联锁”描述中存在的异动，明确在西门子移动闭塞系统中被进路联锁监督的设备种类，画出联锁关联图，表述联锁系统的工作原理，解释各设备纳入联锁监督的原因 学生活动 2：辨析返进路的问题节点 学生合作查阅“《信号设备故障应急处理指南》——道岔短闪处理程序”“《车务安全应急处理程序》——文冲站的道岔故障行车组织办法”“《城市轨道交通行车组织管理办法》——非正常行车道岔故障的处理要求”“《信号设备故障应急处理指南》——LOW 显示道岔短闪处理”等资料，结合西门子移动闭塞系统中被联锁监督的设备种类等已整理信息，分析受影响设备，填写折返进路问题节点汇总表，明确折返进路的问题节点和处理思路	1. 巡回观察学生获取信息的处理情况，引导学生画出联锁关联图 2. 巡视指导小组讨论，引导学生标注出折返进路的问题节点；指导学生完成折返进路问题节点汇总表的编制，必要时对共性问题集中讲解	【活动1】联锁关联思维套图 【活动2】折返进路问题节点汇总表	1. 企业资料 《车务安全应急处理程序》——折返进路问题节点确定的参考案例 2. 企业规章 （1）《城市轨道交通工程基本术语标准》 （2）《广州地铁 LOW 操作员培训教材》——四五号线的联锁逻辑、四五号线的联锁设备 （3）《车务安全应急处理程序》折返进路问题节点确定的处理 （4）《城市轨道交通行车组织管理办法》——非正常行车道岔故障的处理要求 （5）《信号设备故障应急处理指南》——LOW 显示道岔短闪处理 3. 教学设备 LOW 系统

续表

序号	环节学时	学习目标	学习步骤	学习内容	学生活动	教师活动	学习成果	学习资源
2	环节二：制订计划（6学时）		确认行车作业的操作资质和执行条件	1. 确定行车作业的操作资质的方法 2. 行车作业执行条件的判断 3. 规则意识	学生活动 1：查询操作人员资质要求 （1）学生独立查阅“《运营事业总部安全培训管理办法》——定义、专项操作项目的管理要求”等资料，分析、整理资料，明确本次任务行车作业操作人员或岗位需要的资质要求，并记录有用信息 （2）学生独立查阅“《行车组织细则》——LOW 的操作要求”“《车站运作手册》——信号设备操作”等资料，结合本次任务的操作需要，通过小组互助学习开展讨论，明晰在任务发展的不同情景下，LOW 操作对人员要求的变化 学生活动 2：判断行车作业项目的执行条件 （1）学生独立查阅“案例《五号线信号值班员未准备好进路就通知司机动车事件》”等资料，明确行车作业执行条件判断的重要性和违规作业的后果 （2）学生合作查阅“《LOW 操作员培训教材》——信号机在 LOW 上的显示及现场开放”等资料，分析折返进路问题节点汇总表，判断其中各项作业执行所需要的条件，完成道岔故障工作项目组织要求汇总表关于工作项目、执行时机、人员要求的填写	1. 巡视指导学生书写道岔故障时车站行车作业的操作资质和执行条件关键词 2. 巡视指导学生完成道岔故障工作项目组织要求汇总表的编制，必要时对共性问题集中讲解	【活动2】道岔故障工作项目组织要求汇总表	1. 企业规章 （1）《运营事业总部安全培训管理办法》——定义、专项操作项目的管理要求 （2）《广州地铁行车组织细则》——LOW 的操作要求 （3）《广州地铁车站运作手册》——信号设备操作 （4）《广州地铁 LOW 操作员培训教材》——信号机在 LOW 上的显示及现场开放 2. 企业资料 （1）当班情况登记表 （2）案例《五号线信号值班员未准备好进路就通知司机动车事件》 3. 数字化资源 视频《深圳地铁调度员视觉的道岔故障》

续表

序号	环节学时	学习目标	学习步骤	学习内容	学生活动	教师活动	学习成果	学习资源
2	环节二：制订计划（6学时）		构思道岔故障时的风险防范策略	1. 道岔故障应急过程的预想 2. 道岔故障处理风险的特征 3. 道岔故障处理时的风险防控措施 4. 规则意识	学生活动1：预想应急处理过程 学生独立查阅《2011年1月23日新造站W1416道岔故障事件》和车站线路图、车站平面图、当班人员情况表、行车日志、运营时刻表，结合道岔故障工作项目组织要求汇总表，通过小组合作，在教具——车站沙盘示意图、车站线路图上将应急过程的关键节点可视化，并开展应急处理预想，简要说明处理过程 学生活动2：明确道岔故障处理风险的特征 学生独立查阅“《运营事业总部安全风险管理办法》——安全风险辨识”“案例《五号线信号值班员未准备好进路就通知司机动车事件》”等资料，明确道岔故障处理时的风险的特征（辨析范围、分类、辨析方法、风险存在的形式） 学生活动3：制订道岔故障处理的风险防控措施 学生合作查阅“《作业通用安全实施细则》——事故十防”等资料，对照辨析任务操作中涉及“十防”的关键内容，绘制道岔故障时的风险控制表，明确风险防控措施，完善道岔故障工作项目组织要求汇总表的防控要求，并说明控制措施制订背后的意义；结合《1995.11.5长椿街站列车撞车事故》讨论行车作业中人的风险因素，体悟依规作业的重要性	1. 巡视指导学生进行道岔故障应急过程的关键节点可视化，引导学生通过多种形式可视化，观察是否有遗漏关键节点，及时纠正 2. 组织小组学习讨论案例，绘制道岔故障时的风险控制表，明确道岔故障处理时的风险的特征（辨析范围、分类、辨析方法、风险存在的形式） 3. 巡视指导学生完成道岔故障时的风险控制表的绘制，并进行解释说明	【活动3】道岔故障时的风险控制表	1. 企业资料 （1）《2011年1月23日新造站W1416道岔故障事件》 （2）车站线路图 （3）车站平面图 （4）当班人员情况表、行车日志 （5）运营时刻表 （6）车站沙盘示意图 （7）车站线路图 （8）案例《五号线信号值班员未准备好进路就通知司机动车事件》 2. 企业规章 （1）《运营事业总部安全风险管理办法》——安全风险辨识 （2）《运营事业总部作业通用安全实施细则》——事故十防控制措施 （3）《运营中心车务安全应急处理程序》——道岔故障处置

续表

序号	环节学时	学习目标	学习步骤	学习内容	学生活动	教师活动	学习成果	学习资源
2	环节二：制订计划（6学时）		制订道岔故障时行车组织的实施计划	1. 道岔故障时人工办理进路的组织程序 2. 道岔故障行车组织各作业程序间的衔接 3. 与人合作 4. 规则意识	学生活动1：编写道岔故障行车组织实施计划 学生合作查阅“《车务安全应急处理程序》——道岔故障处置、人工办理进路”，整理已学内容，确认制订行车组织实施计划所需要的基础信息，共同梳理道岔故障工作项目组织要求列表，制订分工计划，合作编写并展示《轻工东站D0308道岔故障行车组织实施计划》，聆听展示汇报，填写短闪故障道岔行车组织实施计划制订考核项目评价表，完成互评 学生活动2：评价实施计划制订中的表现和成果 学生独立查阅“通用能力学习园地（二）——与人合作”和道岔故障行车组织实施计划人员分工考核项目评价表，明确与人合作的具体要求，反思自己在上一学习步骤中的表现，完成通用能力实践反思，填写考核评价表 学生活动3：分析安全案例体悟规则意识 学生合作查阅《1995年11月5日长椿街站列车撞车事故》视频”，指出视频中操作人员规则意识淡薄表现出来的行为和所造成的后果，举一反三，阐述道岔故障行车组织中违背规则的严重后果，体悟依规作业的重要性，强化规则意识，以《规则背后的故事》为三题，采用手抄报的形式，完成一次安全教育的内容设计	1. 组织学生小组讨论，观察小组查找的行车组织实施计划基础信息是否有遗漏，及时纠正；完成《轻工东站D0308道岔故障行车组织实施计划》的编制及展示 2. 组织学生阅读与人合作的通用能力学习资料，引导学生开展与人合作的事件反思，组织小组依据评分表进行评价 3. 引导学生分析案例，分享违规的严重后果，认识依法依规作业的重要性，完成手抄报《规则背后的故事》	【活动1】《轻工东站D0308道岔故障行车组织实施计划》 【活动2】与人合作的实践反思 【活动3】《规则背后的故事》(安全教育手抄报）	1. 企业规章 （1）《广州地铁行车组织细则》——开放引导信号的规定 （2）《广州地铁车务安全应急处理程序》——人工办理进路 2. 信息资料 《通用能力学习资料——与人合作》 3. 企业资料 《道岔故障工作项目组织要求列表》 4. 数字化资源 《1995年11月5日长椿街站列车撞车事故》视频

学习任务考核方案（节选制订计划环节）

“城轨东站道岔故障时的行车组织”学习任务考核方案，由学习任务考核项目说明、学习任务考核项目评分细则和学习任务考核成绩三部分构成。

一、学习任务考核项目说明

“城轨东站道岔故障时的行车组织”学习任务按照工作过程划分为6个学习环节，依据考核要点和通用能力考核维度设置了13个考核项目。其中，技能考核类项目3个，学习成果类考核项目3个，通用能力观察类考核项目7个，具体说明见表8。

表8 “城轨东站道岔故障时的行车组织”学习任务考核项目说明

学习环节	学习目标	考核要点/通用能力观察维度	考核项目	项目说明	配分（分）
制订计划	1. 能依据《行车组织规则》，与老师、小组成员等讨论确定道岔故障情况下行车组织风险，明确作业人员资质要求及各作业执行的条件 2. 依据车站行车作业现场实际情况，构想应急处理策略，制订道岔短闪故障行车组织实施计划 3. 能在梳理执行条件和操作资质的过程中，与同学讨论确定人员分工，推进道岔故障行车组织实施计划制订 4. 在学习道岔故障应急处理原则、应急流程统筹和调整方法的过程中，基于“1995年11月5日长椿街站列车撞车事故”思政案例分析，阐述道岔故障行车组织中违背规则的严重后果，体悟依规作业的重要性	道岔短闪故障行车组织实施计划的制订	项目3：道岔短闪故障行车组织实施计划的制订	学生通过小组合作，依据选定的列车折返路径，制订道岔故障行车组织实施计划，并进行展示说明	10
		与人合作	项目4：道岔短闪故障行车组织实施计划人员分工的确定	在道岔故障行车组织实施计划制订人员分工时，观察学生是否能关注团队工作完成进度，有时间节点意识，关注每位成员的工作情况，合理分配工作任务	5

二、学习任务考核项目评分细则

“城轨东站道岔故障时的行车组织”学习任务共设置13个考核项目，采用自评、互评、师评相结合的方式，对学习成果、行为表现、技能应用进行评分。各项目评分细则见表9、表10。

表9 评价项目3：“道岔短闪故障行车组织实施计划的制订”考核项目评分表

考核项目	道岔短闪故障行车组织实施计划的制订
组织形式	完成方式：以小组形式合作完成，每个组4～6名学生组成；以小组为单位，共同整理本学习任务的前序学习成果，共同制订实施计划

续表

组织形式	质量要求：道岔短闪故障行车组织实施计划要素齐全、合理使用图表和逻辑图展示计划意图，限时 25 分钟内完成制作
成果形式	成果要素：行车组织办法概述、工作项目分工表、故障道岔恢复试验工作流程、钩锁道岔的工作流程、故障期间的接车和发车流程 成果形式：A3 纸制作，需使用彩笔进行美化
评价方式	师评 + 互评
评分细则	本项目评价满分为 10 分： 1. 行车组织办法概述：缺少要素或表述错误，每点扣 1 分，共 2 分 2. 工作项目分工表：缺少要素或表述错误，每点扣 1 分，共 1 分 3. 故障道岔恢复试验工作流程：缺少要素或表述错误，每点扣 1 分，共 1 分 4. 钩锁道岔的工作流程：缺少要素或表述错误，每点扣 1 分，共 2 分 5. 故障期间的接车和发车流程：缺少要素或表述错误，每点扣 1 分，共 4 分 6. 合理使用图表和逻辑图：图表和逻辑图使用少于 3 个，总分扣 2 分

表 10　评价项目 4：“道岔故障行车组织实施计划人员分工的确定”考核项目评分表

考核项目	道岔故障行车组织实施计划人员分工的确定
组织形式	完成方式：以小组形式合作完成，每个组 4 ~ 6 名学生组成；以小组为单位，围绕道岔故障行车组织实施计划人员分工开展讨论 考核内容：合理分配工作，共同完成材料收集和分析；关注他人的工作进度，并根据情况给予适当的帮助；小组内分享收集到的信息，围绕主题开展讨论，建立小组达成共识的规则，确定道岔故障行车组织实施计划人员的分工。限时 10 分钟内完成实施计划人员分工
成果形式	考核要素：关注团队工作完成进度，有时间节点意识；关注每位成员的工作情况，合理分配工作任务；建立小组达成共识的规则（充分研讨达成一致、投票、组长决定等）；小组中不为了快速达成一致意见或避免冲突而一味地退让，掩饰自己的观点
评价方式	互评 + 师评
评分细则	本项目评价满分为 5 分： 通用能力按照毫不突出（1 分）、不太突出（2 分）、比较突出（3 分）、突出（4 分）和非常突出（5 分）五档并参考以下考核点进行评分，取平均值： 1. 关注团队工作完成进度，有时间节点意识 2. 关注每位成员的工作情况，合理分配工作任务 3. 建立小组达成共识的规则（充分研讨达成一致、投票、组长决定等） 4. 小组中不为了快速达成一致意见或避免冲突而一味地退让，掩饰自己的观点

三、学习任务考核成绩

“城轨东站道岔故障时的行车组织”学习任务考核成绩见表 11。

表 11 “城轨东站道岔故障时的行车组织”学习任务考核成绩

学习任务名称	城轨东站道岔故障时的行车组织				
考核项目	配分（分）	考核方式及权重			得分
		自评	互评	师评	
项目 3：道岔短闪故障行车组织实施计划的制订	10	—	30%	70%	
项目 4：道岔故障行车组织实施计划人员分工的确定	5	—	30%	70%	

工作页（节选制订计划环节）

学习环节二　制订计划

【学习目标】

1. 能依据《城市轨道交通行车组织管理办法》，与老师、小组成员等讨论确定道岔故障情况下行车组织风险，明确作业人员资质要求及各作业执行的条件。

2. 依据车站行车作业现场实际情况，构想应急处理策略，制订道岔短闪故障行车组织实施计划。

3. 能在梳理执行条件和操作资质的过程中，与同学讨论确定人员分工，推进道岔故障行车组织实施计划的制订。

4. 在学习道岔故障应急处理原则、应急流程统筹和调整方法的过程中，基于“1995 年 11 月 5 日长椿街站列车撞车事故”思政案例分析，阐述道岔故障行车组织中违背规则的严重后果，体悟依规作业的重要性。

【建议学时】

6 学时。

【学习要求】

学习要求表见表 12。

表 12　学习要求表

序号	学习步骤	学习内容	学时	备注
1	辨析折返进路问题节点	1. 折返进路问题节点的确定 2. 进路、信号机、道岔间的联锁关系 3. 道岔短闪故障处理程序	2	
2	确认行车作业的操作资质和执行条件	1. 确定行车作业操作资质的方法 2. 行车作业执行条件的判断	1	
3	构思道岔故障时的风险防范策略	1. 道岔故障应急过程的预想 2. 道岔故障处理时的风险防控措施 3. 规则意识	1	
4	制订道岔故障时行车组织的实施计划	1. 道岔故障时的接、发车组织程序 2. 规则意识 3. 与人合作	2	

学习步骤一：辨析折返进路问题节点

（一）明确西门子移动闭塞系统中被联锁系统监督的设备种类

【引导问题 2-1】请查阅《信息页》“《城市轨道交通工程基本术语标准》”“《广州地铁 LOW 操作员培训教材》——四五号线的联锁逻辑、四五号线的联锁设备”的相关信息，结合前序任务已经学习的内容，根据提示回答问题，明确在西门子移动闭塞系统中被联锁监督的设备种类。

1. 请比较西门子移动闭塞信号系统联锁的基本内容与国标术语定义的内容，简述其中的增量，填写表 13。

表 13　关于联锁基本内容的比较列表

序号	西门子移动闭塞信号系统	国标术语	增量
1			
2			
3			
4			
……			

2. 请列举西门子移动闭塞系统中被联锁系统监督的设备种类。

答：____

____

____

____

____

____

（二）折返进路问题节点及处理办法的确定

【引导问题 2-2】请查阅《信息页》“《车务安全应急处理程序》折返进路问题节点确定的处理”，结合被联锁监督的设备种类等前序任务已整理的信息，依据提示填写表 14 第 1 ~ 2 列内容，分析受影响设备，明确折返进路的问题节点。

【引导问题 2-3】请查阅《信息页》“《城市轨道交通行车组织管理办法》——非正常行车道岔故障的处理要求”“《信号设备故障应急处理指南》——LOW 显示道岔短闪处理”，结合前序任务已经学习的内容，对照表 14 第 1 ~ 2 列的内容，填写该表第 3 列，明确问题节点的处理方法。

表 14　折返进路问题节点列表

序号	节点（设备名称）	问题描述	问题节点的处理办法
1			
2			

续表

序号	节点（设备名称）	问题描述	问题节点的处理办法
3			
4			
……			

学习步骤二：确认行车作业的操作资质和执行条件

（一）确定行车作业的操作资质的方法

【引导问题 2–4】请查阅《信息页》“《运营事业总部安全培训管理办法》——定义、专项操作项目的管理要求”的信息，分析表 14 及《工作页》“任务资料——当班情况登记表”的内容，写出本次任务行车作业操作人员或岗位需要的资质。

答：______________________________

____

____

____

____

【引导问题 2–5】请查阅《信息页》“《广州地铁行车组织细则》——LOW 的操作要求”“《广州地铁车站运作手册》——信号设备操作”，结合本次任务的操作需要，整理出各种情况下 LOW 操作的人员安排要求。

答：______________________________

____

____

____

____

（二）行车作业执行条件的判断

【引导问题 2–6】请查阅《信息页》“案例《五号线信号值班员未准备好进路就通知司机动车事件》”“《广州地铁 LOW 操作员培训教材》——信号机在 LOW 上的显示及现场开放”的相关信息，依据提示填写表 15，判断本次任务行车作业的执行条件。

表 15　行车作业执行条件列表

序号	节点（设备名称）	工作项目	执行条件
1			
2			
3			
4			
……			

学习步骤三：构思道岔故障时的风险防范策略

（一）道岔故障应急过程的预想

【引导问题 2–7】请查阅《信息页》“2011 年 1 月 23 日新造站 W1416 道岔故障事件”和《工作页》“任务资料——车站线路图、车站平面图、当班人员情况表、行车日志、运营时刻表”，对照表 15 的信息，依据提示回答问题。

1. 请在下方写出你认为这次任务班前会议和交接中需要了解的情况，并向教师提出疑问，将有必要补充的内容记录到《工作页》“任务资料——当班人员情况表”中。

答：____

____

____

____

____

2. 在补充信息后，再次查阅《工作页》“任务资料——任务情景示意图、车站布局沙盘示意图、当班人员情况表、行车日志、运营时刻表”，参考《信息页》“2011 年 1 月 23 日新造站 W1416 道岔故障事件”提供的经验，预想道岔故障应急处理过程，按照人员（岗位）的作业地点、负责事项和工作要求，用蓝色或红色原子笔标注到图 17、图 18、图 19 中。

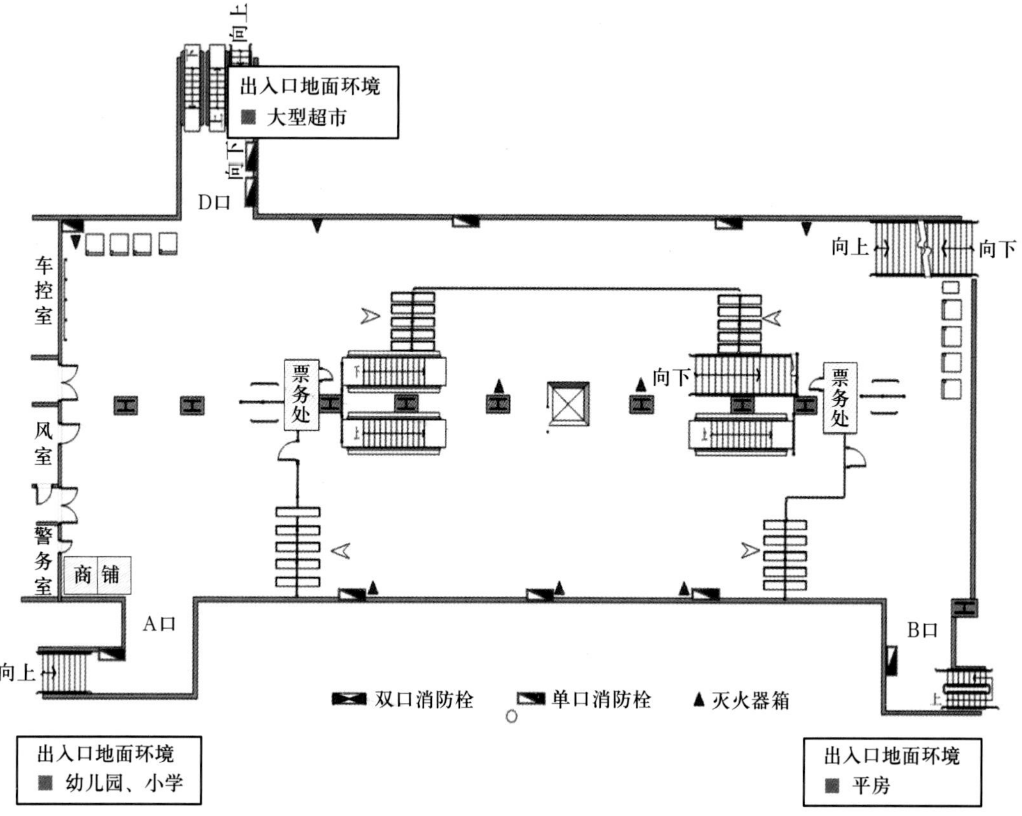

图 17　站厅公共区沙盘示意图

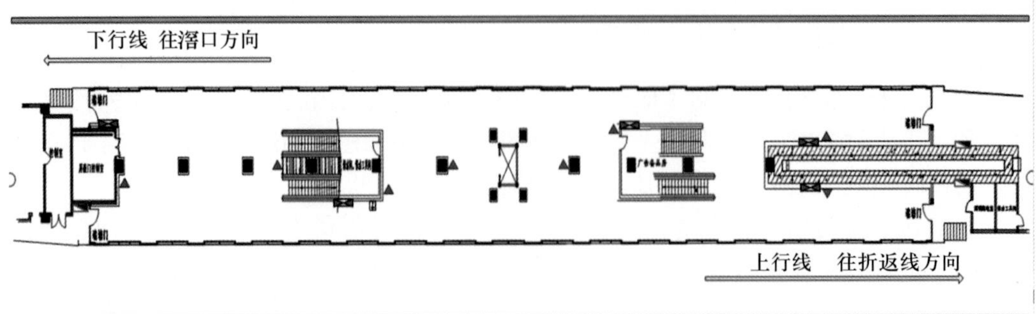

▬ 双口消防栓 ▬ 单口消防栓 ▲ 灭火器箱

图 18 站台公共区沙盘示意图

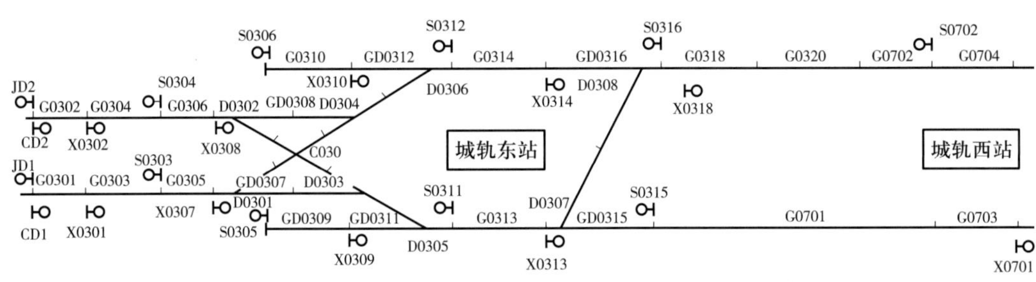

图 19 城轨东站线路图

（二）道岔故障处理时的风险防控措施

【引导问题 2–8】请查阅《信息页》“《运营事业总部安全风险管理办法》——安全风险辨识”，分析表 15 的工作项目，填写表 16 道岔故障处理的风险特征分析。

表 16 道岔故障处理的风险特征分析

风险辨识的范围（分类）			适用的辨析方法
地点划分	活动划分	单位划分	

【引导问题 2-9】请查阅《信息页》“五号线信号值班员未准备好进路就通知司机动车事件”，对照表 15 的信息，找出本次任务中最大的安全风险，并论述其风险防控失效可能造成的后果，记录在下方。

答：

【引导问题 2-10】请查阅《信息页》“《运营事业总部作业通用安全实施细则》——事故‘十防’控制措施”，结合表 16 关于风险特征的分析内容，填写表 17，识别道岔故障处理的具体风险并制订防范措施。

表 17　道岔故障时的风险控制表

“十防”对应条款	风险描述	防范措施

【引导问题 2-11】请查阅并整理表 14、表 15、表 16、表 17 的信息，通过小组讨论，确定道岔故障工作项目组织要求，填写表 18。

表 18　道岔故障工作项目组织要求列表

工作项目	执行时机	人员要求	风险防范措施要求

学习步骤四：制订道岔故障时行车组织实施计划

（一）确定制订行车组织实施计划的基础信息

【引导问题 2-12】查阅《信息页》“《运营中心车务安全应急处理程序》——道岔故障处置”“《广州地铁行车组织细则》——开放引导信号的规定”“《广州地铁行车组织细则》——反向运行规定”“《广州地铁车务安全应急处理程序》——人工办理进路”的资料，通过小组讨论，确认制订行车组织实施计划的基础信息，完善工作页附件 2-1《城轨东站 D0308 道岔故障时行车组织实施计划》中的城轨东站 D0308 故障的行车组织办法、道岔故障工作项目组织要求列表、人员工作布置示意图。

（二）通用能力学习园地——与人合作

【引导问题 2-13】查阅《信息页》“通用能力学习园地（二）——与人合作”的信息，思考文中的“蜜蜂团队”通过了哪些举措促进团队合作，记录在下方。

答：____

（三）制订行车组织实施计划

【引导问题 2-14】查阅“引导问题 2-12”整理的资料，小组分工完成附件 2-1《城轨东站 D0308 道岔故障行车组织实施计划》的编制工作，并把小组分工说明记录在下方。

答：____

【引导问题 2-15】请按照表 18 的要求，互评在合作制订道岔故障行车组织实施计划人员分工确定中的表现，填写在表 19 中。

表 19 “道岔故障行车组织实施计划人员分工的确定”考核项目评分表

考核项目	道岔故障行车组织实施计划人员分工的确定
组织形式	完成方式：以小组形式合作完成，每个组由 4 ~ 6 名学生组成；以小组为单位合作制订道岔故障行车组织实施计划 考核内容：合理分配工作，多个渠道共同完成材料收集和分析；关注他人的工作进度，并根据情况给予适当的帮助；小组内分享收集到的信息，围绕主题开展讨论，建立小组达成共识的规则，确定道岔故障行车组织实施计划人员的分工。限时 10 分钟内完成实施计划人员分工的确定

续表

成果形式	考核要素：关注团队工作完成进度，有时间节点意识；关注每位成员的工作情况，合理分配工作任务；建立小组达成共识的规则（充分研讨达成一致、投票、组长决定等）；小组中不为了快速达成一致意见或避免与冲突，而一味地退让，掩饰自己的观点		
评价方式	互评（30%）+ 师评（70%） 通用能力按照毫不突出（1 分）、不太突出（2 分）、比较突出（3 分）、突出（4 分）和非常突出（5 分）五档进行评分，取平均值		
评价表	评价项目	互评	师评
	1. 关注团队工作完成进度，有时间节点意识		
	2. 关注每位成员的工作情况，合理分配工作任务		
	3. 建立小组达成共识的规则（充分研讨达成一致、投票、组长决定等）		
	4. 小组中不为了快速达成一致意见或避免冲突，而一味地退让，掩饰自己的观点		
	小计		
	（共 5 分）合计		
	互评人签名：	教师签名：	

【引导问题 2-16】请按照表 20 的要求，审阅你所在小组抽到其他小组的学业成果，并在他们的工作页上完成评价。

表 20　评价项目 3："道岔短闪故障行车组织实施计划的制订"考核项目评分表

考核项目	道岔短闪故障行车组织实施计划的制订			
组织形式	完成方式：以小组形式合作完成，每个组由 4 ~ 6 名学生组成；以小组为单位，共同整理本学习任务的前序学习成果，共同编制实施计划 质量要求：道岔短闪故障行车组织实施计划要素齐全、合理使用图表和逻辑图展示计划意图，限时 25 分钟内完成制作			
成果形式	成果要素：行车组织办法概述、工作项目分工表、故障道岔恢复试验工作流程、钩锁道岔的工作流程、故障期间的接车和发车流程 成果形式：A3 纸制作，需使用彩笔进行美化			
评价方式	师评（70%）+ 互评（30%）			
评分细则	评价项目	评价标准	互评	师评
	行车组织办法概述	缺少要素或表述错误，每点扣 1 分，共 2 分		
	工作项目分工表	缺少要素或表述错误，每点扣 1 分，共 1 分		
	故障道岔恢复试验工作流程	缺少要素或表述错误，每点扣 1 分，共 1 分		

续表

	评价项目	评价标准	互评	师评
评分细则	钩锁道岔的工作流程	缺少要素或表述错误，每点扣1分，共2分		
	故障期间的接车和发车流程	缺少要素或表述错误，每点扣1分，共4分		
	合理使用图表和逻辑图	图表和逻辑图使用少于3个，总分扣2分		
	（共10分）合计得分			
	互评人签名：		教师签名：	

（四）思政学习园地——规则意识

【引导问题 2-17】请查阅《信息页》“《1995 年 11 月 5 日长椿街站列车撞车事故》视频”举一反三并对照反思，分析道岔故障时行车的工作内容，指出其中需要警惕的问题，根据提示回答问题。

1. 指出视频中操作人员“规则意识”淡薄的行为和造成的后果。

答：______________________________

____

____

____

____

____

2. 举一反三，警钟长鸣：阐述道岔故障行车组织中违背规则的严重后果，体会依规作业的重要性。

答：______________________________

____

____

____

____

____

工作页（节选制订计划环节）

附件 2-1：

__________站__________道岔故障

行车组织实施计划

编制人：________________班

________________小组

编制时间：_____年_____月_____日

《城市轨道交通车站行车组织》

任务三《道岔故障时的行车组织》作业

注：建议 A3 单面印制

__________站__________道岔故障行车组织办法

故障点及行车条件：______________________________

注意事项：

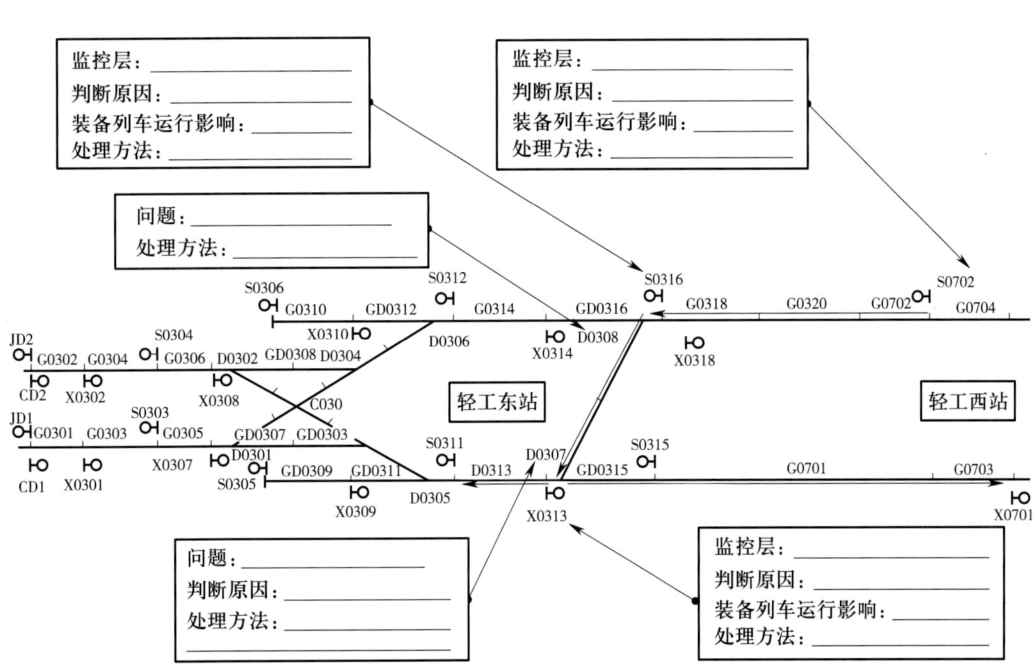

图 20　行车交路图

______________道岔故障工作项目组织要求列表

工作项目	执行时机	人员要求	风险防范措施要求

岗位（角色）分配

岗位	姓名	岗位	姓名

________站________道岔故障人员工作布置示意图

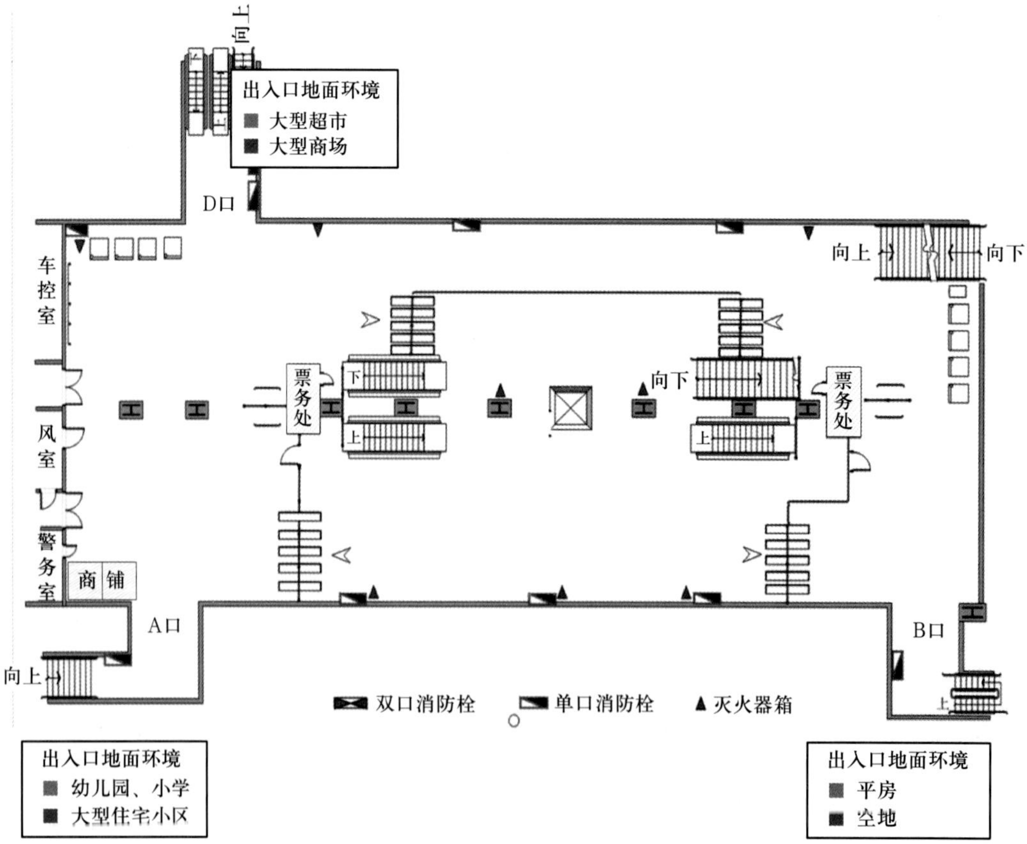

出入口地面环境
大型超市
大型商场
向上
D口
向上
向下
车控室
风室
警务室
商铺
票务处
票务处
向下
下
上
上
A口
B口
向上
双口消防栓
单口消防栓
灭火器箱
出入口地面环境
幼儿园、小学
大型住宅小区
出入口地面环境
平房
空地

图 21　站厅公共区沙盘示意图

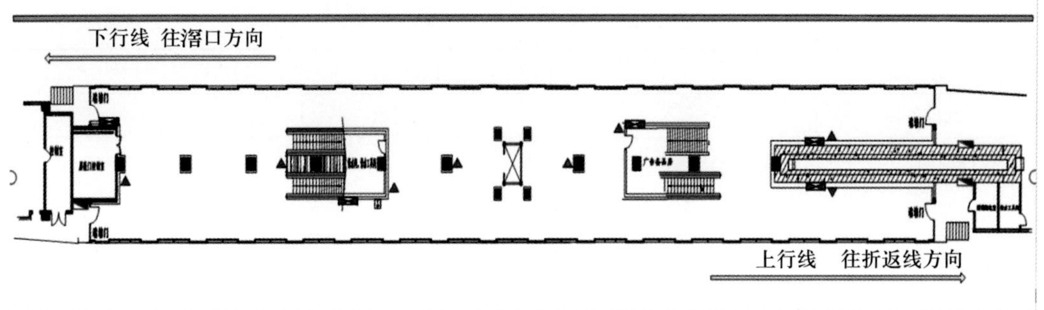

■ 双口消防栓 ▬ 单口消防栓 ▲ 灭火器箱

图 22 站台公共区沙盘示意图

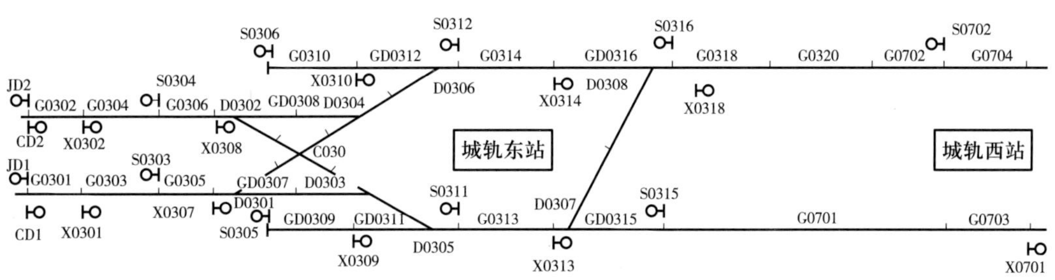

图 23 城轨东站线路图

________道岔钩锁程序

责任岗位		执行人	
执行条件		风险提示	
执行说明：			

工作流程（图） 工作要求 / 联控标准 / 工作要点

________道岔故障时的接车程序

责任岗位		执行人	
执行条件		风险提示	
执行说明：			

工作流程（图） 工作要求 / 联控标准 / 工作要点

__________道岔故障时的发车程序

责任岗位		执行人	
执行条件		风险提示	
执行说明：			

工作流程（图）　　工作要求 / 联控标准 / 工作要点

__________道岔时的服务及客流组织程序

责任岗位		执行人	
执行条件		风险提示	
执行说明：			

工作流程（图）　　工作要求 / 联控标准 / 工作要点

__________道岔时的票务应急组织程序

责任岗位		执行人	
执行条件		风险提示	
执行说明：			

工作流程（图）　　工作要求 / 联控标准 / 工作要点

【点评】广州市轻工技师学院　林文婷

本作品设计理念先进，设计过程严谨，通用能力、职业素养、思政元素与专业内容学习紧密结合，课堂实施效果好。主要呈现三个特点：一是能将系统的专业能力、通用能力和思政素养三维目标体系，在课程、任务、环节、课堂的目标设计和内容推进中层层传递、补充和优化；二是核心学习成果的设计有效承载学生心智技能的习得，并检测学习目标的达成度；三是在工学一体化课堂教学组织中，思维活动贯穿始终，教师有效地引导学生在行动前中后的观察、思考和反思。

鸭屎香单丛茶饮广告摄影与后期处理

广州市工贸技师学院　吴锐　陈矗　林枫

学习任务设计说明

一、学习任务基本信息

（一）学习任务名称

鸭屎香单丛茶饮广告摄影与后期处理。

（二）所属课程及专业

计算机广告制作专业第三门工学一体化课程《广告摄影与后期处理》第三个学习任务，如图 1 所示。

（三）培养层级

高级技能：初中起点五年。

（四）学习任务情境

校企合作广告公司接到“CHALI 鸭屎香单丛茶饮”的电商主视觉海报设计任务，且双方已经完成了海报风格稿的沟通和确定，现将海报设计所需广告合成图的摄影和后期处理任务交由 20×× 级计算机广告制作高级（5 年）1 班广告摄影与后期处理课上完成。公司要求按照提供的风格稿进行拍摄与后期处理，交付摄影原尺寸产品褪底图 1 张，A3 尺寸、240ppi 竖构图的广告合成图 1 张，从而为产品电商主视觉海报设计提供关键的广告合成图，帮助提升产品吸引力，促进产品销售。任务需在 24 学时（6 天）内完成。

学生从老师处领取工作任务，并与老师沟通拍摄任务关键信息，获取任务的拍摄内容、画面要求、使用用途、规格数量、制作周期等要求，检查确认产品状态完好。分析拍摄产品的外观、结构特点和文化背景，逆向分析风格稿的画面风格和布光方法，确定产品拍摄的布光方法，制订工作方案（包含画面设定、布光图、设备需求、人员分工），提交老师沟通确认。根据工作方案中的拍摄设备清单，领取相机、灯光及相关设备，进行产品清洁，布置拍摄背景，安装连接灯光与拍摄设备，放置产品，设置相机的各项参数，按照工作方案中的布光图及合理的布光顺序进行布光操作和拍摄。使用布光定量调整法对布光效果进行分析与试错优化，与老师沟通确认布光拍摄效果。完成拍摄后，拆卸整理设备器材，清洁场地。使用 Photoshop 软件进行产品摄影图后期

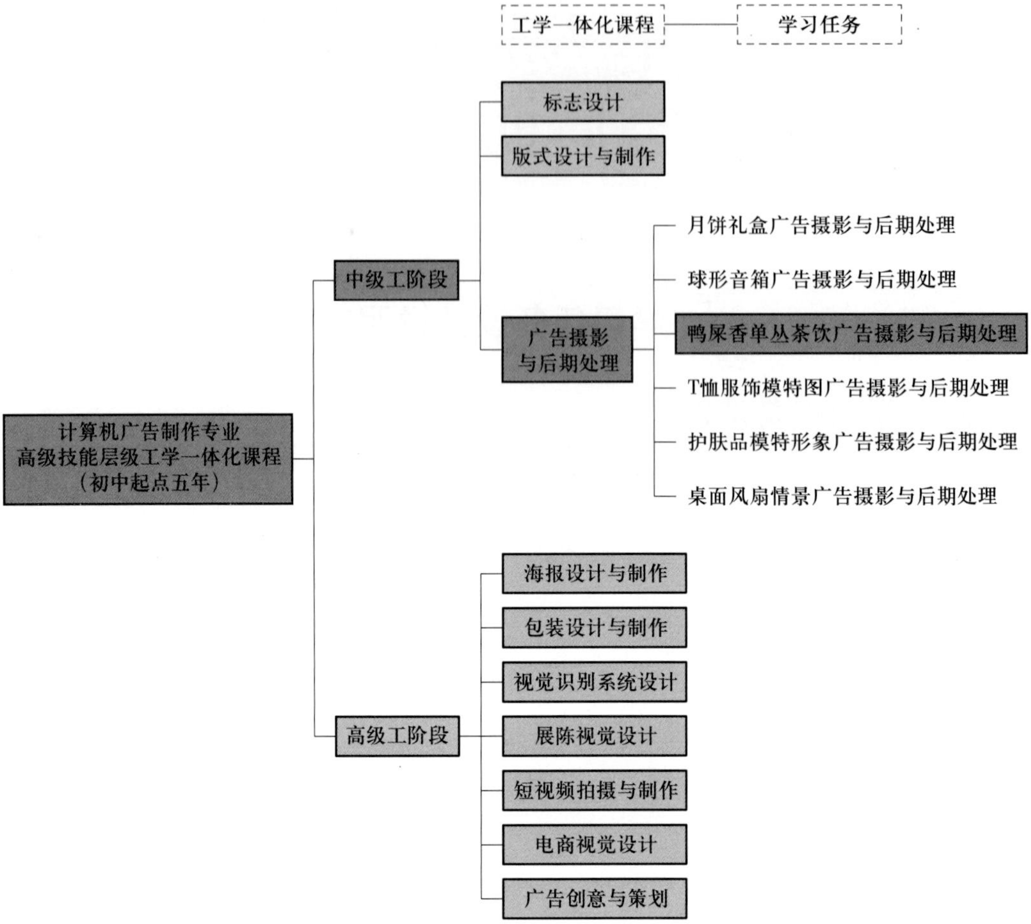

工学一体化课程 —— 学习任务

- 计算机广告制作专业高级技能层级工学一体化课程（初中起点五年）
  - 中级工阶段
    - 标志设计
    - 版式设计与制作
    - 广告摄影与后期处理
      - 月饼礼盒广告摄影与后期处理
      - 球形音箱广告摄影与后期处理
      - 鸭屎香单丛茶饮广告摄影与后期处理
      - T恤服饰模特图广告摄影与后期处理
      - 护肤品模特形象广告摄影与后期处理
      - 桌面风扇情景广告摄影与后期处理
  - 高级工阶段
    - 海报设计与制作
    - 包装设计与制作
    - 视觉识别系统设计
    - 展陈视觉设计
    - 短视频拍摄与制作
    - 电商视觉设计
    - 广告创意与策划

图 1　学习任务来源示意图

合成、修图和褪底处理，根据老师反馈意见修改优化。使用生成式人工智能（AIGC）平台创作背景素材，将产品褪底图与背景素材进行合成处理，制作广告合成图。将广告合成图提交老师审核，修改完善直至定稿。根据任务要求进行交付成果与项目资料的输出、整理与提交，与老师共同进行本任务工作流程的梳理，总结归纳透光类产品广告摄影的一般布光方法技巧。

该茶饮产品的广告摄影布光效果应能较好体现产品外观、结构特点和透光材质特性质感，具有风格稿的产品光影效果，符合客户要求。后期处理完成的广告合成图构图合理、产品完整清晰、影调色彩统一、轮廓处理得当、产品与背景融合协调，符合客户要求和风格稿画面风格。提交文件规格为原尺寸产品褪底图 1 张，A3 尺寸、240ppi 竖构图的广告合成图 1 张。工作过程中，遵守 8S 管理制度和摄影从业人员职业操守，遵守《中华人民共和国著作权法》（第二章著作权、第五章著作权和与著作权有关权利保护）《生成式人工智能服务管理暂行办法》相关规定。

（五）学习目标

学习完本学习任务后，学生应当能团队合作进行透光产品“鸭屎香单丛茶饮”产

品特点分析和风格稿逆向分析，确定布光方法，完成工作方案制订，熟练使用设备和软件进行产品摄影图布光和拍摄、产品褪底图的制作、背景素材 AIGC 的创作和广告合成图的制作。在此过程中，严格遵守广告摄影安全操作规程、摄影从业人员职业道德和相关法律法规，培养理解与表达、自我管理、审美素养等通用职业能力，感受中华优秀传统文化魅力，具备精益求精的工匠精神和正确的价值观。具体包括：

1. 能与教师有效沟通，解读并分析任务要求，提取并获取关键任务信息，检查产品状态，具备良好的任务信息与产品状态确认的理解与表达能力。

2. 能根据任务要求和指引，结合教师讲解、微课学习和资料查询，分析产品特点和透光材质产品摄影的特殊布光方法，总结“透光布光法”。能分析产品特点，逆向分析风格稿，确定鸭屎香单丛茶饮产品的布光方法，制订要素完整、内容明确、可执行性高的工作方案，体会中华优秀传统文化的魅力。

3. 能根据工作方案中的拍摄设备清单，规范领取、检查设备器材和清洁茶饮产品，按照工作方案中的布光图，正确安全地布置拍摄场景。

4. 能准确设置相机，根据布光图布光，与老师沟通初步布光效果。使用布光定量调整法不断尝试优化布光，直至达到最佳整体布光效果。分层布光并输出产品摄影图文件，规范整理清洁场地设备，具备精益求精的工匠精神和良好的自我管理意识。

5. 能根据后期修图合成流程，对产品摄影图进行产品褪底图制作。在生成式人工智能平台“百度文心一格”创作符合风格要求的背景素材，制作和输出广告合成图制作初稿，并正确认知人工智能与技能强国梦的关系。

6. 能与老师按照后期处理效果沟通要点进行必要的沟通，并根据反馈意见进行广告合成图初稿修改，直至达到风格稿表现要求的效果。

7. 能根据文件整理要求，输出、整理和提交广告合成图定稿等文件，根据广告合成图定稿评价标准进行组内互评和组间比稿，选出最佳成果。认真听取和记录企业专家意见，回顾本次学习任务的工作流程，总结透光布光方法，具有良好的规范意识和广告摄影作品的审美素养。

（六）学习内容

学习环节一：明确任务，获取信息

【实践知识】用以获取任务信息的关键信息提取法，鸭屎香单丛茶饮产品状态的判断。

【理论知识】任务关键信息构成要点，鸭屎香单丛茶饮产品检查要点。

【通用能力】理解与表达（任务信息与产品状态沟通确认）。

学习环节二：分析任务，制订方案

【实践知识】鸭屎香单丛茶饮产品的特点分析，透光布光法（重点），逆向分析法（难点），工作方案文档表格的使用。

【理论知识】透光类产品的材质特点，风格稿的概念与作用，摄影画面的影调，直方图的概念与作用。

【思政素养】中华优秀传统文化（鸭屎香单丛茶文化渊源）。

学习环节三：领取设备，准备拍摄

【实践知识】鸭屎香单丛茶饮产品清洁耗材的使用，透光类产品的清洁方法，拍摄场景的布置。

【理论知识】透光类产品清洁用品材料种类与功能。

学习环节四：布光拍摄，沟通改进

【实践知识】相机拍摄模式、构图、曝光、对焦、白平衡、图像格式及 Capture One 拍摄软件的熟练设置及校验，灯光与布光设备器材的熟练使用，透光布光法（重点），布光定量调整法（难点），分层布光方法的熟练运用，设备器材的熟练拆卸整理，摄影场地设备管理标准的熟悉与遵循。

【理论知识】产品摄影图沟通要点。

【通用能力】自我管理（安全布光，规范整理）。

【思政素养】工匠精神（精益求精的试错探究）。

学习环节五：后期修图，画面合成

【实践知识】Photoshop 软件对摄影图的分层合成、修瑕修形、抠图褪底等熟练操作，画面描述关键词的选取，"百度文心一格"的图像创作，"百度文心一格"的操作流程（重点），合成画面协调性、一致性的把控。

【理论知识】生成式人工智能（AIGC）平台的类型和用途，"百度文心一格"的关键词描述框架，《生成式人工智能服务管理暂行办法》的相关规定。

【思政素养】正确的意识形态观念（正确认知人工智能与技能强国梦的关系）。

学习环节六：检验成果，完善效果

【理论知识】后期处理效果沟通要点（构图、产品完整与清晰度、影调效果、轮廓效果、接触面效果、环境光效果）。

学习环节七：交付公司，评价总结

【实践知识】成果文件资料管理与交付标准规范的遵循，透光布光法迁移运用（重点）。

【理论知识】广告合成图的评价标准，企业点评角度与要点。

【通用能力】规范意识（规范文件的输出和整理），审美素养（对广告合成图定稿评价标准的理解）。

二、设计依据分析

课程团队通过分析《计算机广告制作专业国家技能人才培养工学一体化课程标准（试用）》（本文以下简称"国标"）中"广告摄影与后期处理"课程标准，走访企业，分析区域产业与市场，选取企业具有代表性的工作任务转化设计为学习任务，结合本校教学条件与学生情况制订校本化的"广告摄影与后期处理"课程标准，并与企业实践专家共同分析学习任务，进一步细化完善校本课程标准中的学习任务设计。

（一）学习任务的设计分析

1. 学习任务选取依据

通过分析国标中"产品广告摄影与后期处理""人像广告摄影与后期处理""情景

创意广告摄影与后期处理”三个参考性学习任务，结合本区域行业经济特性分析、企业调研、实践专家访谈等，综合得出实际工作中，以产品类摄影市场需求最大和细分类别最多，所涉及广告摄影知识和技能内容量最大；广告人像摄影多为品牌、产品服务，多与品牌、产品等共同拍摄，与人像写真有所区别，需要同时具备产品与人像摄影知识和技能；情景创意广告摄影综合产品、人物和空间等对象，是综合性摄影任务，需较全面的摄影知识和技能。同时，珠三角地区广告摄影行业在全国处于领先地位，学院的广告摄影课程软硬件条件、师资力量能满足珠三角地区更高标准的广告摄影人才培养需求。

为达到校本课程标准的课程目标，依据国标典型工作任务描述的工作范畴，确定了产品类、人像类和情景创意综合类三个类别的学习任务，并综合分析形体特征、材质特点和拍摄对象特点，按照拍摄对象复杂度和布光难度递增的逻辑，将产品类任务细分为“方体＋吸光产品任务”“球体＋高反光产品任务”和“柱体＋透光产品任务”，人像类任务分为产品人像任务和服饰时尚人像任务，情景创意综合类任务对照国标代表性工作任务“情景创意广告摄影”设置。在任务载体选取上，结合校企合作资源，最终确定了“月饼礼盒广告摄影与后期处理”等6个校本具体学习任务，见表1。

表1　国标参考性学习任务与校标学习任务对应表

国标参考性学习任务	类别	校本课程标准学习任务	类别
产品广告摄影与后期处理	产品	月饼礼盒广告摄影与后期处理	产品
		球形音箱广告摄影与后期处理	产品
		鸭屎香单丛茶饮广告摄影与后期处理	产品
人像广告摄影与后期处理	人像	T恤服饰模特广告摄影与后期处理	人像
		护肤品模特广告摄影与后期处理	人像
情景创意广告摄影与后期处理	综合	桌面风扇情景广告摄影与后期处理	综合

本学习任务“鸭屎香单丛茶饮广告摄影与后期处理”的选取，是基于对“广告摄影与后期处理”典型工作任务中“产品广告摄影与后期处理”代表性工作任务的分析与校本转化，其具有充分的工作任务代表性，符合其学习任务培养定位需要，能覆盖国标相应学习目标与学习内容要求，学校教学条件也能充分满足任务教学实践，因此选为校本课标第三个产品类学习任务。

2. 学习任务设计思路

任务设计思路为：依据校本课标典型工作任务描述、课程目标和学习内容，通过调研分析区域产业经济特点，走访校企合作企业，选取有代表性具体工作任务，充分考虑学校办学条件和学生情况进行转化设计，明确学习任务描述，细化设计学习目标和学习内容，注重对学生工作胜任力和职业发展力的培养。

根据以上设计思路，通过走访校企合作企业、开展企业实践专家访谈、多次进行工作任务实践，为本学习任务进行工作内容分析与学习内容分析提供依据。明确了任务工作过程中的步骤、内容、方法、成果、工具材料设备、劳动组织关系等，整理了任务对实践知识、理论知识和职业素养的要求；结合任务培养定位、任务具体要求和载体特点，确定了“柱体透光材质 + 新技术 + 中华优秀传统文化”的设计亮点，在任务中融入“生成式人工智能（AIGC）”学习内容和茶文化思政元素，进一步完善任务的情境描述、学习目标和学习内容，进行教学活动策划设计，开发配套工作页与信息页。

3. 学习任务学习价值

依据“广告摄影与后期处理”工学一体化课程典型工作任务描述、课程目标和学习内容，深入实践工作任务，观察工作过程，通过学习任务分析和教学活动策划，把工作中有很高学习价值的隐性工作方法、心理活动进行提炼分析和教学化转化，使学习任务的学习目标和学习内容在满足当前学习任务基本技能和知识基础上，着力培养学生的判断分析能力、对生成式人工智能（AIGC）新技术的应用能力及与之紧密相关的通用能力和思政素养，让本学习任务在培养学生工作胜任力和职业发展力方面具有很高价值。

在学生工作胜任力培养方面，在前序任务基础上，突出培养学生对相机和布光设备安全、规范和熟练操作的能力，以及对后期处理流程和技术的综合运用能力；对工作中未经提炼总结的透光产品布光技巧转化设计成“透光布光法”，并在教学活动中训练学生对“透光布光法”的熟练运用和迁移运用，帮助学生不但能够完成“鸭屎香单丛茶饮广告摄影和后期处理”的工作任务，也可以胜任透光材质产品这一小类产品摄影工作任务。

在学生职业发展力培养方面，在前序任务对学生专业能力、通用能力、职业素养和思政素养培养的基础上，本学习任务着力培养学生的判断分析能力、对生成式人工智能（AIGC）新技术的应用能力及与之紧密相关的通用能力和思政素养。在教学活动中，通过引导学生认识和运用“逆向分析法”和“布光定量调整法”等判断分析方法，培养学生从事广告摄影岗位所必需的工匠精神，不但帮助学生达到胜任当前工作任务的目标，还可在后续学习任务和相关课程迁移运用；前瞻性培养学生对生成式人工智能（AIGC）新技术的应用能力，帮助学生不但胜任“当下”的广告摄影岗位，更可以胜任“未来”的广告摄影岗位。“鸭屎香单丛茶饮广告摄影与后期处理”学习任务学习价值分析表见表 2。

表 2 “鸭屎香单丛茶饮广告摄影与后期处理”学习任务学习价值分析表

分析维度	具体特征
独立性	任务来源于合作企业的真实项目案例，并经过教师企业实践分析
代表性	任务具有代表性，学生通过此任务的学习，能够胜任透光产品摄影与后期处理这一小类的工作
完整性	任务经过“工作六步骤”分析，对完整工作过程中每一步骤关键工作内容与对职业能力和素养的要求分析充分、完整
关键内容（增量）	风格案例的逆向分析法，透光类产品布光方法技巧，布光效果定量调整法，生成式人工智能（AIGC）技术应用等内容增量
发展性	任务培养目标定位为“胜任透光类产品的广告摄影与后期处理工作”，关注未来所需的 AIGC 技术应用，着重学生逆向分析摄影案例、布光试错改进和高效定量调整能力，培养精益求精的精神和安全、规范、效率、法律意识等素养，使用的设备、工具、材料、标准规范等资料符合企业实际

续表

分析维度	具体特征
挑战性	作为课程的第三个任务，学生虽然具有前序列任务的设备操作基础和普通材质、高反光材质布光方法技巧，但是对透光类产品的特殊布光方法技巧还未掌握，还不能系统准确对案例进行逆向分析。新的 AIGC 技术以前从未接触过，理解与表达等通用职业能力以及安全、规范、效率、精益求精等素养有待加强，任务整体对学生具有一定的挑战性
趣味性	AIGC 技术逐步普及完善，其文字描述辅助画面生成的方式与充满创意、想象力、美感的特点对学生具有一定的吸引力。配合任务实施中辅助生成画面背景素材进行合成使用，使任务更具有趣味性

4. 学习任务实施可行性

本任务实践分析全面深入，设计转化合理有效，教学内容与活动策划贴近学情与行业趋势，教学师资、场地、设备条件较好，教学资源内容丰富形式多样，整体上充分保障了任务实施的可行性。

（1）实践分析全面深入，设计转化合理有效

本任务的设计与实施得到了多个行业内知名广告摄影企业与实践专家的大力支持，前后走访多家广告摄影公司，进行实践专家访谈。分析了透光类产品摄影任务工作内容，并在本土广告摄影公司进行了工作实践。既充分了解了透光类产品摄影工作任务总体情况，又具体对“鸭屎香单丛茶饮”摄影工作任务进行实践分析，任务分析全面深入，任务设计转化合理有效，内容明确，逻辑清晰，经过多位实践专家指导、评价，可行性强。

（2）内容与活动设计贴近学情与行业趋势

学习任务从情景描述的设定，到教学活动策划，再到工作页的引导设计，都充分考虑了学生的学习情况。同时，考虑中级阶段学生对画面的分析和设计思维能力还比较薄弱，拟通过工作页中一些具有趣味性的小练习与引导活动让学生逐步深入学习，帮助他们总结关键方法，提高思维与审美能力。学生对 AIGC 新技术的初步了解与应用，既有新鲜感又有趣味性。任务产品“鸭屎香单丛茶饮”名字由来让学生产生好奇，容易调动他们的学习积极性。

（3）教学条件较好，满足任务实施

在师资方面，课程师资团队拥有 3 名专职工学一体化教师及 3 名企业实践专家。专职工学一体化教师均有 8 年以上的摄影教学与企业实践经验，企业实践专家是珠三角地区头部广告摄影公司摄影师、摄影总监，具有 15 年以上的广告摄影从业经验。在场地设备方面，建成了高于行业一般标准的多功能摄影棚，拥有图像后期处理、影视后期制作高技能人才实训工位 40 个，配备 Photoshop、Lightroom、百度文心一格等摄影与图像后期处理制作软件、生成式人工智能（AIGC）平台，设备器材包括桌面图形工作站、专业修图绘图显示器、彩色数码打印机、数码单反相机、影棚闪光灯等。为满足课程任务教学需要，在资源方面，校企联合开发了《广告摄影与后期处理》课程相关的数字化教学资源，包括教学微课资源包、优秀案例资料库、学习平台、教学课件等，能够充分支撑“鸭屎香单丛茶饮广告摄影与后期处理”及课程其他学习任务的教

学实训。

（二）学习任务关系及差异

1. 学习任务代表性特征

“鸭屎香单丛茶饮广告摄影与后期处理”作为校本课标中第三个学习任务，体现了透光类产品材质特性、透光布光方法技巧、分层布光拍摄和后期合成等特点，代表了透光类产品广告摄影与后期处理工作的内容与要求。通过本任务学习，培养学生透光类产品的布光、拍摄、后期修图合成能力，并能够具备酒水、香水、玻璃制品等其他透光类产品布光拍摄的能力迁移，如图 2 所示。

图 2　本学习任务到其他透光类产品拍摄工作的能力迁移

2. 学习任务重难点

（1）“鸭屎香单丛茶饮广告摄影与后期处理”学习任务的重点

①透光产品的透光布光法

确定理由：透光布光法是本学习任务布光拍摄的关键学习内容，学生通过“透光布光法”的熟悉和迁移运用，不但能够胜任鸭屎香单丛茶饮的布光与拍摄，还可以胜任透光类产品广告摄影的一小类工作。

突出策略：学生通过布光分析问卷的指引，学习并分析微课视频，与老师一起总结提炼透光布光法；通过制订工作方案时，用透光布光法进行布光图的绘制，再次强化重点内容的学习；在布光拍摄时，实施透光布光法的操作，体验实际效果；在复盘总结时，对透光材质产品其他广告摄影案例的布光方法进行分析和还原，提高迁移运用能力。

②生成式人工智能（AIGC）辅助创作背景素材

确定理由：生成式人工智能（AIGC）辅助创作背景素材是本次学习任务后期处理的关键学习内容，学生通过对“百度文心一格”的学习和应用，创作广告合成图所需的背景素材，建立对人工智能新技术的认知。

突出策略：通过任务分析，确定风格稿的画面风格，为创作背景素材所需的关键词描述奠定基础；通过工作页问题引导和信息页关键词库，学生学习“百度文心一格”的关键词描述框架，进行创作背景素材的关键词描述文字编写；通过微课视频、工作页引导，学生学习使用“百度文心一格”创作背景素材。

（2）“鸭屎香单丛茶饮广告摄影与后期处理”学习任务的难点

①解析风格稿的逆向分析法

确定理由：学生在中级工阶段的认知水平决定了学生的判断分析能力较弱，逆向分析法作为学生接触的第一个判断分析方法，需要通过层层递进的引导帮助学生运用和学习强化。

突破策略：在制订工作方案时，通过“连线游戏”“贴纸游戏”及工作页的引导问题，步步引导学生分析风格稿的画面风格和布光方法，体验逆向分析法的要素与构成；通过补齐逆向分析法流程图的方式，让学生再次建立对逆向分析法的整体概念；在复盘总结时，对透光材质产品其他广告摄影案例进行画面风格和布光方法的逆向分析，达到再次突破难点的目的。

②对布光效果观察分析与试错优化的布光定量调整法

确定理由：学生在布光效果的观察分析和调整时，往往存在盲目性和随意性。布光定量调整法要求学生综合运用用光六要素和布光设备，通过一定的分析和控光路径对布光效果进行观察和调整，对学生有一定挑战性。

突破策略：在布光与试拍时，通过教师的讲解和分步示范、工作页的路径引导，帮助学生认识和初步运用布光定量调整法。在调整布光时，通过与老师沟通，根据反馈意见再次运用布光定量调整法进行布光试错优化。在分层布光拍摄时，继续运用布光定量调整法对布光进行微调，达到再次突破难点的目的。

3. 与其他学习任务的关系与差异

在课程学习任务体系中，“月饼礼盒广告摄影与后期处理”是基于“方体 + 吸光材质 + 传统节庆文化思政元素”进行设计；“球形音箱广告摄影与后期处理”是基于“球体 + 高反光材质”进行设计；“鸭屎香单丛茶饮广告摄影与后期处理”是基于“柱体 + 透光材质 + 茶文化思政元素 +AIGC 新技术应用”进行设计；“T 恤服饰模特广告摄影与后期处理”是基于“服饰产品 + 人像”进行设计；“护肤品模特广告摄影与后期处理”是基于“复合体 + 复合材质 + 人像”进行设计；“桌面风扇情景广告摄影与后期处理”则是基于“复合体 + 人像 + 空间 + 创意 +AIGC 新技术应用”综合设计。前三个学习任务能够囊括主要产品类别的形体、材质产品特点及其布光拍摄技能与知识，第四、第五个学习任务能够承载广告人像摄影相关布光拍摄技能与知识，第六个任务则能综合画面创意、产品、人像、空间布光拍摄技能与知识。

本任务是基于前序任务“月饼礼盒广告摄影与后期处理”和“球形音箱广告摄影与后期处理”对产品布光、拍摄与后期处理能力培养的拓展与强化，与前序任务共同覆盖国标中“产品广告摄影与后期处理”参考性学习任务目标与能力培养要求，又是后序任务的学习基础，连接前后学习任务，起到承前启后的作用，与其他学习任务共同形成循序渐进、难度与增量依次递进的学习任务体系，共同完成“广告摄影与后期处理”课程学习目标与能力的培养，支撑学生胜任广告摄影师、修图师的工作岗位。任务间的差异递进关系如图 3 所示。

（三）目标和内容体系结构

本课程学习任务体系中，基于满足和覆盖国标中三个学习任务学习目标和学习内容的基础上，根据本地区行业人才更高标准的需求和学校较先进的软硬件、师资条件，并结合学情，对校本课程标准的六个学习任务的学习目标和学习内容，以工作过程为

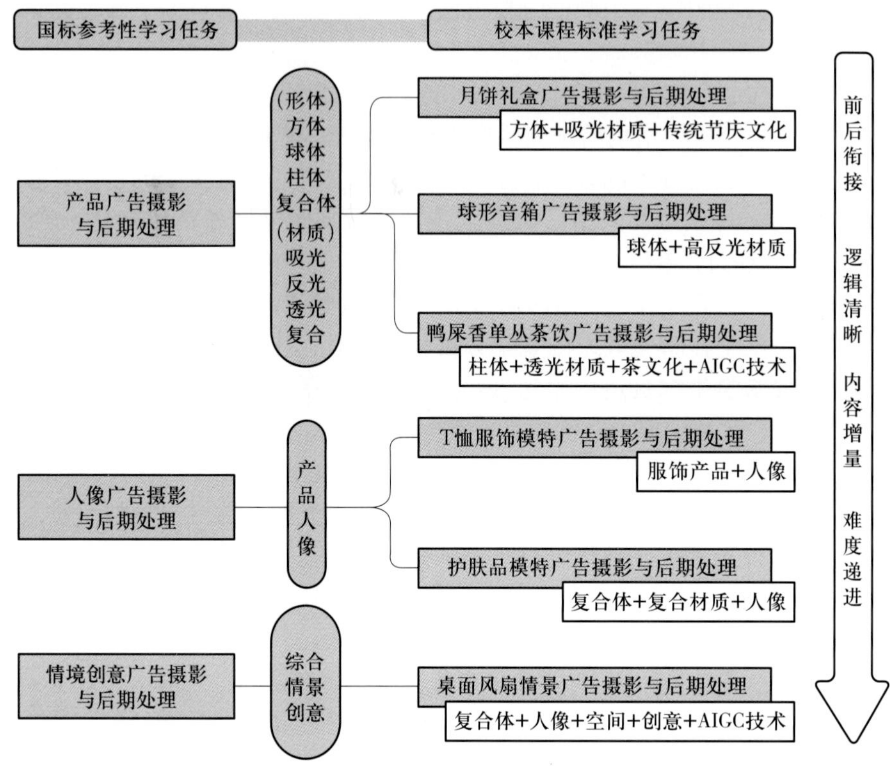

图 3 “广告摄影与后期处理”课程学习任务差异递进关系图示

逻辑进行了细化、递进和系统化处理。具体设计过程中，以工作过程为逻辑，六个学习任务的学习目标和学习内容通过“学习目标和内容增量分析”的处理，任务间横向对比，任务内纵向分析，进行了体系化设计，见表 3。

在学习目标维度上，专业能力目标在任务之间呈递增趋势、同类目标在实现程度上有所强化和加深，通用能力目标在各任务之间的培养各有侧重并逐步强化。学习任务 1、学习任务 2 侧重培养学生相机、灯光等设备的操作和对任务信息、工作方案的解读能力；学习任务 3、学习任务 4 在前两个学习任务基础上，侧重培养学生的生成式人工智能技术、逆向分析法、布光定量调整法等工作方法的运用和分析判断能力；学习任务 5、学习任务 6 在前 4 个学习任务的基础上，侧重培养学生画面创意设定、创作风格、发散思维等工作方法的运用和迁移拓展能力。

在学习内容维度上，前序学习任务为后续学习任务奠定基础，后续学习任务在前序学习任务基础上体现合理的增量。与学习目标相对应，不同的任务有不同的侧重，第 1 ~ 3 个学习任务是产品相关的设备器材、产品清洁、产品布光、产品后期处理等学习内容；第 4 ~ 5 个学习任务是人像相关的设备器材、人像布光、人像后期处理等学习内容，第 6 个任务是画面创意设定、空间布光、后期综合修图与合成等学习内容。

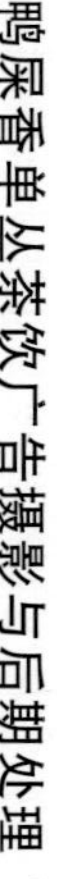

表 3　学习任务学习目标与学习内容增量分析表

学习环节	学习内容类型	学习任务 1 月饼礼盒广告摄影与后期处理		学习任务 2 球形音箱广告摄影与后期处理		学习任务 3 鸭屎香单丛茶饮广告摄影与后期处理		学习任务 4 T 恤服饰模特广告摄影与后期处理		学习任务 5 护肤品模特形象广告摄影与后期处理		学习任务 6 桌面风扇情景广告摄影与后期处理	
		学习内容增量	学习目标递进	学习内容增量	学习目标递进	学习内容增量	学习目标递进	学习内容增量	学习目标递进	学习内容增量	学习目标递进	学习内容增量	学习目标递进
环节一：明确任务获取信息	拍摄对象属性	方体吸光材质	能在教师的引导下理解并解读任务信息	球体高反光材质	能与教师沟通并罗列出任务信息	柱体透光材质	能有效沟通，使用关键信息提取法提取分析任务信息	服饰人像	能有效沟通，自主熟练使用关键信息提取法提取分析任务信息	手持产品人像（产品+人像）	能有效沟通，自主熟练使用关键信息提取法提取分析任务信息	综合创意场景（产品+场景或产品+场景＋人）	能有效沟通，使用问询法提取分析任务信息
	任务情景设定	提供参考和布光图，按规范执行		提供参考、还原布光图、知道原因、知道布光原理，执行布光拍摄		收集参考、分析还原布光图，执行布光拍摄		收集参考、分析还原布光图，执行布光拍摄		收集参考、设计布光图，执行布光拍摄		人工智能出方案，分析设计布光，执行布光拍摄	
	创意来源	教师提供布光方案		教师提供布光方案		学生根据风格稿还原布光方案		学生搜索参考案例，提供给客户选择，并还原布光方案		自主制订策划方案		使用 AIGC 平台辅助策划方案	
	任务用途	批量电商白底图		电商详情页海报		电商主视觉海报		电商主视觉海报		户外平面海报		主视觉创意画面	

续表

学习环节	学习内容类型	学习任务 1 月饼礼盒广告摄影与后期处理		学习任务 2 球形音箱广告摄影与后期处理		学习任务 3 鸭屎香单丛茶饮广告摄影与后期处理		学习任务 4 T 恤服饰模特广告摄影与后期处理		学习任务 5 护肤品模特形象广告摄影与后期处理		学习任务 6 桌面风扇情景广告摄影与后期处理	
		学习内容增量	学习目标递进	学习内容增量	学习目标递进	学习内容增量	学习目标递进	学习内容增量	学习目标递进	学习内容增量	学习目标递进	学习内容增量	学习目标递进
环节二：分析任务制订方案	分析方法	无	能在教师引导下解读工作方案中的布光方法和设备清单，进行摄影团队分工，补齐工作方案	用以收集案例的信息检索归纳法	能在教师的引导下解读工作方案中的布光方法，列出拍摄设备清单、摄影团队分工，补齐工作方案	逆向分析法	能采用逆向分析法分析风格稿的画面风格和布光方法，自主制订工作方案中的布光方法，列出拍摄设备清单、摄影团队分工	用以制订工作方案的案例沟通法； 逆向分析法	能采用案例沟通法确定参考案例，采用逆向分析法分析参考案例的画面风格和布光方法，自主制订工作方案中的布光方法，列出拍摄设备清单、摄影团队分工、时间进度	头脑风暴法； 用以收集案例与素材的信息检索归纳法； 逆向分析法	能采用案例沟通法确定参考案例，采用逆向分析法分析参考案例的画面风格和布光方法，进行头脑风暴画面设定，自主制订工作方案中的画面设定，列出布光方法、拍摄设备清单、摄影团队分工、时间进度	头脑风暴法； 发散思维法； 逆向分析法	能使用AIGC辅助策划方案逆向分析画面风格和布光方法，进行头脑风暴和发散分析画面设定，自主制订工作方案中的画面设定，列出布光方法、拍摄设备清单、摄影团队分工、时间进度
	画面风格	摄影构图		色调		影调； 画面风格分析（构图、色调、影调和装饰元素）		画面风格分析（构图、色调、影调和装饰元素）		艺术风格（极简、中式复古、清新等）； 画面风格分析（构图、色调、影调和装饰元素）		艺术风格（纪实、波普、赛博朋克等）； 画面风格分析（构图、色调、影调和装饰元素）	

续表

学习环节	学习内容类型	学习任务 1 月饼礼盒广告摄影与后期处理		学习任务 2 球形音箱广告摄影与后期处理		学习任务 3 鸭屎香单丛茶饮广告摄影与后期处理		学习任务 4 T 恤服饰模特广告摄影与后期处理		学习任务 5 护肤品模特形象广告摄影与后期处理		学习任务 6 桌面风扇情景广告摄影与后期处理	
		学习内容增量	学习目标递进	学习内容增量	学习目标递进	学习内容增量	学习目标递进	学习内容增量	学习目标递进	学习内容增量	学习目标递进	学习内容增量	学习目标递进
环节二：分析任务制订方案	布光方法	用光六要素的概念和作用（光度、光比、光位）； 吸光方体的经典素描布光法； 布光流程	无	用光六要素的概念和作用（光质、光形）； 高反光材质的包围布光法； 分层布光的流程	无	透光材质的透光布光法； 用光六要素的综合运用（光度、光比、光位、光质、光形）	无	用光六要素的概念和作用（光色）； 用光六要素的综合运用（光度、光比、光位、光质、光形、光色）； 人像布光基础知识； 服饰人像的天幕光布光法、伦勃朗光布光法	无	用光六要素的综合运用（光度、光比、光位、光质、光形、光色）； 人像的美人光布光法	无	用光六要素的综合运用（光度、光比、光位、光质、光形、光色）； 布光方法的综合运用	无
	工作方案	摄影团队分工与职责的判断	无	人员分工的判断； 设备耗材需求的判断	无	人员分工； 设备需求； 布光设计	无	人员分工； 设备需求； 布光设计； 时间进度	无	画面设定； 人员分工； 设备需求； 布光设计； 时间进度	无	画面设定； 人员分工； 设备需求； 布光设计； 时间进度	无

续表

学习环节	学习内容类型	学习任务1 月饼礼盒广告摄影与后期处理		学习任务2 球形音箱广告摄影与后期处理		学习任务3 鸭屎香单丛茶饮广告摄影与后期处理		学习任务4 T恤服饰模特广告摄影与后期处理		学习任务5 护肤品模特形象广告摄影与后期处理		学习任务6 桌面风扇情景广告摄影与后期处理	
		学习内容增量	学习目标递进	学习内容增量	学习目标递进	学习内容增量	学习目标递进	学习内容增量	学习目标递进	学习内容增量	学习目标递进	学习内容增量	学习目标递进
环节三：领取设备准备拍摄	相机	相机基本操作（镜头、电池、存储卡的安装，拍摄模式、画质选择）；光圈、快门、感光度的控制对焦，褪底图构图；Capture One连机操作；三脚架的使用	能根据教师示范，安全规范操作设备，布置产品白底图拍摄场景	镜头的安装拆卸、使用维护；手动对焦模式及相关操作；光圈、快门、感光度的熟练操作；白平衡概念与模式	能根据教师引导自主安全规范操作设备，布置产品白底图拍摄场景	相机功能的熟练运用	能自主安全规范熟练操作设备，布置产品白底图拍摄场景	照片风格设置；自动对焦模式及相关操作；景别与构图；景深的概念与作用；景深的影响因素	能根据教师的引导熟练操作设备，布置人像白底图拍摄场景	镜头种类功能；测光模式	能自主安全规范熟练操作设备，布置带背景的人像拍摄场景	相机功能的综合运用	能自主安全规范熟练操作设备，布置创意场景
	布光设备	常亮影视灯、灯架、标准罩、柔光罩、反光板、灯光电源连接线		柔光旗、白旗板、黑旗板、叶片、灯光电源连接线		布光设备的熟练操作		普通闪光灯、引闪器、遮光布、测光表		雷达罩、束光筒、反光伞		布光设备的综合操作	

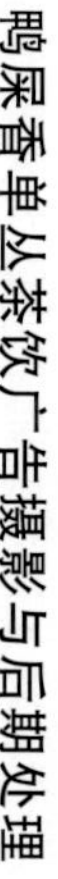

续表

学习环节	学习内容类型	学习任务 1 月饼礼盒广告摄影与后期处理		学习任务 2 球形音箱广告摄影与后期处理		学习任务 3 鸭屎香单丛茶饮广告摄影与后期处理		学习任务 4 T 恤服饰模特广告摄影与后期处理		学习任务 5 护肤品模特形象广告摄影与后期处理		学习任务 6 桌面风扇情景广告摄影与后期处理	
		学习内容增量	学习目标递进	学习内容增量	学习目标递进	学习内容增量	学习目标递进	学习内容增量	学习目标递进	学习内容增量	学习目标递进	学习内容增量	学习目标递进
环节三：领取设备准备拍摄	工具耗材	棉质白手套、清洁布、清洁剂、气吹、白色背景纸、剪刀、美工刀、拍摄桌面、白板、白板笔、工具车等	无	棉质白手套、清洁布、清洁剂、气吹喷罐、白色背景纸、柔光纸、剪刀、美工刀、夹子、胶带、白板、白板笔、工具车等	无	工具耗材熟练使用	无	工具耗材熟练使用	无	工具耗材综合使用	无	工具耗材综合使用	无
环节四：布光拍摄沟通改进	布光调整方法	教师指导	能根据教师示范，安全规范操作设备，正确设置相机曝光、对焦功能和连接软件，运用经典素描布光法，设置简	教师指导	能在教师的指导下，安全规范操作设备，正确设置相机曝光、对焦、白平衡、图像格式功能和连接软件，运用包围布	布光定量分析法；教师指导	能根据工作方案中的布光图，熟练安全规范操作设备，正确设置相机各项功能和连接软件，运用透光布	布光定量分析法；教师指导	能根据工作方案中的布光图，安全规范操作设备，正确设置相机各项功能和连接软件，运用透光布光法设置闪光	布光定量分析法；自主调整	能根据工作方案中的布光图，熟练安全规范操作设备，正确设置相机各项功能和连接软件，运用透光布	布光定量分析法；自主调整	能根据工作方案中的布光图，熟练安全规范操作设备，正确设置相机各项功能和连接软件，运用透光布光法

续表

学习环节	学习内容类型	学习任务 1 月饼礼盒广告摄影与后期处理		学习任务 2 球形音箱广告摄影与后期处理		学习任务 3 鸭屎香单丛茶饮广告摄影与后期处理		学习任务 4 T恤服饰模特广告摄影与后期处理		学习任务 5 护肤品模特形象广告摄影与后期处理		学习任务 6 桌面风扇情景广告摄影与后期处理	
		学习内容增量	学习目标递进	学习内容增量	学习目标递进	学习内容增量	学习目标递进	学习内容增量	学习目标递进	学习内容增量	学习目标递进	学习内容增量	学习目标递进
环节四：布光拍摄沟通改进	布光调整方法		单的布光并拍摄，在教师的指导下，调整优化布光效果		光法设置布光并拍摄；在教师的指导下，调整优化布光效果		光法设置布光并拍摄；根据教师示范，运用布光定量调整法优化布光效果		灯及布光设备并拍摄；根据教师示范，运用布光定量调整法优化布光效果		光法设置闪光灯及布光设备并拍摄；自主运用布光定量调整法优化布光效果		设置闪光灯及布光设备并拍摄；自主运用布光定量调整法优化布光效果
环节五：后期修图画面合成	AIGC 的辅助后期	无	能在教师引导下，回顾熟悉软件的后期处理技术，根据后期处理的流程，进行产品褪底图	无	能运用后期处理技术，根据后期处理的流程，进行产品褪底图的后期处理、背景素材的	AI 平台生成背景素材	能熟练运用后期处理技术，根据后期处理的流程，进行产品褪底图的后期处理；运用AIGC创作背景素材；	AI 平台生成系列背景素材	能在教师的引导下，回顾人像后期处理技术，根据后期处理的流程，进行人像修图和褪底后期处理；运用 AIGC 创作背景素材；	AI 平台辅助策划方案	能运用后期处理技术，根据后期处理的流程，进行人像修图和光影色调的后期处理；自主进行背景素材搜集或	AI 平台辅助策划方案+生成画面素材	能熟练运用后期处理技术，根据后期处理的流程，进行人像修图和光影色调的后期处理；进行装饰元素和广告合成
环节六：检验成果完善效果	后期处理	产品褪底图的制作流程与要点；		产品褪底图的制作流程与要点；简单背景素材的搜集；		产品分层图像合成、修图与褪底的熟练操作；产品褪底图与背景素材合成的熟练操作；		人像摄影图的后期处理；人像褪底图的制作；AIGC 背景素材创作；		人像摄影图的磨皮精修；人像的光影色调后期处理；AIGC 创作画面装饰素材；		摄影图的综合处理；整体画面特效制作合成；	

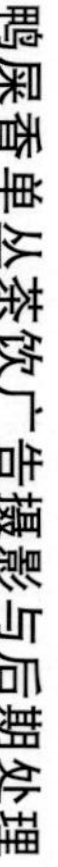

续表

学习环节	学习内容类型	学习任务 1 月饼礼盒广告摄影与后期处理		学习任务 2 球形音箱广告摄影与后期处理		学习任务 3 鸭屎香单丛茶饮广告摄影与后期处理		学习任务 4 T恤服饰模特广告摄影与后期处理		学习任务 5 护肤品模特形象广告摄影与后期处理		学习任务 6 桌面风扇情景广告摄影与后期处理	
		学习内容增量	学习目标递进	学习内容增量	学习目标递进	学习内容增量	学习目标递进	学习内容增量	学习目标递进	学习内容增量	学习目标递进	学习内容增量	学习目标递进
	后期处理	产品褪底图的沟通要点； 文件输出	的后期处理和文件输出整理	广告合成图的制作； 广告合成图的沟通要点； 文件输出	搜集、广告合成图制作和文件输出整理	整体画面的光影、色调、特效制作合成； 文件输出	广告合成图制作和文件输出整理	人像广告合成图的制作（合成与调色）； 文件输出	广告合成图的制作和文件输出整理	人像广告合成图制作（光影重修）； 文件输出	运用AIGC创作背景素材；广告合成图制作和文件输出	文件输出整理	图制作；文件输出整理
环节七：文件交付评价总结	文件交付评价总结	文件整理规范； 产品褪底图评价标准运用	能按照规范输出和整理文件，跟随老师解读与使用评价标准开展评价	文件整理规范； 广告合成图评价标准运用	能按照规范输出和整理文件，跟随老师运用评价标准开展评价	文件整理规范； 广告合成图评价标准分析与运用	能按照规范输出和整理文件，运用评价标准自主评价	文件整理规范； 人像摄影图、褪底图及合成图评价标准的运用	能按照规范输出和整理文件，跟随老师运用评价标准开展评价	文件整理规范； 人像广告合成图评价标准的分析与运用	能按照规范输出和整理文件，运用评价标准自主评价	文件整理规范； 评价标准的构成要素； 广告摄影评价标准的分析与运用	能按照规范输出和整理文件，自主制订合理的评价标准，自主开展评价活动
通用能力与职业素养		理解与表达； 自主学习； 安全意识		理解与表达； 信息检索； 安全意识； 审美素养		理解与表达； 自我管理； 审美素养		理解与表达； 自主学习、解决问题； 时间意识、效率意识； 审美素养		理解与表达； 自主学习、解决问题； 团队合作、效率意识； 法律意识； 审美素养		理解与表达； 自主学习、解决问题； 团队合作、效率意识； 法律意识； 审美素养	
思政素养		劳动精神； 安全意识； 传统文化		劳动精神； 安全意识； 法制观念		工匠精神； 传统文化； 意识形态		工匠精神； 社会主义核心价值观		工匠精神； 社会主义核心价值观		工匠精神； 社会主义核心价值观； 理想信念	

从学习环节维度上，根据不同学习任务情境与设计差异，对不同任务同一环节采用“后来者简化”与“梯度调整”的策略，比如“明确任务、获取信息”与“成果交付、复盘总结”步骤实施内容重复性高、较易掌握，后续任务中这一环节会进行一定的简化处理；“分析任务、制订方案”步骤会根据不同任务情况在方案内容要求上有一定梯度递增；“领取设备、准备拍摄”步骤在设备的种类、数量上会有一定递增；“布光拍摄、沟通改进”步骤则在布光设备器材的操作使用上不断强化、在布光方法上不断丰富与综合；“后期修图，画面合成”步骤在工作量、标准要求、技能难度上逐步递增。

三、设计成果说明

（一）设计成果总体构成及内在关系

1. 成果构成

本任务设计成果包括任务的学习任务分析表、学习任务教学活动策划表、学习任务考核方案、学习任务工作页、学习任务信息页，共同支撑学习任务学习目标的达成。各成果的主要特征如图 4 所示。

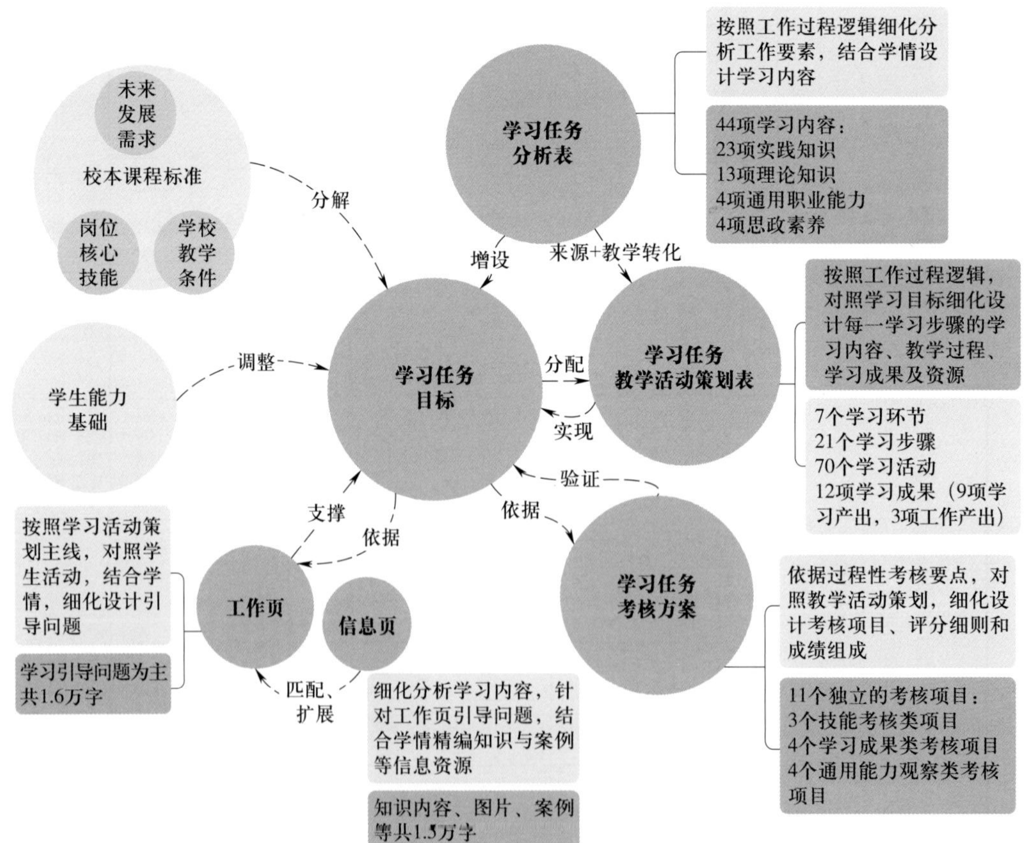

图 4 “鸭屎香单丛茶饮广告摄影与后期处理”学习任务设计成果特征分析图

2. 内在关系

（1）设计成果的相互关系

本任务的五项设计成果中，学习任务分析表由工学一体化教师与企业专家共同对该任务实施过程进行整体分析所得，是从工作场域往学习场域转化的桥梁，分为工作内容分析和学习内容分析两个阶段。教师通过工作内容分析，“能工作、知实际；理流程、明规范；思策略、‘识贝壳’”，其中关键之处在于识别企业专家在判断和决策时融入工作经验而不自知的工作过程知识，犹如隐藏在贝壳中的珍珠（如隐性的心理活动、脑海中的隐性成果、思考策略等），需通过“学习内容分析”不断挖掘，将贝壳中的“珍珠”撬开来，最终梳理设计，形成实践知识、理论知识、通用职业能力、职业素养、思政素养等学习内容。经过学习任务分析，教师明确了工作步骤和具体工作内容，为教学流程设计奠定基础；明确了该任务应当掌握的学习内容，为开展学习活动策划做好准备。

学习任务教学活动策划表以学习任务分析表成果为素材，结合学校教学条件和学生能力基础进一步编排，设计学习任务情境，进行“横对比、理步骤；去重复、设梯度”的学习增量设计和教学化的可实施性处理，遵循学生认知规律优化学习步骤，将“珍珠”以最佳的顺序串联起来；结合专业特点和学习阶段，进行“划环节、定目标、理内容、识成果、设资源”，以学生为中心，按照行动导向教学策划师生活动，达到最优的教学效果。

学习任务考核方案依据课程考核方案、学习任务目标和内容、岗位核心技能和学生未来发展需求识别考核要点，设计考核项目，依据学习重难点设定评分权重及方式，制订详细的评分细则，并可将评分表整合于学习任务工作页的引导问题中，实现课堂教学的过程性考核，验证环节目标、学习任务目标的达成情况，对教学实施提供及时的过程控制。

学习任务工作页依据学习目标、学习内容特点和学生认知水平，以教学活动策划表中学生活动为主线设计，有利于学生自主学习和教学重难点的突破；学习任务信息页配合学习任务工作页，对学习过程所需的实践知识、理论知识和职业素养相关的文字、图片、图表、案例等进行设计，在引导和支撑学生自主学习的基础上，适当延伸和扩展。“鸭屎香单丛茶饮广告摄影与后期处理”学习任务设计成果的内在关系图如图 5 所示。

（2）设计成果的要素关系

各设计成果内部要素之间关系紧密，层层传导、环环相扣、严密一体。整体要素关系如图 6 所示。

①学习任务分析要素内在关系

根据工作内容分析提取具有学习价值的实践知识和理论知识。本任务学习任务分析中各要素关系如图 7 所示。如学习内容“布光图的绘制”“逆向分析法”实践知识，企业专家通过看“风格稿”，可快速指挥助理进行产品拍摄布光现场布置。经过深入研讨，了解实际工作中企业专家进行思考的策略，将隐性心理活动方面的工作内容转化为“逆向分析法”，将隐藏在脑海中的隐性过程性成果转化为“布光图”，并配套支撑该工作相应的“摄影画面的影调概念”理论知识；又如“布光定量调整法”实

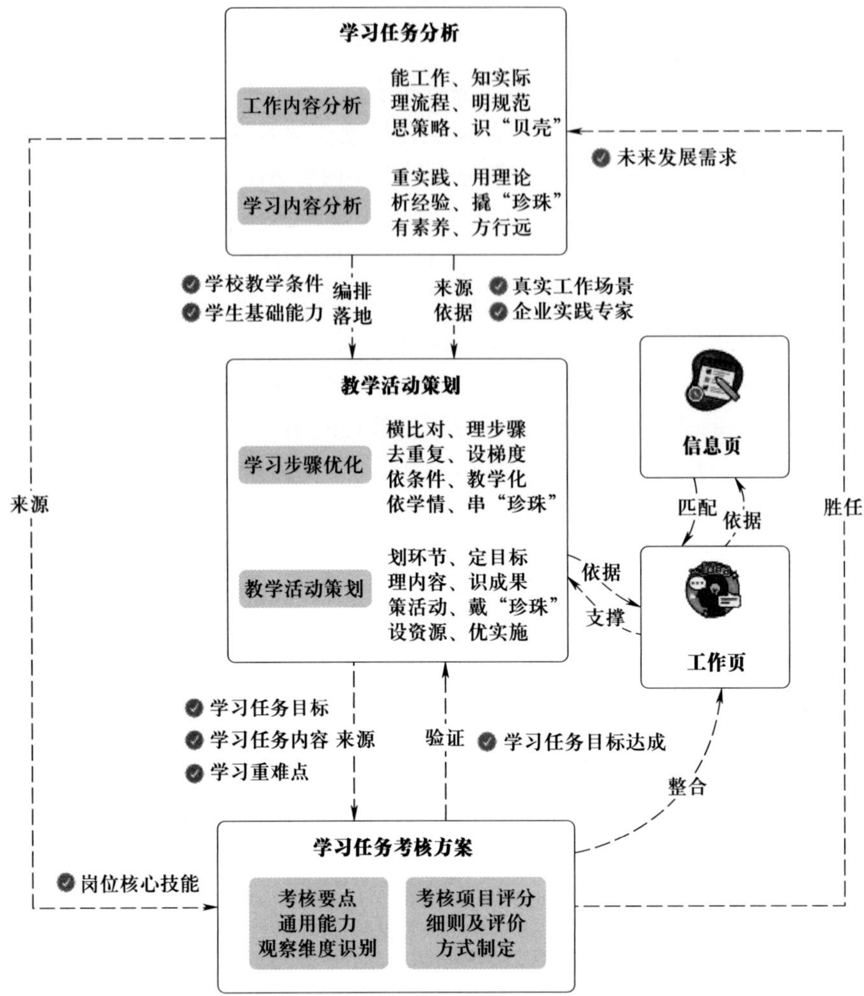

图 5 “鸭屎香单丛茶饮广告摄影与后期处理”学习任务设计成果相互关系图

践知识，因企业专家在检查产品试拍效果时，可快速看出布光存在问题和原因，提出有针对性的调整策略（柔光旗、反光板等工具调整，相机、灯光等设备参数修正），从而高效达到与风格稿效果相符的整体布光设置。经过分析，梳理出支撑企业专家进行判断和决策的技术为“布光定量调整法”。这需要在长期追求最优效果的经验积累中形成判断能力，所以，又确定工匠精神（精益求精的试错探究精神）为职业素养培养点。

②学习任务分析与教学活动策划要素内在关系

结合学生情况和教学条件，学习任务分析中的工作步骤通过直接转化、简化或梯队调整、教学化处理和适当增设针对性学习活动等优化后，转化为教学活动策划中的学习步骤；实践知识、理论知识和职业素养等学习内容根据优化的学习步骤进行编排，采取分配、巩固、强化、拓展等梯度化设计；将劳动组织方式和工作方法、任务实施中的核心步骤和技术融入教学活动设计，工具材料设备也作为学习资源和学习成果设计的依据之一。如本学习任务学习内容“逆向分析法”“布光定量调整法”

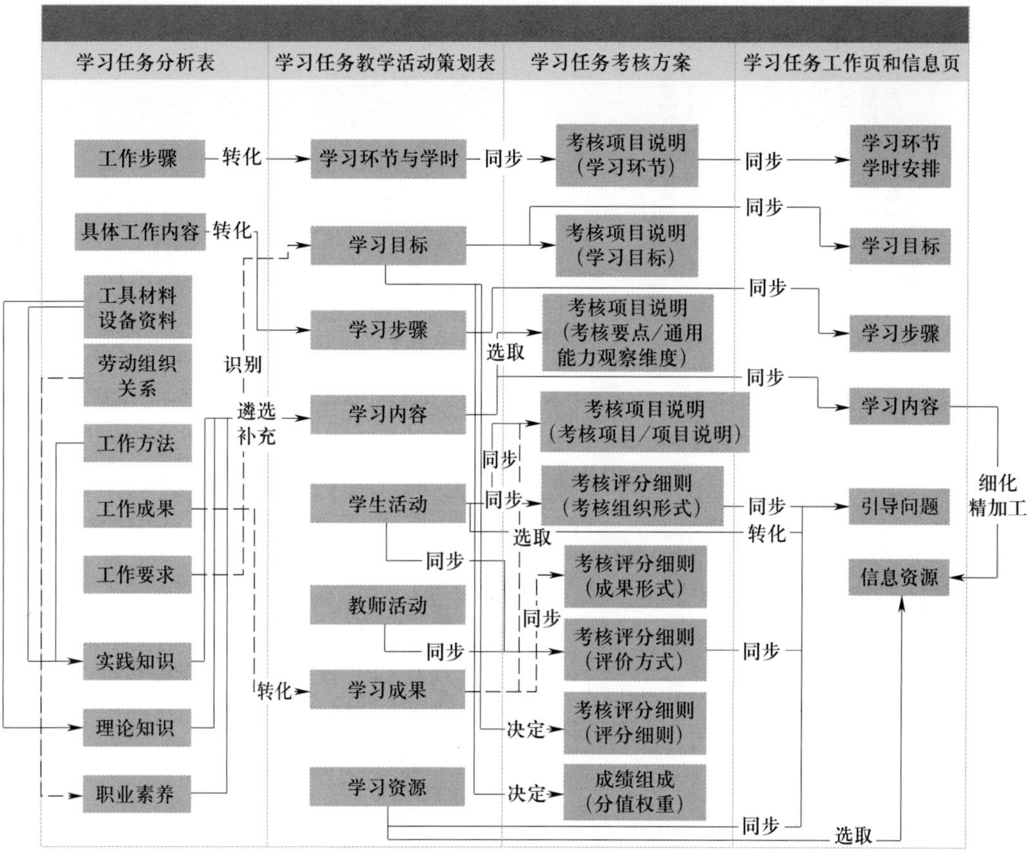

图 6　学习任务设计成果内在要素关系图

是任务实施中的核心步骤和关键方法，依据学生分析思维和专业经验不足的学情分析，定为教学难点，选择教学策略，设计教学活动，化解难点内容，如图 8、图 9 所示。

③教学活动策划与学习任务考核要素内在关系

本学习任务依据课程考核方案和学习任务综合职业能力培养要求，着眼于学生的职业能力发展水平，识别学习任务的考核要点和通用能力观察维度，设计了 11 个考核项目，依据学习重难点设置考核权重，评分表整合于《学习任务工作页》的引导问题中，实现课堂教学的过程性考核，验证环节目标、学习任务目标的达成情况，对教学实施提供及时的过程控制，如图 10 所示。

④工作页、信息页与其他成果要素内在关系

《学习任务工作页》依据学习目标、学习内容特点和学情，以《教学活动策划表》中学生活动为主线设计，促进学生自主学习和教学重难点的突破；《学习任务信息页》配合《学习任务工作页》，对学习过程所需的实践知识、理论知识和职业素养相关的文字、图片、图表、案例等进行设计，在引导和支撑学生自主学习过程的基础上，适当延伸和扩展，如图 11 所示。

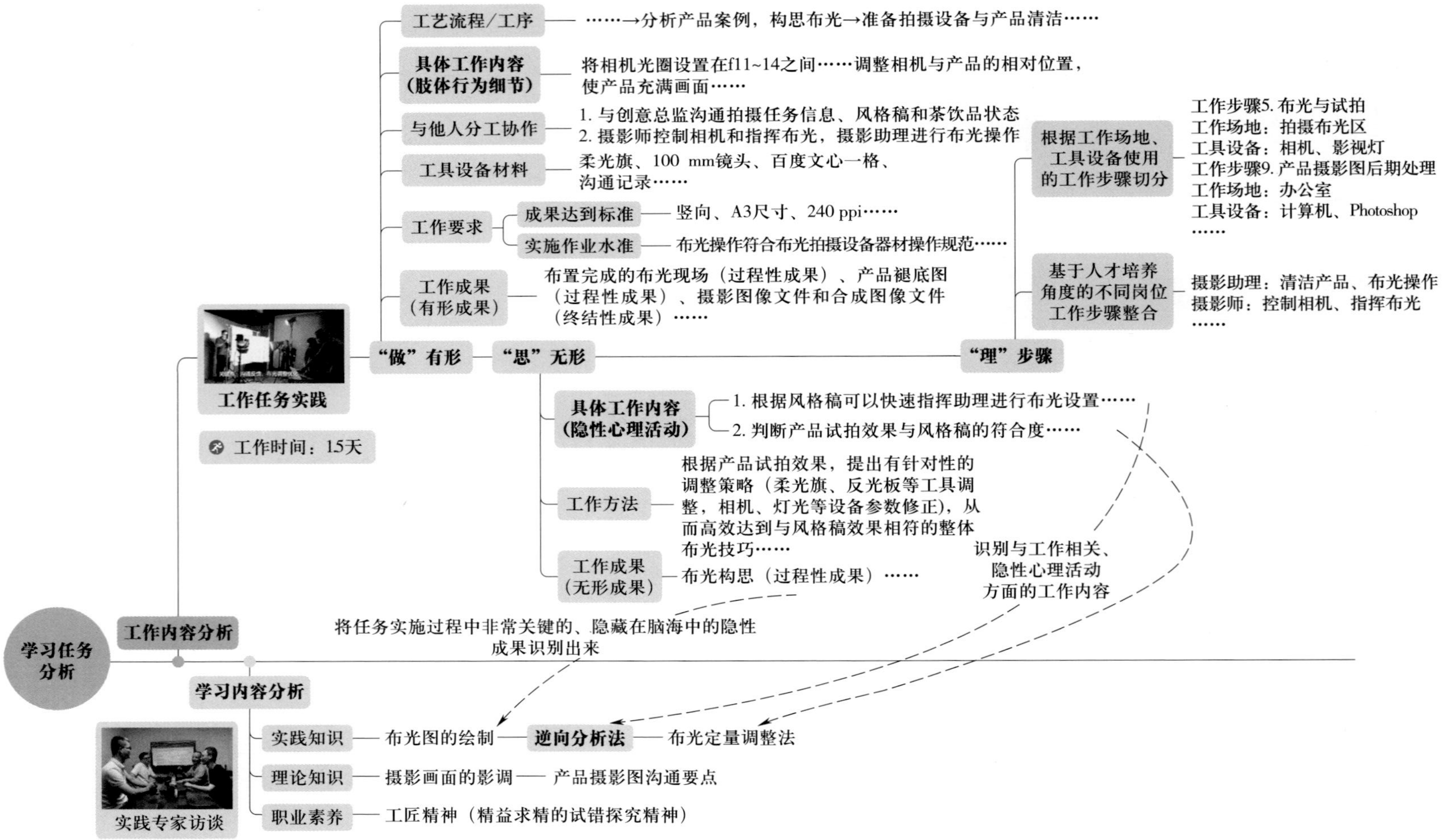

学习任务分析

- 工作内容分析
  - 工作任务实践
  - 工作时间：15天
  - “做”有形
    - 工艺流程/工序 —— ……→分析产品案例，构思布光→准备拍摄设备与产品清洁……
    - 具体工作内容（肢体行为细节）—— 将相机光圈设置在f11~14之间……调整相机与产品的相对位置，使产品充满画面……
    - 与他人分工协作 —— 1. 与创意总监沟通拍摄任务信息、风格稿和茶饮品状态 2. 摄影师控制相机和指挥布光，摄影助理进行布光操作
    - 工具设备材料 —— 柔光旗、100 mm镜头、百度文心一格、沟通记录……
    - 工作要求
      - 成果达到标准 —— 竖向、A3尺寸、240 ppi……
      - 实施作业水准 —— 布光操作符合布光拍摄设备器材操作规范……
    - 工作成果（有形成果）—— 布置完成的布光现场（过程性成果）、产品褪底图（过程性成果）、摄影图像文件和合成图像文件（终结性成果）……
  - “思”无形
    - 具体工作内容（隐性心理活动）
      - 1. 根据风格稿可以快速指挥助理进行布光设置……
      - 2. 判断产品试拍效果与风格稿的符合度……
    - 工作方法 —— 根据产品试拍效果，提出有针对性的调整策略（柔光旗、反光板等工具调整，相机、灯光等设备参数修正），从而高效达到与风格稿效果相符的整体布光技巧……
    - 工作成果（无形成果）—— 布光构思（过程性成果）……
  - “理”步骤
    - 根据工作场地、工具设备使用的工作步骤切分 —— 工作步骤5. 布光与试拍；工作场地：拍摄布光区；工具设备：相机、影视灯；工作步骤9. 产品摄影图后期处理；工作场地：办公室；工具设备：计算机、Photoshop；……
    - 基于人才培养角度的不同岗位工作步骤整合 —— 摄影助理：清洁产品、布光操作；摄影师：控制相机、指挥布光；……
- 学习内容分析
  - 实践专家访谈
  - 实践知识 —— 布光图的绘制 —— 逆向分析法 —— 布光定量调整法
  - 理论知识 —— 摄影画面的影调 —— 产品摄影图沟通要点
  - 职业素养 —— 工匠精神（精益求精的试错探究精神）

将任务实施过程中非常关键的、隐藏在脑海中的隐性成果识别出来

识别与工作相关、隐性心理活动方面的工作内容

图 7 “鸭屎香单丛茶饮广告摄影与后期处理”学习任务分析要素关系图

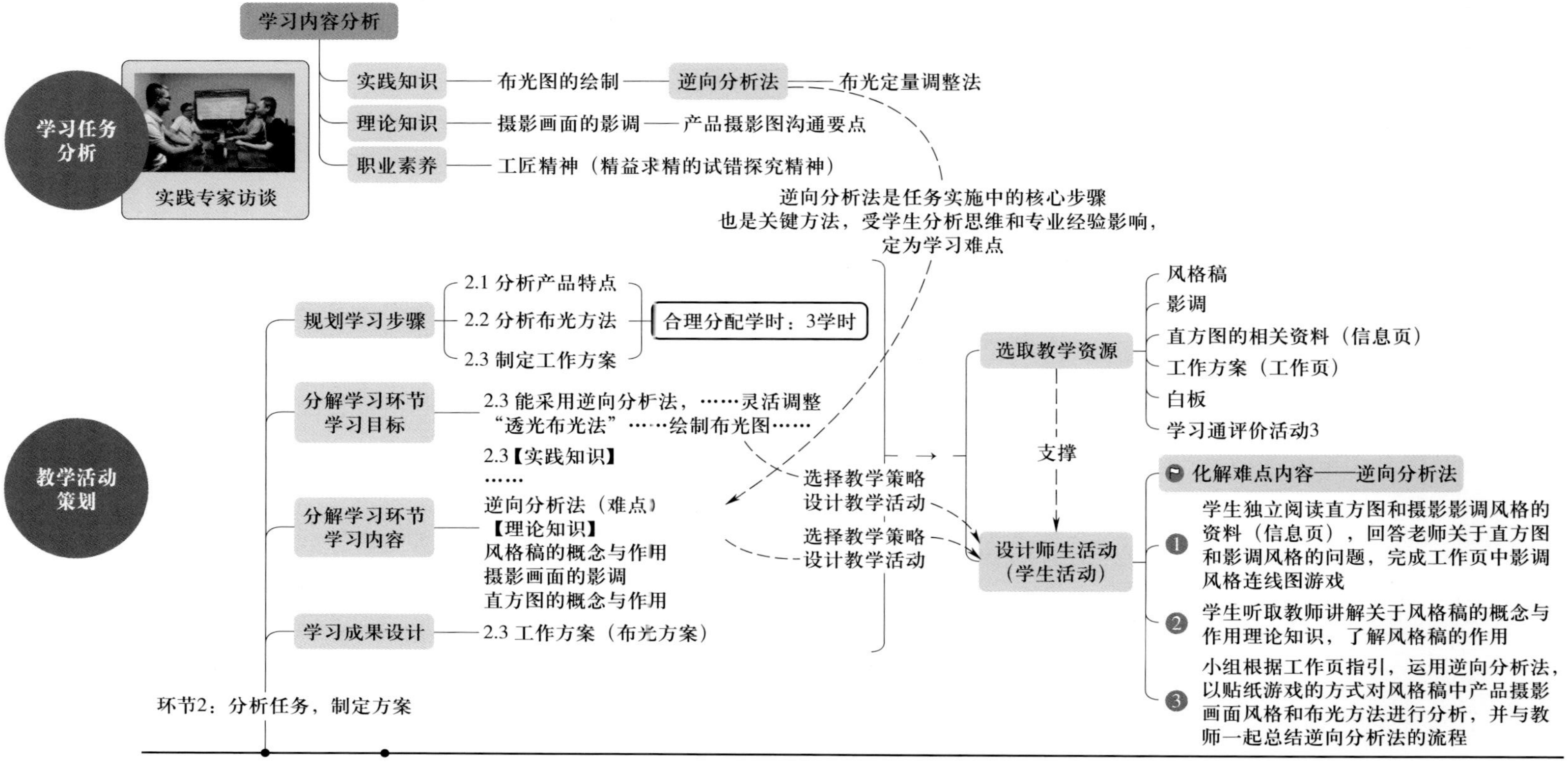

学习任务分析

学习内容分析

实践知识——布光图的绘制——逆向分析法——布光定量调整法

理论知识——摄影画面的影调——产品摄影图沟通要点

职业素养——工匠精神（精益求精的试错探究精神）

实践专家访谈

逆向分析法是任务实施中的核心步骤
也是关键方法，受学生分析思维和专业经验影响，
定为学习难点

教学活动策划

规划学习步骤
- 2.1 分析产品特点
- 2.2 分析布光方法
- 2.3 制定工作方案

合理分配学时：3学时

分解学习环节学习目标
- 2.3 能采用逆向分析法，……灵活调整“透光布光法”……绘制布光图……

分解学习环节学习内容
- 2.3【实践知识】
- ……
- 逆向分析法（难点）
- 【理论知识】
- 风格稿的概念与作用
- 摄影画面的影调
- 直方图的概念与作用

学习成果设计——2.3 工作方案（布光方案）

选择教学策略
设计教学活动

选择教学策略
设计教学活动

选取教学资源
- 风格稿
- 影调
- 直方图的相关资料（信息页）
- 工作方案（工作页）
- 白板
- 学习通评价活动3

支撑

设计师生活动
（学生活动）

化解难点内容——逆向分析法

1. 学生独立阅读直方图和摄影影调风格的资料（信息页），回答老师关于直方图和影调风格的问题，完成工作页中影调风格连线图游戏
2. 学生听取教师讲解关于风格稿的概念与作用理论知识，了解风格稿的作用
3. 小组根据工作页指引，运用逆向分析法，以贴纸游戏的方式对风格稿中产品摄影画面风格和布光方法进行分析，并与教师一起总结逆向分析法的流程

环节2：分析任务，制定方案

图 8　“鸭屎香单丛茶饮广告摄影与后期处理”学习任务分析与教学活动策划要素内在关系图

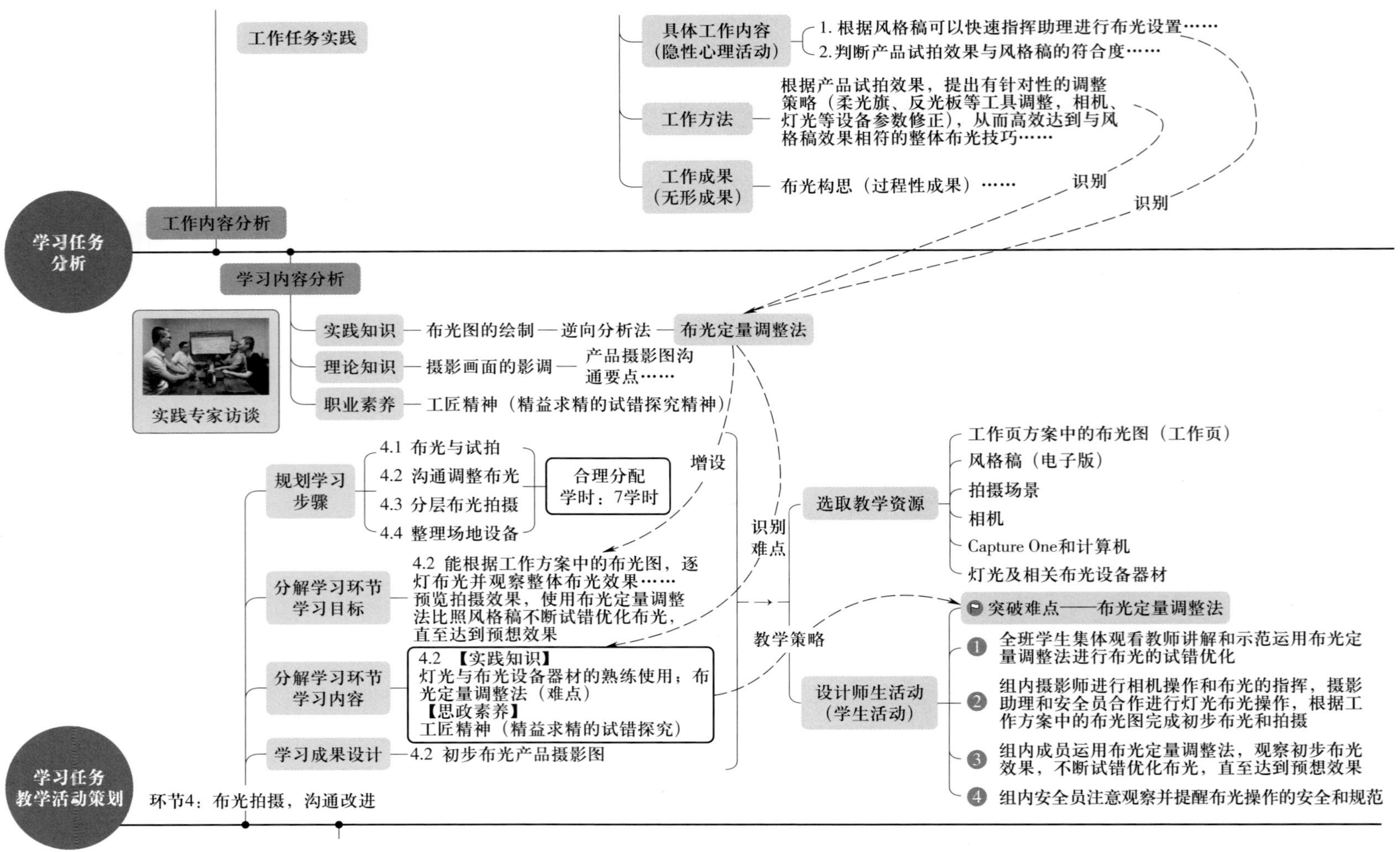

学习任务分析

工作内容分析

工作任务实践

具体工作内容（隐性心理活动）
1. 根据风格稿可以快速指挥助理进行布光设置……
2. 判断产品试拍效果与风格稿的符合度……

工作方法
根据产品试拍效果，提出有针对性的调整策略（柔光旗、反光板等工具调整，相机、灯光等设备参数修正），从而高效达到与风格稿效果相符的整体布光技巧……

工作成果（无形成果）
布光构思（过程性成果）……

识别

识别

学习内容分析

实践专家访谈

实践知识 — 布光图的绘制 — 逆向分析法 — 布光定量调整法

理论知识 — 摄影画面的影调 — 产品摄影图沟通要点……

职业素养 — 工匠精神（精益求精的试错探究精神）

增设

识别难点

学习任务教学活动策划

环节4：布光拍摄，沟通改进

规划学习步骤
4.1 布光与试拍
4.2 沟通调整布光
4.3 分层布光拍摄
4.4 整理场地设备
合理分配学时：7学时

分解学习环节学习目标
4.2 能根据工作方案中的布光图，逐灯布光并观察整体布光效果……预览拍摄效果，使用布光定量调整法比照风格稿不断试错优化布光，直至达到预想效果

分解学习环节学习内容
4.2 【实践知识】
灯光与布光设备器材的熟练使用；布光定量调整法（难点）
【思政素养】
工匠精神（精益求精的试错探究）

学习成果设计 — 4.2 初步布光产品摄影图

教学策略

选取教学资源
- 工作页方案中的布光图（工作页）
- 风格稿（电子版）
- 拍摄场景
- 相机
- Capture One和计算机
- 灯光及相关布光设备器材

设计师生活动（学生活动）

突破难点——布光定量调整法
1. 全班学生集体观看教师讲解和示范运用布光定量调整法进行布光的试错优化
2. 组内摄影师进行相机操作和布光的指挥，摄影助理和安全员合作进行灯光布光操作，根据工作方案中的布光图完成初步布光和拍摄
3. 组内成员运用布光定量调整法，观察初步布光效果，不断试错优化布光，直至达到预想效果
4. 组内安全员注意观察并提醒布光操作的安全和规范

图 9 “鸭屎香单丛茶饮广告摄影与后期处理”学习任务分析与教学活动策划要素内在关系图

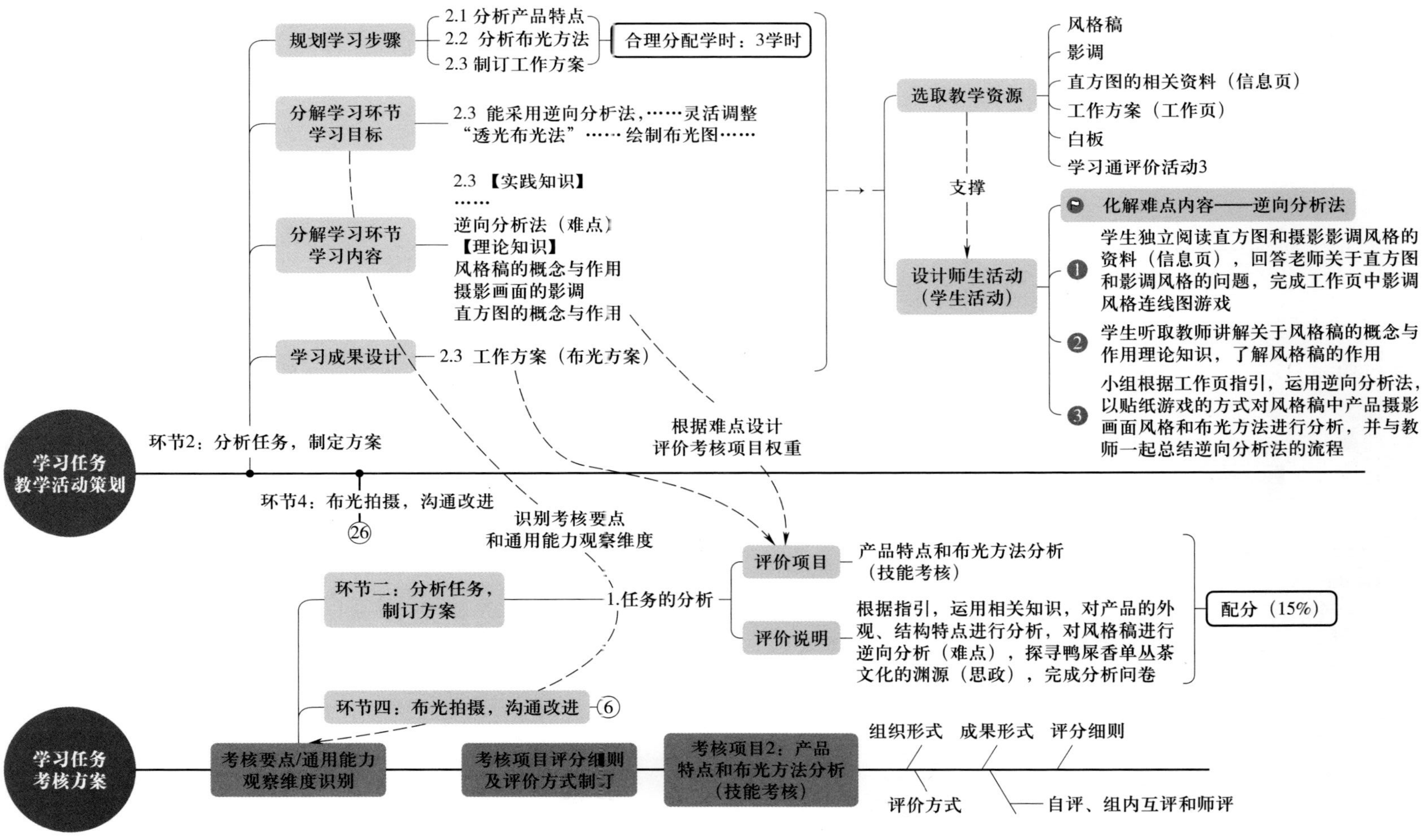

学习任务教学活动策划

环节2：分析任务，制定方案

规划学习步骤
- 2.1 分析产品特点
- 2.2 分析布光方法
- 2.3 制订工作方案

合理分配学时：3学时

分解学习环节学习目标
- 2.3 能采用逆向分析法，……灵活调整“透光布光法”……绘制布光图……

分解学习环节学习内容
- 2.3 【实践知识】
- ……
- 逆向分析法（难点）
- 【理论知识】
- 风格稿的概念与作用
- 摄影画面的影调
- 直方图的概念与作用

学习成果设计
- 2.3 工作方案（布光方案）

选取教学资源
- 风格稿
- 影调
- 直方图的相关资料（信息页）
- 工作方案（工作页）
- 白板
- 学习通评价活动3

支撑

设计师生活动（学生活动）
- 化解难点内容——逆向分析法
- ❶ 学生独立阅读直方图和摄影影调风格的资料（信息页），回答老师关于直方图和影调风格的问题，完成工作页中影调风格连线图游戏
- ❷ 学生听取教师讲解关于风格稿的概念与作用理论知识，了解风格稿的作用
- ❸ 小组根据工作页指引，运用逆向分析法，以贴纸游戏的方式对风格稿中产品摄影画面风格和布光方法进行分析，并与教师一起总结逆向分析法的流程

环节4：布光拍摄，沟通改进 ㉖

根据难点设计评价考核项目权重

识别考核要点和通用能力观察维度

学习任务考核方案

环节二：分析任务，制订方案 —— 1.任务的分析

环节四：布光拍摄，沟通改进 ⑥

评价项目：产品特点和布光方法分析（技能考核）

评价说明：根据指引，运用相关知识，对产品的外观、结构特点进行分析，对风格稿进行逆向分析（难点），探寻鸭屎香单丛茶文化的渊源（思政），完成分析问卷

配分（15%）

考核要点/通用能力观察维度识别

考核项目评分细则及评价方式制订

考核项目2：产品特点和布光方法分析（技能考核）

组织形式　成果形式　评分细则

评价方式 —— 自评、组内互评和师评

图 10 “鸭屎香单丛茶饮广告摄影与后期处理”教学活动策划与学习任务考核要素内在关系图

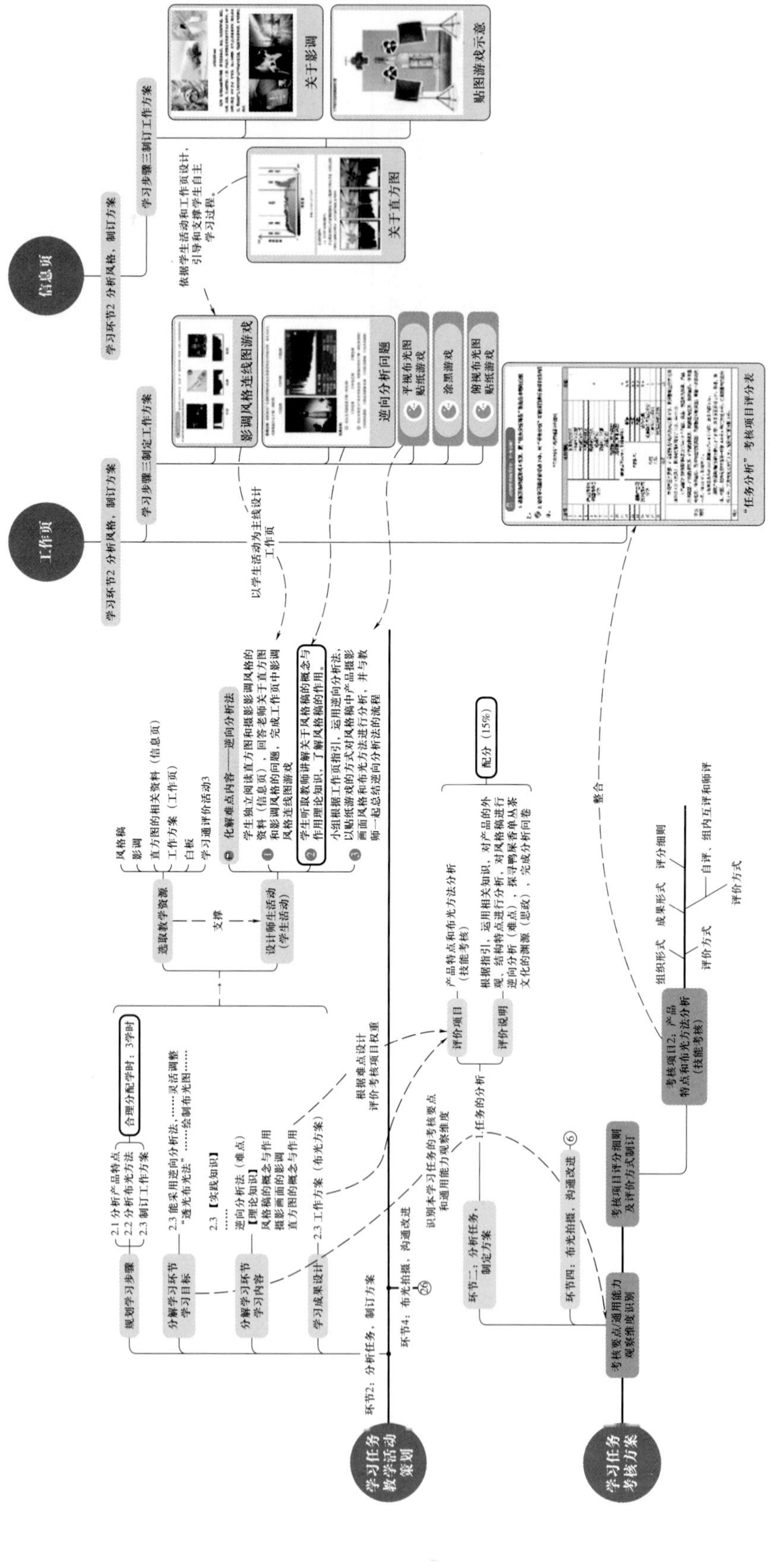

学习任务教学活动策划

环节2：分析任务，制订方案

规划学习步骤
2.1 分析产品特点
2.2 分析布光方法
2.3 制订工作方案
合理分配学时：3学时

分解学习环节学习目标
2.3 能采用逆向分析法，……灵活调整“透光布光法”……绘制布光图……

分解学习环节学习内容
2.3 【实践知识】
……
逆向分析法（难点）
【理论知识】
风格稿的概念与作用
摄影画面的影调
直方图的概念与作用

学习成果设计
2.3 工作方案（布光方案）

选取教学资源
风格稿
影调
直方图的相关资料（信息页）
工作方案（工作页）
白板
学习通评价活动3

支撑

设计师生活动（学生活动）
化解难点内容——逆向分析法
1. 学生独立阅读直方图和摄影影调风格的资料（信息页），回答老师关于直方图和影调风格的问题，完成工作页中影调风格连线图游戏
2. 学生听取教师讲解关于风格稿的概念与作用理论知识，了解风格稿的作用。
3. 小组根据工作页指引，运用逆向分析法，以贴纸游戏的方式对风格稿中产品摄影画面风格和布光方法进行分析，并与教师一起总结逆向分析法的流程

环节4：布光拍摄，沟通改进 ㉖

以学生活动为主线设计工作页

根据难点设计评价考核项目权重

识别本学习任务的考核要点和通用能力观察维度

工作页
学习环节2 分析风格，制订方案
学习步骤三制定工作方案
影调风格连线图游戏
逆向分析问题
平视布光图贴纸游戏
涂黑游戏
俯视布光图贴纸游戏
“任务分析”考核项目评分表

信息页
学习环节2 分析风格，制订方案
学习步骤三制订工作方案
依据学生活动和工作页设计，引导和支撑学生自主学习过程。
关于直方图
关于影调
贴图游戏示意

学习任务考核方案

考核要点/通用能力观察维度识别
环节二：分析任务，制定方案
1.任务的分析
评价项目
产品特点和布光方法分析（技能考核）
评价说明
根据指引，运用相关知识，对产品的外观、结构特点进行分析，对风格稿进行逆向分析（难点），探寻鸭屎香单丛茶文化的渊源（思政），完成分析问卷
配分（15%）
环节四：布光拍摄，沟通改进 ⑥

考核项目评分细则及评价方式制订
考核项目2：产品特点和布光方法分析（技能考核）
组织形式
成果形式
评分细则
评价方式
自评、组内互评和师评
评价方式

整合

图 11 “鸭屎香单丛茶饮广告摄影与后期处理”工作页、信息页与其他成果要素内在关系图

（二）设计成果教学用途及使用建议

本任务的设计成果包括：“鸭屎香单丛茶饮广告摄影与后期处理”学习任务分析表、教学活动策划表、学习任务考核方案、工作页、信息页共 5 项设计成果，属于二级工学一体化教师工作任务范畴所产出的文本，是支撑课程实施的重要教学资源，是指导三级工学一体化教师制订教学进度计划，编制教案、实施课堂教学与过程性考核的指导性文本。

其中学习任务分析表帮助教师将工作任务、工作内容转化为学习任务与学习内容，为后续教学活动策划与教学实施提供基础与依据。教学活动策划表是本任务在教学组织与实施的依据，对教师如何进行教学组织与实施起指导作用，也是工作页、信息页和其他教学资源开发的依据；工作页与信息页则是本任务教学过程中最主要的教学资源，工作页可引导学生进行自主学习，辅助考核评价，信息页可供学生进行关联知识、信息的查阅学习。学习任务考核方案则明确了任务考核项目的成绩构成、评价方式等细则，用来说明与指引实施学习任务的考核评价。各项设计成果具体教学用途与使用建议如下：

1. 学习任务分析表的教学用途及使用建议

教学用途：学习任务分析表详细分析了学习任务在工作领域做什么（工作内容），应该如何规范做（流程 / 步骤、标准、规范），如何高效做（劳动组织方式、方法技巧），做出什么成果成效（计划、方案、作品、部件、产品、服务、总结等），达到什么要求（数量、质量、时间、经济、环保等），需要什么资源（设备、工具、材料、资料），并通过梳理分析，挖掘具有学习价值的工作要素。它明确了学习内容，是学习任务教学活动策划表的编制依据，也是学习资源开发和教学实施的指导性文本之一。

使用建议：在教学实施过程中，必须首先进行工作任务的实践。在扎实的工作实践经验基础上，充分理解学习任务分析表中的学习内容与工作要素之间的关系，以及学习内容对于学生未来从事岗位工作的目的和价值。当出现对学习内容或相关学习资源等理解不清的时候可以追本溯源，查阅学习任务分析表，理解其背后的生成逻辑与转化目的，以便为教学实施和学习资源使用厘清思路，找准定位和方向。

2. 教学活动策划表的教学用途及使用建议

教学用途：学习任务教学活动策划表是本任务教学组织与实施的依据，对教师如何组织课堂教学，实施过程性评价均有指导作用，也是相关学习资源开发、学习任务考核项目制订的依据。

使用建议：在教学实施过程中，要充分理解学习任务教学活动策划表每一学习环节中的学习目标、学习步骤、学习内容、师生活动、学习成果及学习资源之间的横向逻辑关系，以便在编写教学进度计划表中能更合理划分教学单元和梳理单元学习目标、内容和成果，在编写教学活动方案中更有条理性和针对性，在课堂实施中更充分运用相关教学方法、手段，利用各类学习资源促进学生自主学习，形成既定的学习成果，并高效完成过程性考核。

3. 学习任务考核方案的教学用途及使用建议

教学用途：学习任务考核方案规范了学习任务过程性考核的考核项目、考核内容、考核形式、评分细则、成绩组成等，是教学中落实课程考核，把过程性考核贯穿于学习任务课堂教学，检验学生完成一小类任务的指导文件。

使用建议：在教学实施过程中，要充分理解学习任务考核方案与学习任务教学活动策划、工作页等成果之间的关系，考核要点与学习目标的关系，考核权重与教学重难点的关系，评价标准与审美素养之间的关系等。在教学活动方案设计和教学实施过程中，用好工作页，把学习任务的各考核项目贯穿于课堂教学活动中。另外，由于评价组织方式的多样化、评价主体的多元化、评价细则的精细化造成比较大的工作量，课堂教学中还需要合理分配时间、提前做足准备、注意把控节奏，以免错过了评价时机或未能按进度完成评价。为了提升评价活动效率，建议采用数字化线上教学平台进行评价和统计分数。

4. 学习任务工作页的教学用途及使用建议

教学用途：工作页是本任务教学过程中最主要的教学资源，用来引导学生按照策划好的工作过程线索和学习步骤进行自主学习，辅助过程性考核评价。

使用建议：在教学实施过程中，充分理解工作页与学习任务教学活动策划表之间内容的关系，熟悉各学习环节、各学习步骤的学习活动走向，围绕学习目标组织课堂学习活动，借助工作页促进学生自主学习，兼顾好知识和技能的学习、能力和素养的培养，不能把完成工作页当做是学习的全部，也不能把工作页当做是作业册或习题册。

5. 学习任务信息页的教学用途及使用建议

教学用途：信息页的作用主要是辅助工作页的使用，服务学生自主学习，支撑学习目标。

使用建议：在教学实施过程中，充分理解信息页与学习任务教学活动策划表以及工作页之间内容的关系，结合职场情景、职业发展正确指导学生自主学习，不能把信息页当做是工作页的参考答案。

四、应用成效说明

为了验证学习任务设计 5 项成果在指导和实施课堂教学活动中的作用，课程师资团队在成果开发完成后进行了实验性教学活动，并取得显著成效，下面从有效性、示范性和可推广性三方面分别阐述。

（一）学习任务设计的有效性

1. 有效指导教学

本任务 5 项成果的设计要素逻辑严密，目标内容明晰，兼备实施可行性和前瞻性，起到连接课程层到课堂层的枢纽作用，有效指导“广告摄影”工学一体化课程任课教师开展该任务的课堂教学和考核实施。学习任务分析帮助教师从广告摄影的工作场域认识该学习任务及其学习内容；教学活动策划为教师编写教学进度计划和设计教学活动方案提供依据；学习任务考核方案是教师在课堂教学活动中开展学习任务过程性考核活动的主要依据；工作页和信息页为教师开展课堂教学活动、引导学生自主学习与合作学习提供有效教学资源支撑。

2. 有效实施教学

教学实施过程：契合“工学一体、学生中心、能力本位”工学一体化教学理念。

以某摄影公司真实工作任务创设学习情境，以工作过程为逻辑、学情为基础设计学习环节和步骤，师生活动设计饱满，教学策略层层递进，师生互动、生生互动、独立学习多种教学组织方式灵活转换，课堂教学活动调动充分，动静相宜、快慢交替，学生学习主动积极，如图 12 所示。

学习成果产出：学习成果丰富，体现了以成果为导向的理念。既有“初步布光产品摄影图”“整体布光产品摄影图”“广告合成图初稿”等体现学生能力提升过程的记录性学习成果，又有“分层布光产品摄影图”“产品褪底图”“广告合成图定稿”等基于工作成果的阶段性学习成果。学习成果设计由简入繁、从易到难，学生有很好的成就感和获得感，学习成果质量较以往有较大改观，如图 13、图 14 所示。

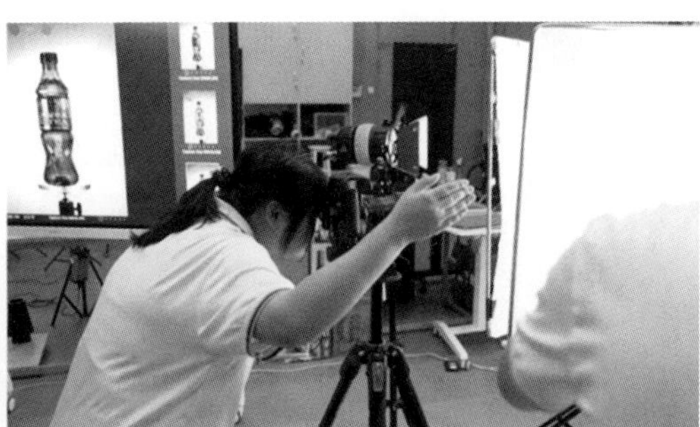

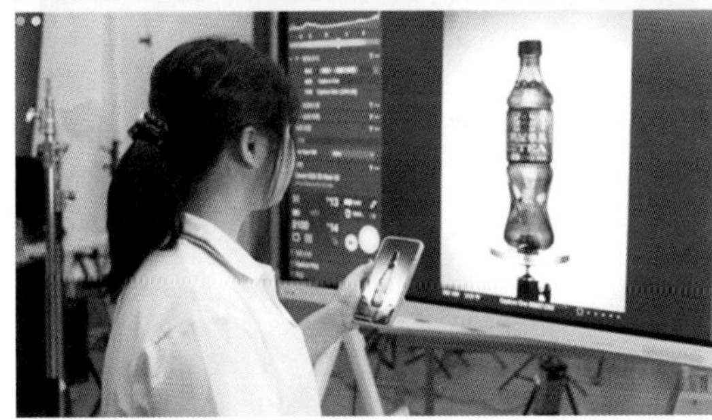

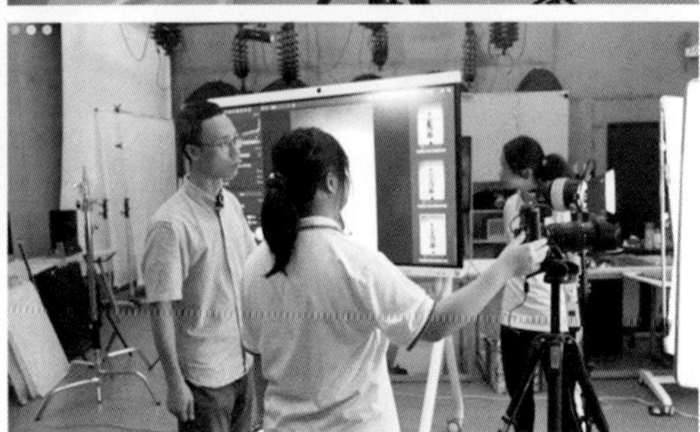

图 12　课堂教学实施——布光拍摄，沟通改进

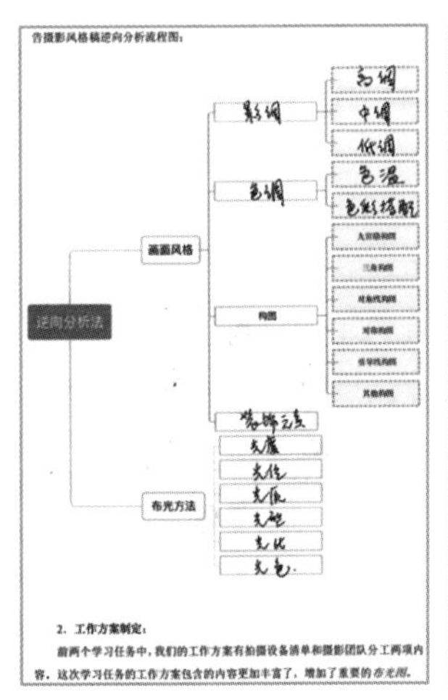

告摄影风格稿逆向分析流程图：

逆向分析法
画面风格
影调
高调
中调
低调
色调
色温
色彩搭配
构图
装饰元素
布光方法
光质
光位
光度
光型
光比
光色

2. 工作方案制定：

前两个学习任务中，我们的工作方案有拍摄设备清单和摄影团队分工两项内容，这次学习任务的工作方案包含的内容更加丰富了，增加了重要的布光图。

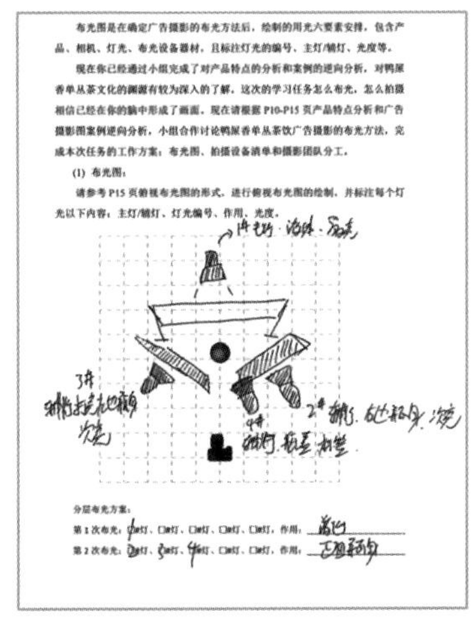

布光图是在确定广告摄影的布光方法后，绘制的用光六要素安排，包含产品、相机、灯光、布光设备器材，且标注灯光的编号、主灯/辅灯、光度等。

现在你已经通过小组完成了对产品特点的分析和案例的逆向分析，对鸭屎香单丛茶文化的渊源有较为深入的了解，这次的学习任务怎么布光，怎么拍摄相信已经在你的脑中形成了画面。现在请根据 P10-P15 页产品特点分析和广告摄影图案例逆向分析，小组合作讨论鸭屎香单丛茶饮广告摄影的布光方法，完成本次任务的工作方案：布光图、拍摄设备清单和摄影团队分工。

(1) 布光图：

请参考 P15 页俯视布光图的形式，进行俯视布光图的绘制，并标注每个灯光以下内容：主灯/辅灯、灯光编号、作用、光度。

分层布光方案：

第 1 次布光：□#灯、□#灯、□#灯、□#灯、□#灯，作用：

第 2 次布光：□#灯、□#灯、□#灯、□#灯、□#灯，作用：

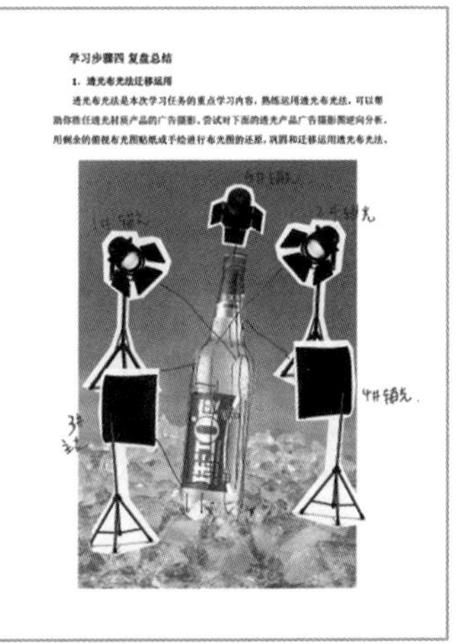

学习步骤四 复盘总结

1. 透光布光法迁移运用

透光布光法是本次学习任务的重点学习内容，熟练运用透光布光法，可以帮助你胜任透光材质产品的广告摄影，尝试对下面的透光产品广告摄影图逆向分析，用剩余的俯视布光图贴纸或手绘进行布光图的还原，巩固和迁移运用透光布光法。

图 13　工作页有效引导学习成果产出

图 14　学生学习成果（产品摄影图、AIGC 创作的背景素材、广告合成图）

过程性考核：学习任务考核项目及评分细则匹配学习目标和内容，考核活动设计充分考虑学情和可实施性。本学习任务共 11 个考核项目，其中技能考核类项目 3 个，学习成果类考核项目 4 个，通用能力观察类考核项目 4 个，并融入学生在学习过程中着重培养和表现的思政素养；充分考虑可实施性，根据考核项目特点设计评价组织方式，考核活动和评价手段全部数字化，教师和学生能够在学习通上快速高效完成考核活动，兼顾学生通过考核评价活动提升审美素养的学习目标，如图 15、图 16、图 17、图 18 所示。

（二）学习任务设计的示范性

“鸭屎香单丛茶饮广告摄影与后期处理”学习任务的设计具有设计过程的科学性、成果要素的逻辑性、设计应用的前瞻性、学习资源的数字化等示范性特征。

图 15 使用学习通高效开展过程性考核活动

图 16 学习任务过程性考核分数平均分统计

1. 设计过程的科学性

企业专家全程参与学习任务设计，设计之初经历了 3 次企业实践专家访谈、2 次企业工作任务实践、1 次校内工作任务实践及多次线上咨询，为设计质量奠定了扎实的基础。严格以《技工院校工学一体化师资培训指导手册》为设计依据，经历了从学习任务分析到工作页信息页的正向开发过程、从工作页信息页到学习任务分析的反向推导过程和实验性教学验证的过程，如图 19、图 20、图 21 所示。

组别	学生	任务信息与产品状态确认	产品分析	工作方案	拍摄场景的布置	产品摄影图	安全布光，规范整理	国产生成式人工智能（AIGC）创作	后期处理效果	文件的输出、整理和提交	广告合成图终稿	广告摄影作品评价标准使用问卷	学习任务总分
		通用能力	技能考核	学习成果	技能考核	学习成果	通用能力	技能考核	学习成果	通用能力	学习成果	通用能力	
权重		4.00%	15.00%	10.00%	3.00%	20.00%	4.00%	5.00%	13.00%	3.00%	20.00%	3.00%	
第一组		3	11	7	2.5	18	2.5	3	12.5	2	17	2.5	81
第一组		3.5	10	10	2	17	3.5	4.5	11.5	2.5	18	2.5	85
第一组		3.5	14	8.5	2.5	14.5	2.5	3.5	12	3	16	3	83
第一组		3	12	8	2.5	17	3	4	12	2.5	16	2.5	82.5
第二组		3	12	9.5	2.5	18	3.5	4	10	2.5	17	2.5	84.5
第二组		2.5	12	9	2	16	2.5	3	11	2	15	2.5	77.5
第二组		3.5	12	7.5	2.5	18	3.5	4	12.5	2	17	2.5	85
第二组		3.5	10	8	2	16	3.5	3.5	12	2	17	2.5	80
第三组		4	13	10	2	19	3	4	12.5	2.5	19	2	91
第三组		3	12	7.5	2.5	16.5	3.5	4	11.5	2.5	18	2	83
第三组		3	11	8.5	2.5	16	3.5	4.5	11	2.5	16	2.5	81
第三组		3.5	10	7.5	2	12.5	3	3	9.5	2	14	1	68
第四组		3.5	11	7.5	2	16	3	3	13	2.5	16	2	79.5
第四组		3	14	10	2.5	18	3.5	4	12	2	18	2	89
第四组		3	12.5	8	2	17	3.5	4	12	2	16	2	82
第四组		2.5	10	7.5	2.5	18	3	4	12	2.5	16	2	80
考核项目平均分		3.19	11.66	8.38	2.28	16.72	3.16	3.75	11.69	2.31	16.63	2.25	82.00

图 17　学习任务各项过程性考核活动评分统计

“鸭屎香单丛茶饮广告摄影与后期处理”学习任务
各考核项目平均分与权重设定差距对比

■ 平均分　■ 总分

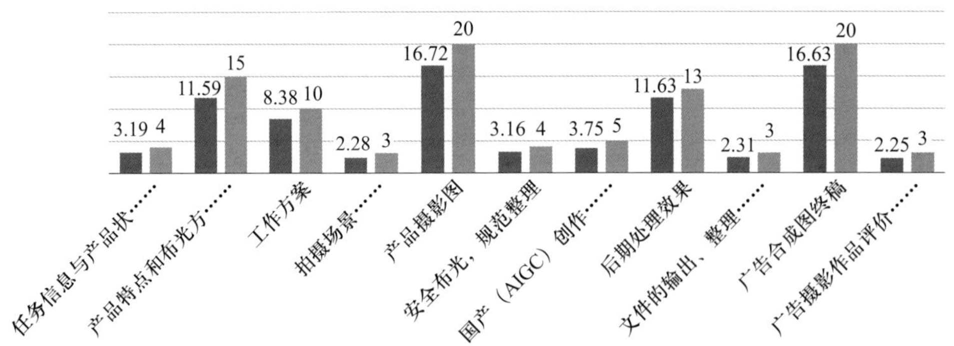

图 18　学习任务各过程性考核项目平均分与权重设定分值差距对比

图 19　开展多次企业走访和企业实践专家访谈

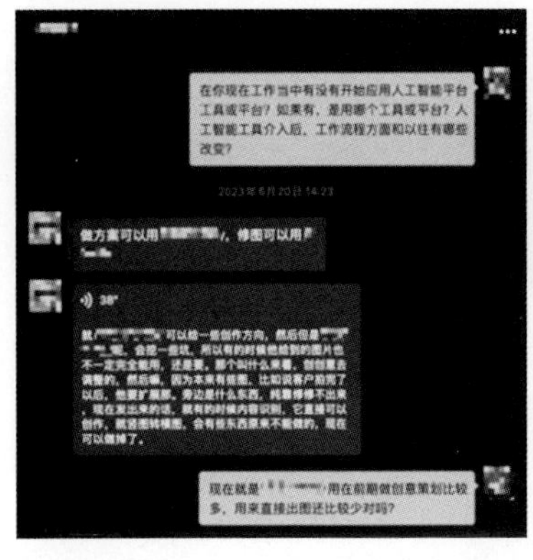

图 20　与企业专家进行多次线上会议沟通

图 21　多次进入企业开展工作任务实践

2. 成果要素的逻辑性

如图 6 所示，学习任务设计的各成果、成果各要素、各成果间的要素逻辑清晰，联系紧密，既考虑了前后任务目标内容的递进与增量，也考虑了本任务各环节步骤、目标、内容的递进与增量，抽丝剥茧，层层推进。

学习任务的设计体例格式、学术用语和内涵理解严格依据《〈国家技能人才培养工学一体化课程标准〉开发技术规程》《工学一体化教师培训标准》进行梳理、编写和检查，确保编写规范，不跑偏不曲解。

3. 设计应用的前瞻性

学习任务的设计既考虑当下具体学习任务的代表性，又考虑学生承担一小类工作——“透光类产品广告摄影与后期处理”的工作胜任力，并结合行业企业的生成式人工智能（AIGC）新动态、新趋势，关注学生适应行业新技术、新趋势的职业发展力，如图 22 所示。

4. 学习资源的数字化

同时，充分考虑学生的应用场景和支撑教学活动的有效实施，在学习通设立课程，对工作页、信息页和过程性考核活动全部进行数字化处理，建立丰富的线上学习资源和课堂教学引导活动。学生在学习活动中，线上资源可下载，线下资源可上传，线上线下有机结合，支撑高效开展课堂教学活动和考核活动，如图 23 所示。

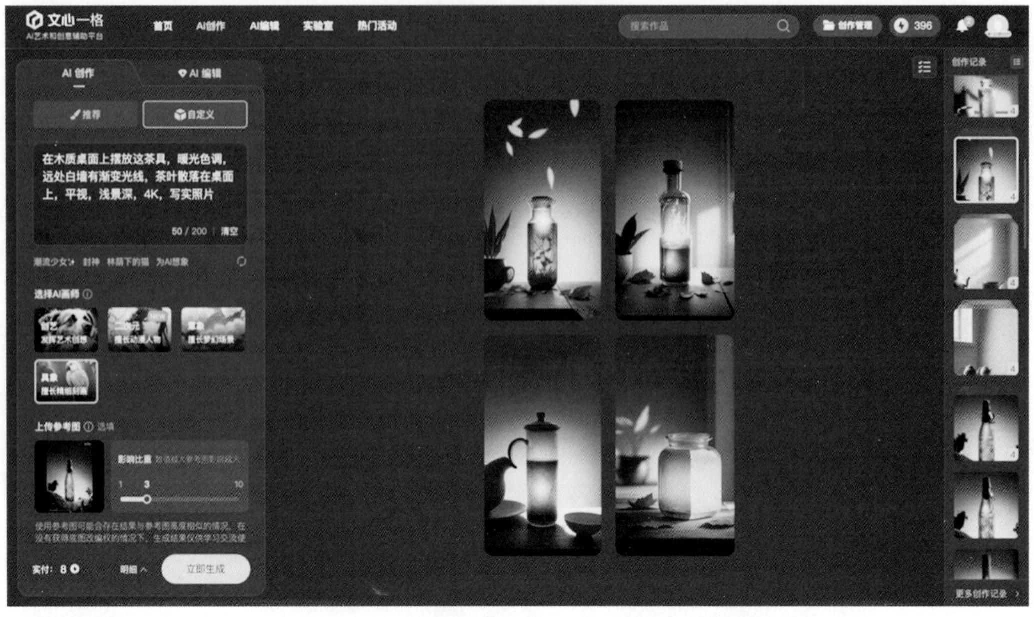

图 22　运用生成式人工智能（AIGC）技术

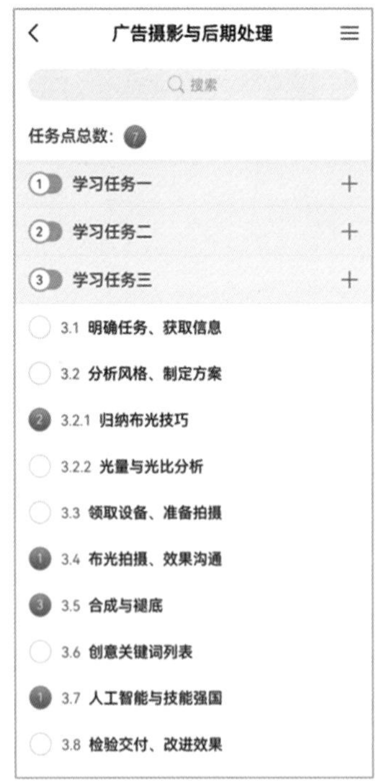

图 23　学习资源在学习通上数字化处理

（三）学习任务设计的可推广性

本学习任务的设计过程、设计思路和设计成果，对本课程其他学习任务、本专业其他工学一体化课程、数字艺术设计专业群及相近其他专业的学习任务设计都有借鉴和启发意义，同时亦可作为国标转化落地的示范案例进行推广。

1. 严谨规范的设计有利于推广

正如“学习任务设计的示范性”所述，科学的设计过程和设计思路，严谨的体例格式与用语规范，确保本学习任务设计可以作为工学一体化技能人才培养模式的案例范本进行推广，保证推广过程中不造成理解混乱和曲解。

2. 设计思路和成果具有明显的借鉴意义

通过学习任务、学习目标和内容增量的分析梳理，形成了本课程所有学习任务的设计图景，起到“四两拨千斤”的作用。也可通过本学习任务设计的情况，管中窥豹判断出整个课程的学习任务设计思路，帮助本专业其他工学一体化课程、数字艺术设计专业群及其他相近专业开展学习任务设计。

3. 发掘的判断分析方法可迁移运用

工作中具有重要学习价值的隐性心理活动转化而来的判断分析方法，具有一定的普适性和典型性，可进行再次转化和迁移运用。工作中提炼总结的“透光布光法”可用于后续同一职业领域工学一体化课程的学习任务设计，“布光定量调整法”可转化运用于学生其他课程和学习任务的试错学习，“逆向分析法”不但能用到学习中，还可以用到工作、生活中。

4. 学习任务设计既有定量也有余量

本任务的学习目标和学习内容源自课程目标和学习内容，首先保证课程目标和学习内容向课堂的传递与分解不出现偏差；其次保证在教学实施中针对教师自身水平和学生具体情况，给予教师发挥个人教学经验和聪明才智的空间。例如学习任务情境的任务载体，可以根据当下校企合作具体的工作任务，在同一小类代表性工作中进行调整；“逆向分析法”可以根据具体学情，灵活提前到第二个学习任务或推迟到第四个学习任务进行运用。

5. 学习任务设计过程是产教融合案例的缩影

珠三角地区的头部广告摄影公司及企业专家在本学习任务的设计过程中全程参与，提供企业真实工作任务、协助分析工作任务、进行工作实践指导、参与学习成果的点评，给予了大力支持。同时企业专家也体会到工学一体化教学模式的可贵之处，打开了企业对员工培训新视野，认为整个开发设计过程规范细致、逻辑严谨，并表示“通过这种方式培养的学生才是我们真正想要的”。

（四）学习任务设计的创新性

本任务设计的创新性表现在对工作中隐性判断分析方法的发掘，有趣、有效和学生易接受的教学重难点教学策略的设计，生成式人工智能（AIGC）前沿技术在教学过程中的融入和应用，通用能力和思政素养在学习内容和师生活动的自然融入。

1. 对工作中隐性判断分析方法的发掘具有创新性

通过对真实工作的实践和观察，发掘出具有重要学习价值的某种隐性且基于工作经验的案例分析方法、某种基于试错经验的判断布光效果的隐性心理活动，并经过总结、提炼，教学化转化为“逆向分析法”和“布光定量调整法”。它改变了学生在工作方案制订时的随意性和进行布光操作调整时的盲目性，成为学生进行广告摄影课程学习的重要抓手，提升了学生判断分析的有效性，具有培养学生工作胜任力和职业发展力的双重作用。

2. 教学重难点教学策略的设计具有创新性

针对本学习任务的教学重难点，以学生中级工阶段的认知水平为依据，设计了层层递进、丰富有趣、实施有效的教学策略，并结合工作页活动有效引导学生学习。例如帮助学生进行风格稿布光方法逆向分析的“布光图贴纸游戏”、帮助学生快速上手运用生成式人工智能（AIGC）的关键词描述分析引导活动、帮助学生理解评价标准和提高审美素养的组内筛选和组间比稿过程性考核活动。同时师生、生生、组组活动教学组织方式灵活转化，在广告摄影时以学生团队合作为主、结合独立为辅，在后期处理时侧重学生个人制作、小组成员互助，在总结评价时采用组内筛选、组间比稿和企业专家点评有机结合，如图 24 所示。

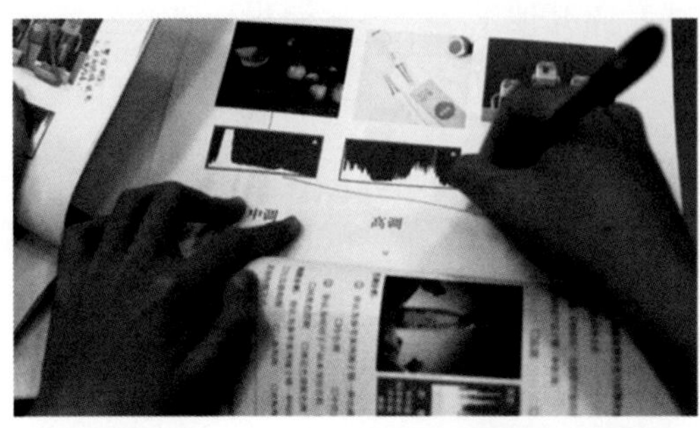

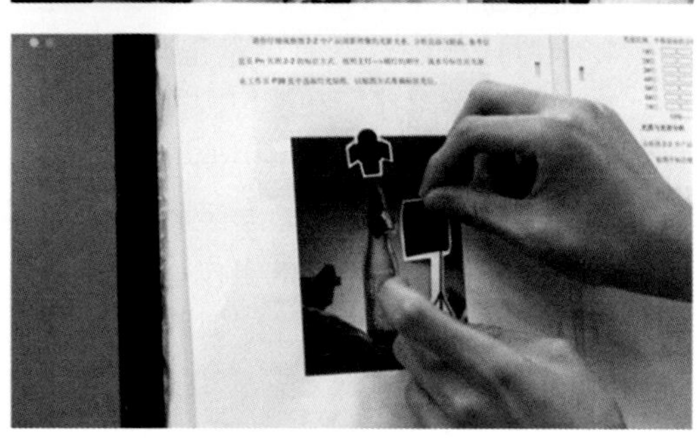

图 24　设计符合学生认知水平的丰富教学策略

3. 对新技术的应用具有创新性

生成式人工智能（AIGC）在 2023 年快速兴起，各类 AIGC 争先占领市场，对广告摄影行业影响深远，并在一线广告摄影公司出现了使用 AIGC 辅助策划广告摄影创意画面、AIGC 辅助创作画面元素等多种“打法”。本学习任务在此次设计中适时有效融入了国产 AIGC 平台“百度文心一格”的应用，帮助学生在学习中实际操作 AIGC 技术，引导学生对未来发展有适度的紧迫感，清晰认识到即使在人工智能时代，职业发展的核心能力仍不可取代，帮助他们正确认识 AIGC 人工智能技术与技能强国梦的关系，如图 25、图 26 所示。

4. 课程思政的自然融入具有创新性

本学习任务在设计学习目标和学习内容的思政素养时，侧重引导学生认知中华优秀传统文化魅力，培养工匠精神，树立正确意识形态观念，并在学生活动中自然融合、隐性培养。其中，鸭屎香单丛茶文化渊源分析是产品特点分析的重要内容，同时帮助学生感受鸭屎香单丛茶文化与现代快时尚碰撞的魅力；在产品摄影布光中，通过布光定量调整法进行分析和试错布光效果，直至达到最佳布光效果，同时培养学生精益求精的工匠精神；通过对国产 AIGC 平台的实际运用和体验，学生对职业发展重新认知，进一步明确了人工智能与技能强国梦的关系，如图 27 所示。

学习步骤二 分析 AIGC 关键词描述

从本学习任务开始，我们将把人工智能作为重要手段介入广告摄影与后期修图的过程。接下来根据指引让我们开始人工智能之旅吧！

1. 什么是 AIGC？

通过网络平台查询，AIGC 是什么含义？

AIGC 的英文：Artifical Intelligence Generated Content

AIGC 的中文含义和作用：生成式人工智能，能够基于大数据、大型模型等算法等人工智能技术，自动化地生成图片、视频、音频等内容方式。

2. 生成式人工智能（AIGC）在摄影领域的应用

(1) AIGC 平台数数看

2022 年开始消费领域的人工智能内容生成软件和平台（AIGC）如雨后春笋般出现。通过网络查询资料，罗列出在设计和摄影领域常用的 AIGC 平台：

国内：百度"文心一格"

国外：Chat GPT. Midjourney.

(2) AIGC 平台的常见打法：

虽然 AIGC 平台的直接图像生成仍然无法满足高质量广告级的应用，但是市场已经开始了 AIGC 在广告摄影领域的应用尝试。通过网络查询资料并讨论分析，你认为 AIGC 可以应用在广告摄影的哪一个流程中：

1. 生成图片素材. 2. 提供画面创意参考. 3. 生成商业图片.

3. 关键词描述分析

所有图像内容生成为主的 AIGC 平台，都有其创意表达的描述框架和关键词描述技巧。以"百度文心一格"为例，我们只需要输入中文关键词描述，便可以让 AI 为我们创建精美的图片，非常符合中国人和消费者的使用习惯。

(1) 描述框架分析

"百度文心一格"的描述框架：画面主体+修饰词（风格、色彩、影调、元素、视角、构图、装饰细节、精度）

如何用好人工智能助理实现技能强国梦：中国自己的人工智能需要加速追赶，我们也要支持国产的人工智能技术。

过程性考核项目7：国产生成式人工智能（AIGC）创作

1. 请在电脑上打开"文心一格"界面，小组内成员互相展示、提问、说明关键词描述和创作完成的背景素材。

2. 请在学习通评价活动 7 中，对"国产生成式人工智能（AIGC）创作"考核项目进行自评和组内互评。

"国产生成式人工智能（AIGC）创作"考核项目评分细则

序号	评分细则	分值
1	关键词描述规范，有具体的指向，符合产品特点分析和逆向分析结果	2
2	生成的背景素材符合预期效果，与产品摄影图像光影吻合	2
3	画面元素没有简单的模仿和抄袭，符合《著作权法》、《管理暂行办法》相关规定	1
4	能够准确认识国产生成式人工智能（AIGC）	1
总分		5
评价说明	本评价项目共 5 分： 1. 关键词描述规范，有具体的指向，符合产品特点分析和逆向分析结果，不满足本项扣 2 分。 2. 生成的背景素材符合预期效果，与产品摄影图像光影吻合，不满足本项扣 2 分。 3. 画面元素有原创性，符合《著作权法》、《管理暂行办法》相关规定，不满足本项本评价项目为 0 分。 4. 能够准确认识国产生成式人工智能（AIGC）1 分	
得分		

和社会公共利益，保护公民、法人和其他组织的合法权益，并将于 2023 年 8 月 15 日正式实施。请查阅信息页 Pn 页《生成式人工智能服务管理暂行办法》，自检自查背景素材的创作过程和结果有无违反规定。

4. 人工智能时代与技能强国梦

生成式人工智能（AIGC）只是人工智能发展的一个缩影。通过你对生成式人工智能（AIGC）的使用体验，思考回答下面的问题：

(1) 亮出你对人工智能的观点

通过与人工智能平台的接触和使用，你已经感受到了人工智能未来可能或现在已经产生的影响。通过网络查询对人工智能的舆论资料，结合你的体验在学习通上投票选择你更倾向哪一种观点？

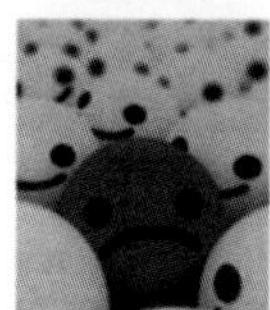

A: 我这个菜鸟也可以出大片，AI 真香　B: 本以为 AI 帮我扫地，谁知道 AI 让我只能扫地

其他观点：

(2) 人工智能赋能技能强国梦

人工智能不是成功捷径，更不是洪水猛兽。2020 年至今，国家发布了一系列关于支持数字中国和人工智能发展的政策文件，说明人工智能的时代已经来临且不可阻挡。

通过你的使用感受，结合国家相关政策文件，聊一聊你如何正确认识人工智能对职业发展的影响，又在未来职业生涯中使用人工智能提高技能水平，增加自己的竞争力，实现？

如何正确认识人工智能：我认为人工智能就像一个工具一样，不需要太担忧，而是应该主动利用来辅助自己的生活与工作。

上图是由"百度文心一格"生成的图片，以此为例描述关键词是：

晶莹剔透的蓝色水晶凤凰在银河星空中飞翔，金丝勾边，金银错，三维模型，CG 渲染，宇宙空间，满天繁星，4k。

请在上方关键词描述中，用～～～标注出对画面主体的关键词，用———标注出对修饰词的描述。

(2) 根据风格稿进行关键词描述

我们在"学习环节二：分析任务，制定方案"中，已经对鸭屎香单丛茶饮产品的特点、风格稿的画面风格进行了分析，请你根据分析结果，在信息页上查找关键词列表，选择合适的关键词，完成关键词描述：

在枯树桩上，居中放着一杯茶饮，暖光，白色背景，暗色调。

学习步骤三 人工智能生成素材

1. 熟悉"百度文心一格"创作流程

参考"百度文心一格"的微课视频操作指引和信息页 Pn 页的"文心一格使用技巧"内容，在"百度文心一格"网站操作并熟悉创作流程，在下图标注描写创作过程。

图 25　学生在工作页的引导下通过运用国产生成式人工智能（AIGC）进行创作

图 26　学生学习并应用生成式人工制作（AIGC）创作背景素材

图 27　学生踊跃表达使用生成式人工智能（AIGC）的体会

（五）学习任务设计的持续优化点

本学习任务的持续优化点主要包括以下两个方面：

一是从工作过程中发掘的隐性判断分析方法，如“逆向分析法”“布光定量调整法”，其方法路径还有些粗糙，需要在教学实践中边实践边完善，提高这些方法的有效性和可实施性。

二是学习任务设计 5 项成果的成效虽然在实验性的课堂教学实施中进行了初步验证，并取得显著效果，但仍需在更广泛的教学实施和考核实施中取得反馈意见，对实施的成果进行复盘反思，不断改进，持续完善。

接下来，课程师资团队不但将持续优化学习任务的设计，还将继续加强企业工作实践，完整打通课程层、任务层和课堂层的所有成果，打造工学一体化课程各类成果的样板案例。

学习任务分析表、教学活动策划表分别见表 4、表 5。

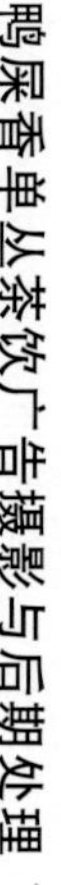

表 4　学习任务分析表

专业名称：计算机广告制作　　　　工学一体化课程名称：广告摄影与后期处理

<table>
<tr><td colspan="2">学习任务名称</td><td colspan="3">鸭屎香单丛茶饮广告摄影与后期处理</td><td>工作时长</td><td colspan="2">1.5 天</td><td>实践企业</td><td colspan="2">某品牌设计有限公司</td></tr>
<tr><td colspan="11">任务描述：见学习任务设计说明（四）</td></tr>
<tr><td rowspan="2">序号</td><td colspan="7">工作内容分析</td><td colspan="3">学习内容分析</td></tr>
<tr><td>工作步骤</td><td>具体工作内容</td><td>工具材料设备</td><td>劳动组织关系</td><td>工作方法</td><td>工作成果</td><td>工作要求</td><td>实践知识</td><td>理论知识</td><td>职业素养</td></tr>
<tr><td>1</td><td>接受任务，明确信息</td><td>1.1 与创意总监沟通并确定茶饮产品、广告用途、表现风格、风格稿、制作周期和工作量要求
1.2 确认客户提供的茶饮产品状态完好，无影响摄影表现的外观和结构瑕疵</td><td>沟通记录</td><td>与创意总监沟通拍摄任务信息、风格稿和茶饮产品状态</td><td>任务关键信息提取法</td><td>1.1 确认完成的任务信息沟通记录、风格稿
1.2 状态完好的茶饮产品</td><td>1.1 与创意总监有效沟通，准确获取拍摄内容、风格稿、画面要求、使用用途、规格数量、制作周期等关键任务信息
1.2 严谨确认茶饮产品状态</td><td>任务关键信息提取法；
产品状态的判断</td><td>任务关键信息构成要点；
产品检查要点</td><td>理解与表达（拍摄关键信息与产品状态的沟通确认）</td></tr>
</table>

续表

序号	工作内容分析							学习内容分析		
	工作步骤	具体工作内容	工具材料设备	劳动组织关系	工作方法	工作成果	工作要求	实践知识	理论知识	职业素养
2	分析产品与案例，构思布光	2.1 分析鸭屎香单丛茶饮产品的外观、结构特点和文化背景 2.2 根据风格稿，逆向分析画面风格和布光方法，确定设备需求，形成布光构思	风格稿	摄影团队讨论，必要时与创意总监沟通	风格稿的逆向分析法	布光构思 （无形成果）	2.1 准确分析产品的外观、结构特点和文化背景 2.2 准确把握风格稿的画面风格和布光方法	茶饮产品的特点分析； 工作方案文档表格中布光图、拍摄设备清单【已学】； 摄影团队分工表的使用【已学】； 逆向分析法； 透光产品的透光布光法； 布光图的绘制方法； 设备耗材需求的判断【已学】； 人员分工的判断【已学】	透光类产品的材质特点； 风格稿的概念与作用； 摄影画面的影调、色调【已学】； 构图的概念与作用【已学】； 直方图的概念与作用； 用光六要素【已学】； 镜头分类【已学】； 布光设备种类和功能【已学】； 摄影常用配件【已学】； 广告摄影拍摄制作流程【已学】	鸭屎香单丛茶文化渊源（中华优秀传统文化）

表 5 教学活动策划表

序号	学习环节与学时	学习目标	学习步骤	学习内容	学生活动	教师活动	学习成果	学习资源
1	环节一：明确任务获取信息（1学时）	1. 能与教师有效沟通，获取并分析任务要求，提取鸭屎香单丛茶饮产品摄影的用途、表现风格、风格稿、制作周期和工作量要求等关键信息，填写完成任务信息表，具备良好的理解与表达意识 2. 能根据产品检查要点，与教师确认提供的茶饮产品状态完好，无影响摄影表现的外观和结构瑕疵，填写产品状态检查图示	明确关键信息	【实践知识】 1. 用以获取任务信息的关键信息提取法 【理论知识】 2. 任务关键信息构成要点 【通用能力】 3. 理解与表达（任务信息沟通确认）	1. 学生听取教师发布任务，接收活页式工作页、信息页、电子版风格稿等学习资源，获取任务要求 2. 学生独立使用关键信息提取法，完成工作页中任务单的鸭屎香单丛茶饮产品、广告用途、表现风格、风格稿、制作周期和工作量要求等关键信息的提取，完成任务信息表的填写	1. 教师发放本次学习任务的活页式工作页、信息页、电子版风格稿，现场与线上学习通同步发布本次学习任务内容 2. 教师组织学生采用关键词信息提取法进行工作页的任务单解读分析，完成任务信息表的填写	鸭屎香单丛茶饮广告摄影与后期处理任务信息表（工作页）	任务单（工作页）、鸭屎香单丛茶饮广告摄影与后期处理广告摄影风格稿、任务信息表（工作页）
2			检查产品状态	【实践知识】 1. 鸭屎香单丛茶饮产品状态的判断 【理论知识】 2. 鸭屎香单丛茶饮产品检查要点 【通用能力】 3. 理解与表达（产品状态检查确认）	此步开始，小组合作 1. 学生分组派代表领取鸭屎香单丛茶饮产品，小组根据产品检查要点共同检查确认产品的状态，如有影响摄影表现的外观和结构瑕疵，及时向教师提出并更换 【过程性考核活动 – 通用能力 – 理解与表达】 2. 学生在学习通上开展“任务信息与产品状态沟通确认”考核项目的自评、互评考核活动	1. 教师发放本次学习任务需要拍摄的鸭屎香单丛茶饮产品，并与学生确认产品的完好状态 【过程性考核活动 – 通用能力】 2. 教师组织“任务信息与产品状态沟通确认”考核项目的考核活动，并同步开展师评	产品检查图示(工作页)	鸭屎香单丛茶饮产品、产品状态检查图示(工作页)、学习通评价活动1

续表

序号	学习环节与学时	学习目标	学习步骤	学习内容	学生活动	教师活动	学习成果	学习资源
3	环节二：分析任务制订方案（3学时）	1. 能根据对任务要求的解读和“产品特点分析问卷”的指引，通过网络自主查询并获取透光类材质产品的材质类型和特点；观察产品，分析产品的材质和结构特点；查询网络资料并回答鸭屎香单丛茶文化渊源问题，体会中华优秀传统文化的魅力 2. 能结合老师讲解和微课学习，根据“布光分析问卷”的指引，分析透光材质类产品摄影的特殊布光方法，得出“透光布光法”	分析产品特点	【实践知识】 1. 鸭屎香单丛茶饮产品的特点分析 【理论知识】 2. 透光类产品的材质特点 【思政素养】 3. 中华优秀传统文化（鸭屎香单丛茶文化渊源）	1. 小组按照“产品特点分析问卷”的指引，通过网络自主查询资料，讨论并分析透光类材质产品的材质类型和特点 2. 小组共同根据“产品特点分析问卷”，观察产品并分析产品的材质和结构特点 3. 小组查询网络资料讨论分析鸭屎香单丛茶文化渊源，回答教师关于鸭屎香茶文化的问题，完成“产品特点分析问卷”	教师组织学生分组对透光类产品的材质特点、本产品的外观结构特点和鸭屎香单丛茶文化渊源进行分析，提问有关鸭屎香单丛茶文化的问题，要求学生完成“产品特点分析问卷”	鸭屎香单丛茶饮产品特点分析问卷（工作页）	产品特点分析问卷（工作页）、信息页、网络资源

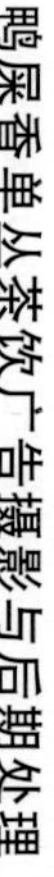

续表

序号	学习环节与学时	学习目标	学习步骤	学习内容	学生活动	教师活动	学习成果	学习资源
4	环节二：分析任务制订方案（3学时）	3. 能采用逆向分析法分析风格稿的画面风格和布光方法；根据逆向分析结果，灵活调整“透光布光法”，确定鸭屎香单丛茶饮产品的布光方法，绘制布光图；根据布光图填写拍摄设备清单，确定摄影团队分工，制订要素完整、内容明确、可执行性高的工作方案	分析布光方法	【实践知识】 透光布光法（重点）	【突出重点——“透光布光法”】 1. 全部学生集体观看透光类产品摄影的微课视频，同时听取和记录老师的讲解提示 2. 根据“布光分析问卷”的指引，先分析微课视频中透光产品布光用光，后归纳透光材质类产品图的特殊布光方法，得出“透光布光法”，并回答老师关于“透光布光法”的问题 【过程性考核活动】 3. 学生拆开活页式工作页，把“任务分析问卷”张贴在本组的白板上 4. 各小组在学习通上开展“任务分析”考核项目的自评、组内互评活动	1. 教师组织学生观看透光类产品摄影的微课视频，在微课视频播放的同时进行讲解提示 2. 教师组织小组进行透光类产品布光技巧的归纳分析，提问学生关于“透光布光法”的问题 【过程性考核活动】 3. 教师组织把工作页中的“任务分析问卷”张贴在本组的白板上 4. 教师组织各小组在学习通上开展“任务分析”考核项目的自评、组内互评活动，并同步开展师评	鸭屎香单丛茶饮产品布光分析问卷（工作页）	透光类产品摄影的微课视频、布光分析问卷（工作页）、白板、学习通评价活动2
5			制订工作方案	【实践知识】 1. 逆向分析法（难点） 【理论知识】 2. 风格稿的概念与作用 3. 摄影画面的影调	【1至3步——突破难点内容——逆向分析法】 1. 学生独立阅读直方图和摄影影调风格的资料（信息页），回答老师关于直方图和影调风格的问题，完成工作页中影调风格连线图游戏 2. 学生听老师讲解关于风格稿的概念与作用理论知识，了解风格稿的作用	1. 教师引导学生阅读直方图和摄影影调风格的资料（信息页），使用PPT的案例提问学生关于直方图和影调风格的问题，完成工作页中影调风格连线图游戏 2. 教师采用图示的方式，讲解风格稿的概念和作用等理论知识	工作方案（工作页）	风格稿、影调、直方图的相关资料（信息页），工作方案（工作页），白板，学习通评价活动3

续表

序号	学习环节与学时	学习目标	学习步骤	学习内容	学生活动	教师活动	学习成果	学习资源
5	环节二：分析任务制订方案（3学时）		制订工作方案	4. 直方图的概念与作用	3. 小组根据工作页指引，运用逆向分析法，以贴纸游戏的方式对风格稿中产品摄影画面风格和布光方法进行分析，并与老师一起总结逆向分析法的流程 【4至6步——重点内容“透光布光法”的再次强化】 4. 小组根据逆向分析结果，灵活调整“透光布光法”，确定鸭屎香单丛茶饮产品的布光方法，绘制布光图；根据布光图填写拍摄设备清单，明确摄影团队分工，形成要素完整、内容明确、可执行性高的工作方案 5. 小组主动就制订工作方案过程中出现的疑问向老师请教，并及时沟通和调整工作方案 【过程性考核活动】 6. 每个小组选取一位学生的工作页，把“工作方案”张贴在本组的白板上，展示说明工作方案 7. 各小组在学习通上开展“工作方案”考核项目的组间互评活动	3. 教师组织学生分组进行风格稿的画面风格和布光方法的逆向分析，引导学生总结逆向分析法的流程 4. 教师组织学生根据逆向分析结果，灵活调整“透光布光法”，确定鸭屎香单丛茶饮产品的布光方法，绘制布光图；根据布光图填写拍摄设备清单，明确摄影团队分工，形成要素完整、内容明确、可执行性高的工作方案 5. 教师与小组一对一进行该组工作方案的沟通与指导，指出问题，查漏补缺 【过程性考核活动】 6. 教师组织学生把工作页上的“工作方案”张贴在本组的白板上，并进行工作方案相关问题的提问 7. 教师组织各小组在学习通上开展“工作方案”考核项目的组间互评活动，并同步开展师评	工作方案（工作页）	风格稿、影调、直方图的相关资料（信息页），工作方案（工作页），白板，学习通评价活动3

学习任务考核方案

“鸭屎香单丛茶饮广告摄影与后期处理”学习任务考核方案由学习任务考核项目说明、学习任务考核项目评分细则和学习任务考核成绩三部分构成。担任本学习任务教学的工学一体化教师需要依据考核项目、评分细则，从专业能力、通用能力等维度对学生学习情况进行考核，并记录评分结果。结合学习任务考核成绩合计，形成每名学生的本任务过程性考核成绩。

一、学习任务考核项目说明

“鸭屎香单丛茶饮广告摄影与后期处理”学习任务按照工作过程划分为 7 个学习环节，依据考核要点和通用能力考核维度设置了 11 个考核项目。其中，技能考核类项目 3 个，学习成果类考核项目 4 个，通用能力观察类考核项目 4 个，具体说明见表 6。

表 6 “鸭屎香单丛茶饮广告摄影与后期处理”学习任务考核项目说明（节选）

学习环节	学习目标	考核要点 / 通用能力观察维度	评价项目	项目说明	配分（分）
环节一：明确任务获取信息	1. 能与老师有效沟通，获取并分析任务要求，提取鸭屎香单丛茶饮产品摄影的用途、表现风格、风格稿、制作周期和工作量要求等关键信息，填写完成任务信息表，具备良好的理解与表达意识 2. 能根据产品检查要点，与老师确认提供的茶饮产品状态完好，无影响摄影表现的外观和结构瑕疵，填写产品状态检查图示	理解与表达	任务信息与产品状态沟通确认（通用能力）	与老师有效沟通，准确理解、提取并解读任务关键信息，确认产品的状态	4
环节二：分析任务制订方案	1. 能根据对任务要求的解读和“产品特点分析问卷”的指引，通过网络自主查询并获取透光类材质产品的材质类型和特点；观察产品，分析产品的材质和结构特点；查询网络资料并回答鸭屎香单丛茶文化渊源问题，体会中华优秀传统文化的魅力 2. 能结合教师讲解和微课学习，根据“布光分析问卷”的指引，分析透光材质类产品图的特殊布光方法，得出“透光布光法” 3. 能采用逆向分析法分析风格稿的画面风格和布光方法；根据逆向分析结果，灵活调整“透光布光法”，确定鸭屎香单丛茶饮产品的布光方法，绘制布光图；根据布光图填写拍摄设备清单，明确摄影团队分工，制订要素完整、内容明确、可执行性高的工作方案	1. 任务的分析	任务分析（技能考核）	1. 根据指引，运用相关知识，对产品的外观、结构特点进行分析，并对风格稿进行逆向分析（难点），探寻鸭屎香单丛茶文化的渊源（思政），完成分析问卷	15
		2. 工作方案的制订	工作方案（学习成果）	2. 完成本次学习任务的工作方案（布光方法、设备需求、人员分工）	10

二、学习任务考核项目评分细则

“鸭屎香单丛茶饮广告摄影与后期处理”学习任务共设置18个过程性考核项目。工学一体化教师需要依据下列项目评分细则组织考核活动。采用自评、互评、师评相结合的方式，对学习成果、行为表现、技能应用进行评分。评价项目1、评价项目2、评价项目3的评分细则分别见表7、表8、表9。

表7 “任务信息与产品状态沟通确认”考核项目评分表

考核项目	任务信息与产品状态沟通确认
考核组织	独立学习，与老师有效沟通，用马克笔标注出任务书中的关键信息，准确理解关键信息，检查产品状态，完成任务信息表和产品状态检查图示 要求：任务关键信息理解准确无遗漏；产品状态检查完整无遗漏，确认好的产品没有影响拍摄和后期处理的瑕疵
成果形式	任务信息表、产品状态检查图示（工作页）
评价方式	自评、组内互评和师评
评分细则	本项共两项要素，任务信息确认2分，产品状态检查2分，共4分： 1. 任务信息表：任务名称、客户名称、画面要求、创意来源、广告摄影用途、制作周期、工作量、提交文件要求8项关键信息缺一个或错一个扣0.5分，扣完为止 2. 产品状态检查：对照产品和产品状态图示进行评分；有一个不符或缺失，则扣0.5分；有一个严重影响拍摄和后期处理，则为0分

表8 “产品特点和布光方法分析”考核项目评分表

考核项目	产品特点和布光方法分析
组织形式	根据任务分析问卷指引，以小组形式观察和分析拍摄产品的外观和结构特点，查找资料探寻鸭屎香单丛茶文化渊源，逆向分析风格稿的画面风格、布光方法，完成任务分析问卷 要求：按照任务分析问卷的指引，进行产品特点分析、产品文化背景分析和风格稿的逆向分析，对任务分析问卷中对每个内容的理解准确，分析合理到位
成果形式	产品特点分析问卷、布光方法分析问卷（工作页）
评价方式	自评，组内互评和师评
评分细则	本项共三个要素，产品的外观和结构特点分析4分，鸭屎香单丛茶文化渊源分析4分（思政），风格稿的逆向分析7分，共15分： 1. 产品的外观和结构特点分析共10项内容，包括：表面反光效果、产品形体类型、产品瓶体材质、产品瓶体硬度、瓶体透光程度、瓶体色彩、液体透光程度、液体色彩、瓶体标签材质类型、瓶体标签印刷类型，填错一项或缺失一项扣0.5分，扣完为止 2. 鸭屎香单丛茶文化渊源分析共4项内容，每项内容1分 3. 摄影广告图案例的逆向分析共2项内容：其中画面风格2分，影调、色调、构图、装饰元素中错漏一项扣0.5分；布光方法5分，光源数量与光位分析1分，光度与光比分析2分，光质与光形分析2分

表 9 “工作方案”考核项目评分表

考核项目	工作方案
组织形式	小组合作，根据产品特点分析和广告摄影图案例逆向分析的结果，讨论分析并制订本次学习任务的工作方案 要求：工作方案包含三项内容，分别是布光方法（布光图）、拍摄设备清单和摄影团队分工，要求布光方法符合产品特点和案例逆向分析结果，布光设计合理，体现任务要求；拍摄设备清单准确反映布光图的要求；摄影团队分工有效轮换，准确理解分工职责
成果形式	工作方案（工作页）
评价方式	组间互评和师评
评分细则	工作方案共三项内容，布光方法（布光图）4 分，拍摄设备清单 4 分，摄影团队分工 2 分，共 10 分： 1. 布光方法（布光图）：主光设置错误扣 4 分，辅光设置错误一个扣 2 分，扣完为止 2. 拍摄设备清单：设备需求缺失或者错误一项，扣 1 分，扣完为止 3. 摄影团队分工：人员分工缺失一个职位扣 0.5 分，职责填写缺失或错误一项扣 0.5 分，扣完为止

三、学习任务考核成绩

本学习任务教学结束后，工学一体化教师需要依据考核成绩表（见表 10）加权计算不同评价方式结果，形成学习任务过程成绩。

表 10 “鸭屎香单丛茶饮广告摄影与后期处理”学习任务考核成绩（节选）

学习任务名称	鸭屎香单丛茶饮广告摄影与后期处理					
考核项目	配分（分）	考核方式及权重				得分
		自评	组内互评	组间互评	师评	
任务信息与产品状态沟通确认（通用能力）	4	30%	30%		40%	
任务分析（技能考核）	15	30%	30%		40%	
工作方案（学习成果）	10			50%	50%	
……						
合计	100					

工作页

学习环节 1　明确任务，获取信息

【学习目标】

1. 能与老师有效沟通，获取并分析任务要求，提取鸭屎香单丛茶饮产品摄影的用途、表现风格、风格稿、制作周期和工作量要求等关键信息，填写任务信息表，具备良好的理解与表达能力。

2. 能根据产品检查要点，与老师确认提供的茶饮产品状态完好，无影响摄影表现的外观和结构瑕疵，填写产品状态检查图示。

【建议学时】

1 学时。

【学习要求】

学习环节 1 的学习要求见表 11。

表 11　学习环节 1“明确任务，获取信息”学习要求

序号	学习步骤	学习内容	学时	备注
1	明确关键信息	【实践知识】用以获取任务信息的关键信息提取法 【理论知识】任务关键信息构成要点 【通用能力】理解与表达	20 分钟	
2	检查产品状态	【实践知识】鸭屎香单丛茶饮产品状态的判断 【理论知识】鸭屎香单丛茶饮产品检查要点 【通用能力】理解与表达	20 分钟	

学习步骤一　明确关键信息

今天开始，我们将要进行透光柱体产品广告摄影与后期处理的学习，茶饮产品是透光柱体产品中比较有代表性的产品。通过指引，一起来明确这次学习任务的信息。

1. 阅读学习任务描述，标注关键信息

请仔细阅读本学习任务情境描述中的任务书，用马克笔标注出任务书中的关键信息，包括 8 项内容：任务名称、客户名称、画面要求、创意来源、广告摄影用途、制作周期 、工作量、提交文件要求。

2. 根据对学习任务关键信息的分析，填写任务信息表（见表 12）

表 12　任务信息表

<table>
<tr><td colspan="4">任务信息表</td></tr>
<tr><td>任务名称</td><td></td><td>客户名称</td><td></td></tr>
<tr><td>画面要求</td><td colspan="3">□褪底图　□背景合成图　□创意图</td></tr>
<tr><td>创意来源</td><td colspan="3">□由客户提供海报风格稿
□需要为客户提供参考案例
□需要为客户完整策划广告创意</td></tr>
<tr><td>广告摄影用途</td><td colspan="3">□电商平台批量用图
□电商平台高质量主视觉用图
□数字媒体渠道用图
□宣传图册、菜单等用图
□杂志、书籍、户外广告等用图</td></tr>
<tr><td>制作周期</td><td colspan="3">___年___月___日—___年___月___日
第__学习周—第__学习周，共___天 / ___学时</td></tr>
</table>

续表

<table>
<tr><td rowspan="3">任务工作量</td><td rowspan="2">褪底图</td><td rowspan="2">类型：___共___张
类型：___共___张
类型：___共___张
共___张</td><td>填写说明</td></tr>
<tr><td>类型包含：
正面图、左侧面图、右侧面图、背面图、特写图</td></tr>
<tr><td>合成图</td><td>AIGC 背景素材图___张
_______构图_______张
_______构图_______张
_______构图_______张</td><td>构图包含：
全尺寸横构图、全尺寸竖构图、特写横构图、特写竖构图</td></tr>
</table>

学习成果 1：任务信息表　○已完成　○未完成

学习步骤二　检查产品状态

领取本次学习任务拍摄的产品，检查状态并记录在产品状态检查图上（如图 28 所示）。

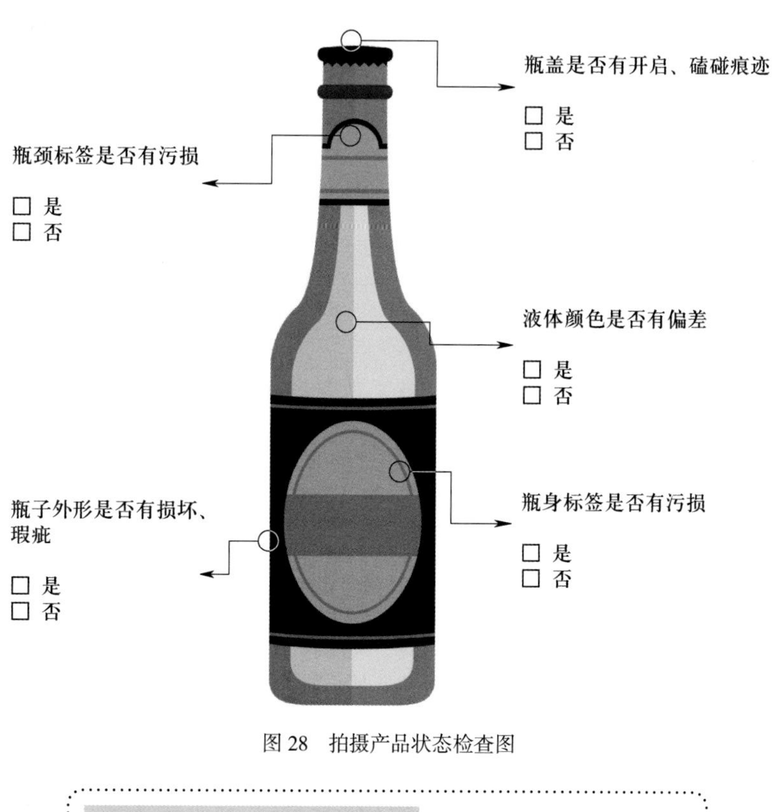

图 28　拍摄产品状态检查图

学习成果 2：产品检查图示　○已完成　○未完成

过程性考核项目 1：任务信息与产品状态确认

请在学习通评价活动 1 中，对“任务信息与产品状态确认”考核项目进行自评和组内互评，评分细则见表 13。

表 13 “任务信息与产品状态确认”考核项目评分细则

序号	评分细则		分值
1	任务信息表	任务名称	2
2		客户名称	
3		画面要求	
4		创意来源	
5		广告摄影用途	
6		制作周期	
7		工作量	
8		提交文件要求	
9	产品状态检查		2
总分			4
评价说明	本项目共两个要素，任务信息确认 2 分，产品状态检查 2 分，共 4 分： （1）任务信息表：任务名称、客户名称、画面要求、创意来源、广告摄影用途、制作周期、工作量、提交文件要求 8 项关键信息缺一个或错一个扣 0.5 分，扣完为止 （2）产品状态检查：对照产品和产品状态检查图进行评分，有一个不符或缺失扣 0.5 分，有一个严重影响拍摄和后期处理则为 0 分		
得分			

学习环节 2　分析风格，制订方案

【学习目标】

1. 能根据对任务要求的解读和“产品特点分析问卷”的指引，通过网络自主查询并获取透光类材质产品的材质类型和特点；观察产品，分析产品的材质和结构特点；查询网络资料，回答鸭屎香单丛茶文化渊源的有关问题，完成鸭屎香单丛茶饮产品特点分析。

2. 能结合老师讲解和微课学习，根据“布光分析问卷”的指引，分析透光材质类产品摄影的特殊布光方法，得出“透光布光法”。

3. 能采用逆向分析法分析风格稿的画面风格和布光方法，根据逆向分析结果，灵活调整“透光布光法”，确定鸭屎香单丛茶饮产品的布光方法。绘制布光图，根据布光图填写拍摄设备清单，明确摄影团队分工，制订要素完整、内容明确、可执行性高的工作方案。

【建议学时】

3 学时。

【学习要求】

学习环节 2“分析风格，制订方案”学习要求见表 14。

表 14　学习环节 2“分析风格，制订方案”学习要求

序号	学习步骤	学习内容	学时	备注
1	分析产品特点	【实践知识】鸭屎香单丛茶饮产品的特点分析 【理论知识】透光类产品的材质特点 【思政素养】中华优秀传统文化（鸭屎香单丛茶文化渊源）	0.5	
2	分析布光方法	【实践知识】透光布光法（重点）	1	
3	制订工作方案	【实践知识】 1. 工作方案文档表格的使用 2. 逆向分析法（难点） 【理论知识】 1. 风格稿的概念与作用 2. 摄影画面的影调 3. 直方图的概念与作用	1.5	

学习步骤一　分析产品特点

请根据以下产品特点分析问卷的指引，完成产品特点的分析。

产品特点分析问卷

1. 查询资料，获取透光类产品的一般特点

请通过网络查询透光类产品材质特点的相关资料，获取透光类材质产品的特点，并结合以下文字引导进行分析：

（1）可用于生产透光类材质产品的材料有：

____

____

____

（2）经常采用透光类材质的产品类型有：

____

____

____

（3）根据透光类材质产品的形体类型出现频率，为图 29 形体类型产品排序（从高到低）：

□方体瓶　□圆柱瓶　□异形瓶　□扁壶瓶

图 29　形体类型产品图

如果你认为还有其他形体类型，请写在这里：

____

____

____

____

（4）不同透光产品的透光率并不相同，决定透光材质产品透光率的三个因素是：

____

____

____

____

____

____

____

2. 结合透光类产品的一般特点，仔细观察本任务的拍摄产品——鸭屎香单丛茶饮，进行产品的外观和结构特点分析

产品外观和结构特点分析问卷见表 15。

表 15　产品外观和结构特点分析问卷

产品外观和结构特点分析问卷	
表面反光效果	□哑光　□亮光　□其他：
产品形体类型	□圆柱瓶　□方体瓶　□扁壶瓶　□异形瓶　□其他：
产品瓶体材质	□玻璃　□塑料　□亚克力　□有机玻璃　□透光石材　□其他：
产品瓶体硬度	□坚硬，无法磨损　□较硬，不易损　□较软，容易磨损　□很软，易损
瓶体透光程度	□全透明　□半透明
瓶体色彩	（如：无色、绿色、红色）
液体透光程度	□全透明　□半透明
液体色彩	（如：无色、绿色、红色）
瓶体标签材质类型	□吸光纸　□反光锡箔　□塑料纸　□其他：
瓶体标签印刷类型	□油墨　□烫金　□凸版　□压纹　□其他：

学习成果 3：鸭屎香单丛茶饮产品特点分析问卷　○已完成　○未完成

茶文化思考——鸭屎香单丛茶的渊源

3. 查询资料，完成以下关于鸭屎香单丛茶的问题

鸭屎香单丛茶是一种在广东土生土长，并且在中国茶文化中占有一席之地的茶，你喝过鸭屎香单丛茶或者茶饮料吗？

（1）有些地方叫“单丛”，有些地方叫“单枞”，到底哪个是对的呢？通过网络查一查准确名称是什么？为什么呢？

准确名称：________________

原因：________________

（2）“鸭屎香”单丛茶属于什么茶种？

□绿茶　□红茶　□青茶（乌龙茶）　□白茶　□黑茶　□黄茶

（3）“鸭屎香”这个名字很奇怪，通过网络查一查为什么叫“鸭屎香”。

____

（4）袋装茶引领者“茶里”、瓶装茶开创者“东方树叶”、跨省外卖的“茶颜悦色”，新式茶饮占据了越来越多年轻人的心。当“得闲饮茶”这种千年传统文化与现代“快时尚”文化碰撞，绽放了属于新时代的浪漫火花。相信你会选择“茶饮”这种健康饮品。

你自己和身边人经常喝茶与否：________________

一般饮用茶饮的品种：________________

你会选择瓶装茶饮吗：□想尝试　□更喜欢传统泡茶　□喜欢其他的饮品

学习步骤二　分析布光方法

请根据以下布光分析问卷的指引，完成布光方法的分析。

布光分析问卷

1. 观看微课视频，做好记录

请在学习通观看“巴黎水产品摄影”微课视频，并根据以下指引做好记录：

（1）通过观看微课，在图30中做好编号，标注出主灯和辅灯。

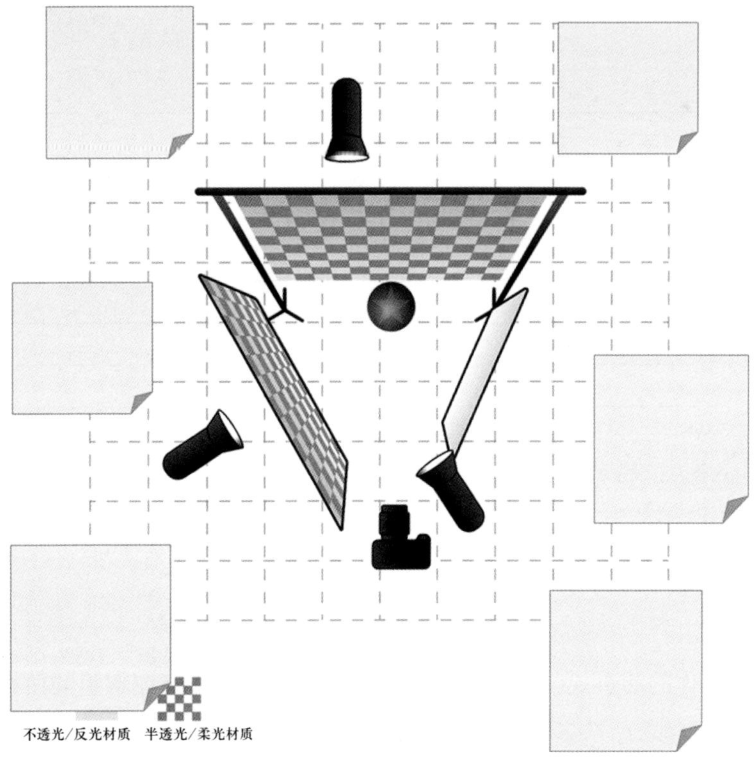

图30　主灯和辅灯标注示意图

（2）透光产品布光的特殊之处在于“透光”，观察图 31，请用“√”标注出打亮饮料液体的灯光是哪一盏灯？

图 31　透光产品布光状态灯位判断图

（3）“透光布光法”是常用在透光类产品摄影中的布光方法。通过对透光产品特殊布光方法的学习，结合“巴黎水产品摄影”的布光分析，回答“透光布光法”的光源起到什么作用？

1 号灯作用：____

____

2 号灯作用：____

____

3 号灯作用：____

____

4 号灯作用：____

____

学习成果 4：鸭屎香单丛茶饮产品布光分析问卷　○已完成　○未完成

2. 过程性考核项目 2：任务分析

过程性考核项目 2：任务分析

（1）请拆开你的活页式工作页，把“任务分析问卷”张贴在本组的白板上。

（2）请参考表 16，并在学习通评价活动 2 中对“任务分析”考核项目进行自评和组内互评。

表 16 “任务分析”考核项目评分细则

<table>
<tr><th>序号</th><th colspan="3">评分细则</th><th>分值</th></tr>
<tr><td>1</td><td rowspan="10">产品的外观和结构特点分析</td><td colspan="2">表面反光效果</td><td rowspan="10">4</td></tr>
<tr><td>2</td><td colspan="2">产品形体类型</td></tr>
<tr><td>3</td><td colspan="2">产品瓶体材质</td></tr>
<tr><td>4</td><td colspan="2">产品瓶体硬度</td></tr>
<tr><td>5</td><td colspan="2">瓶体透光程度</td></tr>
<tr><td>6</td><td colspan="2">瓶体色彩</td></tr>
<tr><td>7</td><td colspan="2">液体透光程度</td></tr>
<tr><td>8</td><td colspan="2">液体色彩</td></tr>
<tr><td>9</td><td colspan="2">瓶体标签材质类型</td></tr>
<tr><td>10</td><td colspan="2">瓶体标签印刷类型</td></tr>
<tr><td>11</td><td colspan="3">鸭屎香单丛茶文化渊源分析</td><td>4</td></tr>
<tr><td>12</td><td rowspan="7">摄影广告图案例的逆向分析</td><td rowspan="4">画面风格</td><td>影调</td><td>0.5</td></tr>
<tr><td>13</td><td>色调</td><td>0.5</td></tr>
<tr><td>14</td><td>构图</td><td>0.5</td></tr>
<tr><td>15</td><td>装饰元素</td><td>0.5</td></tr>
<tr><td>16</td><td rowspan="3">布光方法</td><td>光源数量与光位分析</td><td>1</td></tr>
<tr><td>17</td><td>光度与光比分析</td><td>2</td></tr>
<tr><td>18</td><td>光质与光形分析</td><td>2</td></tr>
<tr><td colspan="4">总分</td><td>15</td></tr>
<tr><td>评价说明</td><td colspan="4">本项目共三个要素，产品的外观和结构特点分析 4 分，鸭屎香单丛茶文化渊源分析 4 分（思政），风格稿的逆向分析 7 分，共 15 分：
1. 产品的外观和结构特点分析共 10 项内容，包括：表面反光效果、产品形体类型、产品瓶体材质、产品瓶体硬度、瓶体透光程度、瓶体色彩、液体透光程度、液体色彩、瓶体标签材质类型、瓶体标签印刷类型，填错一项或缺失一项扣 0.5 分，扣完为止
2. 鸭屎香单丛茶文化渊源分析共 4 项内容，每项内容 1 分。摄影广告图案例的逆向分析共 2 项内容：其中画面风格 2 分，影调、色调、构图、装饰元素中错漏一项扣 0.5 分；布光方法 5 分，光源数量与光位分析 1 分，光度与光比分析 2 分，光质与光形分析 2 分</td></tr>
<tr><td>得分</td><td colspan="4"></td></tr>
</table>

学习步骤三　制订工作方案

画面风格一般可以从构图、色调、影调和装饰元素四个方面进行分析，在前两个学习任务中，我们了解和应用了构图、色调的概念和作用，下面我们补齐画面风格的拼图，学习“影调”的概念和作用。

影调连线游戏

通过阅读信息页关于“直方图”和“摄影影调风格”的资料，完成以下影调风格连线图游戏，将图 32 中与摄影图像相对应的直方图和影调风格进行连线。

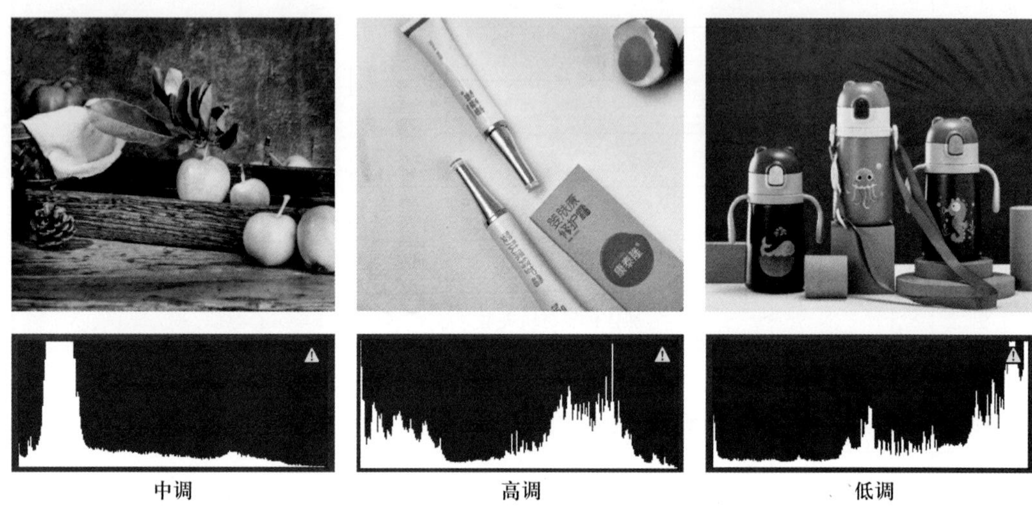

图 32　影调连线图

1. 风格稿逆向分析

逆向分析法【难点内容】

逆向分析法是在工业设计领域经常使用的一种分析方法，与“正向分析法”相对应。但是在艺术、设计领域的学习和实践过程中，一直都有逆向分析的痕迹。比如国画及其他传统绘画的临摹、设计作品的分析，都是通过作品的反向推导获取知识。

一名有经验的摄影师，很容易从一幅摄影作品中分析出画面风格、布光方法和后期处理方法，这是长时间广告摄影实践经验积累的结果。在这次任务中，我们尝试对广告公司提供的风格稿进行逆向分析，来获取广告摄影和后期处理所需要的画面风格、布光方法。

请小组合作，对风格稿的画面风格和布光方法进行讨论分析，完成以下逆向分析的问题：

（1）画面风格分析

影调分析：请根据对广告摄影图像的视觉直观感受和直方图的分析，判断图 33 风格稿属于以下哪一种影调：

□高调　　□中调　　□低调

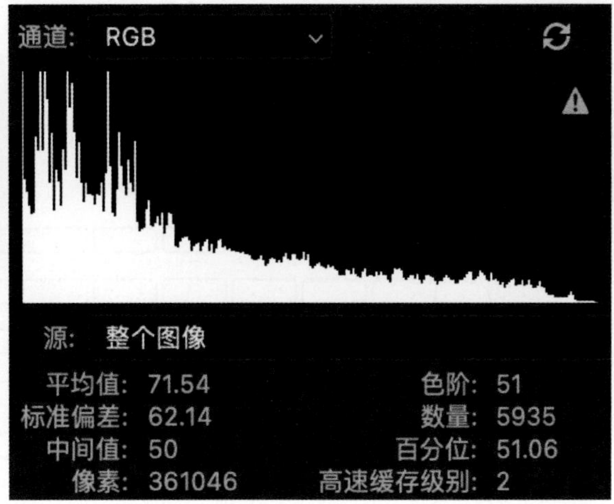

图 33　影调分析图

色调分析：

①你认为风格稿属于哪一种色调？

□冷色调　□中性色调　□暖色调

②你认为相对于产品本身的色彩，风格稿采用了哪一种色彩搭配？

□同类色搭配　□邻近色搭配色调　□对比色搭配　□互补色搭配

构图分析：你认为风格稿属于哪一种构图？

□九宫格构图　□三角构图　□对角线构图　□对称构图　□引导线构图

其他构图方式：______________________________

____

装饰元素分析：请罗列在风格稿画面中出现的装饰元素______________

____

（2）布光方法分析

光源数量与光位分析：

平视布光图贴纸游戏

请你仔细观察图 34 中产品摄影图的光影关系，分析亮面与暗面，按照主灯到辅灯的顺序，用序号标注出光源；选取灯光贴纸，以贴图方式准确标注光位。

图 34　光源数量与光位分析图

光度与光比分析：

涂黑游戏

依据产品摄影图的光影关系，分析每个光源的亮度和光源之间的光度比例，并根据分析在下方的对应光源序号后面填充涂黑：

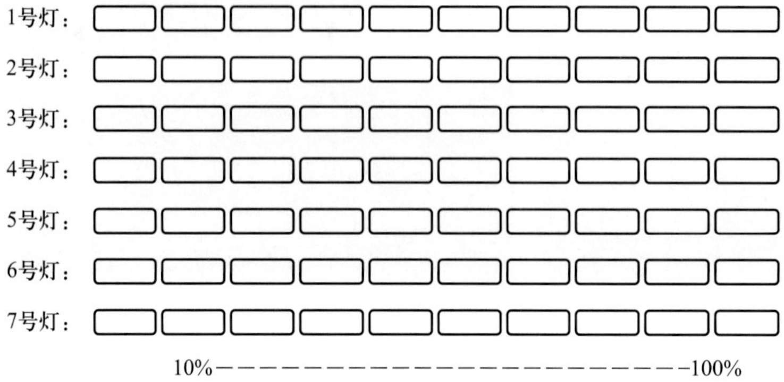

1号灯：										
2号灯：										
3号灯：										
4号灯：										
5号灯：										
6号灯：										
7号灯：										

10%————————————————————————100%

图 35　光度与光比涂黑游戏图

光质与光形分析：

俯视布光图贴纸游戏

分析产品摄影图的每个光源的光形和光质，选用合适的贴纸，在图 36 中贴图并标注光源、柔光板、反光板、背景等。

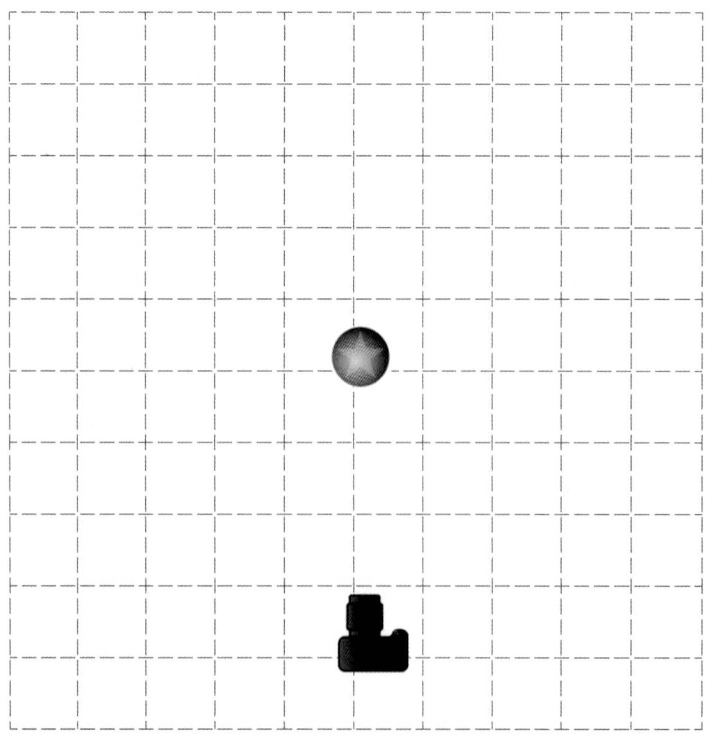

图 36　俯视布光图贴纸游戏示意图

（3）广告摄影案例逆向分析路径总结

经过对本学习任务广告摄影风格稿的逆向分析，已经对摄影案例逆向分析的过程有了一定体验，请根据分析的过程，完善广告摄影风格稿逆向分析流程图（见图 37）。

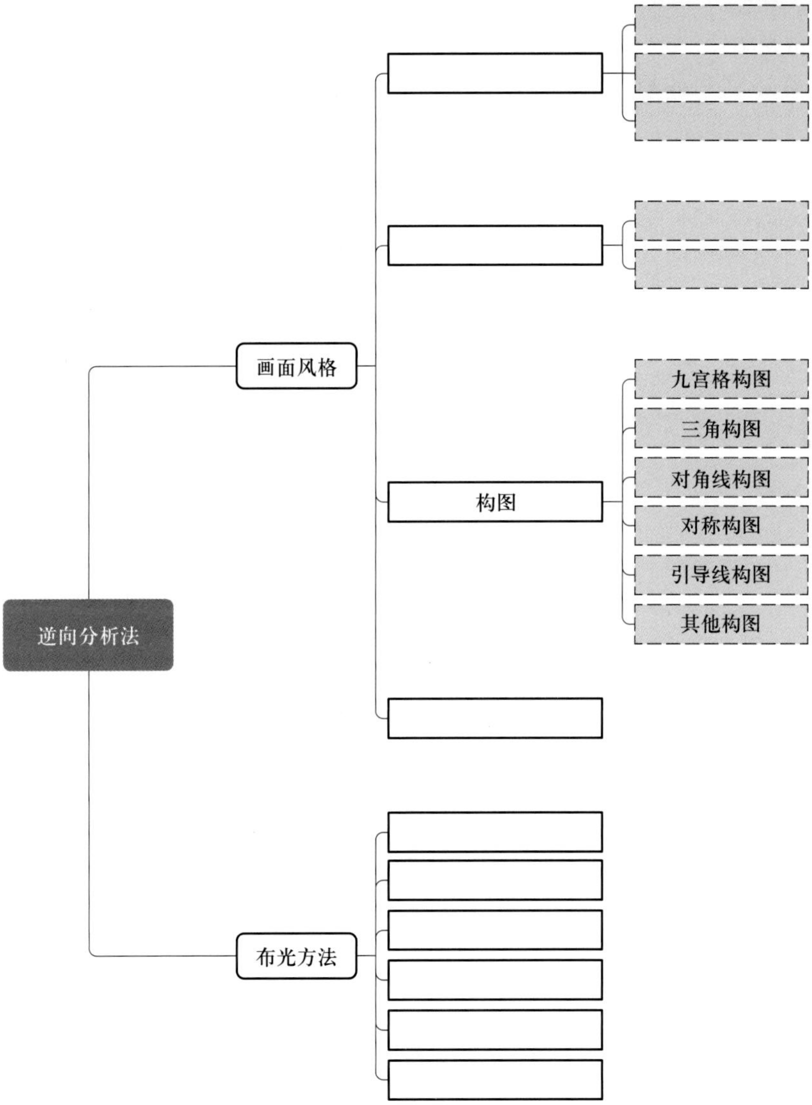

图 37　广告摄影案例逆向分析流程图

2. 制订工作方案

前两个学习任务中，我们的工作方案有拍摄设备清单和摄影团队分工两项内容，这次学习任务的工作方案包含的内容更加丰富了，增加了重要的布光图。

布光图是在确定广告摄影的布光方法后绘制的示意图，主要是用光六要素安排，包含产品、相机、灯光、布光设备器材，且标注灯光的编号、主灯、辅灯、光度等。

通过小组完成了对产品特点的分析和案例的逆向分析，对鸭屎香单丛茶文化的渊源有较为深入的了解，这次的学习任务怎么布光、怎么拍摄，相信已经在你的脑中形成了画面。现在请根据产品特点分析和广告摄影图案例逆向分析，小组合作讨论鸭屎香单丛茶饮广告摄影的布光方法，完成本次任务的工作方案：布光图、拍摄设备清单和摄影团队分工。

（1）布光图

请对图 38 进行俯视布光图的绘制，并标注每个灯光以下内容：主灯 / 辅灯、灯光编号、作用、光度。

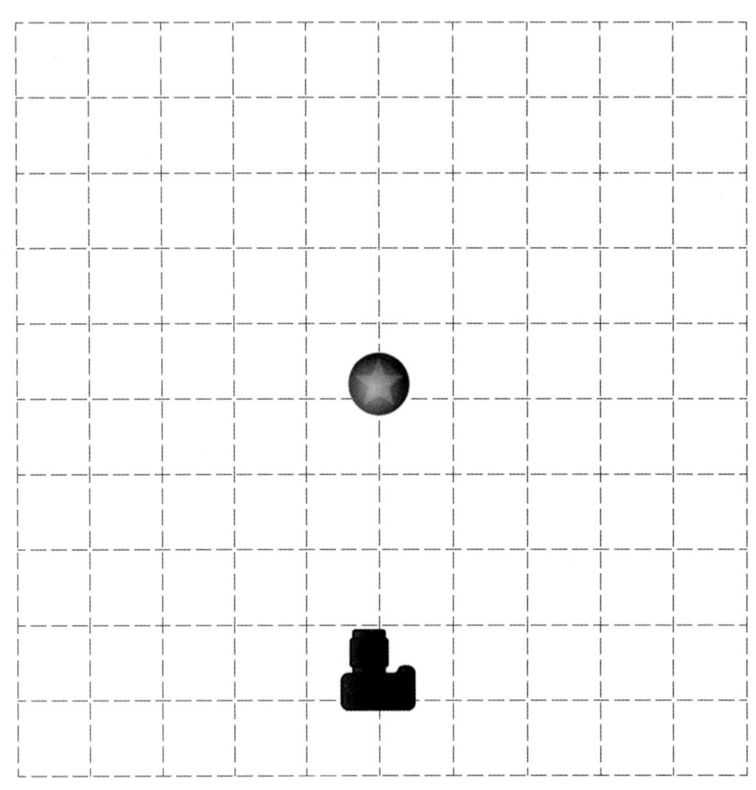

图 38　俯视布光图绘制图

分层布光方案：

第 1 次布光：□号灯、□号灯、□号灯、□号灯、□号灯，作用：________________

____

____

第 2 次布光：□号灯、□号灯、□号灯、□号灯、□号灯，作用：________________

____

____

（2）拍摄设备清单

依据布光图所需要的拍摄设备和布光设备，填写表 17。

表 17　拍摄设备清单

<table>
<tr><td colspan="9">学习任务＿＿＿＿＿＿＿拍摄设备清单
小组：＿＿＿＿组长：＿＿＿＿领取日期：＿＿＿＿归还日期：＿＿＿＿</td></tr>
<tr><td colspan="2">设备类型</td><td>√或×</td><td>型号</td><td>数量</td><td>领取设备状态</td><td>领取人</td><td>归还设备状态</td><td>归还人</td></tr>
<tr><td colspan="2">相机、镜头</td><td></td><td></td><td></td><td></td><td></td><td></td><td></td></tr>
<tr><td colspan="2">相机脚架</td><td></td><td></td><td></td><td></td><td></td><td></td><td></td></tr>
<tr><td colspan="2">数据线</td><td></td><td></td><td></td><td></td><td></td><td></td><td></td></tr>
<tr><td colspan="2">灯光</td><td></td><td></td><td></td><td></td><td></td><td></td><td></td></tr>
<tr><td colspan="2">电源线缆</td><td></td><td></td><td></td><td></td><td></td><td></td><td></td></tr>
<tr><td rowspan="6">布光设备</td><td>标准罩</td><td></td><td></td><td></td><td></td><td></td><td></td><td></td></tr>
<tr><td>柔光罩</td><td></td><td></td><td></td><td></td><td></td><td></td><td></td></tr>
<tr><td>柔光板</td><td></td><td></td><td></td><td></td><td></td><td></td><td></td></tr>
<tr><td>柔光伞</td><td></td><td></td><td></td><td></td><td></td><td></td><td></td></tr>
<tr><td>反光板</td><td></td><td></td><td></td><td></td><td></td><td></td><td></td></tr>
<tr><td>黑卡纸</td><td></td><td></td><td></td><td></td><td></td><td></td><td></td></tr>
<tr><td rowspan="3">背景</td><td>硫酸纸</td><td></td><td></td><td></td><td></td><td></td><td></td><td></td></tr>
<tr><td>背景纸</td><td></td><td></td><td></td><td></td><td></td><td></td><td></td></tr>
<tr><td>背景布</td><td></td><td></td><td></td><td></td><td></td><td></td><td></td></tr>
<tr><td rowspan="4">拍摄台</td><td>静物台</td><td></td><td></td><td></td><td></td><td></td><td></td><td></td></tr>
<tr><td>亚克力台</td><td></td><td></td><td></td><td></td><td></td><td></td><td></td></tr>
<tr><td>亚克力柱</td><td></td><td></td><td></td><td></td><td></td><td></td><td></td></tr>
<tr><td>倒影板</td><td></td><td></td><td></td><td></td><td></td><td></td><td></td></tr>
<tr><td rowspan="4">固定工具</td><td>万向头</td><td></td><td></td><td></td><td></td><td></td><td></td><td></td></tr>
<tr><td>夹子</td><td></td><td></td><td></td><td></td><td></td><td></td><td></td></tr>
<tr><td>卡钳</td><td></td><td></td><td></td><td></td><td></td><td></td><td></td></tr>
<tr><td>蓝丁胶</td><td></td><td></td><td></td><td></td><td></td><td></td><td></td></tr>
<tr><td colspan="2">灯光脚架</td><td></td><td></td><td></td><td></td><td></td><td></td><td></td></tr>
<tr><td colspan="2">电插板</td><td></td><td></td><td></td><td></td><td></td><td></td><td></td></tr>
</table>

（3）摄影团队分工

请组内讨论，根据前两个学习任务的分工，进行本次分工的轮换，填写表 18。

表 18　分工角色职责表

学习任务＿＿＿＿＿＿＿摄影团队分工 小组：＿＿＿＿小组名单：＿＿＿＿＿＿＿＿组长：＿＿＿＿		
分工角色	姓名	职责
摄影师		
摄影助理 1		
摄影助理 2		
安全员		

学习成果 5：工作方案　○已完成　○未完成

3. 过程性考核项目 3：工作方案

过程性考核项目 3：工作方案

（1）请在本组中选取其中一位同学的工作页，把“工作方案”张贴在本组的白板上，展示说明工作方案。

（2）请参考表 19，在学习通评价活动 3 中对“工作方案”考核项目进行组间互评。

表 19 “工作方案”考核项目评分细则

序号	评分细则	分值
1	布光方法（布光图）	4
2	设备需求清单	4
3	摄影团队分工	2
总分		10
评价说明	工作方案共三项内容，布光方法（布光图）4 分，设备需求清单 4 分，摄影团队分工 2 分，共 10 分： 布光方法（布光图）：主光设置错误扣 4 分，辅光设置错误一个扣 2 分，扣完为止 设备需求清单：设备需求缺失或者错误一项扣 1 分，扣完为止 摄影团队分工：人员分工缺失一个职位扣 0.5 分，职责填写缺失或错误一项扣 0.5 分，扣完为止	
得分		

【点评】广州市工贸技师学院　陈海娜

“鸭屎香单丛茶饮产品摄影与后期制作”学习任务来源于广告摄影公司真实的、常见的、典型的工作任务，该学习任务一系列教学文件的设计结构清晰、体例规范。从工作场域的工作步骤、工作成果等要素的分析，到教学场域的学习目标、学习内容、教学活动、过程性考核活动和学习成果的设计，逻辑严密、关系明晰、层层递进。

开发团队在进行学习任务一系列教学文件的设计之前，进行了多次深入的工作实践活动，通过自行的实践活动、企业实践专家访谈活动、在企业专家指导下的工作实践活动、实验性的课堂教学活动等多种形式，深度分析和发掘工作过程中最具有价值的学习内容，充分验证在教学过程中实施的可行性。

团队成员对学习任务教学中学生工作胜任力和职业发展力的培养、学生通用能力和思政素养潜移默化的形成，进行了深入思考和颇具价值的设计。其中“逆向分析法”“布光定量调整法”等教学方法的设计，是对企业专家在产品摄影的布光设计和优化时隐性思维活动的发掘、梳理和创新性总结，有效解决了以往教学过程中让学生“凭感觉”盲目实操的问题，帮助学生在缺乏试错经验的情况下有据可依地开展思维梳理和分析，对同一课程其他学习任务乃至创意类型课程的教学具有借鉴和示范价值。学生通过该学习任务的学习，有效达到了学习目标，产出了较以往更加高质量的学习成果。同时在教学过程中加入了生成式人工智能的学习和使用，使该学习任务的设计具有更前沿的视野。

培训课教师教学能力竞赛优秀作品

认知障碍照护技能培训

广州市轻工技师学院　谢思明

培训课程前言

在培训课程的教育教学过程中，教学大纲、讲义和教学设计是三个相互关联、相互支撑的重要部分。教学大纲是课程的总体规划和框架，属于课程的核心文件，它概述了课程的开发背景、课程目标、内容、任务目标、教学方法、考核评价和时间安排等，还提供了课程的总体架构，指导课程设计和实施过程。讲义是教学大纲的具体实现，通常包含课程的主要内容、重难点以及学员需要掌握的知识点等。讲义是培训师授课的直接依据，也是学员学习的主要参考资料，它可以是文字形式的，也可以是图像、音频或视频形式的。讲义应该与教学大纲脉络保持一致，确保课程目标的实现。教学设计是培训师在教学大纲和讲义的基础上，对具体教学进行系统设计和组织的过程设计，目的是实现任务目标，它包括教学资源的选取、教学活动的安排、教学方法的实施、课堂互动的规划等。教学设计是确保教学内容、教学方法和学员学习需求一致性的重要环节，旨在促进学员的有效学习。

简而言之，教学大纲是培训课程的蓝图，讲义是培训课程内容的具体呈现，而教学设计则是如何执行和实施这些内容的策略和计划。通过精心设计，三者相辅相成，共同服务于课程目标的实现，有效提升教学质量，增强学员的学习体验。

培训课程教学大纲

培训课程名称	认知障碍照护技能培训（机构类认知障碍照护从业者高级工及以上适用）	对应世界技能大赛项目名称	健康和社会照护（社会和个人服务领域）
培训对象	养老院、医院、护理站等照护机构的专业照护人员	总学时	32 学时（每天 8 学时、4 天）
一、培训背景及需求分析（课程定位）			
1. 中国面临认知障碍患者增多的严峻挑战 由于人口基数庞大，我国已经成为认知障碍患者数量第一大国，目前中国的认知障碍患者人数已超过 1 500 万，受认知障碍影响的人群更是这一数字的好几倍，这些人的生活都与认知障碍患者相关。但是现实是认知障碍患者和家庭提供长期照护、支持的能力与发达国家、地区相比存在较大差距，认知障碍患者和家庭的生活水准普遍低下、负担沉重。据有关资料显示：我国老年人口的认知障碍专业照护资源更加短缺，90% 以上的认知障碍患者由家人、朋友等非专业照护者照护。因此，为专业照护机构培养更多能够提供专业照护和针对性的认知训练，延缓认知障碍症状发展进程的专业人才尤为急迫。			

续表

2. 认知障碍专项照护技能社会培训能切实满足社会机构照护者的职业能力需求 由于认知障碍社会照护与支持资源的匮乏，家庭成员不得不承担主要的照护任务。但人口老龄化加快，使得家庭成员中能充当照护者的人员越来越少，这意味着我国未来将有大量的认知障碍患者需要靠社会提供照顾和支持。目前，职业院校普遍缺少系统化的认知障碍专业照护教育与培训能力，造成社会上为认知障碍患者这一特殊人群提供服务的能力严重不足。 随着高龄老年人的不断增多，认知障碍患病人群越来越多，患病长者的专项照护知识技能提升、认知功能训练和安全环境设计等问题日益凸显，急需针对养老和护理机构健康照护师开展认知障碍专项职业技能培训，不断提升照护水平及综合素质，让他们以更加专业科学、安全有效的方法进行照护，使照护对象更加安全、舒适，提高生活质量。 3. 结合世界技能大赛标准的认知障碍专项照护技能培训能切实提升照护者的综合能力 对照世界技能大赛健康和社会照护赛项，将世界技能大赛技术标准中认知障碍照护的职业能力、技能要素和评价标准，以及世界技能大赛中特别关注的“以人为中心”照护理念、个性化照护计划、科技创新等元素融入认知障碍专项照护社会培训课程标准中。在培训过程中，将社会技能人才培养标准对接世界技能大赛技术标准，以评价体系为导向，实现职业标准和世界技能大赛标准全过程融合，由单一专项技能培训向综合能力培训转变，提高认知障碍专项照护效率、照护质量、照护效益。
二、世界技能大赛标准应用分析——创新“工学赛证”四位一体的课程特色
健康和社会照护世界技能大赛项目对应的新职业为“健康照护师”，2022 年人力资源和社会保障部发布该职业国家职业技能标准，其中健康照护师标准中高级工层级的技能要求和养老护理员技能要求中均涉及认知障碍照护的理论知识和技能要求。认知障碍照护技能培训拟通过对照护机构健康照护岗位工作内容、岗位技能、工作职责进行分析，围绕健康照护师职业技能标准相应模块要求和职业技能等级认定，结合世界技能大赛技术标准和竞赛内容，制订培训课程标准，设置培训模块和学习任务，创新并形成“工学赛证”四位一体的专项培训课程特色，如图 1 所示。 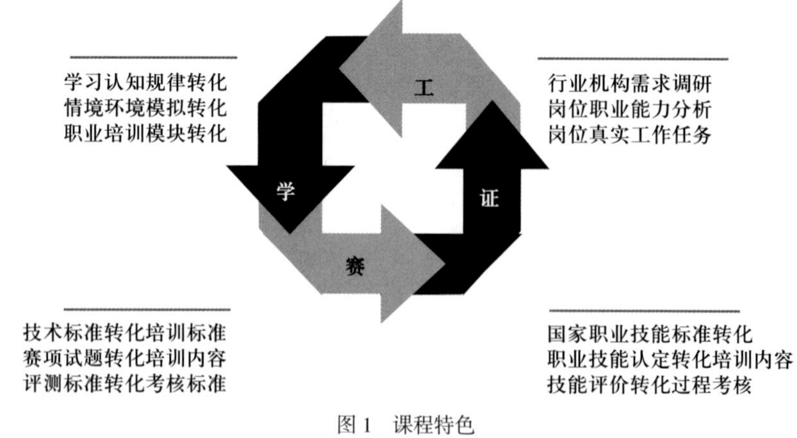 图 1　课程特色
三、课程目标
本培训课程面向企业从事一线工作的已具备高级工层次以上的健康照护师、养老护理员，以丰富理论知识和典型案例为蓝本，让学员从专业的角度读懂认知障碍，给认知障碍人群更专业的照护。运用现场体验教学和互动式教学的方式，让学员亲身感受理论运用与实践的效果。倾心打造一个真正关注认知障碍人群、认知障碍人群家庭、认知障碍人群照护者的技能型系统课程，通过课程培训和机构 / 居家养老场景化教学服务，以认知障碍职业专项能力照护师为基点，培养一支专业照护队伍，从而带动健康照护机构、养老机构、颐康中心服务

续表

水平和服务技能的提升。为此，要制订分岗、分项、赋能，“有5C、明要点、精照护、善宣讲”的培训课程总目标，见表1。

表1 课程目标

层级 目标	知识目标	技能目标	素养目标	跃层目标
1. 达标	1. 认识认知障碍和认知障碍患者的评估方法 2. 熟悉照护者的岗位职能及素养要求 3. 清楚心理支援的方法和注意事项	1. 能规范、熟练地对认知障碍者采取适宜的照护 2. 能运用新技术新工艺新材料对认知障碍者进行康复训练	内化学员“以人为本”的理念，建立正确的职业态度，形成为社会服务的健康素养	照护师：学员学会生活照护和康复照护技能，实现达标 照护师指导师：已达标，通过提质和拓能培训，能指导本职业中级、高级工进行理论培训、实际操作，具备机构组织和管理能力
2. 提质	1. 掌握认知障碍并发症的现象并制订预案 2. 总结认知障碍认知、照护模式和宣教的方法，提高社会对认知障碍的认知率、就诊率和早期预防率	1. 能对认知障碍进行筛查、评估及分级，制订个性化照护计划 2. 能设计综合性益智活动并组织实施 3. 能在发现认知障碍者反常行为时采取安全保护照护	养成较强的质量意识、环保意识、安全意识和创新意识，具备工匠精神和公益精神	
3. 拓能	1. 归纳认知障碍者生活照护要点、工作流程 2. 归纳康复照护要点和工作流程	1. 能指导居家、社区、机构进行认知障碍照护 2. 能对认知障碍患者的并发症进行观察、初判并具备边转诊边照护的能力 3. 具备指导和培训照护师的能力	拥有5C，即Care（关爱）、Communication（沟通）、Culture（文化）、Collaboration（协作）、Creativity（创新）	

四、课程开发路径

认知障碍机构照护专项技能培训课程聚焦认知障碍患者照护难度大、护理质量低及照护者护理能力弱、认知障碍康复训练专业度低等问题，打造认知障碍机构的生活照护及康复训练服务课程，且对标世界技能大赛健康和社会照护赛项技术标准、国家职业技能标准、企业岗位工作任务要求，结合“工学赛证”四位一体课程融合特色，制订培训课程标准，构建培训模块和学习任务。课程开发路径如图2所示。

续表

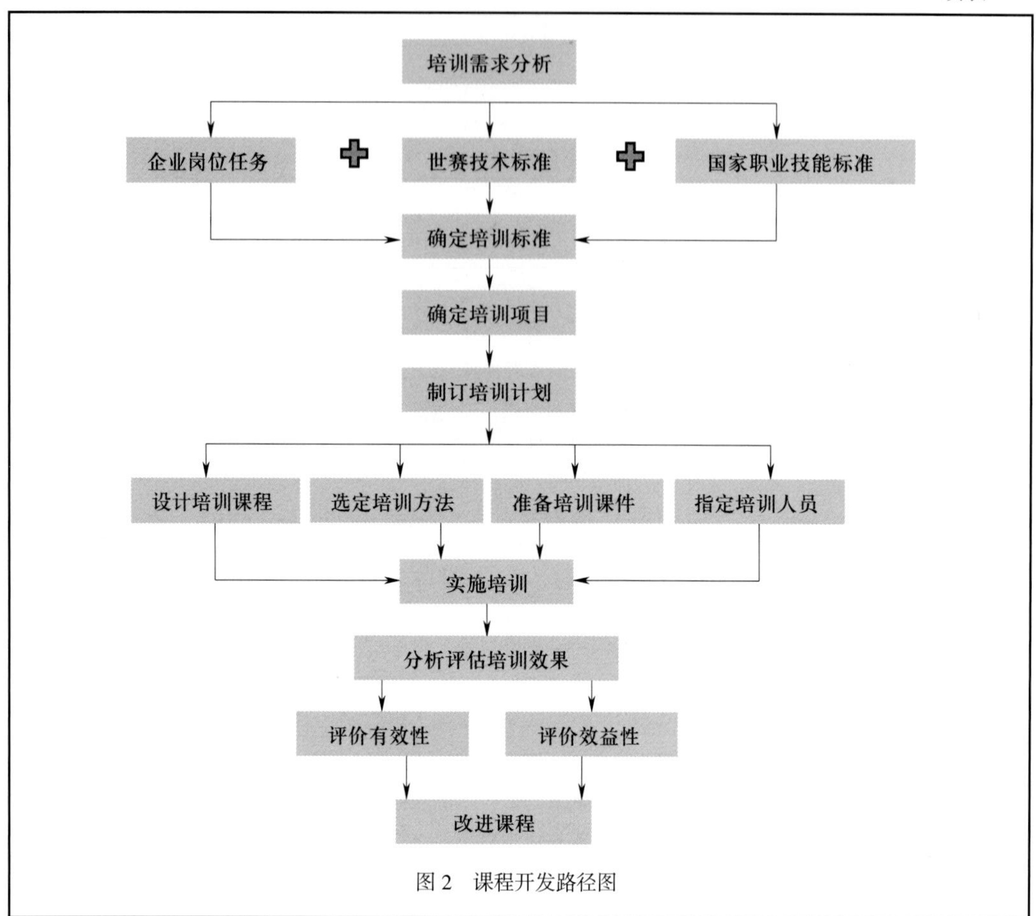

图 2　课程开发路径图

五、课程开发内容

1. 培训课程框架设置思路

课程开发以企业岗位需求为导向、真实工作任务为学习载体，构建模块化课程内容。认知障碍专项照护“积木式”培训内容见表 2。

表 2　认知障碍专项照护“积木式”培训内容

培训课程名称	培训模块（灵活、独立、可组合）	培训学时
认知障碍机构照护专项技能培训（高级技能）	1. 带你认识“认知障碍”	2
	2. 认知障碍的评估	2
	3. 认知障碍的生活照护	8
	4. 认知障碍的康复照护	16
	5. 认知障碍并发症及预防	2
	6. 终结考核	2
	学时合计	32

续表

2. 培训内容对标世界技能大赛健康和社会照护项目

课程开发整体对标世界技能大赛（健康和社会照护赛项）“认知障碍照护”竞赛内容，整合培训任务和内容。以竞赛标准作为技能训练要求之一，培训考核融入健康和社会照护赛项的竞赛考核点，培训任务引入世界技能大赛的真实照护场景，突出以“服务对象”为中心，引导学员既要动手操作，又要注重过程沟通交流；既要高质量完成任务，又要确保安全照护。

3. 培训内容对接国家职业技能标准

课程开发依据《健康照护师国家职业技能标准》《养老护理员国家职业技能标准》高级工层次对应的理论知识和技能要求，以职业技能等级认定为考核导向，对接企业岗位对认知障碍照护的职业能力要求，将考证操作规范和试题融入对应的培训任务中，逐一对接（详见表 3），培养学员综合职业能力，为企业输送符合需求的人才。

表 3　培训内容模块与相关工作职业技能等级认定点对接一览表

序号	培训内容 （标“★”号为世界技能大赛元素）	《健康照护师国家职业技能标准》 （高级）	《养老护理员国家职业技能标准》 （高级）
1	能对认知障碍人群的环境危险因素进行观察并提出改造计划	无	能识别认知障碍老年人的环境风险并制订应对措施
2	★ 能对认知障碍人群的行为与精神变化情况选择合适的沟通方法、照护手段	能协助认知和吞咽功能障碍者进食	能为认知障碍老年人提供生活照护
3	★ 能运用家庭或者社会资源，对不同阶段认知障碍人群的表现设计娱乐、运动和社会活动项目等综合性益智活动，以改善认知功能	能对认知障碍老年人进行认知功能训练	按照康复计划，能指导轻、中度认知功能障碍的老年人进行记忆力、定向力等训练
4	★能在发现反常精神和行为时制订预案，并及时采取安全保护照护；能与护理团队人员沟通并制订个性化持续改进照护计划	能与护理团队人员沟通并制订个性化照护计划	为认知障碍老年人制订护理计划

六、培训课程结构

培训课程鱼骨图如图 3 所示。

续表

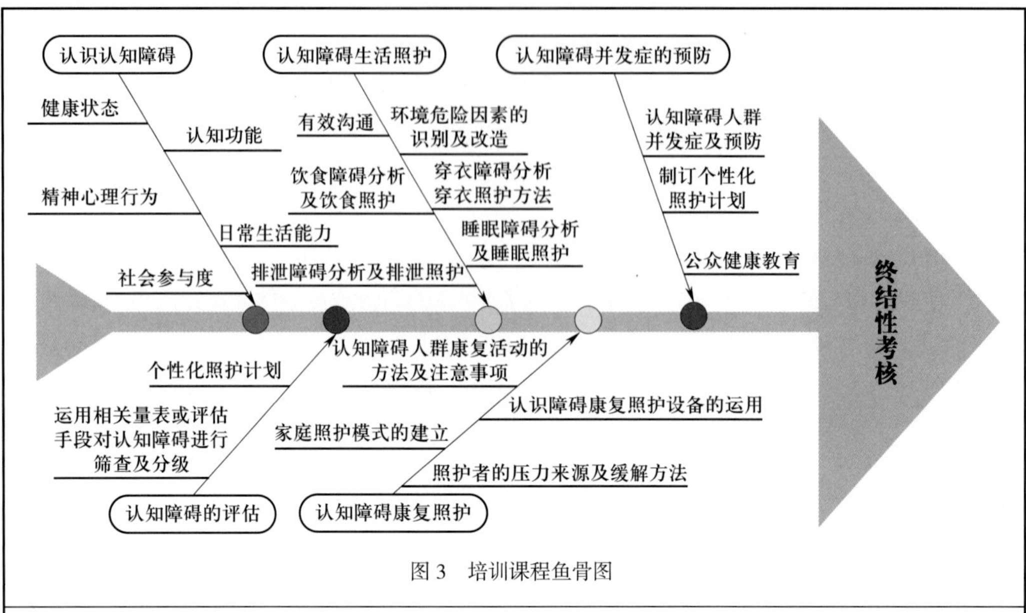

图 3　培训课程鱼骨图

七、培训资源

资源设计说明：资源的设计依托线上、线下学习平台，根据学员学习的阶段配置，分为课前学习资源、课中学习资源、课后学习资源，能满足学员自主探究、分层学习需求。学习资源见表 4。

表 4　学习资源表

<table>
<tr><th colspan="2" rowspan="2">使用阶段（用意）</th><th rowspan="2">资源使用维度</th><th colspan="2">解决问题资源</th></tr>
<tr><th>线上资源</th><th>线下资源</th></tr>
<tr><td colspan="2" rowspan="2">课前学习</td><td rowspan="2">认知障碍的病程发展与症状表现</td><td>● 微课：《认知障碍症状》
● 各咨询平台
● 课件：《认识认知障碍》（以下简称“课件”）</td><td>● 工作页：《认知障碍概况》（以下简称“工作页”）
● 教材：《认知障碍讲义》
● 学材：《老年期痴呆专业照护——护理人员实务培训》——人力资源和社会保障部岗位技能培训推荐教材 / 对接世界技能大赛标准创新系列教材 / 养老服务指导丛书
● 李爷爷认知障碍案例</td></tr>
<tr><td colspan="2">作用：
1. 支持学员自主学习
2. 思考案例帮助学员了解认知障碍人群</td></tr>
<tr><td rowspan="2">课中学习</td><td rowspan="2">深入浅出识疾病</td><td rowspan="2">认知障碍的健康状态、认知功能、精神心理行为、日常生活能力、社会参与度</td><td>● 课件</td><td>●《认识认知障碍讲义》
● 五彩橡皮
●《健康照护师国家职业技能标准》（4–14–01–02）
●《养老护理员国家职业技能标准》（4–10–01–05）</td></tr>
<tr><td colspan="2">作用：
1. 渗透行业标准，培养学员思考习惯
2. 李爷爷相关资料帮助学员换位思考，了解认知障碍人群</td></tr>
</table>

续表

续表

<table>
<tr><th colspan="2" rowspan="2">使用阶段
（用意）</th><th rowspan="2">资源使用维度</th><th colspan="2">解决问题资源</th></tr>
<tr><th>线上资源</th><th>线下资源</th></tr>
<tr><td rowspan="6">课中学习</td><td rowspan="2">周到精准做评估</td><td rowspan="2">各期认知障碍人群的动态评估结果和服务需求，制订个性化照护计划</td><td>● 微课：《AD8痴呆早期筛查问卷、画钟测验、简易精神状态检查》
● 各咨询平台
● 课件</td><td>● 工作页
● 教材：《认知障碍评估讲义》
● 认知障碍评估量表若干
● 文具资料
● 世界技能大赛小锦囊
● 持续改进照护计划评分表</td></tr>
<tr><td colspan="2">作用：
1. 新旧知识链接，线上线下多渠道全面思考与实践认知障碍评估
2. 了解不同级别的标准，培养职业规范
3. 多项资料激发思考，世界技能大赛小锦囊帮助决策</td></tr>
<tr><td rowspan="2">不忘初心护生活</td><td rowspan="2">在为患认知障碍的李爷爷进行生活照护时，怎样才能提供“以人为中心”的专业照护，为李爷爷创造一个安全、舒适、充满关怀和尊重的人文环境，并提供有效的身心照护和支持</td><td>● 微课：《认知障碍人群生活照护》
● 课件
● 资讯平台</td><td>● 工作页
● 教材：《认知障碍生活照护讲义》
● VR设备
● 物资自选区
● 场景物品
● 护理单
● 认知障碍生活照护流程表
● 认知障碍生活照护世界技能大赛评分表</td></tr>
<tr><td colspan="2">作用：
1. 提供照护思路、实操示范，支持学员不断思考、反复实操
2. 帮助学员代入李爷爷角色，掌握认知障碍人群环境危险因素的识别及改造的知识和技能
3. 世界技能大赛评分表帮助学员评学结合
4. 帮助学员掌握与认知障碍人群的有效沟通方式、照护手段</td></tr>
<tr><td rowspan="2">持之以恒做康复</td><td rowspan="2">在为患认知障碍的李爷爷进行康复照护时，怎样鼓励和帮助他维持自理能力和社交能力，让李爷爷感受到自己存在的价值、人格和独特性，体会生命的喜悦和幸福</td><td>● 课件
● 微视频：《认知障碍康复照护》《认知障碍家庭照护模式》《减压操》
● App：《Sea Hero Quest》（航海英雄）</td><td>● 工作页
● 教材：《认知障碍康复照护讲义》
● VR设备
● 物资自选区
● 场景物品
● 护理单
● 认知障碍康复照护流程表
● 认知障碍康复照护世界技能大赛评分表</td></tr>
<tr><td colspan="2">作用：
1. 物品自选区和场景物品考查学员创新能力
2. 企业护理单和认知障碍康复照护流程表帮助学员了解企业规范
3. 微课支持学员反复学习，提供示范
4. 世界技能大赛评分表帮助学员评学结合
5. 帮助学员代入李爷爷的角色，掌握认知障碍康复照护要领
6. 帮助认知障碍人群照护者缓解压力</td></tr>
</table>

续表

续表

使用阶段（用意）		资源使用维度	解决问题资源	
			线上资源	线下资源
课中学习	认知障碍并发症预防及课程考核	如何做好李爷爷的并发障碍预防，从而提高李爷爷的生活质量；如何利用家庭和社会资源对公众进行健康教育，提高大家对认知障碍的认识率、就诊率和早期干预率	• 课件 • 资讯平台 • 微信公众号	• 工作页 • 教材：《认知障碍并发症预防讲义》 • 物资自选区 • 场景物品 • 宣传手册 • 认知障碍健康教育海报 • 认知障碍康复照护世界技能大赛评分表
			作用： 1. 物品自选区和场景物品考查学员创新创造能力 2. 世界技能大赛评分表帮助学员评学结合 3. 综合性考核帮助学员巩固和检验专项技能	
课后实践		如何为其他认知障碍人群提供以人为本的认知障碍照护	• 各组课后实录视频 • 课件 • 本次课全部视频	• 认知照护流程视频 • 课后作业情况评分表
			作用：支持课后复习，拓展运用	

八、考核评价与课程复盘

本课程学员一般具有较丰富的机构照护经验，具备较扎实的日常照护技能，所以考核评价的内容要根据学员认知特点，考核形式为过程性考核和终结性考核。根据培训课程目标、内容及学情等因素，评价贯穿于教学实施全过程，评价方式使用考核评分表，并对标世界技能大赛赛项和职业技能标准考核要点，评价要点覆盖理论知识、实操技能和职业素养。课程考核评价指标及权重见表5。

表5　课程考核评价指标及权重表

序号	评价项目	评价内容	成果形式	评价指标	评价方式	评价权重
1	学习状态	组织纪律性、9S管理、个人表现、团队合作	课堂表现完成情况	到课考勤 工位整洁 操作安全 沟通协作 探究意识	学员满意度及改进意见调查问卷	10%
2	课程任务	模块1：认识认知障碍	案例分析	概念清晰 评估准确 照护规范 计划合理 宣教完整	以过程性考核为主，考核评分表对标世界技能大赛健康和社会照护项目认知障碍相关考核要点，健康照护师、	10%
		模块2：认知障碍的评估	持续改进照护计划			10%
		模块3：认知障碍生活照护	案例实操			15%

续表

续表

序号	评价项目	评价内容	成果形式	评价指标	评价方式	评价权重
2	课程任务	模块 4：认知障碍康复照护	课后实录视频		养老护理员高级工职业技能要求及评价点	25%
		模块 5：认知障碍并发症及预防	健康宣教海报			10%
3	终结性考核	认知障碍照护综合实操	案例实操	工作反思 培训小结	以世界技能大赛健康和社会照护赛项评分标准为主	20%

培训结束后，通过定期评估、收集反馈等不断改进优化，为课程实施提供保障。具体流程见表 6。

表 6　课程复盘

1. 定期评估	定期对工作进行评估，了解工作进展情况、存在问题和不足之处，并制订相应的改进措施
2. 收集反馈	向同事、上司、客户等收集反馈意见，了解他们对工作的看法和评价
3. 分析问题	对收集到的意见进行分析和整理，找出工作中存在的问题和不足
4. 制订改进措施	根据分析结果，制订相应的改进措施，包括调整工作计划、改进工作流程、提高个人能力等
5. 实施改进措施	将制订的改进措施付诸实施，并跟踪监测实施效果
6. 再次评估	对改进后的工作进行再次评估，收集反馈意见，了解改进效果

九、课程特色

1. 实践性强

培训课程标准对接产业岗位标准、职业技能标准和世界技能大赛技术标准，创新并形成“工学赛证”四位一体的课程特色。课程注重实践操作环节，让学员通过模拟操作、情境演练等方式掌握操作技能。

2. 针对性强

认知障碍培训课程适应地区学员专项技能、知识、职业素养的提升需求，培训模块根据不同照护对象和照护环境设计，旨在有针对性地提供相关知识和技能培训。

3. 教学方法多元

认知障碍照护对象的特殊性决定了培训需要采用多种教学方法，例如讲解、案例分析、游戏互动等，以满足不同学员的学习需求。我们以世界技能大赛赛项为引领，构建了“以人为中心”的照护理念，共同探索认知障碍照护的前沿理念，创新照护模式和方法。

4. 教师专业

认知障碍照护涉及多方面的知识和技能，培训教师是具备相关专业知识和企业岗位实践经验的工学一体化教师，能够针对学员的实际问题提供专业性的指导和建议。

5. 教材全面

认知障碍照护的知识点广泛，培训教材全面涵盖认知障碍照护的相关知识和技能，且易于理解和操作。

续表

6. 考核评估直观 认知障碍照护培训的考核评估机制设置合理，评估了学员的学习成果和课程效果，并及时对培训内容和方法进行调整和改进。 7. 世界技能大赛理念引领 以认知障碍人群行为变化为主线，以世界技能大赛理念为引领，为照护者设计维持认知障碍人群自立性的培训内容模块。 总而言之，本培训课程具有较好的规范性、科学性、先进性和示范性，且可操作性强、实践能力强。

培训课程讲义

<table>
<tr><td>培训课程名称</td><td colspan="3">认知障碍照护技能培训
（机构类认知障碍照护从业者高级工及以上适用）</td></tr>
<tr><td>培训任务名称</td><td>4- 认知障碍康复照护</td><td>学时</td><td>16 学时</td></tr>
<tr><td colspan="4">一、任务简述</td></tr>
<tr><td colspan="4">李爷爷，79 岁，喜欢摄影、听音乐和散步。李爷爷家经营着一家农家乐，跟老伴已结婚 50 年，有一儿一女。他的老伴每半个月来见李爷爷一次，儿女则每周都来。2017 年他入住幸福之家，入住一年多后，李爷爷开始出现记忆力下降、记忆混乱的情况。5 年期间，李爷爷的病情也在逐渐变化：记忆力下降——记忆混乱、生活障碍——完全失去生活能力。
总任务：根据李爷爷的病情变化，识别他每个阶段的健康状态、认知功能、精神心理行为、日常生活能力、社会参与度等，并提供相应的动态评估、生活照护、康复照护、健康教育等。
本次任务：幸福之家照护师张美好负责李爷爷的日常照护工作。为了做好李爷爷的照护工作，张美好近期在学习关于认知障碍人群康复照护的相关知识和技能，以便提高服务品质。</td></tr>
<tr><td colspan="4">二、能力目标（标“★”号为世界技能大赛元素）</td></tr>
<tr><td colspan="4">★（一）能运用家庭或者社会资源，对不同阶段认知障碍人群的表现设计娱乐、运动和社会活动项目等综合性益智活动，以改善认知功能
1. 能根据认知障碍人群身心情况，结合个性、兴趣爱好、成长背景等因素，设计兴趣活动。
2. 能根据认知障碍人群身心情况，结合生活习惯等因素，设计家务活动。
3. 能根据认知障碍人群身心情况与环境支持，设计身体锻炼活动。
4. 能根据认知障碍人群身心情况与意愿，设计社交活动。
★（二）能应用认知障碍康复照护设备，提高认知障碍人群康复质量
★（三）能建立家庭照护模式，指导改善失智者的居家康复环境，提高康复照护质量
★（四）能对认知障碍人群照护者进行心理支援，以缓解照护压力</td></tr>
<tr><td colspan="4">三、培训内容（标“★”号为世界技能大赛元素）</td></tr>
<tr><td colspan="4">根据本任务的能力目标要求，本次课的培训内容为：
★（一）能运用家庭或者社会资源，对不同阶段认知障碍人群的表现设计娱乐、运动和社会活动项目等综合性益智活动，以改善认知功能</td></tr>
</table>

续表

1. 理论知识
（1）认知障碍人群的认知特点和需求。
（2）认知障碍人群的活动设计原则。
（3）认知障碍人群的活动种类和作用。
2. 实践知识
（1）活动的计划和安排：确定活动的时间、地点、内容和人员。
（2）活动的实施：引导照护对象参与活动，适时给予帮助和鼓励。
（3）活动的管理：注意照护对象的安全和行为，及时解决问题。
以上是为认知障碍照护对象设计和安排活动的教学内容，可以帮助学员了解认知障碍人群的特点和需求，掌握活动设计的原则和技巧，提高认知障碍人群活动的质量和效果。
3. 职业素养
"以人为中心"的理念，创新和安全意识，团队合作能力。
★（二）能应用认知障碍康复照护设备，提高认知障碍人群康复质量
1. 理论知识
计算机辅助的认知康复训练、运动干预的数字应用和指导。结合案例实际，从照护对象出发，了解康复照护设备的作用与主要优势。
（1）认知障碍康复训练设备。认知障碍康复训练设备包括一些认知训练器材，如记忆游戏、智力拼图等。
（2）安全护理设备。安全护理设备包括一些安全用品，如床栏、防滑垫等。
（3）个人娱乐设备。个人娱乐设备包括一些娱乐用品，如电视、音乐播放器等。
（4）生活辅助设备。生活辅助设备包括一些生活辅助用品，如抓握器、穿鞋器等。
2. 实践知识
（1）认知障碍康复训练设备的使用，包括使用方法、适用人群、注意事项等方面，同时还需要注意训练的过程和效果评估。
（2）认知障碍安全护理设备的使用，包括使用方法、适用人群、安全注意事项等方面，同时还需要注意使用的环境和安全评估。
（3）认知障碍个人娱乐设备的使用，包括使用方法、适用人群、适量使用等方面，同时还需要注意使用的环境和安全评估。
（4）认知障碍生活辅助设备的使用，包括使用方法、适用人群、注意事项等方面，同时还需要注意使用的环境和安全评估。
3. 职业素养
"以人为中心"的理念和创新、安全意识。
★（三）能建立家庭照护模式，指导改善认知障碍人群的居家康复环境，提高康复照护质量
改善认知障碍人群的居家康复环境是提高认知障碍人群生活质量和康复效果的重要手段。以下是学习内容：
1. 理论知识
改善失智者的居家康复环境的安全性、舒适性、便利性和活动性措施。
2. 实践知识
（1）安全性措施的使用。
（2）舒适性措施的使用。
（3）便利性措施的使用。

续表

（4）活动性措施的使用。

总之，改善认知障碍人群的居家康复环境需要从安全性、舒适性、便利性和活动性等多方面考虑，以提高患者的生活质量和康复效果。同时，需要根据患者的个体差异和需求，制订个性化的居家康复计划和环境改善方案。

3. 职业素养

"以人为中心"的理念和创新、安全意识。

★（四）能对认知障碍人群照护者进行心理支援，以缓解照护压力

1. 理论知识

（1）压力的来源。

（2）寻求支持和帮助的渠道。

（3）个人兴趣的方向。

2. 实践知识

（1）自我压力评估。

（2）建立有效沟通。

（3）情感智商的培养。

（4）情绪的管理。

3. 职业素养

"以人为中心"的理念，创新、自我管理和安全的意识。

四、教学实施（教学设计中选取 2 学时举例）

（一）本次课任务选取

本次课任务的选取如图 4 所示。

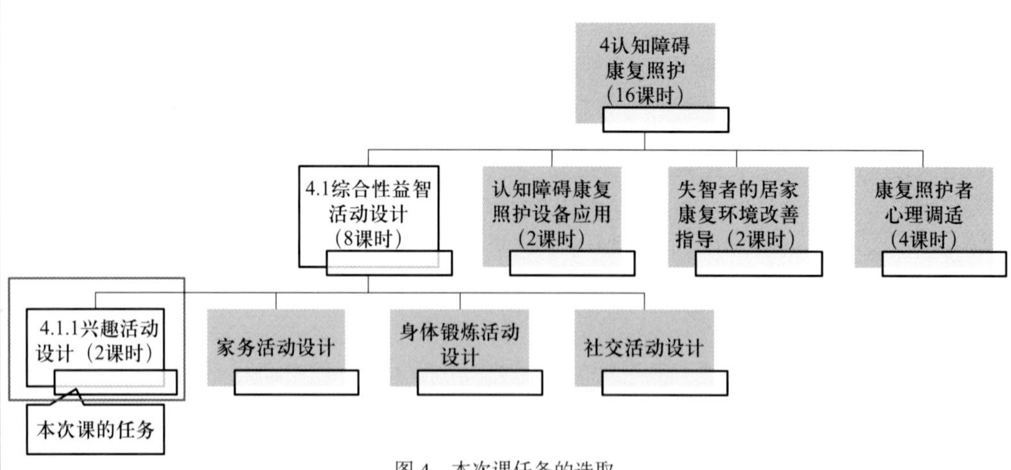

图 4　本次课任务的选取

（二）本次课任务说明

现在是上午 9 时，照护师需要设计一份兴趣活动设计方案。根据李爷爷的情况，决定使用"集体怀旧活动"方案，并于 14 时在多功能活动中心实施。活动的设计需要符合李爷爷的身心情况，结合个性、兴趣爱好、成长背景等因素，活动实施时长约 1 小时，具体见表 7。

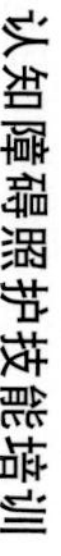

表 7　为认知障碍人群设计兴趣活动（2 学时）

培训过程	学员活动	培训师活动	教学手段与方法	过程评价	设计意图
课前学习：思考案例收集信息	【课前学习】 1. 微课：《兴趣活动的种类》 课件：《认知障碍人群的兴趣活动设计》（以下简称“课件”） 2. 思考：独立思考认知障碍人群的兴趣活动设计案例的优缺点 3. 填写：学员兴趣爱好、社交习惯、成长背景、精神追求、回忆中美好的事件等	【资料发布补不足】 1. 发布任务及资源，明确课前学习任务要求 2. 检查案例分析结果和问卷调查填写情况	学习通 案例分析 问卷星 资料收集	学习通 经验值 系统评分	1. 分析认知障碍人群的兴趣活动设计案例，对认知障碍人群康复照护世界技能大赛标准初体验 2. 根据世界技能大赛评分标准，列出该活动设计方案的优劣，完成对兴趣活动设计的思考 3. 填写问卷调查，为本模块学情分析提供依据，为后续活动设计提供参考
复习引入（5 分钟）	【聆听培训师引思考】 1. 听点评、勤思考、补不足、明思路 2. 明晰兴趣活动设计的思路	【培训师总结列思路】 1. 培训师总结点评学员作业 2. 强调兴趣活动设计的思路	PPT 案例法	总结点评	构建活动设计的思路，渗透世界技能大赛标准和“以人为中心”的理念
换位思考树理念（10 分钟）	【体验释疑】 1. 两人一组进行 VR 体验 2. 整理出认知障碍人群眼中世界的关键词 3. 学员分享	【设疑激思】 1. 提问：你看到、听到了什么？如果您眼里的世界是 VR 中呈现的那样，您会害怕吗 2. 巡视指导 3. 引出概念 4. 培训师总结 （1）换位思考 （2）同理心 （3）“以人为中心”的世界技能大赛理念	PPT VR 体验法 学材	学员体验 分享交流 工作手册	1. 体验认知障碍人群的世界 2. 通过换位思考，培养同理心，更好地将“以人为中心”的理念贯穿于照护服务全过程

续表

培训过程	学员活动	培训师活动	教学手段与方法	过程评价	设计意图
互动体验 悟重点 （25 分钟）	【三思引行】 1. 一名互动体验后的学员分享感受 2. 所有学员观看和体验个体怀旧疗法，分享感受，小组思考兴趣活动设计的原则、要点 3. 学员接受学习任务，并做好活动设计准备	【提前设定】个体怀旧疗法设计方案、物品区 1. 选择一位学员，陪伴其进行个体怀旧疗法体验，再请学员分享感受 （1）活动主题："去有风的地方" （2）活动流程 （3）活动感悟 2. 组织学员观看和体验个体怀旧疗法，分享感受，小组思考兴趣活动设计的原则、要点 3. 培训师进行总结，并布置下节课任务	互动体验 小组讨论	体验感悟 分享交流	设计意图： 1. 叠加照护场景条件，进行情境设计和环境布置，最大化地接近真实工作环境 2. 双角色（学员、照护者）情境体验，提高学员的参与度，多层面、多角度地让学员理解世界技能大赛"以人为中心"的照护理念；通过游戏体验和思考，总结活动设计的原则、要点，为付诸实践做好铺垫
活动设计 显真章 （40 分钟）	【设计展示】 1. 小组合作设计"集体怀旧疗法活动"思路方案 2. 小组展示和其他小组发弹幕点评互动 3. 小组评学结合，以两色卡片呈现其他组优缺点，并阐述评分理由 4. 培训师小结 【再现素养】 1. 清扫场地，物品恢复 2. 按照实训室 9S 标准清扫场地，重设工作环境	【组织课堂】 1. 组织学员小组合作设计"集体怀旧疗法活动"思路方案 2. 白板展示方案，点评各组方案，看是否符合原则要求，体现"以人为中心"的世界技能大赛服务理念 3. 公布各组分数，评出标兵组，表扬积极分子，并提出期望 4. 提供本次课知识技能地图	展示分享	核心技能	1. 考查学员创新能力 2. 世界技能大赛评分表帮助学员评学结合

续表

五、评价反馈
1. 通过每个任务的培训实时评价反馈表收集数据，结果发现 85% 的学员为“优”、15% 的学员为“良”，100% 的学员均提到“以人为中心”的照护理念。 2. 在本次认知障碍照护技能培训中，本任务起到了基础学习的作用，对认知障碍有了整体了解，并融入了世界技能大赛提倡的“以人为中心”的理念，也为照护师后续学习打下了基础。 3. 学员反馈希望更多渠道了解国内外认知障碍的治疗方法，培训师可通过介绍专门网站予以解决。

【点评】广州市轻工技师学院　董韵捷

本设计对照世界技能大赛健康和社会照护赛项标准，将认知障碍照护的职业能力、技能要素和评价标准，以及“以人为中心”的照护理念、个性化照护计划、科技创新元素等融入认知障碍专项照护社会培训课程中。课程做到以需求为导向，将“知情意行”贯穿于学习全过程，让学习者通过四个环节的不断强化，在学习中进行角色体验和场景体验，达到“工学赛证”融合、“教学做练”一体、“德能情智”并进的效果。

班主任育人能力竞赛优秀作品

班级建设方案：传粤菜文化，育匠心名厨

广州市轻工技师学院　刘宇婷

班级所属专业名称	烹饪（中式烹调）	班级名称	2020 级烹饪（中式烹调）高级 3 班——“名厨家族”
班级建设方案名称	传粤菜文化，育匠心名厨		

一、建设背景

“粤菜师傅工程”是广东省委、省政府决战脱贫攻坚、落实乡村振兴战略的重要举措。培育新时期粤菜技能型传承人是我们烹饪专业的建设愿景，要通过学习粤菜文化，传承发扬粤菜烹调技艺，促进岭南文化与粤菜文化的融合。要坚定文化自信，让一代又一代的粤菜“名厨”走技能成才、技能报国之路，使粤菜“名厨”技艺留在指尖，记在“心间”，团结奋进助力乡村振兴。故本班命名为“名厨家族”。

（一）政策背景

为全面贯彻党的教育方针和习近平总书记关于大力发展技工教育的重要指示精神，落实立德树人根本任务，根据国务院发布的《国家职业教育改革实施方案》，广东省人力资源和社会保障厅制定了《广东省技工教育高质量发展“十四五”规划》《广东省“粤菜师傅”工程实施方案》，要求深入实施“粤菜师傅”工程，助推乡村振兴发展。

（二）专业背景

本班为烹饪（中式烹调）专业初中起点五年制班级，根据专业人才培育方案，以学院广东省粤菜师傅基地为依托，结合行业企业人才需求，培养具有崇尚劳动、爱岗敬业、专注严谨、精益求精的工匠精神，达到中式烹调师相应职业技能等级和粤菜特色要求的技能人才，传承和弘扬粤菜文化，助推乡村振兴。

（三）育人理念

习近平总书记指出，青少年阶段是人生的“拔节孕穗”期，最需要精心引导和栽培。班主任在德育工作中需要结合技工教育的特点，遵循学生身心发展规律，按照“立德树人、德技并修；面向全体、关注差异；家校社企、协同共育；以生为本、多元评价”的育人理念，进行“精准滴灌”；坚持以学生发展为本，关注每一位学生成长，形成学校、家庭、社区、企业协同育人合力，构建多元评价体系，让学生成为有理想、有责任、有厨德、有厨技的“粤菜师傅”，成为能够传承粤菜文化，助力乡村振兴的时代新人。同时也将粤菜文化、工匠精神有机融入班级建设中，确定了厨工“开刃”期、厨师“精磨”期、名厨“出鞘”期三个职业发展阶段的建班育人路径，培养德技双馨的新时代“名厨”。

二、班情分析

（一）班级总体情况

1. 班名：2020 级烹饪（中式烹调）高级 3 班，别称“名厨家族”。

2. 班级人数：共 25 人，男生 23 人，女生 2 人。

（二）班级学生详细情况分析

根据在线调查、SCL90 量表测试评估（心理评估）、艾森克气质测试、学籍资料查阅、学生个别谈心、教师日常观察、家校沟通等，形成学生分析情况如下：

续表

1. 家庭情况分析（如图 1 所示）

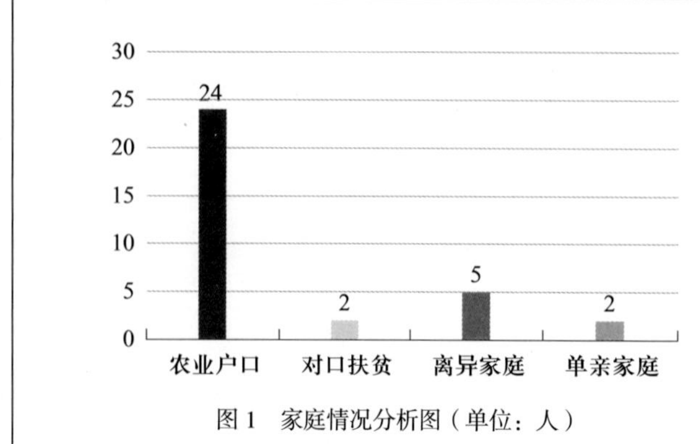 图 1　家庭情况分析图（单位：人）	本班共 25 人，农业户口 24 人；对口扶贫学生 2 人；离异家庭 5 人、单亲家庭 2 人

2. 家庭管理方式分析（如图 2 所示）

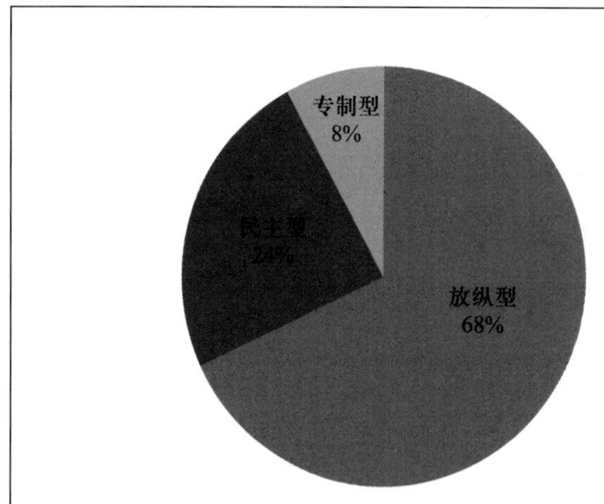 图 2　家庭管理方式图	大部分家庭采取放纵型管理方式，家长对学生思想行为缺乏管教和引导，导致学生出现不同程度的不良习惯

3. 身心健康分析（如图 3 所示）

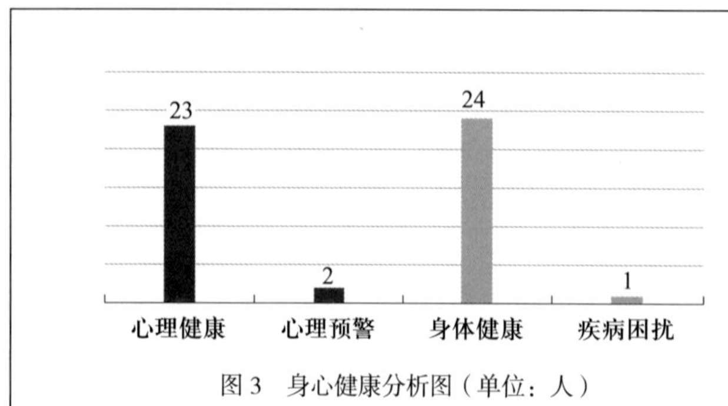 图 3　身心健康分析图（单位：人）	1 人因甲状腺功能亢进需要定期复诊；心理预警 2 人，主要表现为焦虑、急于表现自己，渴望关注（父母离异不在身边）

续表

<table>
<tr><td colspan="2">4. 专业认知分析（如图 4 所示）</td></tr>
<tr><td>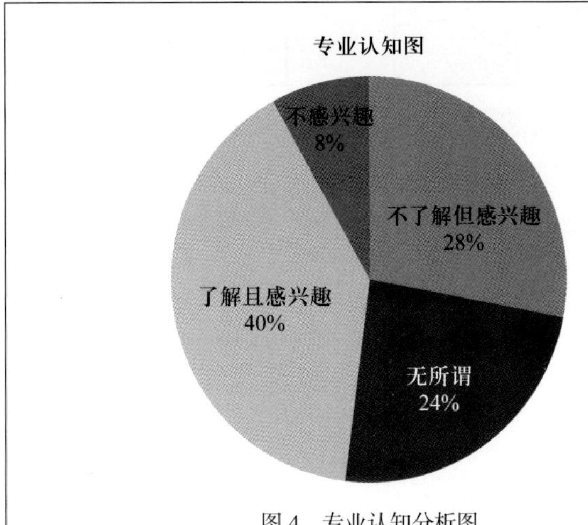
图 4　专业认知分析图</td><td>班级 68% 的学生对本专业感兴趣，但是却有近 60% 的学生对专业缺乏了解，从而导致学习目标不清晰，缺乏持续努力的动力；32% 的学生存在专业认知偏差，缺乏学习兴趣</td></tr>
<tr><td colspan="2">5. 发展诉求分析（如图 5 所示）</td></tr>
<tr><td>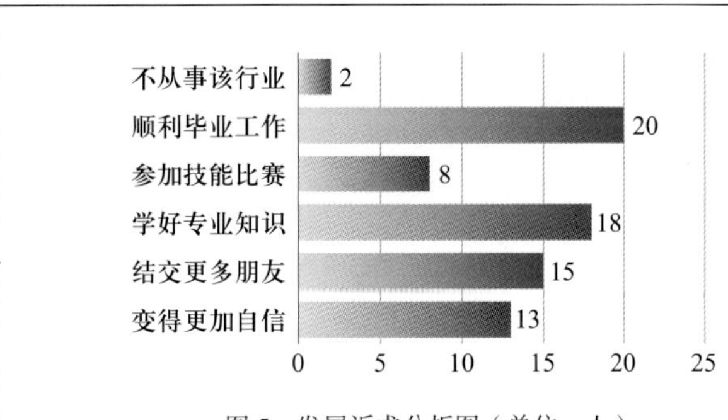
图 5　发展诉求分析图（单位：人）</td><td>绝大部分学生表现出了对专业的认可，并有志于学好专业知识与技能，练就过硬本领；班级大部分学生活泼好动，热爱交际，并且希望在校期间能够扩大交际圈，结交更多的朋友</td></tr>
<tr><td colspan="2">6. 爱好特长分析（如图 6 所示）</td></tr>
<tr><td>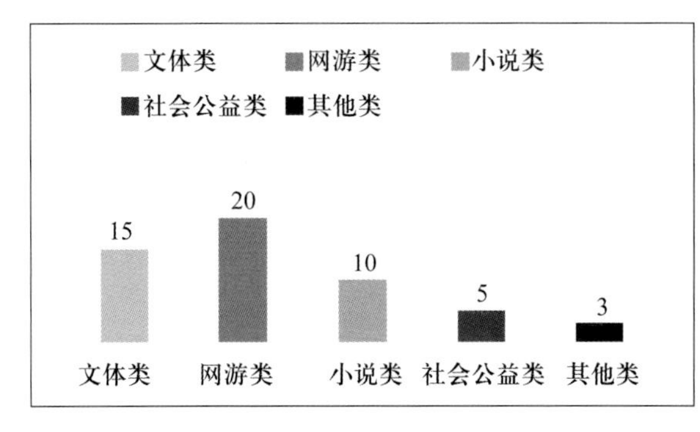
图 6　爱好特长分析图（单位：人）</td><td>班级整体喜欢和擅长文体类活动；喜欢网游、小说项目的学生也占半数以上；班级学生兴趣爱好广泛，乐于接受新鲜事物，易于开展各类文体活动</td></tr>
</table>

续表

（三）学生基本情况分析（如图 7 所示）

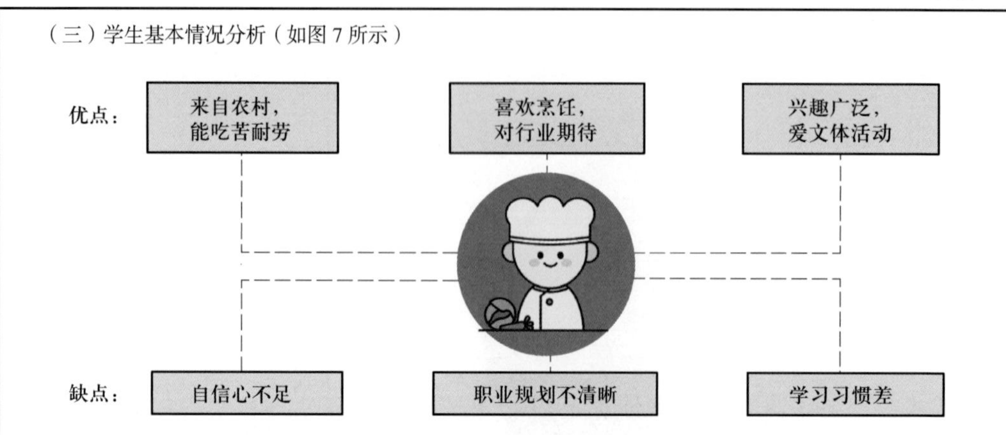

图 7　学生基本情况分析图

（四）学生阶段性发展特点分析

1. 从少年向青年初期转变，处于“心理断乳期”，自我意识增强，精力充沛，但容易偏激和冲动。

2. 生理上成熟与心理发展的滞后，导致在处理与他人和社会的关系中经常感到困惑、苦闷、焦虑，逆反心理明显。中考失败的落差会带来自卑，并且由普通教育转为技工教育时自我适应、自我认知、自我管理能力偏低。

3. 在以往学习过程中受到多次失败影响，出现“习得性无助”现象，导致低自我效能感与消极定势。

4. 关注社会现实，思考未来生活道路。随自身知识、技能的提高，逐渐产生职业焦虑，面对实习、就业困难，易困惑、迷茫和消沉。

（五）重点关注的工作领域、学生个体及可能面临的困难

1. 重点关注的工作领域（见表 1）

表 1　重点关注的工作领域

关注领域	表　现
思想品德	学生缺乏对思想教育的正确认识，26% 的学生对爱党、爱国主题教育活动不够积极，23% 的学生缺乏法律观念，52% 的学生不了解中国历史和政治
行为习惯	部分学生存在不良的生活、学习和行为习惯，21% 的学生会有校园不文明行为，37% 的学生对待生活较消极，45% 的学生自律性比较薄弱。应加强学生的理想信念教育，引导他们确定学习目标，掌握学习方法，坚定学习意志
心理健康	学生存在低成就感和低自我效能、消极定势的情况，需重点关注，加强学生心理健康教育
人际交往	可通过技能活动、专业竞赛、文体活动、企业实践、社会服务等方式，给学生提供成长和锻炼的平台，从而磨炼学生专业技艺，提高交际能力
职业指导	学生普遍对专业认知不清、职业兴趣不浓、职业规划模糊，32% 的学生认为专业学习不重要或无所谓，28% 的学生对就业前景、职业目标不清晰。教师需加强学生的专业认知教育，提高职业认同感，从而为专业学习持续助力
协同育人	家、校、企等多方开展协同教育，需要重点关注 28% 不完整家庭、32% 管理方式不当的家庭，加强家校沟通，传授亲子沟通和家庭管理技巧

续表

2. 重点关注的学生

学生马某某，父亲离世，又患甲状腺功能亢进需要长期复诊、吃药进行控制，导致其内心敏感，性格孤僻，不喜欢与人交流，入学检测时出现了心理预警。

学生周某某，父母离异在国外定居，从小由爷爷陪伴长大，性格乖张，渴望得到关注，该生入学就与同学发生冲突，自我意识强烈。

三、建设目标

（一）班级目标确定路径（如图 8 所示）

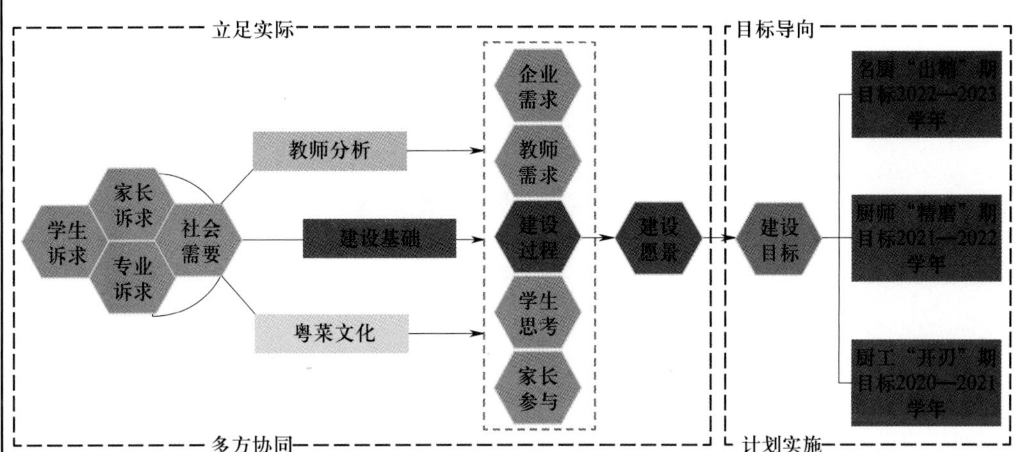

图 8　班级目标确定路径图

（二）班级建设目标及学生发展目标（如图 9 所示）

总体愿景：培育德正技精、守正创新的粤菜名厨，助推乡村振兴。

班级总目标：建设“协同、学习、奋进、传承”的成长共同体。

学生发展目标：和谐共生、厨德高尚；崇尚技能、厨艺精湛；德技双馨，守正创新。

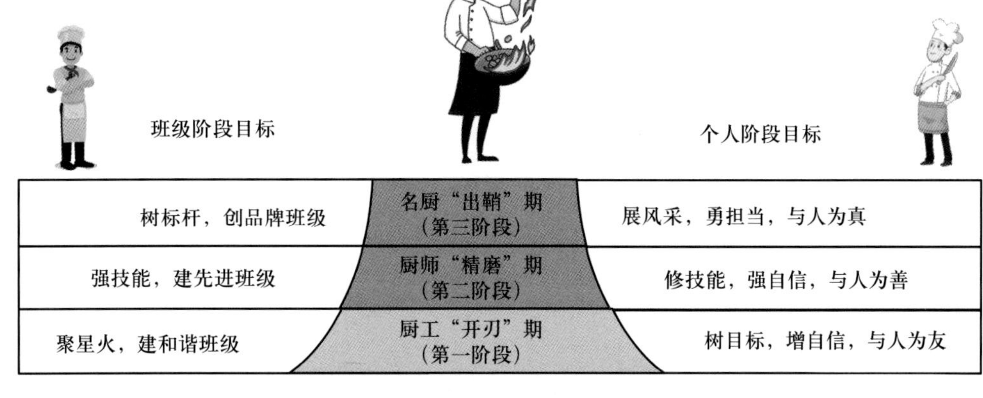

图 9　班级与学生发展阶段目标

续表

四、建设实施过程
（一）建设思路——构建“一核三阶七维”育人模式 围绕“培育德正技精、守正创新的粤菜名厨，助推乡村振兴”的育人总目标，以“传承粤菜文化和工匠精神”为核心，以“厨工—厨师—名厨”厨师职业成长的三个阶段为建班育人路径，以思政育人、文化育人、管理育人、活动育人、技能育人、社团育人、协同育人为举措，形成“一核三阶七维”的建设思路，把学生培养成为传承粤菜文化、助力乡村振兴的新时代名厨，如图 10 所示。 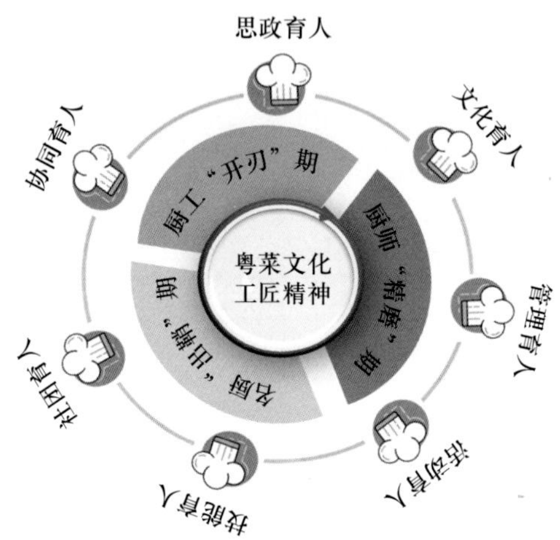 图 10　班级“一核三阶七维”育人模式 （二）建设内容及措施 为了更好地达成建班目标，培育传承粤菜文化、助力乡村振兴的新时代名厨，在“一核三阶七维”模式下，拟开展思政育人、文化育人、管理育人、活动育人、技能育人、社团育人、协同育人七方面内容学习，以“讲粤菜故事，做粤菜美食，传粤菜文化，育匠心名厨”为路径，全面落实“三全育人”要求，培养德智体美劳全面发展的社会主义接班人。 1. 培根铸魂，思政育人 紧紧围绕立德树人根本任务，以社会主义核心价值观为引领，全员、全程、全方位地对学生进行爱国主义、理想信念、中华优秀传统文化、工匠精神、思想品德和职业道德教育。 （1）特色思政活动 组建“名厨”思政团。以思政育人实践基地、党史文化长廊、红色楼梯文化墙为依托，成立班级“名厨”思政团，通过“传承红色基因，绽放青春之花”红色基地打卡、“唱响红色旋律，歌颂百年风华”红歌比赛、“扣好人生第一粒纽扣，讲先进标杆故事”思政讲堂、“青春心向党，建功新时代”党团知识竞赛等活动，强化红色文化教育，引导学生传播红色文化，争做红色传人。 开展“独具‘酱’心，绘出红色记忆”系列活动。以“庆建党百年”“学习‘二十大’，永远跟党走”等时代节点活动为依托，成立“果酱画社团”，开展果酱画技艺比赛、特色成果展活动，让理想信念、党史时政教育渗透到专业当中，厚植爱国主义情怀，坚定技能成才的理想信念，增强学生文化自信。 （2）常规思政活动 一是通过新闻分享评选“思政先锋达人”，让思政教育融入日常；二是定期开展主题黑板报绘制，对学生进行文化自信教育；三是根据时政热点开展主题班会，对学生开展思想品德教育。如图 11 所示。

续表

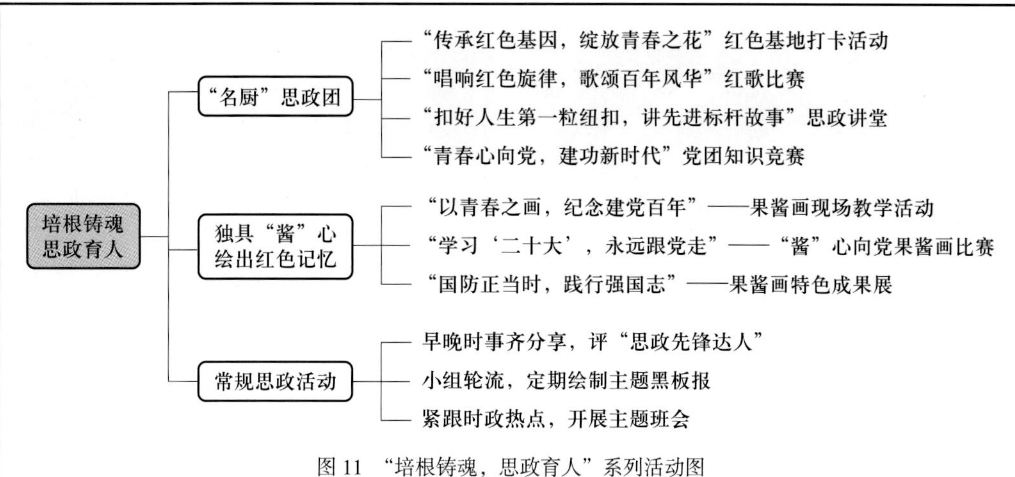

图 11 “培根铸魂，思政育人”系列活动图

2. 粤韵匠心，文化育人

（1）打造“粤菜文化”特色窗口

根据班级目标，结合学生个人发展诉求和专业特色，共同设计打造班级“粤菜文化”特色窗口，形成物质文化。同时班级组建“名厨”讲解队，组织学生参与学院对外的展示介绍工作，宣讲粤菜经典菜品和粤菜名厨故事，创设班级精神文化。

（2）“名厨·名菜”分享系列活动

以学院常规班会为基础，课前 10 分钟观看粤菜师傅纪录片、粤菜经典菜式制作等视频，开展“巧手绘菜谱，美味又幸福”活动、“传承粤菜，坚守匠心”讲粤菜故事活动、“走进粤菜名厨心，传授技艺扬厨德”采访活动等，进行“名厨·名菜”学习分享，让“粤菜”之魂代代相传。

（3）“粤菜非遗传承”系列活动

与粤菜非遗大师合作开展“粤菜非遗传承”系列活动。通过开展“非遗大讲堂”“非遗学习见成长”“非遗传承有新人”等活动，领略粤菜非遗文化，用文化育人。如图 12、图 13、图 14、图 15 所示。

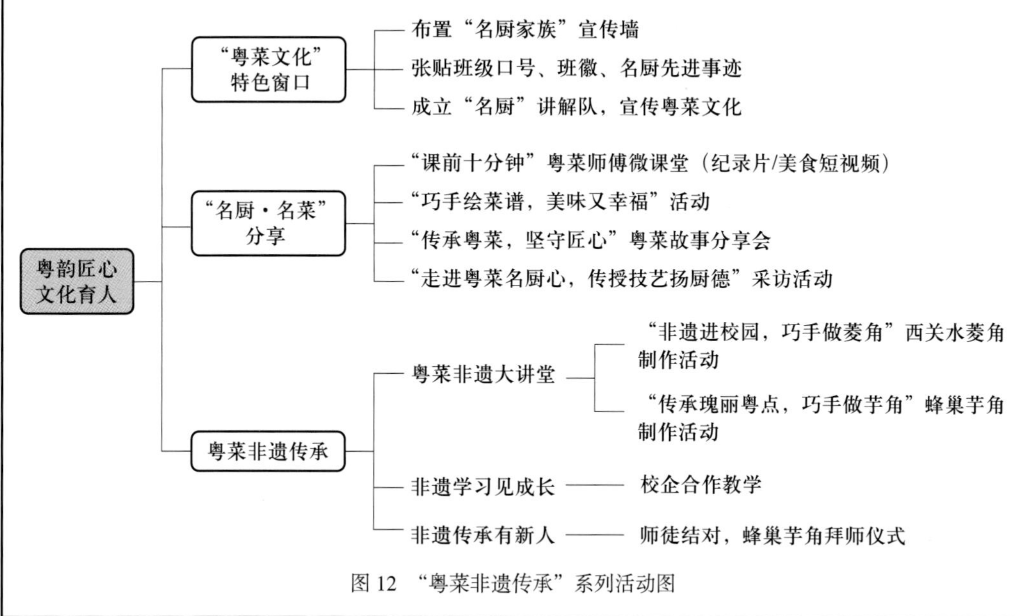

图 12 “粤菜非遗传承”系列活动图

续表

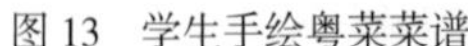
图 13　学生手绘粤菜菜谱

图 14　学生分享粤菜故事

图 15　学生向来宾讲解粤点文化

3. 和谐民主，管理育人

根据马斯洛需求层次理论，创造民主、平等、积极的班级氛围，构建民主参与的后厨企业管理模式，师生共同制订科学规范、可操作的班级管理制度，从而夯实建班基础，打造“协同、学习、奋进、传承”的成长共同体。

（1）营造“拒绝躺平”的班级氛围

以“不能躺平”的大象作为班级吉祥物，在班级公告栏中开设“名厨成长营”区域，开展“先锋达人”系列评比活动，打造比学赶超的班风学风氛围，构建“名厨家族”文化。如图 16 所示。

班名：名厨家族

班风：勤学自强 积极向上 刻苦上进

学风：励志笃行 善与人同 不屈不挠

班歌：《最美的太阳》

班级口号：刀起刀落 团结协作 名厨家族 超高水准

图 16 “名厨家族”班级口号、徽章

续表

（2）建设民主参与的后厨管理模式

一是实行部门轮岗实践。以企业后厨部门工作为依据，明确班级各组承担的任务，学生自愿选择部门加入，并且实行学期轮岗制，做到“人人有事做、事事有人做”，培养学生主人翁意识。同时，通过每周“助人先锋达人”、每月“进步先锋达人”、每学期“成长先锋达人”与“学习先锋达人”评选，提升学生幸福感和获得感。如图 17 所示。

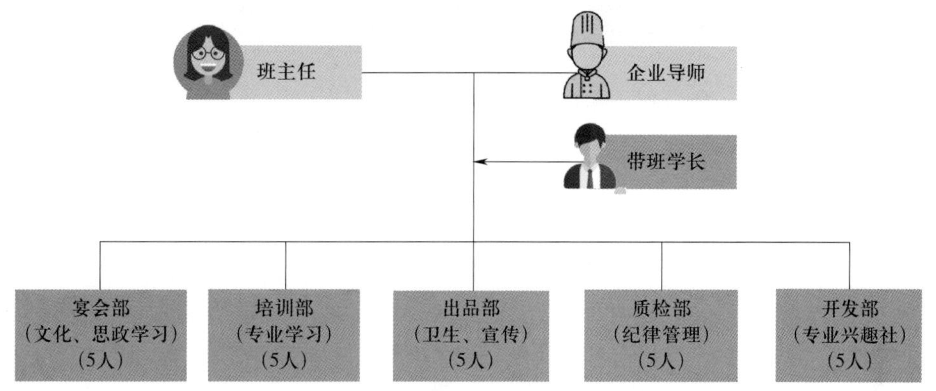

图 17　企业式班级部门建设

二是开展部门民主管理。以企业后厨每日例会为载体，部门成员按照一定规则一起参与学习、活动及班级管理，细化部门职能，实现学生各层级的自我管理，强化学生领导力。如图 18 所示。

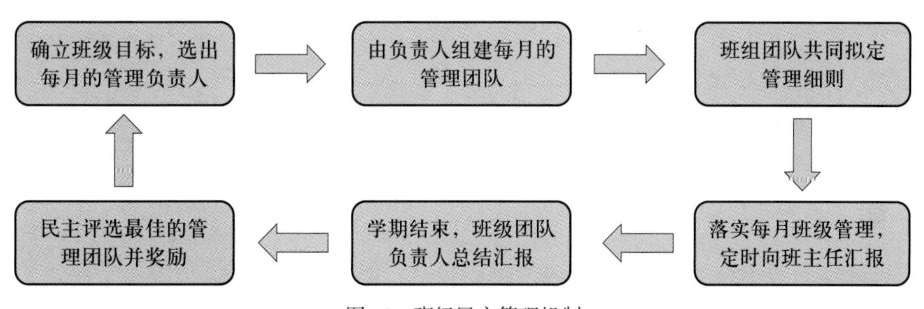

图 18　班级民主管理机制

（3）建立班级安全预警机制

严格落实学院安全教育制度，设立班级安全员，结合烹饪专业特殊性，梳理煤气、实训设备、公共卫生等可能引起的安全突发事件，制订“名厨家族”安全预警机制。组织学生常态化学习灭火器材的使用，进行意外伤害现场施救及应急演练，提高学生安全自护与危机应对能力。如图 19、图 20、图 21 所示。

名厨家族安全应急预案

班主任：[illegible]　电话：[illegible]

应急场景	现场第一发现人
火灾	自救—按情况报 119—疏散人员—报班主任—报值班领导—报系主任—按需要报 120
自然灾害	通知门岗—通知场室人员疏散—报班主任—报值班领导—按需要报 120
财产盗窃	发现窃贼人—大声制止、呼叫—报门岗—报班主任—报值班领导
	保护现场—报班主任—报值班领导—按需要报派出所
煤气、实训设备异常	疏散人员—报班主任—报总务维修—报值班领导
学生打架	立即制止分隔—报门岗—报班主任—通知学生处—报值班领导
踩踏事故	疏散人员—现场施救—报班主任—报值班领导—按需要报 120
校内伤亡事故	救援—报校医（按需报 120）—报班主任—报门岗—报值班领导
校外、实习伤亡事故	实施救护（按需要报 120）—报部门负责人（赴现场）—报班主任
公共卫生事件	发现异常—报校医—报班主任—报值班领导
食物中毒	怀疑中毒—报校医（按需要报 120）—报班主任—报值班领导
其它突发事件、事故	报门岗—报班主任—报值班领导—报学生处—按需要报 120 或派出所（110）

通　讯　求　助

区	门岗电话	派出所电话	校医务室电话	安全负责人	行政总值班电话（夜晚）	安全部门主要
[illegible]	[illegible]	[illegible]	[illegible]	[illegible]	[illegible]	[illegible]

图 19　“名厨家族”安全应急预案

图 20　开展实训室安全教育

续表

图 21　进行宿舍安全演练

（4）数字化手段提升班级管理效能

在班级小管家上实施班级管理打卡制，开展专业学习、学习强国、家务劳动等打卡，通过签到打卡积分、点赞集小红花对学生日常品行进行激励，鼓励学生“绝不躺平”。通过青年大学习、应急普法小程序等信息化手段进行普法教育，充分发挥网络育人阵地作用，指导学生健康成长。如图 22、图 23 所示。

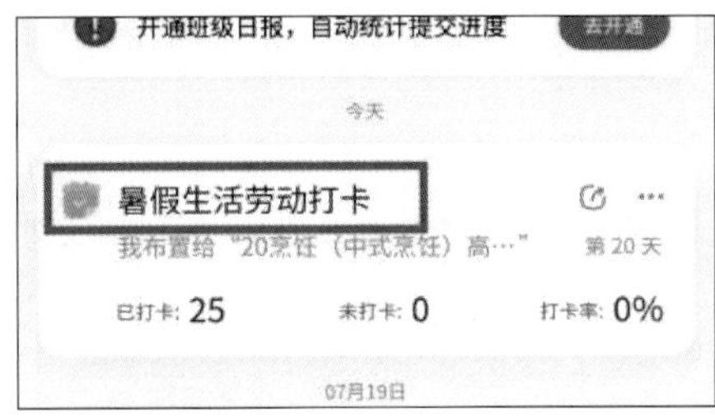

图 22　学习小管家打卡

图 23　应急普法学习

（5）建立班级学生成长档案

做好学生成长全过程信息采集与分析，形成学生诊断报告，及时与报告结果异常学生谈心谈话，调整建班育人策略，保障育人目标达成。通过班级小管家、学习通、QQ 班级成长相册等平台，利用抖音分享、每日打卡、成长相册等手段进行德育渗透，让学生感受自我成长的魅力，不断认识自己，增强责任担当和使命感。如图 24 所示。

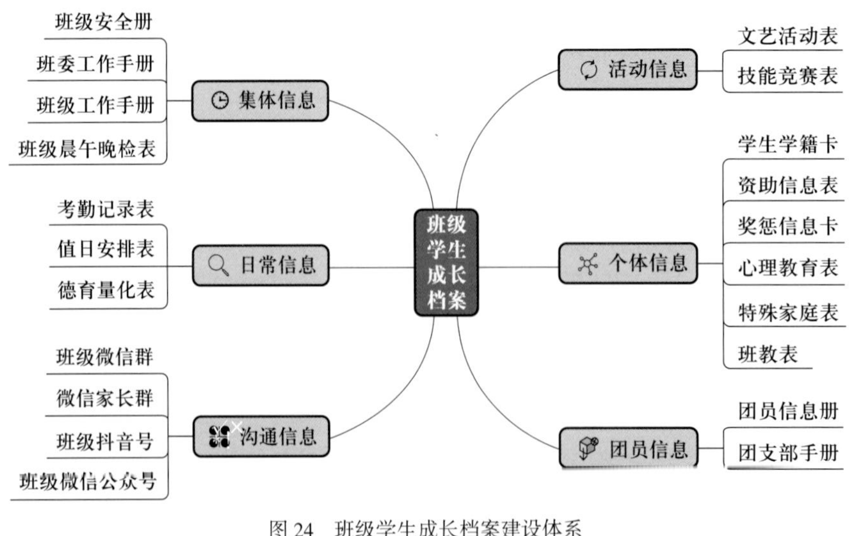

图 24　班级学生成长档案建设体系

续表

（6）创设学生德育阳光评价体系

根据多元智能理论，开展班级“先锋达人”系列评选活动，充分挖掘学生的闪光点，并结合学生的兴趣爱好和特长，给予成长的平台。如图 25 所示。

图 25　班级先锋达人系列

4. 赋能成长，活动育人

（1）特色活动育人

开展“粤菜寻踪”“情浓民心，味满人生”“烹‘三味’，助振兴”三个特色活动。通过特色活动，传承粤菜文化，弘扬社会主义核心价值观，培育新时代粤菜名厨，助力乡村振兴。

（2）常规活动育人

引导学生参加“技能报国，强国有我”系列活动，鼓励学生积极参加学生会、社团、志愿者服务队和各级竞赛、文体活动等，丰富课余文化生活。

5. 技艺传承，技能育人

协同任课教师、学校和企业的力量，共同做好学生的职业指导工作，落实烹饪专业人才培养方案要求。

（1）特色技能指导

“厨王”成长计划。以特色活动“粤菜寻踪”“厨王争霸赛”为载体，帮助学生实现从每周厨王到学期厨王，到年度厨王，再到终极厨王，以至成为“名厨”的成长。培育德艺双馨、理实均佳，通晓粤菜文化和传统美食文化，能讲述中华传统美食故事，并创造现代美食故事的新时代名厨。

青创力量，助推发展系列活动。以学院创新创业孵化基地、校企合作创业基地为依托，通过参加“SYB”创业培训、进入创新项目实践以及参加粤菜师傅创新创业比赛，帮助学生了解创业过程、掌握创业知识、提升个人综合素质。

（2）常规职业指导

“职”引未来——职业生涯规划与就业指导系列活动，组织简历制作培训、模拟面试和岗前培训，提高学生的职业认同感，帮助他们明确职业目标，增强就业信心。如图 26、图 27、图 28、图 29 所示。

6. 多元多彩，社团育人

根据班级发展目标，结合学生个人成长目标及爱好、特长，搭建技能展示平台。班级组建“粤式点心技艺社团”“雕刻社团”“果酱画社团”，分别开展了粤菜师傅文化交流、粤菜师傅技能培养、粤菜师傅进社区、果酱画技能比拼等活动，鼓励学生积极参加社团活动，充分展示个性和才华，激发潜能和内驱力，丰富课余文化生活。如图 30、图 31、图 32 所示。

续表

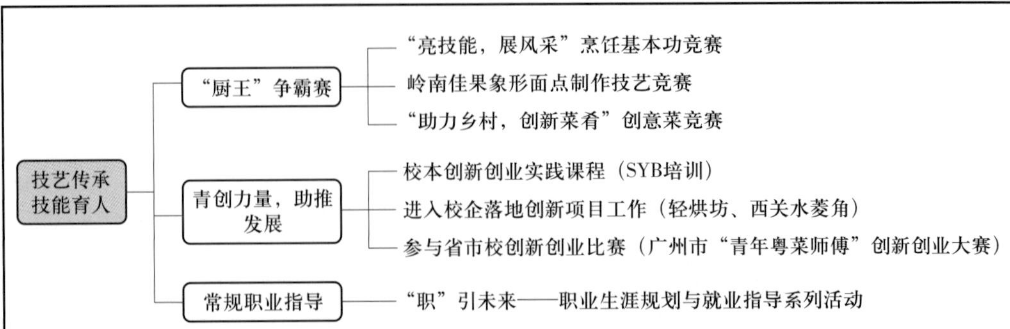

图 26 “技艺传承，技能育人”系列活动图

图 27 “奥运总厨”进班级

图 28 学生参加技能竞赛

图 29 学生在校企合作创业项目实践

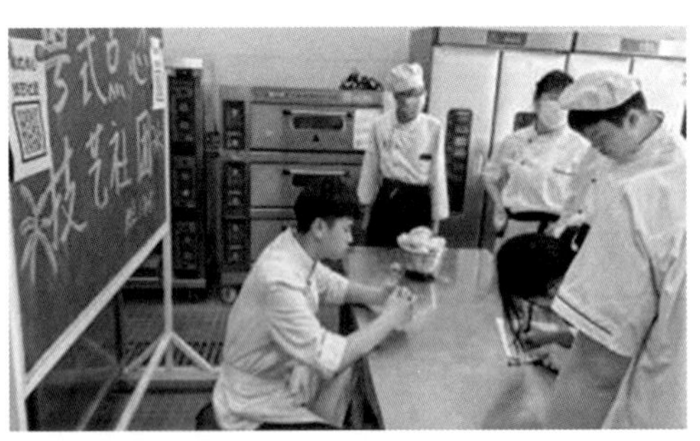

图 30 粤式点心技艺社招新

图 31 学生食品雕刻成果展

图 32 学生进行果酱画比拼

续表

7. 家校社企，协同育人

充分发挥校班主阵地、家庭教育主体责任的作用，推进家校社企协同育人，构筑家校社企“四位一体”纵横协同育人模式，实现共建共育，拓展协同育人空间，打造学生学习和实践的平台。

（1）家校协同。建立“名厨”家委共育团，开展家长分享会、亲子小课堂、家长共读营、亲子游园会等，搭建良好的家校共育、互助成长的平台，家校合力，共育英才。

（2）校内协同。开展“党员共上一堂课”“青春之心灵，青春之少年”心理团建、安保中心进班级等活动，充分发挥校内各领域人员的专长，在校内形成育人合力，形成“三全育人”格局。

（3）校社协同。主动走出去，建立班级“名厨”工作坊，开展“粤菜师傅送技下乡”“传统节日美食进社区”“粤菜师傅成品义卖”等，密切与社区的交流和配合。积极引进来，与东凤村举办“健康饮食”科普活动、与社工站开展“校社共建·同心育人”共建活动，校社共育，赋能成长。

（4）校企协同。开展“名厨”企业加油站系列活动，通过组织“行政总厨”传经送宝、“企业见习”加速成长、我与企业师傅结对子、家班企三方联动就业交流会等，促进班企合作，形成“学校知、企业行；校企共育，知行合一”的班企育人局面。如图 33、图 34、图 35 所示。

图 33　家长对班级评价

图 34　清明节走进小学制作青团

图 35　学生进行拜师仪式

（三）阶段性活动安排

第一阶段：2020—2021 学年 粤菜厨工“开刃”期

建设内容	活动安排
培根铸魂 思政育人	1. 爱国主义教育 （1）“和国旗同框”“向祖国告白”主题活动 （2）“学党史，知党情，跟党走”“四史”学习教育活动 （3）“技工教育新契机”主题班会

续表

建设内容	活动安排
培根铸魂 思政育人	2. 社会主义核心价值观教育 （1）开展“校纪校规”知识竞答 （2）开展“诚信在我心”主题班会 （3）邀请当地民警到校进行“认识校园暴力”讲座
粤韵匠心 文化育人	1. 粤菜文化，特色窗口 （1）带领学生参观学院“粤菜博物馆”“名厨走廊”“企业街”等粤菜文化基地 （2）共同商议“名厨家族”宣传墙元素，收集粤菜名厨事迹 （3）组建“名厨”讲解队 2. “名厨·名菜”分享：开展“课前十分钟”粤菜师傅微课堂活动 3. 粤菜非遗传承 开办粤菜非遗大讲堂（“非遗进校园，巧手做菱角”西关水菱角制作活动）
和谐民主 管理育人	1. 班级组建 （1）成立班委会，共同商讨班级文化主题 （2）组建班级微信群，加入班级小管家、学习通、企业微信等群组 2. 班级文化 （1）共商共建共守“班名”“班徽”“班级口号”“班级公约”“班规” （2）对班级实行企业化管理，制订单位员工手册、学生个人操行分管理细则，建立学生个人成长档案 （3）制订“名厨家族安全预警机制” （4）共同创设“名厨家族”教室环境和宿舍环境 3. 班风建设 开展每周“促进先锋达人”、每月“潜能先锋达人”、每学期“成长先锋达人”与年度“荣耀先锋达人”评选，并进行表彰
赋能成长 活动育人	1. 适应教育 （1）新生入学教育活动（含军训） （2）“心连一体，携手前行”户外拓展活动 2. 心理健康教育 （1）“青春之心灵，青春之少年”心理团建活动 （2）开展“烹调生命至味”主题班会 （3）进行新生心理健康测试，建立心理健康档案 3. 自我认知教育 （1）开展弗洛伊德性格测试 （2）开展“原来你很美”主题班会 【重点关注性格比较内向、容易自卑的学生】 4. 文体活动 （1）根据学生的个人爱好特长组建文娱团、体育团 （2）举办班级篮球赛、宿舍羽毛球赛 （3）参与“线上活动一小时”每日打卡活动

续表

建设内容	活动安排
技艺传承 技能育人	1. 专业认知教育 （1）进行企业观摩实践 （2）组织开展“粤菜师傅厨房安全说”讲座 2. 职业生涯初规划 （1）“优秀校友”进班级分享成长经历 （2）开展“职引你来”职业规划活动，指导学生撰写职业生涯规划 3. “厨王”争霸赛 开展“亮技能，展风采”烹饪基本功竞赛
多元多彩 社团育人	1. 粤式点心技艺社团 （1）组建粤式点心技艺社团 （2）制订社团晚自修训练时间表 2. 雕刻社团 承接校外活动成果展——“粤菜师傅羊城行动汇报” 3. 果酱画社团 （1）举办“指尖上的艺术”——果酱画特色成果展 （2）开展“以青春之画，庆祝建党百年”——果酱画现场教学活动
家校社企 协同育人	1. 名厨家委共育团 （1）组建家长微信群，成立“名厨家委共育团” （2）开展家庭情况调查，分析家庭情况和家庭教育情况 （3）开展“亲子和谐，家校共建”线上家长会 （4）定期开展“家庭教育智慧”云分享活动 2. 名厨企业加油站 （1）邀请企业餐饮部经理为班级企业导师，开展班干部管理能力培训 （2）邀请企业“优秀员工”进班级，了解企业所需人才的类型
班级特色活动	1. 开展“以青春之画，庆祝建党百年”——果酱画现场教学活动 2. 开展“粤菜寻踪”系列活动——“寻”经典粤菜，做经典粤菜的挖掘人，让经典粤菜挖掘有方向 3. 开展“情浓民心，味满人生”系列活动 校内“亮厨心”——“厨心”先锋达人 4. 开展“烹‘三味’助振兴”系列活动 发掘乡村“本味”特点宣讲——“兴志”先锋达人 5. 开展“厨王”争霸赛——“亮技能，展风采”烹饪基本功竞赛

个人已有成效	班级已有成效
• 15 人获得思政先锋奖 • 全班完成班级粤菜文化墙的建设 • 1 人获得广州市运动会比赛三等奖 • 3 人获得校运会二等奖；7 人跟随老师进社区	• 2020 年班级文化建设大比拼文本二等奖、展示一等奖 • 1 个学校法制短剧三等奖 • 1 个学校心理短剧三等奖

续表

五、建设成效

（一）重点关注的学生成为一名粤菜非遗传承人

学生马某某在进校之前由于父亲离世成为单亲家庭，加上甲状腺功能亢进需要长期复诊吃药进行控制，导致其性格孤僻，不喜欢与人交流，入学检测时出现了心理预警。

班主任发现其心思细腻，绘画能力突出，鼓励其加入班级的“出品部”，在每个月系部黑板报评比中屡获第一。班主任鼓励其将绘画技艺融合到专业学习当中，很快她成了“果酱画社团”的核心成员。在老师的鼓励和引导下，她重拾自信，表现出色，成了全班同学的“马姐”。因出色的技能以及吃苦耐劳的品质，她成功进入“轻烘坊”创业团队，积极参与各项文体和技能竞赛，并荣获多项市、校级荣誉。如图 36、图 37、图 38 所示。

三年来，通过班级培养和该生自身努力，她由原来孤独平凡的学生，转变成为一名能讲粤菜故事、传播粤菜文化的传承人。如图 39 所示。

图 36　参加技能竞赛

图 37　走进小学教小学生画果酱画

荣誉证书

轻烘坊（项目/企业）：

在2022年广州市广府风味小吃技能竞赛暨第三届“青年粤菜师傅”创新创业竞赛中获得创业组优胜奖。

特发此奖，以资鼓励。

图 38　市粤菜师傅创业比赛优胜奖

图 39　学生拜师成为第五代非遗“蜂巢芋角”传承人

（二）学生发展成有理想、有责任、有厨德、有厨技的新时代名厨

班级学生积极竞选班干部，协助班主任组建“名厨社团”，主动参与文体活动、社会实践，对自己有了清晰的认识，树立了技能报国的志向，同时也确定了未来的职业发展目标。

（三）班级成为“协同、学习、奋进、传承”的成长共同体

在多元评价和自主管理的举措下，班级形成了良好的班级氛围，学生们积极参加校级和班级文体活动，组织厨艺技能竞赛。班级三年来获得市级文体奖 4 项、校级文体奖 11 项，校级思政类奖 8 项，校级技能竞赛奖 6 项，共参加乡村振兴“送技能下乡”3 次、粤菜师傅进社区 15 次，成为“协同、学习、奋进、传承”的成长共同体。如图 40、图 41、图 42 所示。

续表

图 40 班级文化大比拼一等奖

图 41 全班个人获奖率 100%

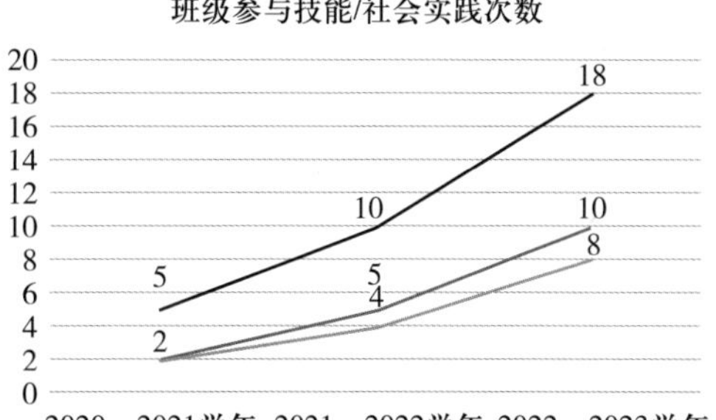

图 42 学生社会实践次数连年递增

在多次粤菜师傅进社区活动中，班级学生展现了烹饪学子不怕吃苦、不屈不挠的品质，得到了社区的赞赏。如图 43、图 44、图 45 所示。

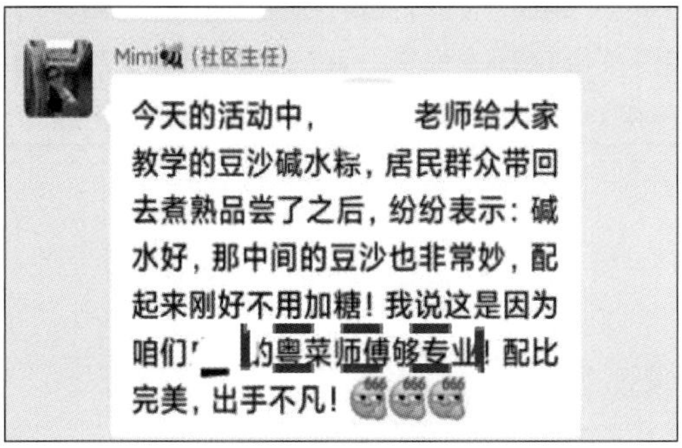

图 43 学生进社区获得社区好评

图 44 学生承担多项展示讲解

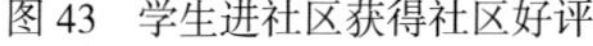

续表

图 45　学生积极参与技能竞赛

六、反思与改进

（一）创新点与亮点

1. 开展了以传承粤菜文化、培育粤菜名厨、助力乡村振兴为特色的德育活动

为了贯彻落实人才培养方案，达成校企协同建班目标，确定了“传承粤菜文化”为班级的灵魂，深挖粤菜饮食文化的育人元素，通过“粤菜寻踪”“名厨成长”“乡村振兴”等活动，引导学生讲粤菜故事，做粤菜美食，传粤菜文化，助力乡村振兴，成为厨技精湛、厨德优秀的“粤菜师傅”优秀人才。

2. 班级构建了“一核三阶七维”育人模式

结合技工教育的特点和专业特色，遵循学生身心发展规律，确定了“传承粤菜文化和工匠精神”为班级思想教育内容，以“厨工”“厨师”“名厨”三个阶段为建班育人路径，以思政育人、文化育人、管理育人、活动育人、协同育人、社团育人、技能育人为举措，对学生进行“精准滴灌”，将他们培养成为传承和弘扬粤菜文化、助力乡村振兴的新时代名厨。

3. 打造了提升职业素养、专业技能的专业社团，形成“一社一品”

根据学生的爱好特长，组建了“名厨社团”，开展了“传统文化进社区”系列主题活动，在学校、社区和社会上开展传统节日美食制作活动，打造“一社一品”，用专业技能践行社会主义核心价值观，凝聚向上向善的力量。

（二）不足与改进

班主任只有充分掌握每个学生的特点，读懂每个人的渴望，遵循教育教学规律、思想政治工作规律和技术技能人才成长规律，才能有的放矢。后期改进措施：一是要深化和创新家校沟通，进一步夯实育人合力；二是强化育人规律和方法的学习，进一步提升育人能力；三是及时跟进学生成长情况，进一步完善建设方案。

主题班会设计方案：品传统节日美食，增文化自信力量

广州市轻工技师学院　刘宇婷

主题班会类别	精神文明教育	课时	2 课时（80 分钟）
班级所属专业名称	烹饪（中式烹调）	班级名称	2020 级烹饪（中式烹调）高级 3 班（名厨家族）
主题班会名称	品传统节日美食，增文化自信力量		

一、班会背景

（一）政策背景

习近平总书记在《党的二十大报告》中提到："中国文化源远流长，中华文明博大精深。"《广东省"粤菜师傅""广东技工""南粤家政"三项工程高质量发展"十四五"规划》中提到：要培养善于传承弘扬粤菜文化的"粤菜师傅"优秀人才。春节、清明、端午、中秋等传统节日具有丰富的文化内涵和深厚的历史底蕴，是中华优秀传统文化的重要载体，生动反映中华民族的价值观念和精神追求。

（二）班情分析

该班属于中式烹调专业高技层次的班级，全班 25 名学生，其中男生 23 名，女生 2 名。4 月份，班级开展了"我们的节日·清明节"进社区服务活动，只有 5 名同学报名。通过分析，是因为大多数学生自我效能感低，认为传承中华优秀传统文化与自己没有关系，没有深刻认识到烹饪专业学生在传承优秀传统文化中的使命和责任。同时，也对班集体没有归属感，不愿参加班集体活动。

因此，结合专业特点，设计了"我们的节日——中国传统佳节"主题月系列活动（见表 1），并且召开了此次"品传统节日美食，增文化自信力量"的主题班会，引领学生以美食的方式打开传统节日，感悟中华优秀传统节日文化，引导学生做弘扬中华传统美食与粤菜文化的传承人。

表 1　"我们的节日——中国传统佳节"主题月系列活动

"我们的节日——中国传统佳节"主题月系列活动		
时间	主题	地点
5 月第一周	"品传统节日美食，增文化自信力量"主题班会	"粤菜师傅"工学一体化学习工作站
5 月第二周	"觅传统味·过文化节"手抄报设计比赛	校园综合楼一楼大厅
5 月第三周	"传统节日进校园·我的餐盘我做主"——果酱画绘制活动	怡乐路小学
5 月第四周	"潮玩五月五·粤粽飘香小课堂"活动	洪桥街

续表

二、教育目标

主题班会教育目标如图 1 所示。

认知目标

了解中国传统节日名称、内涵以及饮食习俗

情感目标

感受中华传统节日文化的魅力，增强文化自信和民族自豪感，激发学生用美食传播传统节日文化的热情

行为目标

用专业技能制作传统节日美食，品传统美食，阐述文化内涵，将制作的视频上传至新媒体，自觉做中华优秀传统文化的传承人

图 1　主题班会教育目标

三、班会准备

（一）资源准备

主题班会资源准备见表 2。

表 2　主题班会资源准备表

准备主体	资源种类	资源图片	资源用途
学生	视频		分四个小组通过网络搜集“我们的节日——中国传统佳节”系列活动视频
	照片		班干部收集班级到社区参加“我们的节日——中国传统佳节”系列活动照片
	课件		分四个小组制作中国四大传统节日美食介绍 PPT

续表

续表

准备主体	资源种类	资源图片	资源用途
学生	服装道具	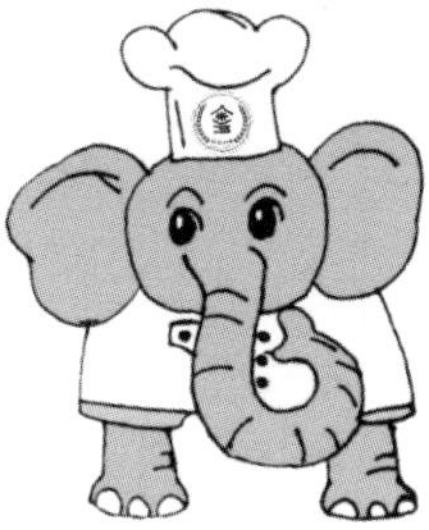	所有学生准备实训服装、班级徽章、实训工具
	宣传板	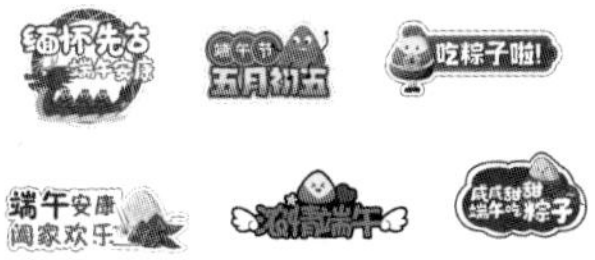	班干部设计四大传统节日宣传板若干
老师	调查问卷	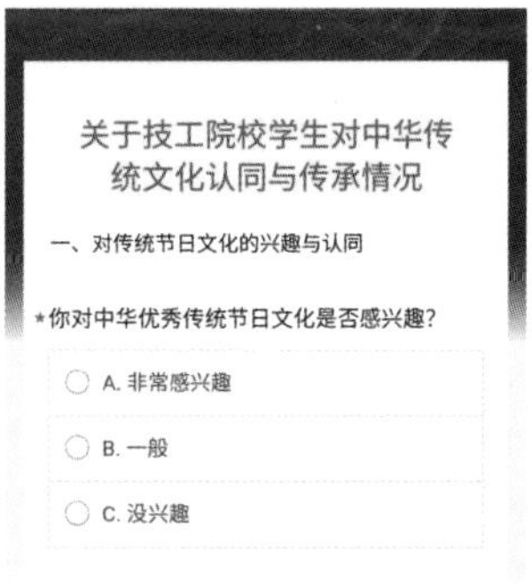 关于技工院校学生对中华传统文化认同与传承情况 一、对传统节日文化的兴趣与认同 *你对中华优秀传统节日文化是否感兴趣？ A. 非常感兴趣 B. 一般 C. 没兴趣	老师课前设计“技工院校学生对中华传统文化认同与传承情况”调查问卷，精准分析学生存在的问题
	视频	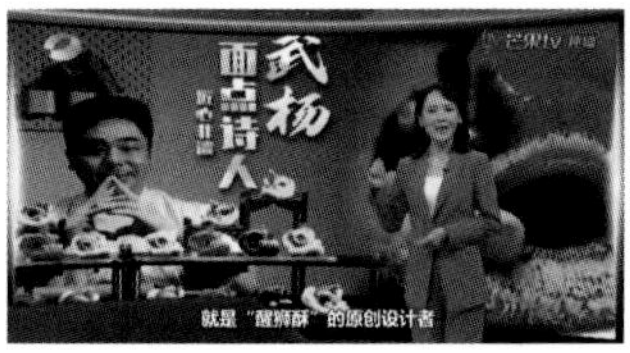	老师准备中国知名点心名厨武扬事迹视频
	课件	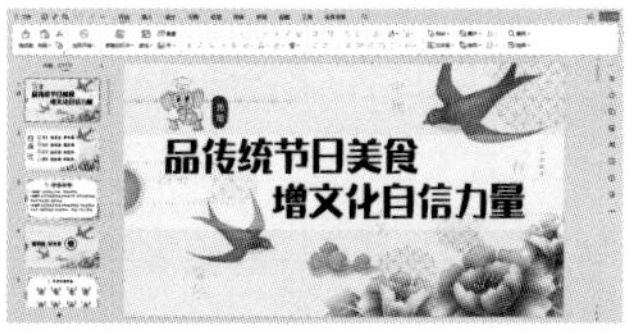	老师完成“品传统节日美食，增文化自信力量”主题班会课件的制作

续表

续表

准备主体	资源种类	资源图片	资源用途
老师	评价表		老师准备主题班会效果评价表并打印
	上课用具		老师准备大白纸、彩色笔、磁贴、彩纸若干；移动白板4块；麦克风及电视设备一套

（二）课室布置（地点：“粤菜师傅”工学一体化学习工作站）

课室布置“粤菜师傅”工学一体化学习工作站场地图如图2所示。

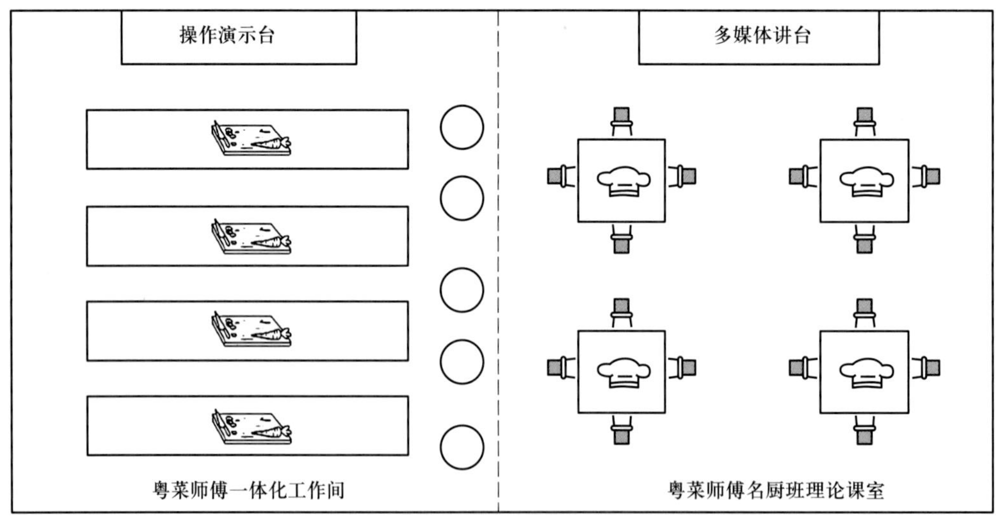

图2 “粤菜师傅”工学一体化学习工作站场地图

（三）人员分工

表3 主题班会学生人员分工表

活动环节	班会分工	学生人数	职责
你演我猜	演员	8	抽取盲盒，并进行无实物演绎
美食播报	播报员	4	按照四大传统节日的顺序上台进行PPT展示汇报
名厨直播间	采访员	2	在校园电视台任职的学生，引导班级其他学生完成采访
名厨新闻台	分享员	3	分享自己参加“我们的节日——中国传统佳节”系列活动的感受

续表

四、班会流程
主题班会流程图如图 3 所示。

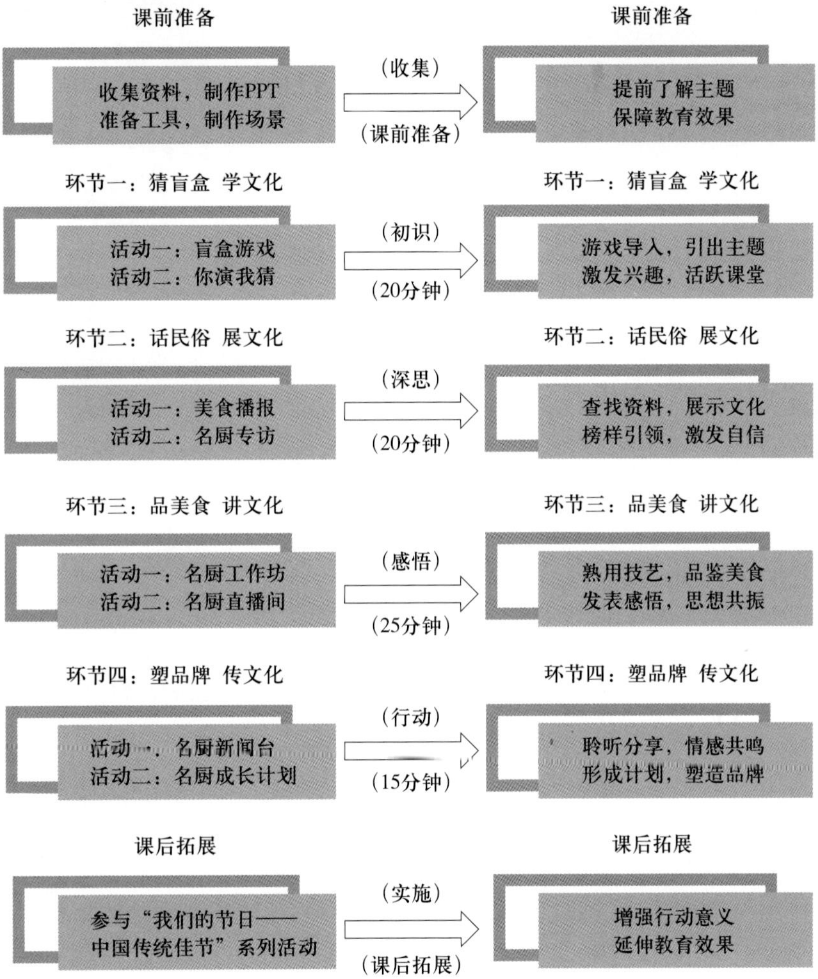

阶段	内容	箭头说明	目的
课前准备	收集资料，制作PPT 准备工具，制作场景	（收集） （课前准备）	课前准备：提前了解主题 保障教育效果
环节一：猜盲盒 学文化	活动一：盲盒游戏 活动二：你演我猜	（初识） （20分钟）	环节一：猜盲盒 学文化：游戏导入，引出主题 激发兴趣，活跃课堂
环节二：话民俗 展文化	活动一：美食播报 活动二：名厨专访	（深思） （20分钟）	环节二：话民俗 展文化：查找资料，展示文化 榜样引领，激发自信
环节三：品美食 讲文化	活动一：名厨工作坊 活动二：名厨直播间	（感悟） （25分钟）	环节三：品美食 讲文化：熟用技艺，品鉴美食 发表感悟，思想共振
环节四：塑品牌 传文化	活动一：名厨新闻台 活动二：名厨成长计划	（行动） （15分钟）	环节四：塑品牌 传文化：聆听分享，情感共鸣 形成计划，塑造品牌
课后拓展	参与“我们的节日—— 中国传统佳节”系列活动	（实施） （课后拓展）	课后拓展：增强行动意义 延伸教育效果

图 3　主题班会流程图

续表

<table>
<tr><td colspan="6">五、班会内容与过程</td></tr>
<tr><td colspan="6">第一环节：猜盲盒，学文化（20 分钟）</td></tr>
<tr><td>班会活动</td><td>班会内容</td><td>学生活动</td><td>教师活动</td><td>德育方法</td><td>设计意图</td></tr>
<tr><td>盲盒游戏
（8 分钟）</td><td rowspan="2">中国传统节日名称、内涵以及饮食习俗</td><td>1. 学生分四组，做好上课的准备
2. 认真听老师讲解“盲盒游戏”的规则，上台抽盲盒，如图 4 所示
3. 8 名参与游戏的学生根据抽到的节日习俗盲盒，做好上台表演的准备</td><td>1. 阐述班会主题，展示班会课德育目标
2. 介绍“盲盒游戏”的规则，鼓励学生主动参与游戏活动</td><td rowspan="2">盲盒游戏
情境演绎</td><td>游戏导入，引出主题，以学生喜闻乐见的形式进行主题班会，激发学生的学习兴趣，活跃课堂气氛</td></tr>
<tr><td>你演我猜
（12 分钟）</td><td>1. 8 名拿到盲盒的“演员”依次上台，就自己抽到的传统节日习俗进行无实物表演，如图 5 所示
2. 各小组根据“演员”们的表演，猜测他们表演的习俗是什么，并且将答案写在彩纸上
3. 小组讨论，将所写的 8 个盲盒里的传统节日习俗分类粘贴在白板上，讲出分类依据，归纳中国四大传统节日名称以及饮食习俗，如图 6、图 7 所示</td><td>1. 组织 8 名“演员”依次上台进行无实物表演
2. 引导各小组根据“演员”们的表演在彩纸上写下答案
3. 指导学生就 8 个盲盒里的传统节日习俗进行分类归纳，并粘贴在白板上，引导学生说出分类依据及中国四大传统节日的名称以及饮食习俗</td><td>通过游戏导入，帮助学生认识中国四大传统节日的内涵以及饮食习俗
（春节——家国情怀）
（端午——爱国精神）
（清明——缅怀先烈）
（中秋——美好祝愿）</td></tr>
</table>

图 4　学生抽取盲盒

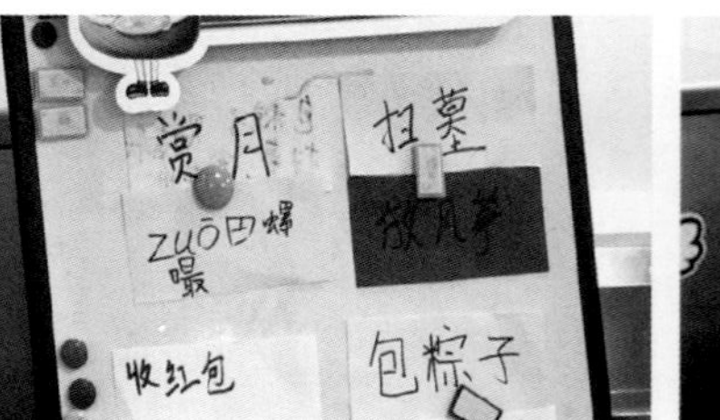

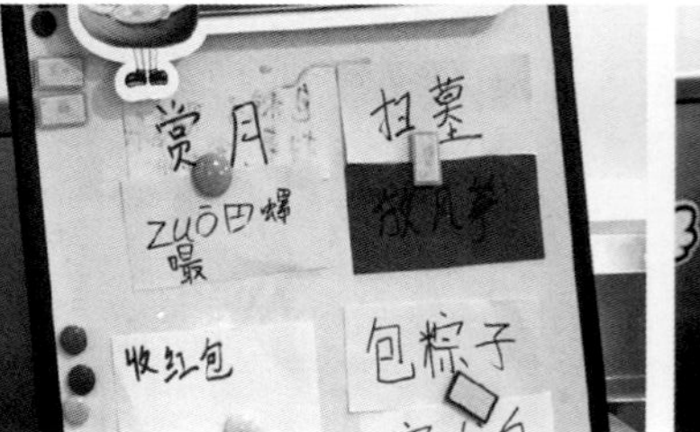

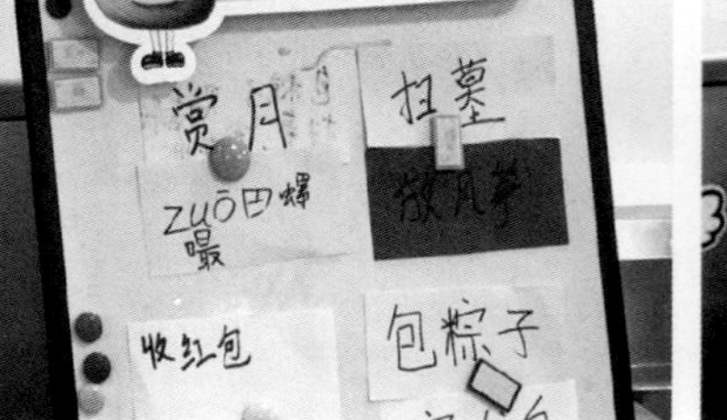

图 5　学生进行无实物表演

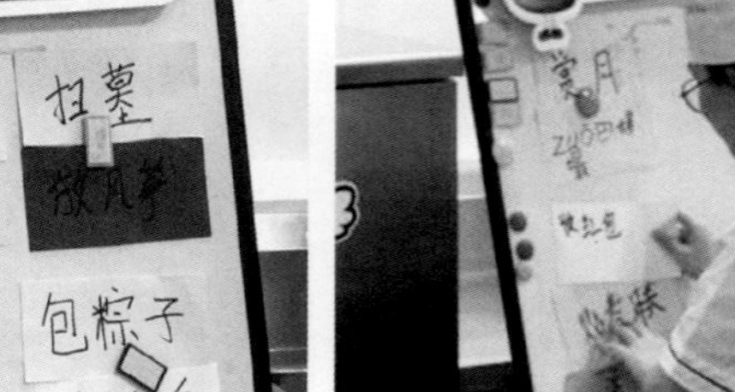

图 6　学生粘贴的答案

图 7　学生粘贴答案

续表

第二环节：话民俗，展文化（20 分钟）					
班会环节	班会内容	学生活动	教师活动	德育方法	设计意图
美食播报（15 分钟）	中国四大传统节日美食文化内涵	1. 四个小组派成员依次上台分享课前准备的四大传统节日的饮食习俗以及文化内涵 PPT（PPT 内容包括：春节→清明→端午→中秋），如图 8、图 9 所示 2. 同学们认真聆听四个小组的播报，并且思考老师的提问："烹饪人应该如何传播中华优秀传统文化？"	1. 组织四个小组依次上台展示课前完成的传统节日美食文化内涵 PPT 2. 老师对四个小组的表现进行点评，肯定他们的成果，并提出问题："烹饪人应该如何传播中华优秀传统文化？"	小组展示 自我教育	通过自主查找资料，制作 PPT 进行现场展示汇报，使学生在做中学习知识，认同美食背后承载的文化内涵与精神力量
名厨专访（5 分钟）	中国知名点心名厨武杨先进事迹	1. 带着问题，认真观看中国知名点心名厨武杨先进事迹视频，如图 10 所示 2. 认真听老师对武杨师傅事迹的归纳总结，明白作为烹饪人是可以用专业技能传播中华优秀传统文化的 3. 学生根据提问并结合视频内容主动发表个人感悟，如图 11 所示	1. 播放中国知名点心名厨武杨先进事迹视频 2. 老师对武杨师傅的事迹进行归纳总结，向学生阐述"我们烹饪人是可以用专业技能传播中华优秀传统文化"的观念 3. 引导学生根据提问并结合视频内容分享感悟	情感陶冶 榜样示范	榜样激励，分享武杨的事例，激发学生自信心，通过美食传播优秀传统节日文化

图 8　分小组讲解传统节日美食文化内涵

图 9　分小组讲解传统节日美食文化内涵

图 10　学生认真观看名厨武杨事迹视频

图 11　学生发表感悟

续表

第三环节：品美食，讲文化（25 分钟）					
班会环节	班会内容	学生活动	教师活动	德育方法	设计意图
名厨工作坊（10 分钟）	感悟中华优秀传统节日文化	1. 根据课前安排，四个小组分别准备好对应传统节日美食的物资（饺子、青团、粽子、月饼） 2. 根据实训室规章制度，分小组完成对应传统节日美食的制作，如图 12 所示 3. 在制作过程中，与老师进行互动交流	1. 提前发布任务，指导学生做好实训物资的准备工作（原料、工具、设备等） 2. 强调实训室安全问题，指导学生进行传统节日美食的制作 3. 巡视学生的完成情况，与学生交流，进行记录评价	情景体验 自我教育	鼓励学生利用专业优势，运用烹饪技能完成传统节日美食的制作，促进学生技能、德育共同进步
名厨直播间（15 分钟）		1. 两名校园电视台的学生进场，阐述自己的来意 2. 学生在品尝美食的同时，在电视台学生的引导下发表自己通过美食感悟的文化精神内涵，如图 13、图 14 所示 3. 认真听老师总结	1. 邀请本班在校园电视台任职的学生对班级本次的活动进行采访 2. 观察记录学生被采访时通过美食感悟的文化精神内涵 3. 对活动进行总结，倡导学生运用专业技能为中华民族的伟大复兴贡献力量	情感陶冶 自我教育	通过采访分享的方式将本节课学习的传统美食文化内涵讲述出来，从而达到“内化于心，外化于行”的效果

图 12　名厨工作坊做美食

图 13　品尝传统节日美食，感悟文化精神

图 14　学生接受采访，分享感受

续表

第四环节：塑品牌，传文化（15 分钟）					
班会环节	班会内容	学生活动	教师活动	德育方法	设计意图
名厨新闻台（5 分钟）	感悟中华优秀传统节日文化	1. 认真观看班级受访视频，如图 15 所示 2. 听取参与过传统节日活动的 3 名同学分享活动经历和心得，如图 16 所示	1. 播放班级学生被广州市电视台采访的视频 2. 邀请参与过传统节日活动的 3 名学生分享活动的经历和心得	视频采访 榜样示范	通过树立学生身边的榜样，运用朋辈效应号召学生积极传播传统文化
名厨成长计（10 分钟）	感悟中华优秀传统节日文化	1. 认真思考老师的提问：作为烹饪专业的学生我们应该怎么做 2. 学生扫描二维码，在“纸条范”上填写思考的结果，如图 17 所示 3. 班干部收集高频词，形成“名厨家族”传承中华优秀传统文化成长计划表，如图 18 所示 4. 听取老师对本次班会课的总结，共同学习习近平总书记对传承传统文化的希冀	1. 引发学生思考：作为烹饪专业的学生我们应该怎么做 2. 指导学生扫描二维码，在“纸条范”上填写思考的结果，老师将结果投射在屏幕上 3. 指导班干部收集高频词，形成“名厨家族”传承中华优秀传统文化成长计划表 4. 组织学习习近平总书记对传承传统文化的希冀，倡导学生积极参与中华传统节日活动	自我教育 行动落实	通过学生分享的经历，引导学生讲出自己认为可以传播中华优秀传统文化的方法，形成计划表，并督促学生践行

图 15　观看班级受访视频

图 16　学生分享活动经历

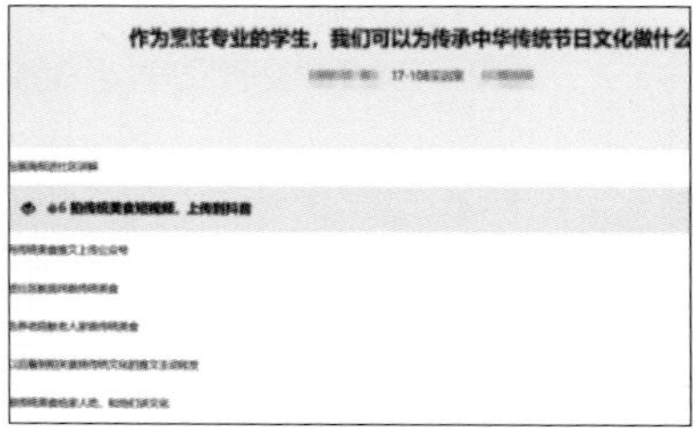

图 17　“纸条范”呈现班级讨论结果

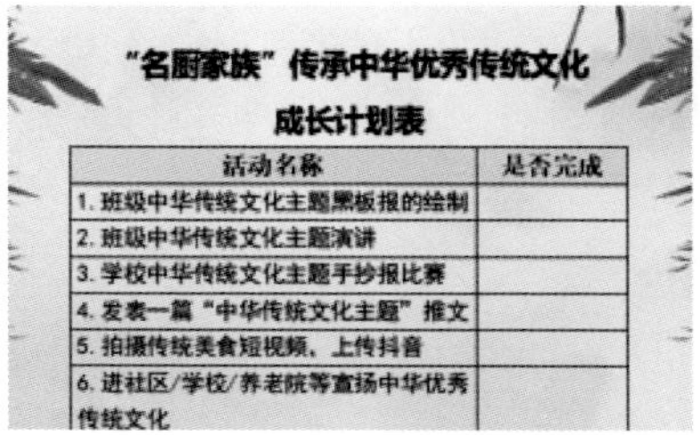

图 18　传承传统文化成长计划表

续表

课后拓展					
班会环节	班会内容	学生活动	教师活动	德育方法	设计意图
课后拓展	传播中华优秀传统节日文化	1. 课后完成传统美食制作短视频剪辑，并上传公众号、抖音号，如图19所示 2. 以小组为单位绘制传统佳节美食海报，如图20所示 3. 努力提升专业技能，积极参与“我们的节日——中国传统佳节”系列活动，如图21所示	1. 指导学生完成海报和视频的制作 2. 在班级定期开展“我们的节日——中国传统佳节”系列活动，鼓励学生积极参与	知行合一 品德评价	布置课后作业，巩固课堂所学，线上线下结合，以录制短视频的形式增强行动意义和延伸教育效果

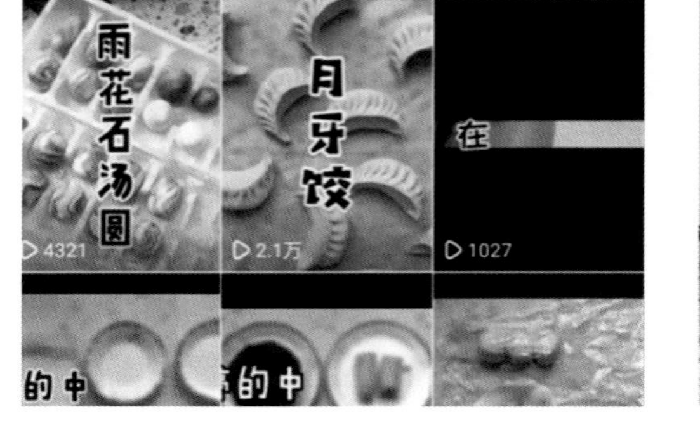
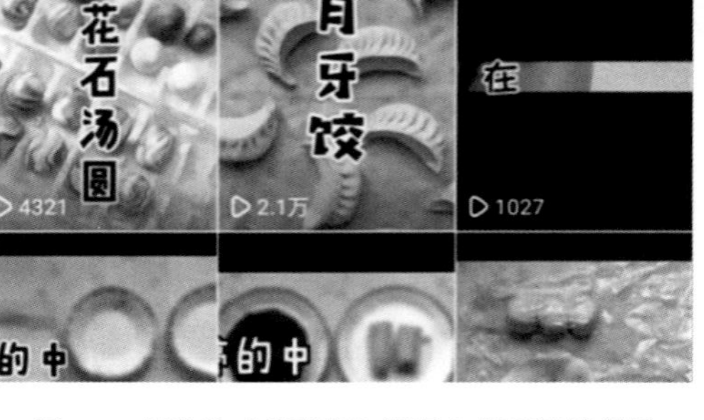

图19　制作的“月牙饺”视频上传班级抖音号

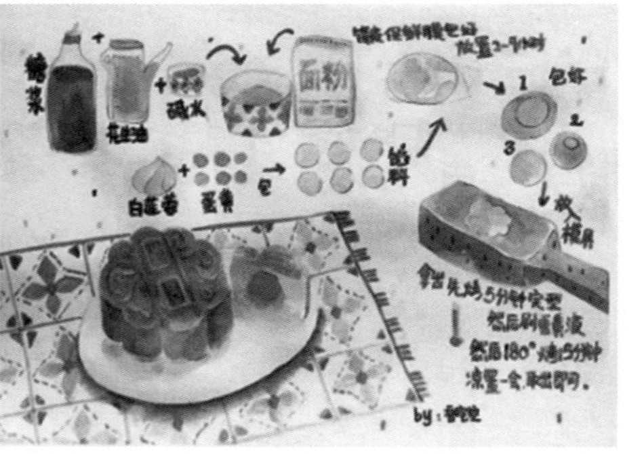

图20　学生绘制的“中秋节月饼制作”海报

图21　学生参与端午节走进老人院包粽子活动

续表

六、班会效果
本次班会课以“学文化——展文化——讲文化——传文化”为主线，以学生为主体，通过“盲盒游戏”“你演我猜”“名厨工作坊”“名厨直播间”等形式开展班会课，逐步达到“内化于心，外化于行”的德育效果。本次班会课的效果主要体现在以下几个方面： 1. 在整个班会课准备期间，班级学生积极参与“美食播报”活动的资料收集、“名厨工作坊”活动的材料准备，并为本次班会课出谋划策，增强了班集体凝聚力，凸显了学生的德育主体地位。 2. 结合学生专业开展传统美食制作与品鉴活动，并以直播间形式，用专业技能展示传统佳节美食背后承载的文化内涵与精神，创新育人手段，体现了专业与德育相结合的特点，增强了学生的民族自豪感。 3. 班会课后学生积极开展传统佳节进社区活动，大力弘扬传统节日美食文化精神。班会目标达成度高，提高了学生们的思想觉悟，激发了学生用传统佳节美食传播优秀传统文化的情感，增强了文化自信。
七、教育反思
（一）优点 1. 班会资源丰富 本次班会课准备了多种资源，如传统节日宣传板、盲盒、传统节日美食制作、电视台记者直播、“纸条范”软件等，营造了较好的主题氛围。 2. 设计理念新颖 本次班会课设计结合“贴近实际、贴近生活、贴近学生”的原则，从认知传统节日、感悟传统节日美食文化内涵、用专业技能传播传统节日饮食文化三个维度设计班会活动，以游戏引发思考，以榜样案例形成认知，以活动体验深化内心，启发、激励学生将感悟落实为行动。 3. 教育价值广阔 本次班会课从学生的生活出发，帮助学生解决不知如何运用专业传播传统文化的实际问题，充分重视学生现有的生活体验，从实际出发，让学生变得会交流、会生活。同时贯彻落实“粤菜师傅工程”对培养“传承和弘扬粤菜文化的‘粤菜师傅’优秀人才”的要求，引导学生打开更广阔的视野，聚焦历史，铸造未来，让班会课成为民族文化的传承基地，帮助学生更好地认识社会主义核心价值观的内涵以及技能宝贵、技能立业的意义，具有较强的教育价值。 （二）不足与改进 本次班会课通过“盲盒游戏”“你演我猜”“名厨工作坊”“名厨直播间”等环节，打开了学生的思路，丰富了传统节日文化内涵，使其自觉传承和发扬民族精神，但由于时间关系，不能在课堂上完成整个实训的操作，直播间的形式没办法进行单独采访，方法和手段还需要进一步提升和凝练。此外，也不能忽视班会课后续的教育过程，应该将拓展活动作为班级教育的进一步延续与发展。 （三）班会课总结 班主任是学生成长的引路人，要善于结合专业特点开展思想教育，通过学习中华优秀传统节日文化引导学生坚定文化自信，厚植家国情怀。做班主任要有情怀，要走近学生，设计主题班会要从学生的视角出发，以学生喜闻乐见的活动方式开展班会课。做智慧型班主任，要从教育学、心理学出发，运用信息化手段，提高学生的参与度和班会课德育目标的达成率。

【点评】广州市轻工技师学院　郝义、李娉婷

班级建设方案《传粤菜文化，育匠心名厨》以贯彻国家乡村振兴战略和落实广东省委省政府“粤菜师傅工程”为背景，围绕“立德树人”根本任务和“德技并修”的育人理念，结合中式烹调师专业人才培养方案，培养“德正技精、守正创新”的粤菜名厨，助推乡村振兴，有明确的德育培养目标。同时该班级建设方案结合中式烹调师职业发展的重要阶段确定了“厨工——厨师——名厨”建班育人路径。整个班级建设方案从班情出发，围绕技工院校班主任工作五大职责，结合专业特点，创新育人举措，采取组建“名厨”思政团、建设民主参与的后厨管理模式、创设学生德育阳光评价体系等多种手段开展建班育人，总结出了“一核三阶七维”育人模式。该班级建设方案实施效果明显，具有一定的推广价值。

主题班会《品传统节日美食，增文化自信力量》以传承中华优秀传统文化为载体，增强学生文化自信和民族自豪感。该主题班会结合烹饪专业特点，开展“名厨工作坊”“名厨直播间”等班会活动，创新班会形式。同时有效运用德育资源，学习典型名厨先进事迹、分享传统节日进社区活动心得，贴近学生实际生活。还根据“知情意行”的教育规律设计了“学文化——展文化——讲文化——传文化”四个环节，结合课后开展传统节日进社区活动，帮助学生达成主题班会课的德育目标。该主题班会德育资源丰富、活动新颖，值得推广。

班级建设方案：破茧成蝶舞翩跹
多元育人“童”绽放

广州市公用事业技师学院　何京亚

班级所属专业名称	幼儿教育	班级名称	2021 级幼儿教育 2 班
班级建设方案名称	破茧成蝶舞翩跹　多元育人“童”绽放		

一、建设背景

儿童是祖国的花朵，承载着祖国的希望。幼儿教师担负着“为党育人，为国育才”的使命，应如同蝴蝶一般，用爱心呵护祖国的花朵，辛勤劳作助力儿童健康成长、美丽绽放。蝴蝶与花朵相得益彰，美美与共，经班级师生共同讨论，班名取名为“彩蝶”班。

二、指导思想

以习近平新时代中国特色社会主义思想为指导，全面贯彻落实“立德树人”根本任务，树立正确人才观，培育和践行社会主义核心价值观，着力提高人才培养质量。以《国务院关于加快发展现代职业教育的决定》《关于推动现代职业教育高质量发展的意见》等文件为依据，坚持贯彻“三全育人”思想，落实“五育并举”的教育理念，创新育人途径，按照学院《幼儿教育专业人才培养方案》，遵循职业教育发展规律和技校学生身心发展规律，培养出具备“五心”“四核”的“四有”好幼师。班级育人目标如图 1 所示。

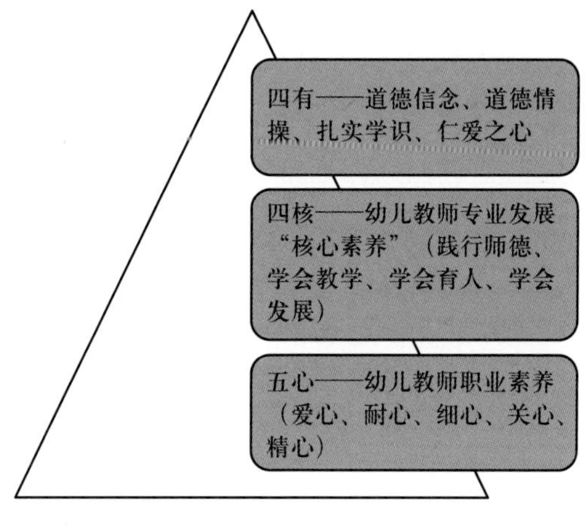

图 1　班级育人目标

三、班情分析

（一）班级基本情况

通过查询学生入学档案、学生访谈、家访、进行调查问卷，形成学生基本情况表（见表 1）。

表 1　班级基本情况表

项目	内容
班级总体情况分析	1. 班级共有 33 名学生，全为女生 2. 在市内居住的学生有 32 人，家校交通时间均在 2 小时以内

续表

续表

项目	内容
班级总体情况分析	3. 城市户籍学生有 5 人，农业户籍学生 28 人 4. 班级入学时，团员有 1 人 5. 住宿生有 31 人，走读生 2 人
家庭情况分析	1. 家庭结构方面，核心家庭的有 27 人，重组家庭的有 2 人，单亲家庭的有 4 人 2. 家庭教养方式方面，民主型的有 8 人，粗暴型的有 16 人，过度呵护型的有 9 人 3. 家庭经济困难的有 5 人，其中符合助学金申请条件的有 1 人，经济条件一般的有 18 人，经济条件良好的有 9 人
身心情况分析	1. 身体情况异常学生的有 4 人，其中有 2 名学生有先天性疾病，2 名身体脊柱侧弯较为明显 2. 心理情况测评异常的学生有 6 人，其中 2 人有抑郁症病史，4 人需转介心理老师做进一步心理评估
学业基础情况分析	1. 文化基础课方面，全班学生都没有参加中考，初中文化课成绩在年级排名靠后 2. 综合素质方面，肢体语言能力较强的有 13 人，语言表达能力较强的有 5 人，手工绘画能力较强的有 6 人，音乐素养较强的有 6 人 3. 报读幼教专业的原因方面，学生主动报名的有 13 人，家人主张报名的有 15 人，受同学、朋友影响的有 5 人 4. 学生照顾幼儿的经历方面，经常照顾幼儿的有 9 人，偶尔照顾幼儿的有 17 人，没有照顾过幼儿的有 7 人 5. 班级学生喜爱幼儿的程度方面来看，非常喜爱幼儿的有 12 人，一般喜爱幼儿的有 10 人，表示不确定喜爱程度的有 11 人
爱好特长	文艺类的有 11 人，体育类的有 2 人，科技类的有 4 人，娱乐类的有 10 人，社会实践类的有 6 人
个性特征	DISC 性格类型测试中发现，班级学生 D 型指挥者（目标明确，反应迅速）个性的有 6 人，I 型社交者（热爱交际，风趣幽默）的有 11 人，S 型支持者（喜好和平，迁就他人）的有 12 人，C 型思考者（讲究条理，追求卓越）的有 4 人
发展诉求	1. 学生诉求：通过学习培养能力习得技能，取得毕业证和专业技能证，顺利就业 2. 家长诉求：学会独立，具备适应社会的能力，拥有专业技能，日后可以就业，自食其力 3. 学校诉求：德技弘毅，知能合一；多才多艺，为校园文化建设贡献力量；成为符合社会需求的合格公民、合格幼师 4. 企业期许：品行端正、身体健康、责任心强，有团队合作精神，敬业乐业，需持有学前教育专业毕业证书及保育员中级以上资格证书的合格幼师

（二）班级的优劣势

班级的优势和劣势分别呈现出“四强”“四弱”，具体情况如图 2 所示。

续表

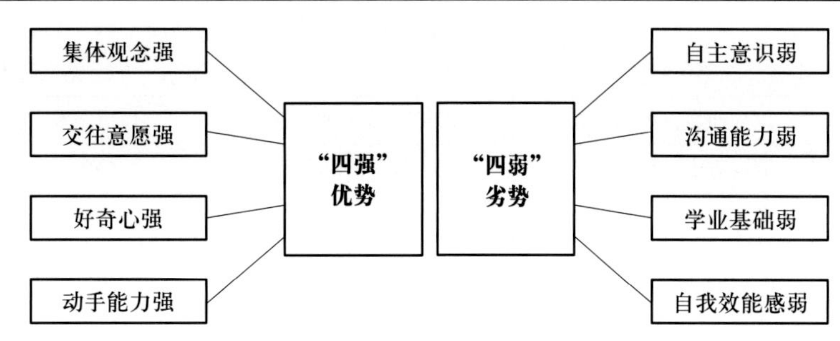

图 2　班级优劣势分析

（三）重点关注领域

1. 坚定理想信念：幼师是儿童的第一位老师，需要将个人理想与祖国前途、民族命运联系起来，确立为国育幼的信念和决心。班级仅有 1 名团员，应对全班加强思想政治教育，引导学生树立远大理想信念，坚定不移地走技能成才、技能报国之路。

2. 强化专业素养：作为幼儿教育专业的学生，需要具备相应的职业素质与能力，具有终身学习的意识，能够适应时代的发展变化，不断提升职业能力。

3. 培养综合素养：学生在初中阶段的教育侧重文化课，参与社会活动较少，人际交往、沟通、解决问题能力方面都需要提升。“一专多能”是幼师的职业要求，“一专”指的是幼教工作的一个“中心”——幼儿，“多能”是紧紧围绕“幼儿”履行职责的综合能力。

4. 引导家校共育：著名心理学家郝滨老师曾说“家庭教育是人生整个教育的基础和起点”，班级部分学生家庭教养方式存在问题，需要通过正确的家庭教育指导，促使家长和班主任在育人方式方法、育人目标上达成共识，从而达到家校共育的目的。此外，班级的家庭教育指导工作能够间接地影响学生，帮助学生建立正确的家庭教育观念，为日后做好儿童的家庭教育指导工作打下良好基础。

四、建设目标

彩蝶班的班级建设目标是以学院人才培养方案及《幼儿园教师专业标准》为指导，培养德智体美劳全面发展，具有“五心”“四核”“四有”的合格幼师。

（一）班级整体发展目标

建多元绽放彩蝶班，育爱童护童“真幼师”。

（二）班级育人总目标

班级以培养信念坚定、阳光健康、一专多能的“四有”好老师为育人目标。

（三）班级发展阶段性目标

根据班级发展总目标和班级育人目标，结合幼师专业特点，制订出三个班级阶段性发展目标，并以破茧成蝶的历程，视觉化地呈现出来。班级整体发展目标、学生发展目标及各个发展阶段的重点工作目标根据班主任工作五大职责、学生的阶段性发展特点来设定。目标体系见表 2、表 3。

表 2　班级发展阶段性目标

	第一阶段——勤勉结茧	第二阶段——奋力破茧	第三阶段——化蝶飞舞
班级目标	创建阳光自信彩蝶班	打造善学练技彩蝶班	绽放拼搏出彩彩蝶班
学生目标	筑“五心”、养师德、强使命	炼“四核”、修师德、展才艺	塑“四有”、行师风、绽光芒

续表

表 3　班主任工作阶段性目标

	第一阶段	第二阶段	第三阶段
思想工作	以心迎新，善养身心	以行践知，勤养德行	以信立本，毓养师志
班级管理	同议班事，勠力同心	同绘班图，竭力争先	同铸班魂，齐心创优
班级活动	激发活力，培养兴趣	挖掘潜力，培育特长	综合优化，创出品牌
职业指导	认识自我，培养情怀	提升自我，强化技能	超越自我，践行师风
沟通协调	家校互通，共育赋能	校企互联，共勉成长	资源互融，共拓新篇

五、建设实施过程

（一）构建“五蝶三阶”建班育人模式

运用积极心理学和多元智能理论，围绕班级建设育人目标，通过学生思想工作、班级管理工作、组织班级活动、职业指导工作、沟通协调工作班主任五大职责开展班级建设实施工作。“彩蝶班”班级建设整体规划如图 3 所示。

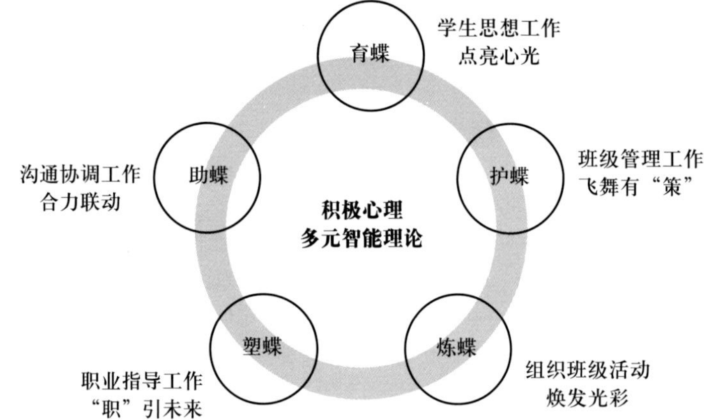

图 3　“彩蝶班”班级建设整体规划图

（二）建班育人策略和特色育人项目

1. 育蝶——学生思想工作

（1）育人策略

“育蝶”之育人策略如图 4 所示。

图 4　“育蝶”之育人策略

（2）特色育人项目

①“星光引路”——理想信念教育红色系列活动

第一阶段：红色研学有感悟。开展“读懂红色广州”活动：到广东革命历史博物馆、“团一大”纪念馆等

续表

红色打卡点，邀请团员作为小导师，为班级学生讲解广州红色历史，在“小打卡”小程序用图文并茂的方式记录研学心得体会。该活动不仅能增进学生对红色文化的理解和认识，同时也让他们更熟悉广州，对这座城市多一份热爱。

第二阶段：党史教育趣生成。组织策划庆祝建党一百周年特别活动：“寻找红色足迹”沉浸式党史竞赛游戏。引导学生在活动过程中了解党的百年历史，从中汲取奋进的力量，立志做社会主义事业建设者和接班人。

第三阶段：感恩祖国有行动。“致敬祖国”系列活动：邀请市团校老师授课，引导学生树立“青春心向党、建功新时代”的壮志；组织学生到广东革命历史博物馆做红色讲解员，到幼儿园开展“扣好第一粒扣子”志愿服务活动，为学龄前儿童讲红色故事，培养学龄前儿童的爱国情感；鼓励学生参与“资助征文活动”，将祖国资助读书的心路历程用笔墨写下，感恩祖国。

②“飞舞计划”——引导学生自我认知

第一阶段：工具助力定目标。帮助学生利用 DISC 工具初步了解自身性格特征和特质，同时开展“生命之花”目标设定活动，引导学生尝试为自己设定清晰目标，正确认识自我，有效把握自我。

第二阶段：评价分析知优长。组织赏识教育系列活动，如“诚心‘橙’意”班级活动，用一个个橙子引导学生传递相互之间的赞美和正面评价；联合科任老师、生活老师、社团指导老师共同给学生评价，通过综合评价引导学生正确地对自己的知识、能力、个性、特长等方面进行分析，确定最适合的发展方向。

第三阶段：学习榜样明方向。每周一开展“时事热点我来讲”活动，有效利用共青团中央微信公众号平台学习青年榜样事迹，引导学生将个人期望与社会需求有效结合，把国家经济发展、政治形势、就业政策导向、行业发展前景、职业发展、岗位要求等客观要求与个人主观愿望有机统一起来。

2. 护蝶——班级管理工作

（1）育人策略

“护蝶”之育人策略如图 5 所示，班级文化建设方案见表 4。

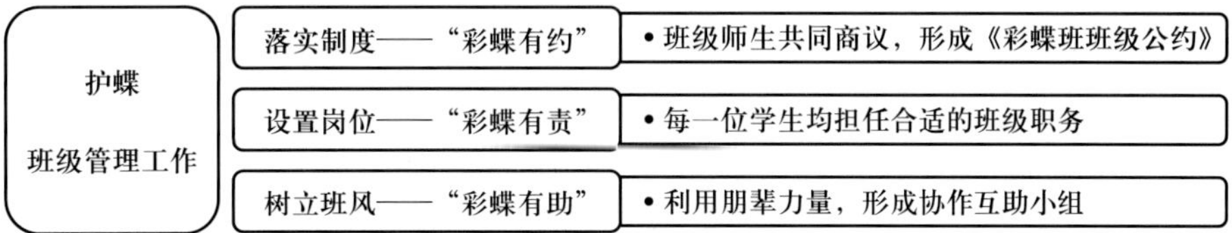

图 5　“护蝶”之育人策略

表 4　班级文化建设方案

● 班级精神文化建设

组织班级学生积极投稿，经投票诞生一系列班级精神文化建设的内容

班徽：

儿童是祖国的花朵，班级将幼师比喻为“彩蝶”，与花朵是互助互美、互相成就的关系

班级口号：向阳飞舞，成就最美自我

班歌：《做自己的光，不需要太亮》

● 班级制度文化建设

根据人才培养方案要求、班级发展目标，经过班级集体讨论，产生了《彩蝶班班级公约》。每学期评选出“荣誉三蝶”——即善学青凤蝶（智育）、活力红珠蝶（美育、体育）、美德玉带蝶（劳育、德育），促进学生德智体美劳全面发展（见表 5）

续表

续表

表 5　激励制度："荣誉三蝶"

善学青风蝶			
出勤率 ——学生评	专业突出 ——教师评	课堂表现 ——师生评	示范引领 ——师生评
出勤率需达 100%	期末考试每科均达 85 分以上	积极回答问题，精神状态良好，专心致志	需担任一定的班级职务，并起到良好带头作用
活力红珠蝶			
活力参与 ——师生评、自评	才艺体育 ——教师评	阳光健康 ——师生评	参赛情况 ——教师评
每学期需参加 5 个以上活动，并策划班级活动 1 个以上，评价反馈为优秀	至少有一项擅长的才艺技能，体育参与为优秀	与同学相处融洽，用良好的精神面貌感染他人，指标好评度需达 80%	至少获得一项校级比赛荣誉，且有获奖成绩
美德玉带蝶			
礼仪素养 ——师生评、自评	劳动素养 ——教师评、宿舍评	志愿服务 ——自评、社会评价	担当有为 ——师生评
文明礼貌，礼待他人，教师、班级同学好评度需达 80%	劳动委员、生活老师打分，平均分需满足 90 分以上	每学期志愿服务时长达 20 小时以上，服务反馈积极良好	在班级工作中主动承担重任，帮助老师和同学，好评度达 80%

个性化学习小组：成立"多元战队"，激励学生挖掘潜力、提升技能、拓展能力。

战队名称	特长及兴趣
活力战队	擅长体育、舞蹈方面
翰墨战队	擅长书法、美术方面
美声战队	擅长唱歌、乐器方面
巧匠战队	擅长手工、科学方面
神笔战队	擅长写作、短文编辑方面
视觉战队	擅长视频创意、视频制作方面

续表

续表

班级岗位设置：班级 33 人，共设置了 46 个班级岗位，每人承担 1 ~ 2 个岗位，实现人人有事做，人人能做事。

● 班级物质文化建设

遵循的原则	建设要点
人性化原则	用学生视角看世界，充分尊重学生的个性和需要
快乐原则	营造轻松活泼、有童趣的班级氛围，使学生在学习过程中保持愉快的情绪，有利于师生情感互动
爱心原则	建立亲切、包容、真诚的班级形象，班级集体与学生个人建立亲密关系
生动原则	根据学习生活动态情况进行相应的布置，让学生在学习过程中享受到成功的喜悦

（2）特色育人项目

①“做自己的光”——高效自我管理专题育人特色项目

第一阶段：定岗定责共成长，激发学生内在的自我管理动力。以“一个不能少”为原则，落实班级人人有岗位或任务。根据维果斯基的“最近发展区”理论，把握好每位学生承担的工作难度系数、任务量及任务内容。

第二阶段：管理措施齐施展，营造自我管理的环境。号召学生自觉履行《彩蝶班班级公约》，开设“礼仪伴我行”礼仪课堂，采取多种方式激励。利用社交规则、礼仪和习惯来约束行为，并发挥优秀学姐的榜样力量，引导学生养成主动自我管理的良好行为习惯。

第三阶段：良性循环可持续，推动自我管理走上正轨。组织学生为其他同学写评语，反馈学生自我管理的效果。

②“以己为师”——自主学习专题育人特色项目

第一阶段：营造浓厚学习氛围。教师与学生共同完成课室环境氛围和宿舍氛围布置，营造清爽整洁的学习环境。在日常生活中，发现学生良好面貌时及时给予精神上和物质上的双重正面激励。每月公布“荣誉三蝶”竞争排行榜，激励学生互相学习，争先创优。

第二阶段：强化良好学习习惯。指导学生制订短、中、长期目标，分配好每日学习和生活的时间，固定专门的学习时间、户外运动时间、娱乐时间。运用“番茄时间管理方法”学会高效时间管理。

第三阶段：开发无限学习潜能。通过研读和熟悉幼教人才培养方案、幼儿园招聘信息，激发学生的职业意识，进一步明确学习目标。通过开展“以积极思维，克服不良情绪”主题班会课，帮助学生改变消极的思维模式。

3. 炼蝶——组织班级活动

（1）育人策略

“炼蝶”之育人策略如图 6 所示。

炼蝶

组织班级活动

活动品牌——设计出彩	• 创设班级特色品牌活动，建活力四射班集体
培养特长——才艺出彩	• 班内组建“多元战队”，校内参加多彩社团
锻炼能力——实践出彩	• 组织学生参与校内外实践活动，锻炼综合能力

图 6 “炼蝶”之育人策略

续表

续表

（2）特色育人项目

“彩蝶共舞”——集体意识专题育人特色项目

第一阶段：精心设计班级活动。组织学生开展班内特色小活动，如班级生日会、中秋节、端午节、元旦等班级活动，通过班级活动营造彩蝶班温馨和谐的班级氛围，促使学生愿意在这个集体中共同生活，认可彩蝶班，喜爱彩蝶班。

第二阶段：积极参与校园活动。组织学生参加各类校园文化活动，如运动会、诵读比赛、拔河比赛、文娱活动等，在活动中进一步明确班级奋斗目标，凝聚班级力量。

第三阶段：主动投身社会实践。根据学生所长联系各平台，报名参与志愿者工作，如博物馆红色文化讲解员、市文化馆文旅活动志愿者、市图书馆市民美育活动志愿者、街道社区法制宣传教育志愿者等，将“小我”融入“大我”，拥抱集体，服务社会。

4. 塑蝶——职业指导工作

（1）育人策略

“塑蝶”之育人策略如图 7 所示。

塑蝶 职业指导工作	培养技能——“引进来”	• 邀请毕业生、专业人士指导专业学习
	专业应用——“走出去”	• 带领学生走向工作岗位，在实际工作中锻炼本领

图 7 “塑蝶”之育人策略

（2）特色育人项目

①“花开有时 衔接有方”——良好社会适应能力专题育人特色项目

第一阶段：集体生活懂合作。组建学生专业化小组团队，如翰墨战队，在书法老师的带领下到广州知名书法协会交流学习，参加行业性比赛，增强团队协作、人际交往能力。

第二阶段：专题课堂学技巧。开展“大咖微课堂”活动，邀请专家针对学生需要具备的社会能力，如沟通技巧、写作技巧、社交礼仪等，开展专题讲座。

第三阶段：见习实践练本领。组织学生到幼儿园、学前教育机构开展见习实践锻炼，帮助学生提前接触社会，做好进入社会的准备。

②“成就精彩的自己”——个性发展专题育人特色项目

第一阶段：加入战队共钻研。根据学习兴趣和自身特长优势，进入多元战队学习小组，共同学习，共同钻研。

第二阶段：参与社团拓才能。引导学生加入专业化社团，有效发挥自己的优势，在社团平台上继续挖掘潜能，经过专业指导，在钻研的领域中继续拓展。

第三阶段：借助资源创赛道。利用霍兰德职业兴趣测评方法，帮助学生认识自己的个性适合什么类型的工作和岗位。对接适合学生发展的平台，进一步利用企业和社会的专业力量辅助学生在个性化发展道路上前行。

5. 助蝶——沟通协调工作

（1）育人策略

“助蝶”之育人策略如图 8 所示。

助蝶 沟通协调工作	家校共育——“同心圆”	• 通过家庭教育指导工作，实现家校共同成长
	链接资源——“建桥梁”	• 链接社会平台和企业资源，让学生有更广阔的上升空间

图 8 “助蝶”之育人策略

续表

续表

（2）特色育人项目

“青春自护　你我同行”——有效安全自我防护与危机应对能力专题育人特色项目

第一阶段：携手家长共守护。与家长沟通，了解学生的身体情况，重点提醒需要格外关注的学生做好自我安全防护工作。召开“青春自护　你我同行”主题班会，邀请不同工作岗位的家长作为班会特邀嘉宾，讲解外出时应该如何做好安全自我防护工作和应对危机。

第二阶段：实践锻炼增能力。带领学生到学校附近的社工站参与“我为群众办实事——安全知识宣传”志愿服务活动，为市民宣传安全知识，在教中学、学中教，增强了学生的自身安全意识。同时组织学生学习心肺复苏急救技能，并进行测试和比赛，锻炼帮助他人的能力。

第三阶段：护童护己强使命。组织学生到幼儿园、学前教育机构见习，向小朋友宣传安全自我防护知识。采访幼儿园骨干教师，学习在工作过程中如何做好安全防护工作，以及应对危机的措施和方法。

（三）建设实施过程

班级建设实施过程见表 6。

表 6　班级建设实施过程

工作内容	第一阶段	第二阶段	第三阶段
学生思想工作	以心迎新，善养身心	以行践知，勤养德行	以信立本，毓养师志
	1. 拉近师生心距离 开设班主任“心晴邮箱”，与学生谈心谈话 建立心理工作档案，与心理老师密切联系，跟进学生心理动态变化	1. 女生情感重引导 本班女生大多处于 16 ~ 17 岁年龄阶段，围绕该年龄段其心理和生活上所遇到的问题召开心理教育、情感教育主题班会，如“不从众，做自己”“什么是爱”“女生之间的话题”等主题	1. 心晴能量日积蓄 坚持开展“心晴十分”心理健康活动，每天 10 分钟，由班级心理辅导员带领完成，通过正念练习、互相对话等调节个人情绪
	2. 赏识教育立自信 如开展“诚心‘橙’意”赏识教育活动，学生通过说出对他人的赞誉和夸奖，促进班级学生互相了解、互相欣赏，让每一位同学都被看见，有助于树立良好班风	2. 学习榜样强技能 每周在班会课开始前，开展“技能之光——榜样学习”活动，用 8 分钟组织学生观看世界技能大赛获奖选手及本校参加各类竞赛获奖学生和优秀毕业生的先进事迹视频，利用榜样的力量营造勤练技能、精益求精的学习风气	2. 主题班会助乐业 召开“敬业精神我传承”系列主题班会，培养学生的敬业精神、责任意识，如“张桂梅思政大讲堂——信仰的力量”主题班会，学习张桂梅在平凡的岗位上干出不平凡的成就

续表

续表

续表

工作内容	第一阶段	第二阶段	第三阶段
学生思想工作	3. 积极适应新环境 开展“积极心理，澎湃心流”活动，邀请师姐（心理社骨干）为班级学生开展“新的相遇，爱的同行”入学适应性团体辅导活动	3. 书与远方启心智 开展“书与远方”读书分享活动，如阅读《故宫六百年》，以书会友，分享自己的阅读感悟，进一步丰富知识、开阔视野、滋养精神、熏陶情操	3.“三生教育”护成长 开展生命教育、生存教育、生活教育，引导学生形成正确的生存意识，掌握生存规律与本领。帮助他们确立生活目标，纠正错误生活方式，树立正确生活理念和对美好生活的向往
	4. 红色研学有感悟 组织班级学生开展“读懂红色广州”活动，到广东革命历史博物馆、“团一大”纪念馆参观学习，在“小打卡”小程序写下研学心得体会，并附上精彩照片，同时也让他们更熟悉广州	4. 党史教育趣生成 组织“寻找红色足迹”沉浸式党史竞赛游戏，了解党的百年历史，从中汲取奋进的力量，立志做社会主义事业建设者和接班人	4. 感恩祖国有行动 开展“致敬祖国”系列活动，争做红色讲解员，组织获得助学金的学生参与“资助征文活动”；邀请市团校老师授课，帮助学生树立“青春心向党，建功新时代”的壮志
班级管理工作	同议班事，勠力同心	同绘班图，竭力争先	同铸班魂，齐心创优
	1. 彩蝶班文化齐共创 以实现“人人有事做，人人能做事”为目标，根据幼儿教育人才培养方案，制订《彩蝶班班级公约》，并通过投票产生系列班级文化制度，用“彩蝶榜”激励表现先进的学生	1. 多元战队促才艺 组建多元学习战队，如活力战队、翰墨战队、美声战队、巧匠战队、神笔战队、视觉战队，互相学习互相促进	1. 干货培训强技能 邀请专家为班级学生开展沟通技巧、时间管理等主题讲座
	2. 定岗定责共成长 以“一个不能少”为原则，落实班级人人有岗位或任务，根据维果斯基的“最近发展区”理论，把握好每位学生承担任务的难度系数、任务量及任务内容	2. 环境氛围显成长 在班级文化墙上张贴榜样先进事迹和学生的个性座右铭，并向全班学生征集自行设计的书法、手工、绘画作品，体现专业特色	2. 测评能力有规划 班主任和科任老师组成评委小组，通过面试考核预演方式对学生的幼师专业能力进行测评，作出客观评价，帮助学生更加了解自己所处的阶段
	3. 法制教育有输出 邀请学院学生法制宣讲团开展安全教育知识宣传；利用班会、学院公众号帮助学生强化安全意识；组织安全知识宣传小视频制作	3. 参与社团拓发展 鼓励学生加入各种学生社团，激发学习兴趣，锻炼能力	3. 彩蝶齐飞有指导 指导学生根据当前情况确立发展路径，助力学生通过在学生组织中的锻炼获得能力提升，促进学生在校期间目标达成

续表

续表

续表

工作内容	第一阶段	第二阶段	第三阶段
班级管理工作	4. 宿舍管理有帮扶 邀请学姐指导宿舍生活，举行“10分钟床铺大变身”比赛，利用朋辈互助作用实施“结伴互助”计划	4. 安全教育强渗透 组织学生创编情景剧，通过“剧”说安全做好防诈骗、防溺水等安全教育	4. “四自”教育能落实 班级实行自主管理，每名学生自觉管理好自己，每位班级干部自主履行好自己的职责，班级事务每天有反馈，形成良性循环，班主任由主导者变为指导者
组织班级活动	激发活力，培养兴趣	挖掘潜力，培育特长	综合优化，创出品牌
	1. 活动策划能主导 由学生主导、班主任指导开展各类活动，如班级生日会、端午节活动、中秋活动等。班主任指导学生撰写班级活动方案，并择优选用，训练学生组织策划能力	1. 校园活动凝班心 组织班级参加校园文化体育节、艺术节活动，通过参与的班级大合唱、趣味运动会等集体活动促进班级团结	1. 高质平台拓视野 与市文化馆联系，组织学生参与文旅志愿服务工作；与市图书馆联系，组织学生参与读书活动；与市礼仪协会联系，组织学生周末参与礼仪培训
	2. 艺动生活迎朝阳 开展有艺术特色的早起运动活动，把学生喜欢的舞蹈元素融入早操，通过舞蹈早操改变学生不爱运动的坏习惯，实现强身健体的目的，还能成为校园一道美丽的风景线	2. 精彩活动有记录 如开展“点滴美篇制作”活动时，组织学生用“美篇”生成每次活动记录，训练学生多媒体应用能力	2. 服务企业精专能 与幼儿园联系，组织班级学生协助幼儿园完成手工、美工等任务
	3. 知礼行礼立品行 邀请礼仪社学生每周为班级同学开展一次礼仪指导，不断强化立品德、行礼仪的意识	3. 才艺比拼争上游 开展“最IN才艺大比拼”班级才艺展示活动，各才艺战队拿出最精彩的作品进行比拼，训练学生才艺及审美能力，并邀请专业老师和其他班级学生评审打分	3. 举办展览展才华 组织学生举办“彩蝶作品展”活动，邀请师生参观，促进学生在专业技能上的提升
	4. 多维拓展懂交往 针对班级女生多的特点，在专业教练的指导下，依托学院的拓展训练基地开展“信任你，走进你，齐成长”青春期交往拓展活动，引导学生学会交往、健康交往	4. 志愿服务能奉献 与学校所在街道沟通和联系，组织班级学生参与志愿者服务活动，培养学生奉献精神，如参与街道社工站“暖心服务月”主题活动志愿服务	4. 爱心传递有温度 开展“学史力行，技能报国，助力乡村振兴”活动，为旧村落美化外墙，改善生活环境，助力乡村振兴；参加为儿童读红色绘本、做手工红船的志愿服务活动

续表

续表

续表

工作内容	第一阶段	第二阶段	第三阶段
职业指导工作	认识自我，培养情怀	提升自我，强化技能	超越自我，践行师风
	1. 清晰课程立目标 介绍幼师四年课程，解析每一门课程的培养目标，帮助学生明确学习目标	1. 参观学习拓眼界 组织参观省、市、区、街道的幼儿园，让学生了解不同类型和层次幼儿园的差异；参观早教机构，了解早教机构的办学情况和教师需求	1. 故事分享传力量 组织“那些老师那些话”系列分享会，邀请学生喜爱的老师分享自己经历过的趣事和成长的故事，让学生能从老师身上学习奋斗的精神，汲取前进力量
	2. 一人一档累硕果 指导学生做好职业规划，建立学生成长档案，内容涵盖学生入学成绩、学期总结、成绩单、获得奖励等，为学生走向工作岗位准备好简历	2. 积极参赛促成长 组织参加幼儿教育教师比赛和讲故事、舞蹈、绘画等专业技能比赛	2. 岗位分析利就业 组织学生参加“职掌未来”岗位分析大赛，通过参赛增强对本专业及就业形势的认识，与名企和职场精英面对面交流
	3. 研读文件明方向 组织学习《国务院关于当前发展学前教育的若干意见》《新时代幼儿园教师职业行为十项准则》等文件精神，让学生了解专业发展前景和行业要求，提升专业认同感	3. 招就老师来助攻 邀请招就处老师为学生讲解当前企业人才需求情况，对标幼教人才培养方案，使用“平衡轮”工具找到差距，生成行动指南	3. 撰写简历助优化 组织学生制作个人简历，并邀请专家进行指导，通过优化简历提升竞争力，强化职业规划意识，增强学生就业自信
	4. 聘请导师强信念 聘请幼儿园园长、优秀毕业生做职业导师，开展职业规划讲座，增进学生对职业的认识，提升学生职业能力	4. 榜样师姐言传身教 邀请优秀毕业生传授成长和就业经历，发挥朋辈力量	4. 实践锻炼助就业 组织学生利用周末和假期到幼儿园或早教机构开展短期实践。通过实践，加强学生与单位之间的联系
沟通协调工作	家校互通，共育赋能	校企互联，共助成长	资源互融，共拓新篇
	1. 家校携手有信任 与每一位家长联系，了解家庭情况，并通过问卷调查方式了解家庭结构、家长职业信息和学生基本情况	1. 记录反馈显成长 坚持《家校沟通手册》的记录，通过与家长沟通，收集学生在家情况，跟进记录学生成长变化	1. 考证鉴定获资质 协调学院技能鉴定中心做好学生幼教资格考证准备和保障工作

续表

续表

续表

工作内容	第一阶段	第二阶段	第三阶段
沟通协调工作	2. 家庭教育有共识 开展家庭教育指导工作，建立家校共育平台，围绕家长、学生和学校三方的需求，共同创造良好的育人环境，共同解决学生成长过程中面临的问题	2. 教育微课共成长 针对班级学生家庭教育遇到的难题，运用教育学、心理学的知识为家长制作家庭教育微课，方便观看，助力家庭教育的顺利开展	2. 加强联系促就业 学院招生就业处老师、系部专业教师推荐就业单位，提升毕业生就业成功率
	3. 联手老师固根基 跟班听课，与科任老师密切联系，把班级工作的目标和重点与各科任教师沟通，形成教育合力，共同促进教育效果	3. 多方协调有联动 向科任老师、所在社团的指导老师、生活宿舍老师了解学生情况，及时发现问题、解决问题	3. 参与仪式增感情 邀请家长参加学生成人礼活动和毕业晚会
	4. 校企携手共助力 定期组织班级学生参加幼儿园实践活动，体验职业过程，帮助学生明确职业方向	4. 企业动态要跟进 了解当前幼儿园、早教机构在用人方面的痛点和需求，着重培养学生相应能力	4. 家校企跟进服务 定期走访实习企业，密切校企沟通，了解学生实习情况，及时做好跟踪服务

六、建设成效

1. 凝心聚力扬正气。班级风气正，班级关系融洽，生生关系、师生关系和睦。班集体、学生所获奖项、荣誉颇丰。班级两次被评为学院“优秀班级”，班级宿舍 5 次被评为“优秀宿舍”，班级大合唱荣获一等奖。班级同学们响应“一人一社”的要求，全部参与到学生社团以及学生会、团总支的工作中。班级学生思想端正，品德优良，积极进取，新增团员 3 名，累计有两名学生被评为“优秀团员”，9 名学生被评为“优秀学生干部”，16 名学生被评为“社团先进个人”，班级平均每学年总计志愿服务时长达 726 小时。学生积极参赛，以赛促能，一名学生在广东省技工院校科技发明与创新大赛中荣获二等奖，学生获得校级以上奖项总次数达 72 次。

2. 专业过硬本领强。班级学风好，多次进行校级公开课，观摩的老师对班级学生的表现好评如潮。班级科任老师多次表扬班级学生在课堂上积极踊跃，能够配合专业学习。班级有 28 名同学在“当代杯”全国幼儿教师职业技能大赛获得奖项，其中一等奖作品 12 个、二等奖作品 20 个、三等奖作品 12 个、优胜奖作品 6 个。

3. 彩蝶齐飞展风采。班级活跃度高，班级学生在学习和活动方面都非常积极。全班同学均参加了学生会、社团等学生组织，并且有出色表现，在学生组织中成为骨干的人数比例高达 60%。他们在各自的岗位和领域中绽放光彩，呈现出班级彩蝶齐飞的景象。

4. 家校共育见成长。家校共育是班级的重点关注领域，有效的家庭教育指导工作收到了成效。重点关注的学生均有明显的正向变化，与家长携手，共同帮助患有心理疾病的学生攻克难关，积极治疗，使学生逐渐恢复正常，回归校园。班级学生家长对班级工作非常认可，配合度高，经常在微信群对班主任表达谢意，对学院和班级工作表示支持和理解，全力配合班主任开展各项育人工作，携手画好家校共育的“同心圆”。

续表

<table>
<tr><td>5. 班主任蝶飞蜕变。由于踏实做好育人工作，班主任的育人工作获肯定与好评，连续两个学期被评为学院“优秀班主任”，并在学院德育工作总结大会上分享组织班级活动心得体会，多次成功进行市级、校级公开课。从一开始由于家长质疑而忐忑不安，到通过学习培训拿到家庭教育指导证书，运用专业知识与家长共同成长；从教育手段单一到能够带领学生参与校内外丰富多彩的实践活动，班主任自身成长非常快。未来，将继续不懈努力，带领学生共同进步，用榜样的力量点亮学生心中明灯，与学生同向同行。</td></tr>
<tr><td>七、反思与改进</td></tr>
<tr><td>（一）特色与亮点
1. 彩蝶文化有“亮度”。“彩蝶班”结合班情、学情及专业特点，将班级发展目标视觉化地用“勤勉结茧、奋力破茧、化蝶飞舞”呈现。围绕班级喜爱的形象“彩蝶”制订了一系列管理措施，如奖励机制设置为“荣誉三蝶”，班级特色育人活动确立为“飞舞计划”等，构成了“彩蝶班”的文化特色。彩蝶破茧成蝶的形象深入人心，便于学生形成一致的理解，共同朝着班级发展目标、育人目标努力飞舞，使班级的各项工作得到了“彩蝶”们的全力配合。
2. 成长空间有“广度”。班级建设过程中，坚持以团建带班建，密切联系校内外学习和实践资源，如先后联系市文化馆、市图书馆、市团校、市博物馆、幼儿园、早教机构等社会资源，帮助学生开拓视野，锻炼综合能力。
3. 多元培养有“精度”。为实现“建多元绽放彩蝶班，育爱童护童真幼师”班级建设整体目标，在班级管理中运用多元智能理论帮助学生找到各自擅长的领域，并利用多元战队学习小组深挖潜能，最终实现了每一位学生都有所专长，在擅长的领域里做专做深做精，创造了人生出彩的机会。
（二）不足与改进
在班级建设过程中，难免会有疏漏或未能及时处理的问题。在家校共育方面给予家长的指导还需要持之以恒，在校企共育方面需要加强与企业的沟通交流，建立定期和不定期的沟通机制，通过更多的线上线下沟通、走访座谈，最大化地提升家校企共育的效果。正如陶行知先生所说，“捧着一颗心来，不带半根草去”，在班主任这个平凡的岗位上，将继续带着最赤诚的热情，为爱启航，带领学生续写“彩蝶班”多元绽放的新篇章。</td></tr>
</table>

主题班会设计方案：全心“权益”做护苗使者

广州市公用事业技师学院　何京亚

<table>
<tr><td>主题班会类别</td><td>法制意识教育</td><td>课时</td><td>2</td></tr>
<tr><td>班级所属专业名称</td><td>幼儿教育</td><td>班级名称</td><td>2021 级幼儿教育 2 班</td></tr>
<tr><td>主题班会名称</td><td colspan="3">全心“权益”做护苗使者</td></tr>
<tr><td colspan="4">一、班会背景</td></tr>
<tr><td colspan="4">（一）国家层面
习近平总书记指出：“教育是国之大计、党之大计。要从党和国家事业发展全局的高度，坚守为党育人、为国育才。”《中华人民共和国学前教育法（草案）》指出，学前教育是终身教育的起点，是重要的社会公益事业，关系亿万儿童健康成长，强化法治保障十分重要。增强公民的法律意识，对我国建设法治国家具有重要的意义，人民教师作为知识的传播者，更应该学法、懂法、守法。
（二）教育层面
法制教育是德育的重要内容，是学生树立法制意识，增强法制观念的重要途径。习近平总书记在给中国儿童中心成立 40 周年的贺信中指出：“希望你们发扬光荣传统，团结广大儿童工作者，做儿童成长的引路人、儿童权益的守护人、儿童未来的筑梦人。”幼儿教师不仅是对儿童实行教育的重要人员，更是儿童权益的实际维护者，培养具有良好职业道德和社会责任感的符合学前教育事业改革发展需求的高素质、高技能人才至关重要。
（三）班级学生层面
在班会前开展的问卷调查中发现，91% 的学生对儿童权益的内容不了解，63% 的学生对幼师在维护儿童权益的责任上认识不正确。班级学生年龄平均为 16 岁，就业时年龄也只有 20 岁左右，需通过法制教育活动不断提升学生的法律责任意识和保护儿童权益的责任意识，引导学生正确认识和理解幼师的职业道德。</td></tr>
<tr><td colspan="4">二、教育目标</td></tr>
<tr><td colspan="4">根据课程目标和对学生的分析，教育目标分为认知、情感和行动三方面目标，从知道和了解儿童权益的知识内容入手，融入专业元素，通过活动内化培养学生对专业的认同和教育儿童、保护儿童的职业道德素养，唤醒为党育人、为国育人的责任与担当，从而担起时代重任，践行幼教使命。
1. 认知目标：帮助学生了解儿童权益的相关知识，提高对儿童权益的认识，提高科学教育行为的辨识能力。
2. 情感目标：激发学生守护儿童的情感，培养守法守纪的意识，唤醒爱护儿童的爱心，引导学生做儿童权益守护者。
3. 行动目标：能够将保护儿童的意识融入幼师工作中，为儿童办实事，践行“课后任务”护苗大行动，积极参与保护儿童权益宣传活动和志愿服务。</td></tr>
<tr><td colspan="4">三、设计思路</td></tr>
<tr><td colspan="4">班会从“导、知、情、意、行、拓”六个步骤，通过“课程育人、活动育人、实践育人、协同育人”等多种育人途径，全面立体地培养学生法制意识。班会设计思路如图 1 所示。</td></tr>
</table>

续表

全心“权益”
做护苗使者
导
“权”非儿戏
激发兴趣
知
知“权”懂法
趣学知识
情
“权”情倾入
案例分析
意
“权”心守护
榜样示范
行
“权”利以赴
实践探究
拓
“权”意护苗
志愿服务

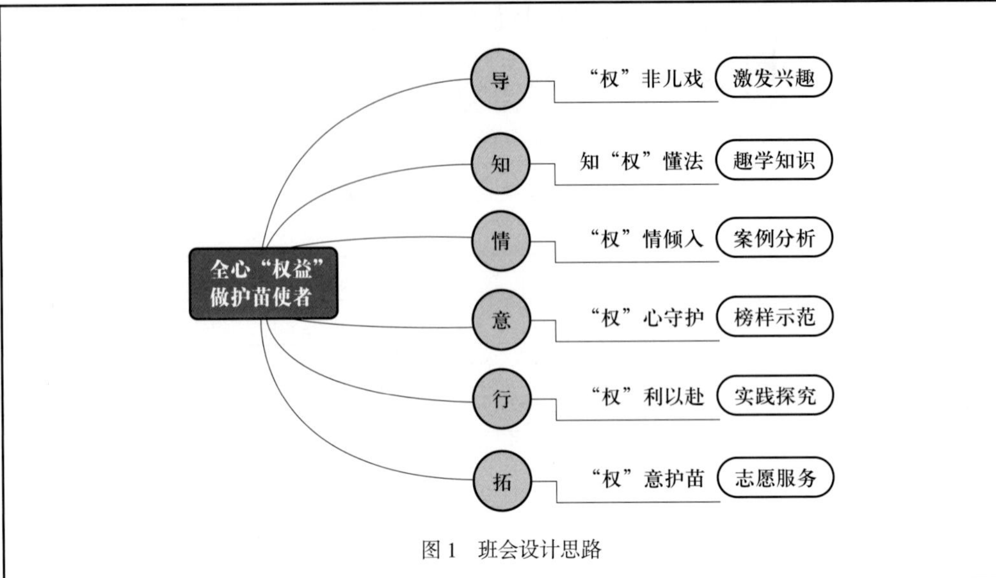

图 1　班会设计思路

四、班会准备

（一）教师准备工作

教师准备工作流程如图 2 所示。

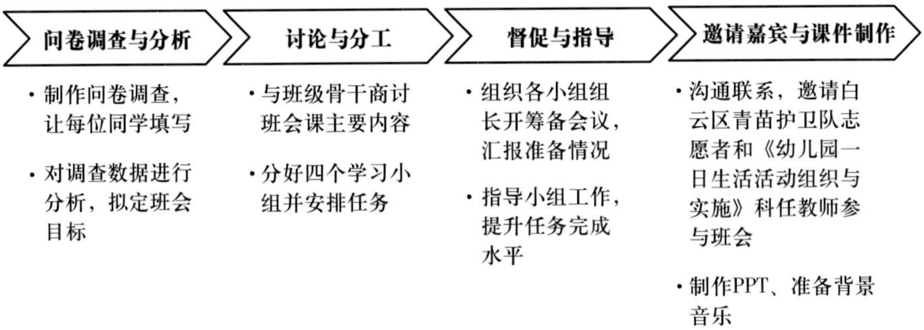

问卷调查与分析
·制作问卷调查，让每位同学填写
·对调查数据进行分析，拟定班会目标
讨论与分工
·与班级骨干商讨班会课主要内容
·分好四个学习小组并安排任务
督促与指导
·组织各小组组长开筹备会议，汇报准备情况
·指导小组工作，提升任务完成水平
邀请嘉宾与课件制作
·沟通联系，邀请白云区青苗护卫队志愿者和《幼儿园一日生活活动组织与实施》科任教师参与班会
·制作PPT、准备背景音乐

图 2　教师准备工作流程

（二）学生准备工作

学习小组任务书如图 3 所示。

学习小组任务书
“权利”出击小组
1. 排演情景剧《重要的决定》
2. 发放《儿童权利公约》课前学习资料
“权”知全能小组
1. 在情景剧AB剧截取合适的片段
2. 制作儿童权益知识卡片及积分板
爱心爆棚小组
1. 制作“护苗之树”，并准备蝴蝶贴纸、彩笔等物资
2. 寻找并下载适合“权利”以赴环节的背景音乐
爱力无穷小组
1. 跟进实践作品，上传平台“诣流FLOW”
2. 统计获奖情况

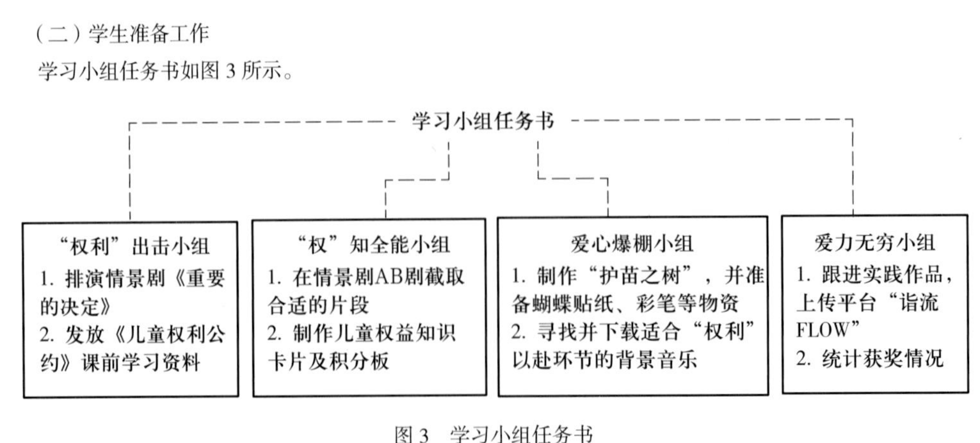

图 3　学习小组任务书

续表

（三）场地布置

班会场地布置如图 4 所示。

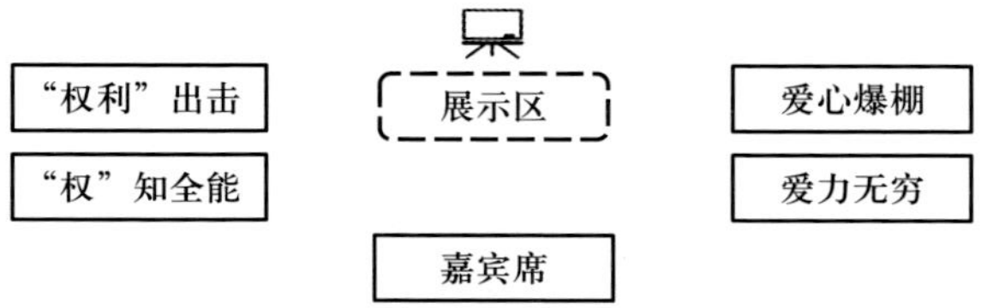

展示区
“权利”出击
“权”知全能
爱心爆棚
爱力无穷
嘉宾席

图 4 场地布置图

五、班会内容与过程

班会环节	班会课内容	教师活动	学生活动	设计意图	手段方法
课前任务	1. 利用问卷星进行调查 2. 各小组完成课前任务 3. 准备课前物料	1. 分析课前问卷星调查结果，了解学情 2. 组织学生分小组、起组名、分任务 3. 发放《儿童权利公约》学习资料	1. 填写问卷星 2. 各小组完成《学习小组任务书》的具体工作 3. 分小组集体学习《儿童权利公约》，做好课上知识竞赛的准备	通过问卷星了解学生对儿童权益的掌握情况，在任务中锻炼学生组织和自主学习能力	1. 问卷星 2. 自主学习法 3. 任务驱动法
环节一：“权”非儿戏（10 分钟）	导入情景剧，引导学生从幼师角度思考问题，提高学生保护儿童权益的意识	激发学生思考，引出“权益”知识 1. 组织班级观看小组表演情景剧，并提问： “如果你是李老师，你会怎么做？”激发学生思考讨论及发言 2. 引发学生思考，理解守护儿童权益是重要的职业道德与责任	真实案例重现，触发保护意识 1.“权利”出击组上演情景剧《重要的决定》 【情景剧概要】 王某找到幼师李老师，说自己开了暑期培训班，正在寻找生源，想用金钱购买班级儿童隐私信息 2. 各组根据提问，发表个人看法和意见	通过学生演绎寓教于乐的情景剧，引出儿童权益的知识点，实现学生的自我教育，激发学生的内在学习动力	1. 情景模拟法 2. 角色扮演 3. 讨论法

续表

班会环节	班会课内容	教师活动	学生活动	设计意图	手段方法
环节二：知“权”懂法（20 分钟）	通过“儿童权益法规阵”的知识闯关活动，学习《儿童权利公约》中儿童的四大权利和基本原则	介绍闯关规则，记录小组积分 1. 介绍知识学习“关卡”规则 2. 记分板呈现小组积分	趣学权益内容，获取知识要点 以小组为单位开展“儿童权益法矩阵”知识关卡的学习	运用富含趣味性的知识学习形式，不断强化、巩固知识。关卡设计难度逐渐递增、循序渐进，利于吸收	1. 任务驱动法 2. 小组合作法
环节三：“权”情倾入（15 分钟）	通过多种形式的活动（参与情景 AB 剧、观看社会儿童受害案件视频、青苗护卫志愿者分享故事、传授法律保护“工具”），促使学生共情，进而产生爱护儿童的强烈意愿	1. 对比故事发展，感受保护儿童的重要性 （1）播放电影《人生大事》的两个片段 （2）介绍情景 AB 剧的游戏规则 2. 播放案例视频引发共鸣 （1）播放当前社会上儿童受害的实际案例视频 （2）引导学生发言，共情表达感受 3. 将青苗护卫志愿者请入课堂，分享法律保护“工具” （1）邀请青苗护卫队志愿者分享护苗经历 （2）播放《儿童权益保护宣传片》，视频内容为披露社会存在儿童被虐待的惨痛现象，呼吁社会关注儿童健康成长，保护儿童权益 （3）组织学生通过寻找正确卡牌的形式认识保护儿童权益的相关法律，了解帮助儿童的社会资源	1. 思辨形成认知，强化儿童权益认识 （1）观看电影片段，通过对比不同抚养方式下孤儿小文的命运，感受儿童权益保护对儿童成长的重要性 （2）用《儿童权利公约》和儿童权益知识对电影片段进行解读，深刻理解“儿童的发展权”和“尊重儿童的意愿”原则的内涵 2. 观看社会实事案件视频，分析案件所侵犯到的儿童权利，并说明个人感受 3. 聆听“护苗”经历，学习“护苗”知识 （1）学生聆听志愿者的分享，观看视频 （2）参与互动游戏，在桌面上寻找知识卡牌，学习保护儿童的相关知识	利用价值澄清理论，让学生澄清自己的价值观，调动学生的主动性、能动性，知道怎样的行为才是保护儿童权益	1. 任务驱动法 2. 播放视频 3. 情景式教学 4. 提问法

续表

班会环节	班会课内容	教师活动	学生活动	设计意图	手段方法
环节四： “权”心守护 （10分钟）	通过现代幼儿教育奠基人陈鹤琴的育人理念和故事，以及身边榜样幼师李老师的工作要点分享，拉近儿童权益保护与自身的距离，感悟保护儿童的使命与担当	1. 引用名人名言，解读幼育精神 引入现代幼儿教育奠基人陈鹤琴先生的名言，引导学生理解‘以儿童为本”理念，在实际工作中将保护好儿童权益落到实处，为做好一名幼师打下基础 2. 紧密联系幼教专业，让护童行动落地 （1）班主任请出“权”知全能组学生代表上台进行短视频介绍 （2）班主任进行点评，让学生意识到保护儿童权益是幼师的义务和责任，是幼师每日工作的重要内容	1. 学习育人故事，感悟幼育精神 （1）各小组抽取“爱力无穷”组制作的陈鹤琴先生的育人故事图卡 （2）观看图片和教育故事，开展小组讨论 （3）各小组代表展示抽取的图卡，讲述育人故事，分享自身的领悟与感受 2. 观看幼师微课，记录工作要点 （1）“权”知全能组学生代表发言，并邀请国际幼儿园的李老师分享在日常工作中如何做好儿童保护工作 （2）播放小组制作的短视频《保护儿童权益——幼师微课堂》 （3）同学们分享收获	通过社会学习和榜样幼师传经送宝，学生汲取了榜样力量，将保护儿童权益纳入自己的价值体系，成为自己信念的一部分，切实掌握在幼师的实际工作中保护儿童权益的要点	1. 讲授法 2. 社会学习法 3. 展示分享 4. 榜样示范
环节五： “权”利以赴 （20分钟）	通过三个活动来总结课堂内容，分别是视觉笔记明要点、“护苗之树”定信念、颁发勋章奖先进	1. 回顾课堂内容，输出视觉笔记 引导学生们用视觉笔记的形式呈现学习成果 2. 邀请专业教师点评小组作品 邀请班级专业课老师点评作品，给出专业意见。评选出最佳作品后，奖励小组积分“心值”1颗，将各组作品张贴在班级文化墙	1. 总结班会知识，绘出视觉笔记 （1）学习的知识融入幼师“一日生活”工作，并用视觉笔记呈现出来，绘画的过程中深刻感受保护儿童权益是要落在实处的行动，而不是一句口号 （2）进行小组作品说明和展示，聆听老师点评	学习儿童权益保护的最终目标是要落到行动中，通过运用感官联想法让学生画视觉笔记；共同种下“护苗之树”来强化保护儿童权益的意识，激发学生的行动意愿，进而更好地向保护儿童权益的行动目标出发	1. 感官联想法 2. 分析点评法 3. 总结提炼法 4. 展示分享 5. 参与式教学法 6. 小组合作法

续表

班会环节	班会课内容	教师活动	学生活动	设计意图	手段方法
环节五： “权”利以赴 （20 分钟）		3. 颁发守护勋章，激励携手并进 根据“护苗积分榜”，为“心值”最多的 4 名同学颁发“守护者勋章”，并给予鼓励的拥抱 4. 总结提炼升华，坚定幼师信念 总结升华，学习习近平总书记对教育工作者殷切嘱托中提到的“要做儿童权益的守护人”，引导学生秉承育人初心，守护祖国幼苗	2. 书写育人思考，增强幼师信心 将班会主题写在蝴蝶形状的便利贴上，并贴在“护苗之树”上（播放背景音乐《感动的爱》）		
环节六： “权”意护苗 （5 分钟）	呼吁学生通过实践行动，做到知行合一，在实践中增长保护儿童权益的知识，锻炼专业能力	发起“护苗”号召，组织学生完成 2 个以上实践活动： 1. 到幼儿园为儿童制作对儿童身心有益的游戏玩具 2. 参与幼儿园环境创设工作 3. 制作普及保护儿童相关法律法规的宣传品 4. 参与青苗护卫队“护苗志愿服务活动”	主动参与实践，上传“护苗”作品 1. 将在实践活动中完成的作品上传小程序“诣流 FLOW” 2. 相互欣赏作品并转发点赞 3. 两周后根据平台点赞情况推选出“最具人气作品”“最佳普法作品”“儿童最喜爱的作品”等奖项	通过课外实践探究活动延伸班会效果，在行动中巩固知识的实际运用，同时进一步加深对守护儿童权益的学习领悟	1. 任务驱动法 2. 公益服务 3. 激励法

续表

六、班会效果

（一）班会目标达成情况

1. 掌握权益知识

学生在“儿童权益法矩阵”中表现积极，各小组竞争激烈且回答准确度高。根据回答的情况可知，学生较好地掌握了儿童权益相关知识。

2. 强化“护苗”意愿

在案例分析中，学生动情、共情，表达了要成为“护苗”使者的意愿。在课后的问卷调查中，学生坚定地表示要成为爱护守护儿童的合格幼师。

3. 践行“护苗”行动

班级学生通过为儿童制作玩具，到幼儿园参与环境创设，参与“护苗”志愿服务工作中，从行动上落实守护儿童的目标。

（二）班会亮点

1. 活动主题体现时代性与专业性

以社会热点事件为切入，引导学生深刻认识到幼师职业道德和职业操守的重要性。法制教育与幼教专业紧密联系，让学生能够明确幼师日常工作中维护儿童权益的行为要求，做到学有所悟、学有所成、学有所用，行稳致远。

2. 活动内容体现知识性与趣味性

在“知‘权’懂法”环节中，运用三个趣味性的知识关卡构成了“儿童权益法矩阵”，关卡难度循序渐进，内容深度层层递进，并运用竞赛机制吸引学生的注意力，激发学生的内驱动力。班会现场学生参与度高，课堂氛围活跃，学习氛围浓厚。

3. 活动过程体现主体性与主动性

班会课灵活运用多种资源，形成了育人合力。在人员方面，既有身边榜样幼师，又有青苗护卫队志愿者、专业课教师，他们用亲身经历给予指导，传授经验。在软件资源方面，通过情景剧、电影片段、音乐等数字化资源以及微信、视觉笔记等多元化线上工具的使用，用有形的活动吸引学生，用无形的教育启发学生，加深了学生的认识与理解。

4. 活动效果体现可测性与实效性

为保证班会的效果，制订了“课前评价、过程性评价、结果性评价”的评价体系，通过师生互评、生生互评、大众评价，最终形成公平、真实、客观的评价结果，学生能够通过评价结果反观自身的学习效果。奖励机制、评价机制的设置激励了学生，让每一位学生参与进来，都能够有收获和成长。“守护者”心值测评见表 1。

表 1 “守护者”心值测评表

评价阶段	评价项目	评价主体	评价对象	“心值“奖励
课前评价	小组任务准备	教师	小组	完成小组可得：
	完成问卷星	教师	小组	完成小组可得：
过程性评价	小组知识关卡积分情况	教师	小组	最高分小组可得： 完成关卡小组可得：
	“一日生活”视觉笔记	专业教师、班主任	学生	完成小组可得： 优秀个人可得：
	小组讨论、发表感想	教师、小组	学生	完成小组可得： 优秀个人可得：

续表

续表

评价阶段	评价项目	评价主体	评价对象	“心值”奖励
结果性评价	小组代表完成课后效果反馈	小组	班主任	完成小组可得：
	作品评选	教师、学生、网络群众	学生	完成小组可得： 优秀个人可得：

七、教育反思

保护儿童权益是幼师的职责，但因学生年龄较小，未能意识到这一点。为此，需要一次唤起学生法制意识和幼育爱心的班会课，通过课前、课中和课后的教育工作，有机统一、环环相扣形成闭环圈，最后达到教育效果。

学习和掌握保护儿童权益的知识，是一个漫长的过程，本次班会课主要成效是提高学生的法制意识，课后还需要继续引导学生进行持久的深度学习，将重点放在组织学生走出校门，在幼儿园真实的教育场境中感受儿童权益保护的重要性，并结合幼教专业特点践行儿童权益保护行动。班会课各环节教学效果的体现如图 5 所示。

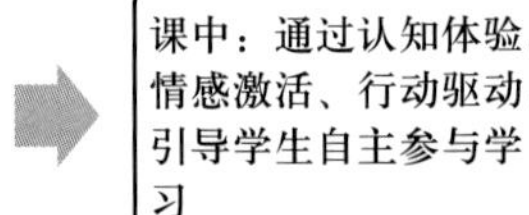

图 5　班会各环节教学效果的体现

【点评】广州市公用事业技师学院　陈苹

此班级建设方案遵循教育教学规律，符合学生思想行为特点，学情分析清晰。借鉴积极心理学理念，以多元智能理论为基础，紧扣班主任五大职责，瞄准学生需求，关注学生情感，明确育人目标，确定了不同阶段育人策略和特色育人项目，进行分阶段有步骤地实施。重点突出，可评可测，建设内容、途径和方法能有效支撑建设目标的实现，给学生留下了深刻、美好的成长体验和更多的获得感。此建班育人模式和方法具有较高借鉴和推广价值。

本班会课主题的选择体现了针对性原则，既充分考虑了学生心理和生理特点，又与专业紧密联系，贴近需求，主题鲜明。整个主题班会课设计缜密、结构完整、内容丰富、形式多样，有清晰的逻辑线索，围绕主题纵向深入。采用体验教育的方式，使学生在真实体验中获得切身感悟，提升了自我效能感。通过六个环节的递进式活动，环环相扣，过渡自然，引导学生加深对儿童权益保护的理解，唤起情感共鸣，达到教育目的。

班级建设方案：创建成长生态圈，培育城市绿美师

广州市技师学院　李采瑶

班级所属专业名称	园林技术	班级名称	2019级园林技术高级班
班级建设方案名称	创建成长生态圈，培育城市绿美师		

一、建设背景

（一）指导思想

党的二十大报告指出，中国式现代化是人与自然和谐共生的现代化。我们坚持可持续发展，坚持节约优先、保护优先、自然恢复为主的方针，像保护眼睛一样保护自然和生态环境，坚定不移走生产发展、生活富裕、生态良好的文明发展道路，实现中华民族永续发展。2023年3月，《中共广东省委关于深入推进绿美广东生态建设的决定》发布，提出到2027年底，广东省全域建成国家森林城市，率先成为国家公园、国家植物园“双园”之省，建立人与自然和谐共生的绿美广东样板。

本班级建设方案以习近平新时代中国特色社会主义思想——“坚持生态兴则文明兴”“坚持建设美丽中国全民行动”“绿水金山就是金山银山”为指导，紧紧围绕党的二十大报告及“绿美广东生态建设决定”，在绿色高质量发展的背景下，根据《推进技工院校工学一体化技能人才培养模式实施方案》的要求，结合园林技术专业人才培养方案，将学生培养成行雅技精、乐业奉献，有理想、有本领、有担当的新型城市绿美师。

（二）育人理念

以“教育生态观”作为育人理念，把握教育生态平衡的规律，运用马斯洛需求层次理论，通过培育每位学生的人格系统建设班级，通过建设班级反作用于培育每位学生的人格系统，创建和谐共生、成长共促的班级成长生态圈，促进每个学生内生力发展。

二、班情分析

2019级园林技术高级班是五年制高级班，全班共24人，其中男生8人，女生16人，均来自初中应届毕业生。

（一）专业定位

本校园林技术专业是广东省技工院校和广州市技工院校“双认可”的特色专业。

本班学生通过实施绘画、规划设计、园林植物栽培及插花艺术等知识学习，掌握园林规划设计、园林工程施工、园林植物造景、园林植物栽培及养护管理方面的专业技能，达到园林设计师、花艺设计师、植物养护员、花卉栽培员等技能水平，适应园林职业岗位群要求，能完成园林生态工作。

（二）基本特征

1. 家庭情况

采用发放问卷调查、交流互动等方式收集学生家庭情况信息，了解学生父母的职业、文化程度、家庭教育观念及成长经历等家庭背景资料，统计相关数据。

根据调查得出，63%的学生父母的工作以务工为主，家长文化程度以初中及以下为主。在沟通交流中发现，专制型父母达到33%，家长对学生身心发展规律不够了解，采用的教育方式较为粗暴，且提出较严格的要求。87%的学生长期跟随父母生活，大部分家长教育子女是根据自己的成长经验，缺乏科学指导。

据了解，班级学生中3人父母在外打工，自己留守，7人父母离异或单亲家庭，2人父母有重病或残疾，2人家庭困难。

续表

2. 个性特点

采用MBTI性格评估工具从行为风格的四个维度八个方面进行测试，了解学生的处事风格、性格特点、职业适应性及潜质。结果显示，班上71%的学生关注外部世界与他人交往；92%的学生关注由感觉器官获取的具体信息，说明学生能够关注细节；83%的学生对事物评价缺少客观分析，以自我和他人的感受为重，将价值观作为判定标准；在做事方式上，42%的学生喜欢事先制订计划，58%的学生喜欢宽松自由的生活方式。

3. 爱好特长

根据加德纳多元智能理论，分析得出本班大部分学生在语言智能、人际智能、自然智能领域具备一定能力。根据问卷调查结果，发现学生爱好广泛，普遍喜欢玩游戏，喜静不喜动，偏向手工、画画等精细动作。结合对个性特点及爱好的分析，可看出班上大部分学生喜欢且具有手工劳动的能力。

4. 身心健康状况

根据体质健康测试显示，全班学生体质偏弱，多项检测指标低于国家标准，其中多名学生体重较轻。经询问，大部分学生饮食不规律，长期久坐，缺乏运动，较少劳动。

通过学校统一安排的每学期心理测试问卷及与家长的沟通，评估了学生心理状态。测试结果发现，大部分学生身心健康，但在人际关系和情绪问题方面存在薄弱项。

5. 人际关系

全班住宿生22人，容易形成同伴关系。调查问卷、家校沟通显示：学生人际关系、师生关系、同伴关系、亲子关系整体较好，2名学生亲子关系存在冲突。结合学生年龄特征，根据问卷、谈话和观察得出全班学生交友特点为喜欢交挚友，与异性能够友好相处，强调志趣相投，重视自己在班级的地位和形象。

6. 学业基础和职业规划

通过入学后问卷调查及深入学生宿舍交流等方式，统计了学生对专业选择及认知程度、文化基础、学习能力的情况，得出80%的学生喜欢本专业，并不排斥；文化成绩偏弱，有想学习技能之心，但易懒惰，持续性不足。调查统计显示：学生想毕业后自主创业和从事园林技术岗位工作，但45%的学生对职业规划尚不清晰。

通过以上数据和信息分析，得出2019级园林技术高级班总体特点呈现图1所示建班“优势”和“劣势”。

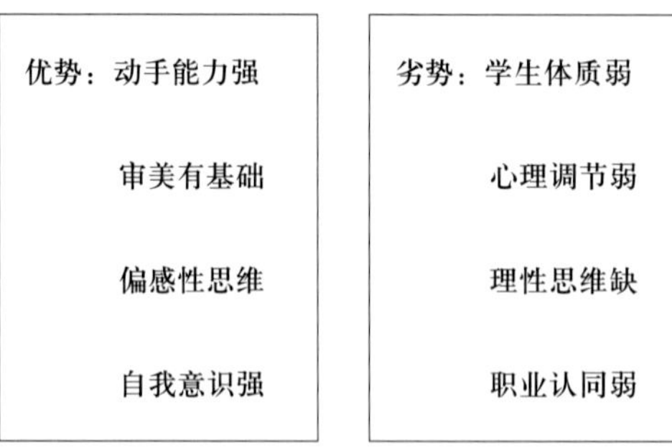

图1　建班“优势”和“劣势”

（三）发展诉求

通过面对面谈话、双向互动交流、与家长沟通，了解了学生诉求、家长诉求、学校诉求和企业诉求。具体如图2所示。

（四）重点关注

为有针对性地对学生思想、行为、身心、技能进行全方位教育和引导，基于班级总体情况，结合多方诉求，发现学生在生活习惯、绿色理念、职业认同上需要被重点关注。

续表

图2　发展诉求

1. 培养生活习惯

根据园林工作职业性质，结合学生普遍体质弱、作息不规律、喜静不喜动的情况，需要通过劳动教育、文体活动帮助学生养成良好生活习惯。

2. 树立绿色理念

结合专业特性，园林专业学生需要牢固树立生态文明理念，认同绿色生态发展，通过参加“绿”系列活动，主动践行绿色生活，做生态文明的践行者。

3. 提升职业认同

开展“学生作品上展台”“绿美广州我创造”“走进园博会”等与专业相关的特色活动，引导学生树立职业发展目标，提升职业认同。

三、建设目标

为深入贯彻习近平总书记关于大力发展技工教育的重要指示精神，秉承“思政引领、德技并修、学生中心、能力本位、工学一体”德智体美劳五育并举的教育理念，根据国家政策要求和园林技术人才培养方案，结合本班实际情况，运用“教育生态观”理念，确定如下班级建设和学生培养目标。

（一）班级总目标

创建和谐共生、成长共促，有温度、有湿度、有光度的班级成长生态圈。

有温度：关注情感增加生态温度（教师关心、同伴关爱、家长关注）。

有湿度：锤炼德技奠定生态湿度（知识扎实、技能精湛、素养全面）。

有光度：适性扬才照射生态亮度（发现个美、各美其美、美美与共）。

（二）阶段性目标

遵循技工院校学生身心发展规律和园林专业成长路径，确定目标，有计划地把学生培养成为：行雅技精、乐业奉献，有理想、有本领、有担当的新型城市绿美师。

四、建设实施过程

针对班级学生情况，结合育人理念和班级建设目标，创设了“一圈两体三度四阶五协同”的育人模式。

“一圈”：以打造和谐共生的班级成长生态圈为班级建设总目标。

“两体”：重视个体与集体关系。通过培育每位学生的人格系统建设班级（由内而外）和建设班级培育每位学生的人格系统（自外而内），最终实现个体更好地参与群体生活，群体生活也让个体得以展现活力。

“三度”：创建有温度、有湿度、有光度的生态圈，培育有理想、有本领、有担当的技能人才。

续表

“四阶”：一阶段坚定理想信念，固根知匠心；二阶段锤炼专业技能，壮枝强匠技；三阶段提升职业自豪，繁叶践匠行；四阶段实现个人出彩，成荫筑匠梦。

“五协同”：生态圈的创建离不开同伴、家庭、学校、社区、企业五个方面的协同促进。

遵循“教育生态学”育人理念，结合“一圈两体三度四阶五协同”的育人模式，从学生思想、班级管理、组织活动、职业指导、沟通协调五个方面建设班级。

（一）立德树人，创建班级德育生态

围绕立德树人根本任务，探索“2+5”思政育人模式，有目的、有计划地引导学生塑造价值，培根铸魂。利用线上、线下两个平台，对学生理想信念、中国精神、道德品行、法治知识、心理健康五个方面进行教育。思政育人实施过程如图3所示。

	一年级	二、三年级	四年级	五年级
理想信念	1.“技能报国”——理想信念主题班会 2. 社会主义核心价值观教育 3. 打卡红色教育基地	1.“疫情之下，你要成为什么人”——线上理想信念主题班会 2. 党史系列学习 3.“红色文化进班级”	1.“立足岗位、乐业奉献”——职业理想教育主题班会 2.“喜迎二十大，记录这五年”谈感悟	“坚定理想信念，彰显青年担当”责任担当教育
中国精神	1.“匠心筑梦”——工匠精神主题班会 2. 爱国主义教育 3. 走进余荫山房，了解岭南园林文化	1.“少年不惧劳动苦”——劳动精神主题班会 2.“共抗疫情”——爱国主义教育 3. 团员讲“四大园林”	1. “讲劳模故事”——劳模精神活动 2. “生于盛世，当不负盛世”——爱国主义主题班会	园林行业从业者职业精神教育
道德品行	1.“与礼仪相约”——个人品德主题班会 2. 环境保护活动 3. 学生日常行为规范教育	1.“请戴好口罩”——疫情公德教育 2. 世界环境日活动 3.“种下一个小盆栽”——生命安全教育	1.“坚守职业情操”——职业道德教育 2.“绿美广州，争做低碳小达人”行走活动	实习期间职业道德教育
法治知识	1. 校规校纪教育 2.“国家安全，同心共筑”——政治安全教育 3.“警校共建保平安”——法治安全讲座	1.“新冠肺炎疫情防控”相关法规教育 2.“学法守法促成长”——宪法学习教育 3. 法治教育手抄报比赛	1. 劳动合同法知识普及活动 2.“学习贯彻二十大精神，传递法治中国力量”教育	实习实训法律风险防范教育
心理健康	1. 青春期心理健康教育讲座 2.“新环境、心适应”主题系列活动 3.“释放压力，与心同行”趣味班级活动	1.“居家防疫，亲子同行”——亲子关系活动 2.“守住心灵‘绿码’”——线上心理主题班会 3.“疫情下心理调节”视频学习活动	1.“适应角色转变”——职业心理素质教育 2. 后疫情时代心理健康教育活动 3.“心情忘忧树”主题班会	实习实训心理适应指导教育

图3 思政育人实施过程

（二）管理育人，创建班级服务生态

班级是服务于每位学生个体真实成长的载体，班级管理是为了学生的终身成长。要通过班级群体交往培育每个学生个体的“人格系统”，打造人人皆可成才、人人尽展其才的良好环境。

续表

1. 创建生态班级文化系统

和谐的班级文化如同空气、阳光和雨水，孕育、营造、涵养着教育生态。要提供健康的教育土壤，给学生成长以丰富的营养和能量。

（1）确定班名班训

结合班级建设目标及专业特点，经过全班讨论，设立班名、口号、班服、班徽、班歌，选取班级象征物——木棉花，创建班级特有文化，处处营造积极向上的英雄花精神，如图 4 所示。

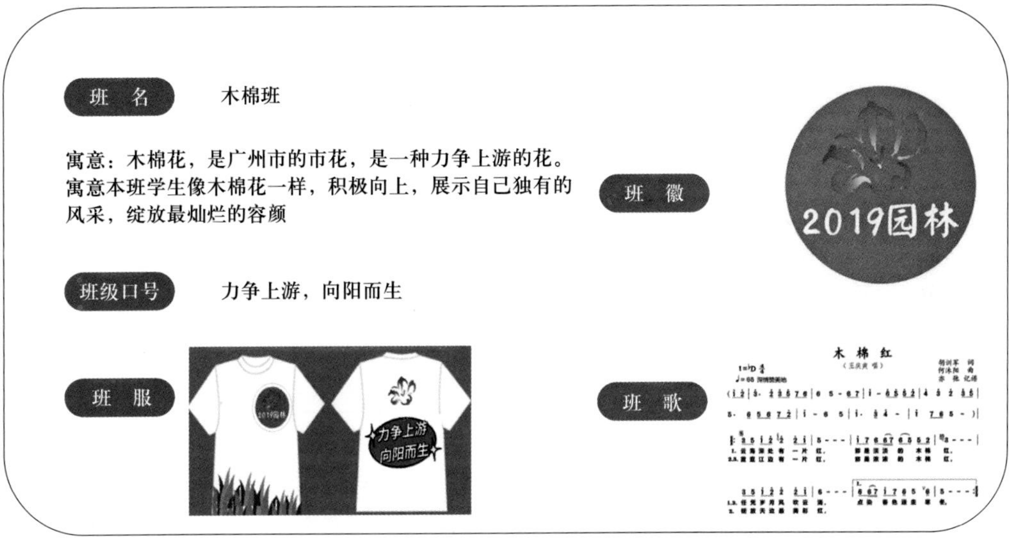

图 4　创建班级文化

（2）创建绿色班级

生态型班级文化建设与班级日常生活的空间有着密切的关系。以“让教室的每个角度都绽放”为理念，通过美化、绿化、优化、净化“四化”并举，打造和谐教室，每一个板块都由学生布置。利用“班务情报”“教师心语”“学生情感”三个模块，真正做到让墙壁会说话。

（3）搭建内生平台

为了激发每个学生自我发展，涵育其内生动力，搭建各式各样书法社、美术社等内生平台，让“每朵花”的内生动力激发起来，实现个性发展。

2. 创建生态班级管理系统

班级建设过程中，利用 CAR 心理模型，让学生在班级管理过程中体验到足够的胜任感、自主感和归属感，有效激发自主管理内驱力，锻炼管理能力，强化服务意识，打造每个学生参与建设的“民主型班级”。

（1）建好班级组织机构

根据青春期重要他人效应、学生愿意与同伴交往心理和经典管理理论，本班级搭建扁平化和层级的“小组合作管理模式”，下设共生、共处、共融、共存小组，每组设置总组长、考勤员、学习员等岗位，采用组间比、组中赛的方式进行评价。

（2）组好强有力班干部队伍

班级良性生态环境的建立离不开一支强有力的班干部队伍，组建班干部队伍的过程也是培养学生综合能力的重要途径。工作过程中，要采用职责清晰、系统培训、多方鼓励的策略，使班干部“主动干、干得好”。

续表

（3）定好班级管理制度

根据马斯洛需求层次理论，人们需要稳定的秩序来满足安全感。建设和谐成长生态圈，离不开科学制度的保障。在学校“操行评定表”的基础上，制订了班级的考核表，确保制度运行。考核表采取“每日一公示，每周一总结，每月一统计，每月一评选，每月一表彰”的方式，选出每个月的操行评定前 10 名，颁发班级荣誉证书，做到“近景目标远景化，阶段表彰隆重化”，促进学生从他律到自律。

（三）活动铸人，创建班级活力生态

苏霍姆林斯基说：“没有活动就没有教育。”组织班级活动是实现德育的重要手段，因此，创设“1+2+4”活动育人模式。

采用一个“PBL 项目式”班级活动模式，开展“常规 + 特色”两方面活动，结合专业特色，打造“劳动教育、爱绿创绿、乡村振兴、文体活动”四个特色活动，让学生能够在活动中体验、在活动中感悟、在活动中成长，实现“周周有班会，月月有活动、人人均参与”。

1. 劳动教育

劳动教育是国民教育体系的重要内容，是学生成长的必要途径。为让学生牢固树立劳动光荣、劳动崇高、劳动伟大、劳动美丽的观念，根据《关于全面加强新时代大中小学劳动教育的意见》，以日常生活劳动、生产劳动和服务性劳动为主要内容，结合劳动课程，组织开展形式多样劳动活动，达到树德、增智、强体、育美的目的，具体安排见表 1。

表 1　劳动教育安排表

年级	一年级	二、三年级	四年级	五年级
生活劳动	宿舍保洁 课室保洁	下厨实践 垃圾分类	熨衣折衣 收纳整理	自主生活
生产劳动	植物名片设计 观赏盆栽制作	植物栽培 花艺设计制作	校园景观改造 苗圃日常养护	园林工程施工
服务劳动	图书管理员工作 四自教育活动	疫情志愿者服务 三下乡助农活动	河小清护河活动 社区志愿者服务	植物养护

2. 爱绿创绿

生态兴则文明兴，生态衰则文明衰。为引导学生牢固树立和践行“绿水青山就是金山银山”的理念，根据绿色发展理念和《“美丽中国，我是行动者”提升公民生态文明意识行动计划（2021—2025 年）》要求，结合园林专业特色，开展系列“爱绿创绿”生态文明教育活动（见表 2），守好“绿色家产”，交好“绿色答卷”。

表 2　“爱绿创绿”生态文明教育活动表

年级	一年级	二、三年级	四年级	五年级
活动	绿色课室我来建 绿色植物我来认 植物名片我来做 绿色环境我来护	垃圾分类 “植此青绿”3.12 活动 植物栽培 花境设计制作 “蚂蚁森林”合种一棵班级树	低碳生活 “认种一棵树”云种树 校园景观改造 校园苗圃日常养护 “生”声不息世界 环境日活动	践行公民十条 打卡活动 分享创绿心得

3. 乡村振兴

生态振兴是园林行业参与乡村生态振兴、建设美丽中国的主战场。为培养本班学生助力乡村生态振兴意识，

续表

树立建设宜居宜业和美乡村的理念，依据《中共中央国务院关于做好2023年全面推进乡村振兴重点工作的意见》，通过体验艺技讲解员、乡村小画家、乡村文创员等活动，把课堂学习和乡村实践紧密结合起来，厚植爱农情怀，练就兴农本领。

4. 文体活动

为丰富学生校园生活、发扬特长、激发活力，帮助学生在体育锻炼中增强体质、锤炼意志，在美育活动中陶冶情操、温润心灵，依据《关于全面加强和改进新时代学校体育工作的意见》和《关于全面加强和改进新时代学校美育工作的意见》，在班级中创设"小舞台"，实现"大梦想"，开展"红歌比赛""讲红绿故事""国潮绘画展"等系列班级文体活动，让每个人都适性扬才，以此达到以美育人、以美化人、以美培人、以体育智、以体育心。

（四）技能缔人，创建班级职业生态

为共建班级职业生态，引导学生树立正确的职业理想和职业观念，形成良好的职业道德，提升职业素养与职业生涯规划能力，采取以下内容实施技能育人。一是开展"我的优势"主题班会，唤醒职业认知，提高自我认识，提升专业认同；二是邀请企业专家介绍岗位需求，助推职业指导；三是带领学生参加各级各类技能节比赛，促成技能实操，践行职业精神。

（五）协同诲人，创建班级合作生态

生态圈的创建离不开同伴、家庭、学校、社区、企业五个方面的协同。为充分发挥协同育人的价值，实现学生健康全面成长，按照《关于健全学校家庭社会协同育人机制的意见》指引，做好"五个协同"工作，创建班级合作生态。如图5所示。

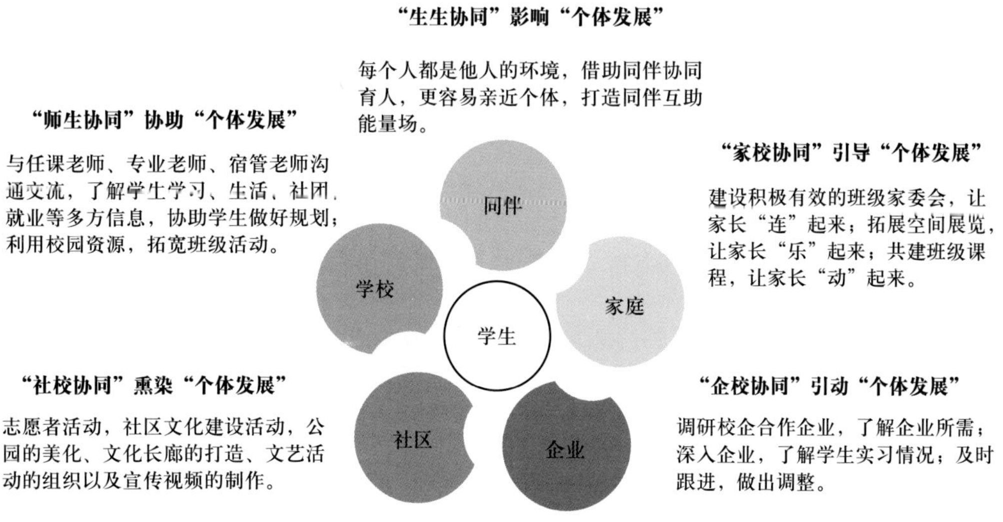

图5 "五个协同"工作

五、建设成效

本班级建设通过"一圈两体三度四阶五协同"的育人模式，引导和促进每名学生学习成长和技能成才。通过有计划、有目的、有步骤地实施方案，建设目标有效达成，学生职业能力全面提升，全面发展效果明显。

（一）建设目标有效达成

1. 班级满意度高

班级成长生态圈的良性循环，离不开每一个生态的评价和反馈。根据调查分析，学生、家长、任课教师满意度逐年上升。在学生描述班集体的词云图可见，出现最多的词是"和谐""友爱"，在家长对班主任的评价中"负责"二字出现频率最高。

续表

<table>
<tr><td>
2. 班级荣誉多
班级成立以来，共获得 2 次“班级建设特等奖”和 3 次“先进班集体”称号，被授予“学雷锋活动先进集体”，多次获得月度星级文明班级，作者多次获得“优秀班主任”称号。“生于盛世，当不负盛世”主题班会课获校一等奖，并进行公开展示。
3. 重点关注问题得以解决
前期调查分析得出，学生在生活习惯、绿色理念、职业认同上需要被重点关注。经过班级建设，学生养成了良好的生活习惯，体能得到提高，体能测试及格率从入学的 53.21% 到第四学年的 71.12%，基本形成良好生活习惯的占 60%。
学生能主动践行绿色生活，班级宿舍和课室多次获得“文明”称号，在 6S 评比中，课室和每个宿舍获得“骏马奖”“优秀奖”。学生不仅在生活中树立了绿色生活的理念，而且充分利用技能，为绿美校园做出贡献，班级还被授予“建美丽校园”锦旗。
通过思想上引导，开展专业特色活动，进行职业指导工作，提升了学生职业认同度和自豪感。通过调查，92% 的学生未来想从事园林相关职业；大部分学生觉得园林职业是有价值的，有自豪感。
（二）职业能力全面提升
综合职业能力分为专业能力、通用能力（方法能力和社会能力）。通过班级建设，学生掌握了技能，提高了职业能力，学会了生活。
1. 通用能力
通过打造成长生态圈、组织班级活动、建立“小组合作管理模式”“民主性班级”和开展“项目式班级活动”，使学生学会了交流、合作、信息处理、解决问题和自我管理。
2. 专业能力
班级学生在校期间，通过专业课程学习提高了职业技能。在班级建设中，积极参与班级“绿”系列活动和技能比赛。从多次班级活动的学生作品可以看出，本班学生掌握了花艺设计师、工程施工监工、植物栽培与养护员、庭院设计助理所需技能。
全班学生学会使用 PS、CAD 等制图软件，均能手绘园林设计图，并运用制图软件进行庭院设计。
班级学生各学期期末专业课及格率均保持 100%，高级花艺师考证通过率 100%，实习企业专业对口率 97%。四年来，学生积极参加各类专业竞赛，取得优异成绩，13 名学生获得学校各类技能竞赛一、二等奖。
（三）全面发展效果明显
班级搭建内生平台，让人人皆可成才、人人尽显其才，形成以优带优的局面，让每个人“有亮度”并拓展光度。从“闪亮的日子，闪亮的你”班级活动中可以看到，每个学生都找到了自己的闪光点。
充分利用学校、社团、社区平台，促进个人全面发展。四年来，班级集体参与学校志愿者服务 5 次，个人参与抗疫志愿者 5 人次；80% 的学生参与社团活动，其中 4 名学生为社长，8 名学生为学生会、团委干部，均被评为优秀团学干部。
</td></tr>
<tr><td>六、反思与改进</td></tr>
<tr><td>
（一）创新点与亮点
1.“教育理念”指引“育人模式”
运用教育生态学理念作为指导思想，创新育人模式，开拓育人路径。将班级教育的焦点由个体延伸到个体所处的环境，强调学习环境和社会关系对学习和发展的影响，创建“一圈两体三度四阶五协同”的育人模式，通过同伴、学校、家庭、企业和社区的相互作用，打造和谐共生、成长共促、平衡有序的班级成长生态圈，把学生培养成为行雅技精、乐业奉献，有理想、有本领、有担当的新型城市绿美师。
2.“思政红”引领“生态绿”
将思政中的“红色基因”与生态中的“绿色元素”有机融合，以思政教育引领生态文明协同共进。通过“讲好生态红绿故事”的活动，引导学生学习生态文明建设发展中的先进典型，在“绿色故事”中领悟“红色道
</td></tr>
</table>

续表

理”。通过“行走红色足迹”“三下乡助农”“走进余荫山房”“讲四大园林”活动，带领学生近距离感受生态田园之美，体悟“绿水青山就是金山银山”的发展理念，自觉践行生态文明理念，让学生在自然“行走”中上好生态文明“大思政课”。 3.“特色活动”铺好“职业路” 技工教育的目标和任务是为企业培养高素质的一线技术工人，推动经济高质量发展，促进更高质量的就业，激励广大青年走技能成才、技能报国之路。在班级建设过程中，通过开展“绿”系列活动，帮助学生在活动中健康成长，技能成才；通过“走进园博会”唤醒职业认知；通过“植物名片设计”“校园景观改造”“苗圃日常养护”“乡村古树保护员”活动强化职业技能；通过“3.12 植树节”“6.5 世界环境日”和“废物再造”“爱绿”活动，培养学生生态环保职业素养；通过“创绿”活动，确立技能创绿的职业理念；通过“校企合作企业实践日”活动，提升学生综合职业能力。 （二）不足与改进 作为班主任，需结合学生的特点，及时调整育人方略。在未来的班主任工作中，将继续做学生心理上的同龄人和锤炼品格、学习知识、创新思维、奉献祖国的引路人。

主题班会设计方案：绿美广州，花容“粤”貌

广州市技师学院　李采瑶

主题班会类别	社会参与—社会责任教育	课时	1 课时（40 分钟）
班级所属专业名称	园林技术	班级名称	2019 级园林技术高级班
主题班会名称	绿美广州，花容“粤”貌		

一、班会背景

（一）主题解析

党的十八大以来，党中央科学研判经济形势，提出创新、协调、绿色、开放、共享的新发展理念。其中，绿色是永续发展的必要条件和人民对美好生活追求的重要体现。党的二十大报告强调，必须牢固树立和践行“绿水青山就是金山银山”的理念，站在人与自然和谐共生的高度谋划发展，这些都充分彰显了党中央推进美丽中国建设的坚强意志和坚定决心。

《中共广东省委关于深入推进绿美广东生态建设的决定》指出，以绿美广东生态建设为牵引，深入实施造林绿化和城乡环境综合整治，推动绿色高质量发展，营造共建绿美广东的良好氛围，打造人与自然和谐共生的现代化生态。《绿美广州五年行动计划（2023—2027）》提到，要深入推进绿美广州生态建设，坚持生态优先、绿色发展。园林技术的运用在生态环境建设中作用不可小觑，因此，对园林专业学生进行生态文明教育，对推动人与自然和谐共处具有重要意义。

（二）学情分析

2019 级园林技术高级班的学生未来就职园林设计师、花艺设计师、植物养护员、花卉栽培员等岗位，立足园林职业岗位群，从事园林生态工作。本班学生是乡村振兴、城市建设等领域的技能型人才，需要对绿色高质量发展有全面的了解。

本次班会课是该班第四学年班会课，在以往的生态文明教育中常常局限于微观的环境保护，导致学生忽略了对绿色发展的全面理解。在他们即将踏入社会的最后一学期中，开展“绿美广州，花容‘粤’貌”主题班会，引导学生认知绿色发展的内涵，认同绿色发展，在生活中践行绿色生活，在未来的工作岗位上知行合一，利用专业技能为绿美广州贡献自己的力量，创花容“粤”貌、美丽中国。

二、教育目标

（一）认知目标

通过团员领学、教师总结，引导学生认知绿色发展的内涵及表现形式，认识绿色发展的重要性。

（二）情感目标

认同绿色生态发展在个人、企业和国家三个维度带给人们的美好，激发学生践行绿色生活的情感，确立技能创绿的职业信念。

（三）行为目标

行雅技精，将绿色发展理念落实到学习与生活实践中，利用专业技能创花容“粤”貌，做生态文明的践行者。

续表

<table>
<tr><td>三、班会准备</td></tr>
<tr><td>（一）教师准备
1. 前期调查：设计绿色发展调查问卷，进行前期摸底。
2. 场地及资料：场地布置；准备《绿美广州》宣传视频、《“绿色传奇”塞罕坝》视频；整理绿美广州行动计划、生态文明思想、《公民生态环境行为规范十条》；准备 4 张卡、笔纸等。
3. 人员安排：组织学生参与“认种一棵树”活动；课前与总务处负责人沟通，确定校园景观改造地点；将学生分为“共生”“共处”“共融”“共存”四个小组；提前与任课教师沟通，请求指导学生完成课前任务；提前与校企合作企业代表沟通。
（二）学生准备
1. 四个小组寻找校园生态美，并拍摄视频。
2. 进行四处校园景观改造，并上传成果图片至云班课。
3. 完成绿色发展调查问卷。
4. 团员做好领学《中共广东省委关于深入推进绿美广东生态建设的决定》准备。</td></tr>
<tr><td>四、班会内容与过程</td></tr>
<tr><td>环节一：“绿美广州”—我探索（4 分钟）
活动 1：探寻校园生态美
1. 教师展示学生课前上交的校园生态美优秀视频。引导：一草一木皆风景，一事一物均含情。现在，让我们跟着同学们的镜头，一起来探索校园美景。
2. 教师放出 5 年前校园的照片，引导对比：同学们刚刚欣赏了现在的校园美。请看看 PPT 上，5 年前我们刚来到这个校区时的样子。对比看看有什么变化？
3. 学生思考，自由发言。
4. 教师表扬发言的学生，小结：通过前后对比，我们感受到这个校园渐渐绿起来，美起来。
【设计意图】通过播放学生自制视频，调动主题班会气氛。展示身边校园环境的变化，激发学生的兴趣。
活动 2：探寻广州生态美
1. 教师播放《绿美广州》视频。引导：绿美校园是每个师生所需，绿美广州是每位在广州的公民所需。现在，请各位同学跟随老师的视频走进绿美广州，一起感知广州生态美。
2. 学生观看视频，分享感受。
3. 教师小结：通过视频观看，相信同学们都能感受到青山绿水给予广州的美，山山水水见证了广州生态文明建设，一抹亮眼的“广州绿”是绿色发展之路交出的答卷。
【设计意图】多种形式导入，引出绿色发展，为下一环节做铺垫。
环节二：“绿美广州”—我知道（4 分钟）
1. 教师提问：同学们，你们知道什么是绿色发展吗？
2. 学生查找资料，自由回答。教师引导，板书关键词“绿色经济、绿色环境、绿色社会”。
3. 教师小结：绿色发展理念以人与自然和谐为价值取向，以绿色低碳循环为主要原则，以生态文明建设为基本抓手。所以，走绿色发展之路，就必须要走生态优先之路。
4. 团员上台领学：《中共广东省委关于深入推进绿美广东生态建设的决定》。教师板书关键词“生态优先、绿色发展”。
5. 教师 PPT 展示：绿美广州五年行动计划建设目标及任务。
【设计意图】通过学生查、教师讲，引导学生初步了解“绿色发展”的内涵。通过团员领学、教师总结，让学生知晓绿美广东生态建设“六大行动”和《绿美广州五年行动计划（2023—2027）》，加深对绿色生态发展具体表现形式的认知，也看到广州在生态文明建设上的态度和方向。</td></tr>
</table>

续表

环节三："绿美广州"—我认同（12 分钟）

活动 1：人居环境改善

1. 教师播放图片。引导：同学们，请观看以下图片，谈谈你的感悟，你会喜欢哪种生活环境呢？

图片：杂乱宿舍和 6S 星级文明宿舍对比图。

2. 学生讨论。

3. 教师小结：从同学们的发言可以发现，绿色发展能让生活环境更美好，使得人身心愉悦。教师板书关键词"益身心"。

【设计意图】通过图片对比，从人居环境入手，让学生直观感受到绿色发展对个人的意义，初步认同建设"绿美广州"必要性。

活动 2：企业效益提升

1. 校企合作企业代表分享自己所在公司如何践行绿色生产。

2. 教师小结：同学们，从企业代表分享的心得可以看出，生态环境保护和经济发展是相悖的关系还是辩证统一、相辅相成的关系？

3. 学生齐答，教师板书关键词"促经济"。

4. 教师 PPT 亮出：人不负青山，青山定不负人。绿水青山既是自然财富，又是经济财富。

5. 学生齐颂"绿水青山就是金山银山"。

6. 教师总结：所以说，保护生态环境就是保护生产力，改善生态环境就是发展生产力，绿色发展能有效提升企业的经济效益，实现产量提高、效益提高。

【设计意图】通过聆听校企合作企业代表专访，让学生直观看到绿色发展对企业的意义，认识生态就是生产力的科学论断。通过诵读语录，强化学生生态文明理念，加深对建设"绿美广州"必要性的认识。

活动 3：国家持续发展

1. 教师播放视频，引导：在河北承德有一个国家级 4A 旅游风景区——塞罕坝。60 年，从沙漠到绿洲，从荒漠到林海，他们经历了什么？是什么创造了这段传奇？请同学们观看视频《"绿色传奇" 塞罕坝》。

2. 学生谈感悟。

3. 教师引导：为改善塞罕坝的生态环境，塞罕坝园林人不畏困难、坚忍不拔、甘于奉献的品质让环境美了、旅游热了，"好风景"变成了"好光景"，拉动 1200 余户贫困户、1 万余贫困人口脱贫致富。塞罕坝就是"绿水青山就是金山银山"这一理念生动的证明。

4. 教师 PPT 亮出：绿水青山就是金山银山！

5. 教师小结：坚定不移走好绿色发展之路是推动国家可持续发展的必经之路，是构建人与自然和谐共生的有效途径。

【设计意图】通过观看视频，展示关于生态文明建设语录，让学生强化政治担当，进一步理解"绿水青山就是金山银山"的理念，感受到绿色发展对国家的意义，从心底完全认同建设"绿美广州"必要性。学习塞罕坝人艰苦创业、绿色发展的精神，提高学生保护生态环境的责任意识，并号召学生为推动生态文明建设贡献自己的一份力量。

活动 4：点亮绿色之洲

教师展示 PPT 小游戏，邀请部分学生上台参与点击大屏幕，将沙漠点为绿色之洲。

【设计意图】采用仪式感的点亮游戏表决心，引导学生主动承担起推动绿色发展的时代责任，成为生态事业的践行者，为践行环节做铺垫。

环节四："绿美广州"—我践行（20 分钟）

活动 1：调查绿色能量来源

1. 教师组织调查，引导："众人拾柴火焰高，众人植树绿成林"，同学们，植树造林不只是林业工人的工作，

续表

也是我们每位公民应尽的义务！ 3 月起，我们班利用“认种一棵树”小程序，开展了“云种树”比赛活动。同学们，活动中，大家是如何获取绿色能量的？

2. 学生扫码，在线上传小纸条，谈发现。

3. 学生分享“云种树”秘诀：种树成功的学生代表汇报能量来源，以及快速成苗的方式。

4. 教师总结：原来“能量”的获取旨在让大家在生活中有环保意识，倡导绿色生活方式。

【设计意图】通过“认种一棵树”的活动，利用心理学操作条件反射理论，引导学生积极践行绿色生活。利用能量来源调查，引出在日常生活中绿色生活的常见表现形式。借助现代教育技术，在线上传心得，实时同步展现学生小纸条，提升课堂趣味性、有效性和互动性。

活动 2：填写打卡

1. 教师引导学生代表抽签，引导：同学们，在生活中，我们一般处于宿舍、学校、家庭、社会四个区域，在这四个区域该如何践行绿色生活呢？请各组派代表上台刮刮乐，抽取你们将讨论的区域。

2. 学生头脑风暴，思考：在不同的区域，我们可以通过哪些方式践行绿色生活？

3. 小组填写日常生活行为。

教师引导：请各小组在抽取的区域里，将所能想到的行动写在打卡表上。班会结束后，我们尝试践行卡片上的行动，每完成一条，将在行动后面打“√”。

【设计意图】借助刮刮乐小游戏活跃班会课气氛。通过头脑风暴，立足宿舍、学校、家庭、社会四个区域，思考从日常点滴小事中践行绿色生活的方法。根据心理学蔡格尼效应，利用打卡促使学生不由自主行动起来。

活动 3：学习《公民生态环境行为规范十条》

1. 教师展示各小组打卡内容，并点评。

2. 教师展示 PPT，组织学习《公民生态环境行为规范十条》，引导：通过刚刚的头脑风暴，同学们对日常生活中如何践行绿色生活有了自己的思考，那么国家如何指引和规范公民生态环境行为呢？现在，请每个小组派代表上台宣读规范。

3. 各小组两名学生代表上台宣读规范。

4. 教师总结：同学们，听了《公民生态环境行为规范十条》，清楚在哪些方面践行生态环境保护义务和责任了吗？请同学们在生活中自觉做生态文明理念的模范践行者，大家有没有信心？

5. 全班大声回答。

【设计意图】通过《公民生态环境行为规范十条》的学习，为学生提供了行动指南，引导其规范生态环境行为，在日常生活中做生态文明理念的积极传播者和模范践行者。

活动 4：走进广州园林博览会

1. 教师引出话题，邀请学生分享：“绿美广州”离不开每一位公民日常行为，也离不开每一位园林人的付出。广州美称为“花城”，作为园林专业的广州学生，有一个每年春天的赴约，大家知道是什么吗？

2. 学生齐答，学生代表分享。

3. 教师总结：广州园林博览会荟萃岭南园林园圃精品，是城市园林建设新成果的缩影。同学们，园林人为我们打造了一场花世盛宴，作为准园林人的我们应该怎么做呢？广州园林博览会中《岩野植趣》这幅作品给了我们答案，同样是园林专业学生的他们，用技能打造了一处儿童绿色生活的园林艺术作品。我们也应该学好技能，现在为我们所在的校园生态美做出贡献，将来为绿美广州做出贡献，大家说是不是？

4. 学生回答。

【设计意图】广州园林博览会是湾区生态文明建设的一张重要名片。通过学生分享走进园林博览会的所思所想，弘扬中华优秀传统文化，引导学生对优秀传统文化的价值认同和传承经典的家国情怀。通过分享园林博览会大学生作品，引领学生用技能创造生态美。

续表

<table>
<tr><td>

活动 5：我创我拍

1. 教师引入活动：课前，四个小组接到任务，需要对四处校园景观进行改造。现在我们一起来看看大家的成果。

2. 两个小组代表上台分享设计思路。

3. 总务处老师进行点评。

4. 教师总结：同学们，绿色发展离不开我们每一个人，生态兴则文明兴，生态衰则文明衰，我们要像保护自己的眼睛一样保护生态环境，像对待生命一样对待生态环境。作为准园林人的我们，要用技能创绿美化广州，让大地山川绿起来，让生活环境美起来！筑生态文明之基，走绿色发展之路，争做知识型、技能型、创新型的园林能工巧匠！

【设计意图】通过校园景观改造，让学生不仅仅是生态文明的履行者，更是创造者，还是绿美学校建设的参与者与贡献者。结合校园文化，让学生在真实情境中树立以人为本的职业道德。通过总务处老师点评校园景观改造成果，激励学生用技能推进绿美广州生态建设。

班会延伸：

1. 搜集习近平总书记在不同时期、不同场合、不同会议上提出的关于生态文明建设的金句。

2. 小苗圃日常养护：继续做好改造后的校园景观的绿化养护工作。

3. 校园花境、植物环保比赛：开展“艺起向花开”花境设计比赛；将朽木焕发新生，开展“朽木生花，变废为宝”环保手工设计比赛。

4. “绿色使者”评选：每周根据“点亮卡”的完成情况，评选出“绿色使者”，颁发勋章。

</td></tr>
<tr><td>五、班会效果</td></tr>
<tr><td>

本次班会的主题是“绿美广州，花容‘粤’貌”，在课前调查的基础上，设计了“绿美广州—我探索”“绿美广州—我知道”“绿美广州—我认同”“绿美广州—我践行”四个环节。

通过探寻校园生态美、广州生态美，让学生感知绿色生态美。通过学生头脑风暴、团员领学、教师讲解，了解了绿色发展理念。通过图片对比、校企合作人物专访、观看视频等，认同绿色发展方式对个人、企业和国家的意义，激发了学生的绿色生态情感。通过查资料、思行为、学规范，掌握了作为公民的日常行为规范。通过走进园林博览会、我创我拍，激发了技能创绿之心。

本次班会课结束，本班 5 个宿舍、课室均获得“6S 骏马奖”。

</td></tr>
<tr><td>六、教育反思</td></tr>
<tr><td>

（一）亮点与优势

本次班会课依据德育过程的基本规律，从“知情意行”打造具有思想性、主体性、创新性和针对性的社会责任教育班会，具体亮点如下：

1. 思想性

本次班会主题紧扣时政热点话题，结合园林专业特点，强化生态文明教育，厚植高质量发展的绿色理念。

通过课前参与广东省林业局官方植树活动，引导学生树立关注时政的意识。课中学语录与课后搜集习近平总书记在不同时期、不同场合、不同会议上提出的关于生态文明建设的金句，加深对生态文明思想的理解。

课中采用头脑风暴，引导学生初晓绿色发展内涵；通过团员上台领学《中共广东省委关于深入推进绿美广东生态建设的决定》、教师讲解《绿美广州五年行动计划（2023—2027）》，明晰绿色高质量发展方向。

2. 主体性

苏霍姆林斯基说：“只有能够激发学生去进行自我教育的教育，才是真正的教育。”整个班会坚持“以生为本”的教育理念，注重学生的主题体验和亲身经历，设计了“探寻校园生态美”自制视频、“认种一棵树”云种树、“走进园林博览会”分享等活动。借助现代教育技术，在线上传心得，实时同步展现学生小纸条，能够掌握每位学生实时参与情况，关注到每一位学生。在班会过程中，给学生提供足够多的思考、表达、分享的机会，培养他们自我教育能力。

</td></tr>
</table>

续表

3. 创新性 班会形式富有新意，实现多方联动协同育人。课前，与专业授课教师、总务处教师沟通，设计“校园景观改造”活动。课中，邀请校企合作代表分享自己所在公司绿色发展的方式及效果，引导学生从心底认同绿色发展理念。 班会设计“我探索—我知道—我认同—我践行”四个课中环节，逐步让学生实现知行合一，其中“我践行”融入专业特色，不仅引导学生在生活中践行绿色生活，而且引导其用技能创造绿色生态。 4. 针对性 本次主题班会聚焦一个主题，注重正面引导，坚持问题导向。课前进行绿色发展问卷调查，得知学生日常生活中有环保意识，但认知上只知道“不乱丢垃圾就是生态文明”的想法，在如何绿色生活上有所欠缺，因此，设计了“调查绿色能量来源”活动、“填写四空间点亮卡”、“学习《公民生态环境行为规范十条》”这三个活动，目的在于通过激发学生的兴趣，鼓励他们在宿舍、学校、社会、家庭四个空间掌握从点滴小事践行绿色生活的方法。 （二）不足与解决办法 本次主题班会旨在让学生领悟“绿色发展理念”，由于学生缺乏实践和经验，对高质量发展理解欠佳。下一步，将采用线上推送解读文章、线下多带领学生参与官方活动予以解决。

【点评】广州市技师学院　廖千慧

“创建成长生态圈，培育城市绿美师”班级建设方案是一份全面、深入、具有示范性的班级建设方案。该方案紧紧围绕园林专业人才培养目标，通过打造班级生态圈，促进每名学生内生力发展。遵循“教育生态学”育人理念，创设了“一圈两体三度四阶五协同”的育人模式，班级建设目标的确定既符合园林技术专业学生的人才培养目标，又充分结合园林专业学生特点，并从班主任五大职责建设班级。“劳动教育、爱绿创绿、乡村振兴、文体活动”四个特色活动均以政策为指引，挖掘与之契合的活动展开。该班级建设方案具有较强的指导性和实用性。

“绿美广州，花容‘粤’貌”主题班会设计定位于学生第四年的班会课，整体构思新颖，内容丰富，组织得当。“我创我拍”环节，让学生投入到校园美化中，不仅锻炼学生的实操能力，而且提高学生的生态意识，让他们理解绿色可持续发展理念的重要性。班会设计时代性强，结合“绿色发展理念”，引导学生从日常行为和技能创造中践行绿色发展。该主题班会育人导向鲜明，坚持以学生为本，形式新颖多样，既具有教育意义，又富有实践价值。

班级建设方案：育人成才，“城”就未来

广州市从化区高级技工学校　曹婉婷

<table>
<tr><td>班级所属专业名称</td><td>城市轨道交通运输与管理</td><td>班级名称</td><td>2022 级城市轨道交通运输与管理中级 1 班</td></tr>
<tr><td>班级建设方案名称</td><td colspan="3">育人成才，“城”就未来</td></tr>
<tr><td colspan="4">一、建设背景</td></tr>
<tr><td colspan="4">根据《技工教育“十四五”规划》《关于深化技工院校改革　大力发展技工教育的意见》《推进技工院校工学一体化技能人才培养模式实施方案》等政策文件中对培养技工院校学生的要求，坚持“以学生发展为中心”“三全育人”“五育并举”等教育理念，结合学校《城市轨道交通运输与管理专业人才培养方案》制订本方案，旨在培养有良好形象、较高职业技能、良好语言表达及公共关系处理能力，能够胜任高铁乘务、地铁服务、城市轨道交通服务等相关领域管理和服务工作的“德技双馨”高技能高素质复合型人才；促进学生身心健康成长，强化职业素养和技能，精益求精，践行工匠精神和劳模精神，引领学生走上技能成才、技能报国之路。</td></tr>
<tr><td colspan="4">二、班情分析</td></tr>
<tr><td colspan="4">（一）班级基本情况
学校 2022 级城市轨道交通运输与管理中级 1 班共 43 名学生，其中男生 12 人，女生 31 人；住宿生 28 人，外宿生 15 人。
根据新生入学调查统计，本班 93% 的学生来自农村，本地生源占 48%，班上学生家庭情况比较复杂，有不少单亲、寄养、重组和贫困家庭。家长和老师需要及时关注这些学生的心理健康情况，辅以心理指导与疏通，必要时可以请学校专职心理教师帮助。另外，班上学生爱好广泛，有体育、跳舞、美术等特长的学生较多，有利于班级文体活动的开展。
学生心理状态总体较为稳定，需要关注的问题主要集中在沉迷网络方面，占班级人数的 46.51%。除此之外，需要关注部分学生出现学习压力大、缺乏自信、情感受挫、环境不适应等问题，及时做好预防工作。同时，需要重点关注个别学生出现的厌学和抑郁问题，分析原因，追本溯源，及时干预。
学生学习基础整体较差，没有参加中考的学生有 33 人，占班级总人数的 76.74%。虽然 65% 的学生表示喜欢本专业，但仅有 30% 的学生是喜欢并且了解本专业，61% 的学生不了解本专业。因此在班级日常教育管理中，应加大学生专业技能学习和职业指导。
班级大部分家长对子女要求严格，注重培养学生的自理能力，但个别家长存在溺爱孩子的现象，毫无原则地答应孩子提出的过分要求。根据调查数据统计，51% 的家长在教育子女问题上是根据自己的成长经验；29% 的学生从小跟祖辈一起长大，由祖辈帮忙管教；16% 的家长表示自己无法管教孩子，希望学校和老师帮忙教育好；只有 4% 的家长能够根据日常生活经验，对子女随时随地地进行教育。因此班主任需要注意教育方式，坚持“三全育人”“五育并举”的教育理念，采取多种方式教育学生。
（二）班级特点
深入分析学生的情况，发现班级呈现“三高、三低”的特点：</td></tr>
</table>

续表

一是有特长爱好的占比高，心理健康指数低。全班学生特长爱好广泛，几乎每个学生都有自己的特长，除了体育、美术、跳舞外，还有舞狮、轮滑、唱歌、吉他、钢琴等爱好特长。但是，班级学生中出现了学习压力大、缺乏自信、情感受挫、环境不适应、厌学和抑郁倾向等心理问题，教师可以通过开展多种形式的文体活动，帮助学生提高心理素质。

二是对专业喜爱程度高，学习基础水平低。全班学生对本专业喜爱程度很高，但是自身学习基础水平较低，教师可选择多种教学方法，开展生动有趣的教学活动，帮助学生掌握专业知识和职业技能。

三是升学就业期望高，家庭教育质量低。在班主任与家长和学生的沟通交流中发现，班级大部分学生对于日后升学或者就业的期望较高，但是家庭教育的质量较差，教师可以发挥“学生主体”和“教师主导”相结合的积极作用，“五育并举”培养学生的专业技能与职业素养，引领学生走上技能成才、技能报国之路，实现人生价值。

（三）重点关注领域

根据国家教育方针政策，结合专业人才培养方案及班情分析，需要重点关注的领域有：

1. 重点关注共性问题

要重点关注学生的职业行为养成。在班级活动中，要注重培养学生文明礼仪、表达能力、执行能力、团结协作能力、质量意识和责任感，提升综合职业素养。

2. 重点关注学生个体

要对 8 名非正常家庭学生多关注，对 2 名有心理疾病学生多关怀，对 2 名有身体疾病学生多提醒，对 2 名有厌学情绪学生多引导。

3. 可能面临的困难

根据学生基本情况得知学生学习基础较弱，自控力不足，所以，培养学生良好的学习、行为习惯以及集体荣誉感和责任感，需要师生较长时间的配合和努力。

三、建设目标

按照“育人为本”和“技能成才”的教育理念，将该班级命名为“育才班”。以学生、家长与企业的诉求为前提，师、生、家长为主体，结合专业人才培养方案及本班实际情况，师生共同创设班级总目标和阶段性目标。如图 1 所示。

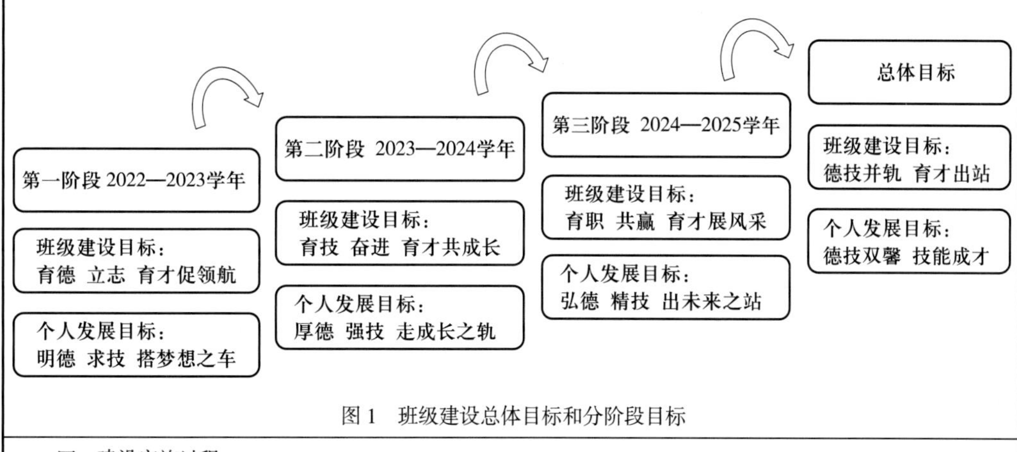

图 1 班级建设总体目标和分阶段目标

四、建设实施过程

（一）建设思路

围绕建班指导思想和“德技并轨，育才出站”的总体建设目标，在班级建设中落实习近平总书记“培养什么人、怎样培养人、为谁培养人”的重要指示，全面、立体地促进班级建设。

（二）建设内容

班级建设将根据五大育人职责，分别设计不同方面的建设内容，全面扎实推进建班育人工作，见表 1。

续表

表1　班级建设分阶段内容

阶段	第一阶段—领航	第二阶段—成长	第三阶段—出彩
目标	集体：育德 立志 育才促领航 个体：明德 求技 搭梦想之车	集体：育技 奋进 育才共成长 个体：厚德 强技 走成长之轨	集体：育职 共赢 育才展风采 个体：弘德 精技 出未来之站
爱国主题教育活动	“请党放心，强国有我”红色爱国主题教育活动：通过爱国知识竞赛、红色故事朗诵比赛、红色故事手抄报比赛等活动，引导学生弘扬爱国主义精神	“追寻红色记忆，传承红色精神”爱国主题教育活动：党史知识竞赛、合唱爱国歌曲、观看红色爱国电影	“奋进新征程，共创强国业”红色爱国主题教育活动：红色教育基地参观学习
思想信念教育活动	新生入学教育，重构自信心，帮助学生树立实现中国梦的伟大理想	青春期教育，感恩教育，法治教育，自信自强教育，生命安全教育	就业心理辅导，社会人际关系教育，社会责任教育
传统文化教育活动	开展传承国学经典书法比赛、普通话朗诵活动，学习传统文化	开展中华经典文化诵读活动，建书香班级，品读书收获；早读课诵读《弟子规》，学习中华优秀传统文化，增强文化自信	开展传统文化系列活动：诗词品读、茶艺鉴赏、剪纸艺术、书画欣赏
文明礼仪教育活动	第一学期开设《城市轨道交通服务礼仪》课程，开展礼仪实训活动	结合专业要求和行业规范，做服务礼仪操，训练专业服务礼仪	在岗位实习过程中展示出专业的服务礼仪和规范行为
劳动精神教育活动	开展课室宿舍卫生大扫除和学校周边志愿清洁活动，帮助学生树立劳动光荣的价值观；了解工匠精神并运用到学习中	组织学生到校外参加志愿者活动，培养劳动习惯，让他们感受工匠精神并运用到实践中	参加校外顶岗实习，把专业知识与实践工作结合起来，通过劳动创造价值，并践行工匠精神
班级文化教育活动	建设班级制度，形成班级文化，促进民主管理	发展班级文化，形成自我管理	升华班级文化，创新实习机制
职业指导教育活动	参观企业，接受职业生涯规划指导	组织校企实践项目，进行职业素养养成教育	组织校企顶岗实习，进行职业行为指导，帮助学生完善职业规划

（三）分阶段主要举措

【思政育人行动】

1. 爱国主题学习活动

定期学习习近平新时代中国特色社会主义思想，培育践行社会主义核心价值观。通过红色故事手抄报

续表

比赛、演讲比赛、文艺汇演、手语操比赛、经典诵读、合唱爱国歌曲、写红色电影观后感、参观历史文化馆和主题班会等系列活动，引导学生爱党爱国，树立爱国主义情怀。具体做法包括： （1）团建带动班建，红色文化处处传。班级中近一半学生是团员，在班级思想建设中，充分发挥他们的积极作用，以团支部书记为核心，入党积极分子为骨干、团员为主要力量，一名团员带动一名非团员紧扣“增强爱党爱国意识、带动班级上进”主题开展班建工作，积极向本班学生宣传党的理论知识、国家政策文件，组织参观红色教育基地，重视思政育人。 （2）特色班会课开起来，红色基因刻心间。结合学生特长多元的特点，组织红色故事手抄报比赛、红色故事分享活动、红色党史朗诵比赛等多种形式班会课，开展党史学习活动。同时鼓励学生在班会课的基础上积极参加学校举办的红色文化系列比赛，不断追求上进，传承红色基因。 （3）志愿服务动起来，红色实践暖心田。根据班级学生热情活泼的特点，鼓励学生勇于走出班级，投身到学校各项活动和社区志愿服务中，服务师生、服务群众。学生们主动参加校园清洁志愿行动、社区宣传教育活动以及城市轨道交通与运输行业志愿者服务。 2. 理想信念教育活动 通过开展新生入学教育、开学第一课主题班会、校规校纪考试、专题演讲等系列活动，组织参加“文明风采”青年大学习、“奋进新征程＋共创强国业”等主题活动，加强学生理想信念教育，引导学生为实现中国梦而努力奋斗。 3. 传统文化教育活动 通过传统文化系列课程学习、早读课诵读《弟子规》、中华经典文化诵读、书写国学经典、普通话宣传、传统文化知识竞赛、讲好中华优秀传统文化故事、茶艺鉴赏等活动，传承中华优秀传统文化，提升学生的文化自信。 4. 文明礼仪教育活动 良好的个人形象和职场礼仪修养对职业发展具有积极的作用。根据城轨专业人才需求以及学生实际需要，从外貌、心理、职场礼仪三个方面对学生进行教育引导。通过“学一学化妆”“服装中的色彩搭配”“学好职场礼仪，展示我的风采”等主题活动，引导学生注重个人仪容仪表、仪态举止、衣着、谈吐等，让学生既“内秀”又“外美”，提高职场素养。 5. 劳动精神教育活动 开展课室宿舍卫生大扫除和学校周边志愿清洁活动，让学生树立劳动光荣的价值观，养成劳动习惯。组织学生参加校外专业岗位实习，把专业知识与实践结合起来，体验在劳动中创造价值。 【管理育人行动】 1. 班级文化建设育人 运用班级有限的空间资源，设计创意元素，美化课室、宿舍，创设具有教育性、开放性、生动性的文化环境。通过班级口号、班名、班徽、班风、学风等设计，建设班级文化，在体现教育性的同时提高班级凝聚力和向心力。 2. 班级制度建设育人 在民主、平等的班级氛围中，根据多元智能理论实行民主化管理，师生共同制订科学、规范的班级管理制度，为建班育人夯实基础。 （1）有目标：建立明确的班级干部分工。在班级里通过民主竞选的方式，选拔一些品学兼优、责任心强、做事积极的学生担任班干部。组织班干部会议，明确班干部职责，提高班干部管理能力。 （2）有制度：制订班级管理细则，成立班级学生群、家长群、住宿生群、班干部群等微信群，依规治班，形成良好的班风和学风，营造全员积极向上的班级氛围。 （3）有监督：实行监督举报机制。建立学生成长档案，构建班级多元评价体系，做到有约束、有管理、有评价。

续表

【技能育人行动】 1. 专业技能与思想道德素养相结合 通过专业技能竞赛、学校开放日活动、专业技能展示活动，培养学生适应社会和岗位需求的职业素养。 2. 专业技能与行业、企业要求相结合 通过参加专业实训工作，提高自身职业技能，适应行业、企业岗位要求。 3. 专业技能与劳动教育要求相结合 通过专业课与劳动教育课相结合，培养学生尊重劳动、热爱劳动的习惯，并在实践中提升专业技能。 4. 专业技能与人文身心素养相结合 身体健康是工作和学习的前提。号召班级学生积极组织和参加各种有益身心健康的文体活动、科教活动、校园实践活动等，丰富课余生活、增进同学感情、提高身体素质。 为了促进学生心理健康发展，学校开设了丰富的第二课堂，学生可以自主选择感兴趣的第二课堂和社团活动，充分发挥才能，展示个人独特的美。 【协同育人行动】 1. 家校协同育人 通过家长委员会、家校微信群、家长开放日、线上线下家长会以及家访等形式加强家校沟通，及时反馈学生的情况，并与家长交流教育理念及方式，促进家校协同育人。 2. 生涯规划育人 开设职业生涯规划课程，对学生进行职业生涯教育，通过榜样引领、企业实践、主题班会及亲身体验，引导学生正确规划自己的职业生涯和未来人生。 3. 校企合作育人 学校与企业合作，安排学生到相关企业参观、学习及顶岗实习，让他们熟悉岗位工作内容和要求，了解行业、企业需求，明确未来人生方向。 4. 社会实践育人 组织学生在每个学期至少参加一次志愿者服务，在社会实践活动中提高职业能力和职业素养。
五、方案的特色或创新点
1. 组织特色活动，悦心健体强技 由班长和生活委员牵头，充分发掘每个学生的兴趣喜好，定期组织开展特色班级活动。每次展示一个主题，充分发挥学生活跃好动、特长丰富的优势。学生通过调查问卷、民主投票自主决定班会课开展哪些活动和游戏，实现“学生主体”和“教师主导”的有效结合。 2. 开展职业教育，做好职业指导 （1）校企合作做好学生职业规划。在日常教育工作中，经常给学生宣传专业岗位实习的注意事项、要求以及职业生涯规划的重要性。在学校就业拓展科的协调下，带学生去企业现场观摩学习，让学生对未来职业发展有更加清晰的计划和更加明确的方向。 （2）动员学生考取专业技能证书。鼓励学生多考取专业技能证书，增加就业机会。目前，城市轨道交通运输与管理专业学生可选考的技能证书有轨道交通专项技能证书、办公软件技能证书、PS 技能证书等。在 2022—2023 年第一学期，班上有 22 名同学报考了技能考试，占班级总人数的 51.16%。2022—2023 年第二学期，班上有 25 名同学报考了技能考试，占班级总人数的 58.14%，报考人数在全校所有班级中排名第二，其中有一名学生先后报考了 4 项技能考试。 3. 打造班级文化，提升班级凝聚力 经过全体同学讨论，结合班级建设目标、学生培养目标和发展愿景，确定本班级的口号为：“创一流的班级，

续表

做最好的自己”，寓意为以班级文化为核心，形成班级凝聚力，通过建设积极向上的班风和学风，带领全班同学一起腾飞。

（1）建设班级文化环境，帮助学生潜移默化地养成良好习惯。

（2）动员学生积极参加班级活动，提高学生集体荣誉感和责任感。

六、建设成效（或预期成效）

（一）班级健康成长，形成了学风良好、团结奋进的氛围

在担任班主任期间，对学生进行有效的思想道德教育和职业生涯规划指导，引导学生健康成长。学生操行优良率达100%，学习困难学生转化率为100%。2023年五四表彰大会上，班级团支部被评为学校2022—2023学年十佳“先进团支部”，两名学生分别被评为2022—2023学年十佳“优秀干部”和“优秀团员”。

（二）学生成长成才，思想上进、素质提升、成绩突出、技能过硬

1. 思想积极上进

全班同学在校期间品行良好，无学生受纪律处分，积极参加学校和省市各类比赛，多次受到表彰和肯定。班长成绩优异，2022—2023学年第一学期获得学校一等奖学金（全校共2名）。同时，该学生积极参加学校征文、朗诵和绘画比赛，均取得了优异成绩。

2. 素质全面提升

学生的自律性和自我管理能力显著提升，班干部能独当一面。学生积极参与班级、学生会、社团的活动，不少人还成长为主要干部，一名学生连续两个学期被评为学生会“优秀干事”，2名学生在2022—2023学年第二学期被评为社团“优秀社员”。此外，班上学生在主持、朗诵、手语操、征文比赛等各类活动中得到充分锻炼，表达、沟通、合作、服务等综合素质全面提升，多次包揽学校各类竞赛一、二、三等奖。

（三）家长反馈积极，家校互动畅通有效

在担任班主任期间，与家长保持密切联系，定期在家长群发布教育理念和教育方法的文章，受到家长一致好评，班主任工作考核平均99分，学生、家长满意度均达96%以上。

班级获奖荣誉成果汇总如图2所示。

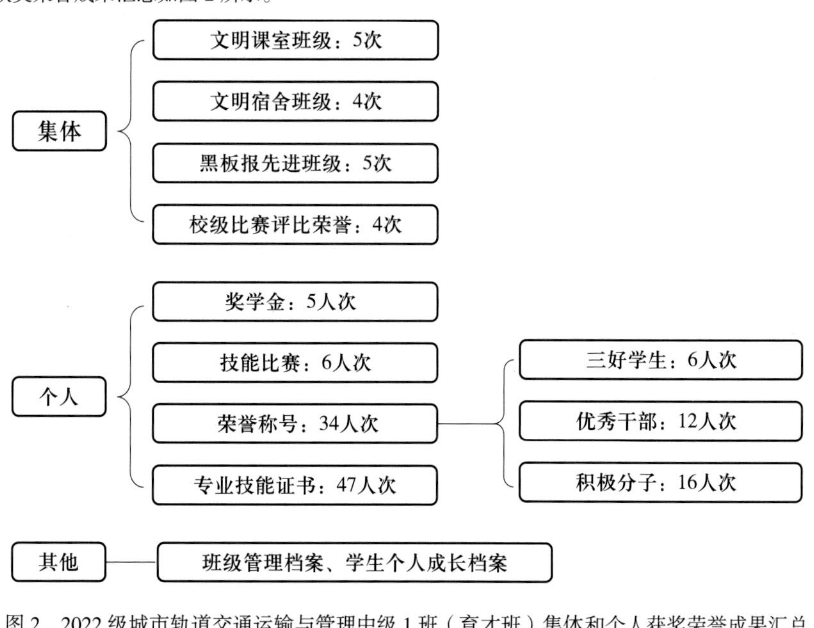

图2　2022级城市轨道交通运输与管理中级1班（育才班）集体和个人获奖荣誉成果汇总

续表

七、反思与改进
（一）创新点与亮点 1. 关注每个学生个体，实现人人技能成才 根据“多元智能理论”，充分关注每个学生的特点和特长，采用正面教育，因材施教。对重点关注的学生，协同多种力量解决他们的困难和问题，提高技能水平和职业素养，使他们技能成才、技能报国。 2. 班级建设内凝外拓，汇聚“班级美” 以班级建设目标为导向，班级特色文化为核心，班规班纪为约束，班干部为骨干，通过多种方式让班级学生互帮互助、团结友爱，凝聚成一股力量。聚是一把火，散是满天星。平时工作中，每个学生都是一道光，在班级、学校甚至更大的舞台上，展现班级和个人的力量，辐射班级影响力，为班级、学校增光添彩。 3. 善用专业优势，有效提高学生专业技能 由于本人是商务礼仪课程教师，因此在班级建设和学生成长中，除了注重品德培养，更要充分体现专业特色，让学生掌握城市轨道交通与运输行业的服务礼仪，分阶段分目标帮助学生逐步提升专业技能和职业素养，助力今后的职业发展。 （二）不足与改进 不足：根据本班情况分析，学生的家庭教育质量较低，家长对学生的关注度不够，对协同育人工作的开展可能会带来一定的阻力。 改进：针对班级预期会遇到的困难，一方面，计划发挥家长委员会的力量，以点带面，邀请家长共同参与班级管理育人，为班级出谋划策。另一方面，利用微信群不定期推送家庭教育类的推文，引导家长学会关心、学会沟通、学会共建。

主题班会设计方案："城"爱国精神，"道"强国之路

广州市从化区高级技工学校　曹婉婷

<table>
<tr><td>主题班会类别</td><td>思政素养</td><td>课时</td><td>2</td></tr>
<tr><td>班级所属专业名称</td><td>城市轨道交通运输与管理</td><td>班级名称</td><td>2022 级城市轨道交通运输与管理中级 1 班</td></tr>
<tr><td>主题班会名称</td><td colspan="3">"城"爱国精神，"道"强国之路</td></tr>
<tr><td colspan="4">一、班会背景</td></tr>
<tr><td colspan="4">1. 积极响应号召
2023 年是五四运动 104 周年、中国共产党成立 102 周年、抗美援朝战争胜利 70 周年、红军长征胜利 87 周年。《中共中央关于认真学习宣传贯彻党的二十大精神的决定》提出，要把党的二十大精神作为学校思想政治教育和课堂教学的重要内容，推动党的二十大精神进教材、进课堂、进头脑。教育兴则国家兴，教育强则国家强，给青少年讲好党的二十大精神是教育系统当前和今后一个时期的首要政治任务。
2. 扣好人生第一粒扣子
当代青少年生活在和平、幸福的年代，没有经历过民族存亡、战火纷飞的苦难，很难体会中国共产党人的革命志向和爱国情怀。这就需要我们进行正确引导和长期教育，帮助青少年树立正确的理想信念，扣好人生第一粒扣子。
3. 强国需要我
中国特色社会主义进入新时代，全党全国各族人民已经迈上了全面建设社会主义现代化国家新征程、向着第二个百年奋斗目标进军，实现中华民族伟大复兴进入了不可逆转的历史进程。增强青少年的时代认知，提升他们对生活的正面体验，可以有效地帮助其树立人生目标，发扬奋斗精神，增强心理韧性，改善精神面貌。
4. 本班班情
2022 级城市轨道交通运输与管理专业中级 1 班共有 43 人，31 名女生，12 名男生，班风学风较好，大部分学生学习态度端正、目标明晰。本学期在学校内开展了"请党放心，强国有我"建党 102 周年系列教育活动，学生们已完成部分党史学习，大部分学生对党史学习有一定兴趣。</td></tr>
<tr><td colspan="4">二、教育目标</td></tr>
<tr><td colspan="4">教育目标设计注重学生在认知理解、情感体验、行为塑造三个方面的有机融合，重视对学生的思想引领。
1. 认知目标
能够了解并感悟新时代爱国主义精神，明确新时代中国青年的强国责任。
2. 情感目标
能够激发学生对身份的认同感，强化学生的使命感与责任感，坚定爱国信念，树立强国志向。
3. 行为目标
能够密切关注社会发展，树立不负时代、不负韶华的人生志向，立足自身的专业技能学习，制订爱国强国的行动计划，将爱国强国的责任践行到日常学习、工作和生活中，立志做有志气、有骨气、有底气的中国人，以青春之我成就腾飞之中国。</td></tr>
<tr><td colspan="4">三、班会准备</td></tr>
<tr><td colspan="4">1. 环境准备
（1）教室环境。
（2）心理环境。利用云班课平台发布爱国视频《中国觉醒》，并布置观后思考：新时代的爱国主义精神是如何表现的？新时代青年该如何践行爱国行动？以此营造适合本次班会的心理环境，增强体验感。</td></tr>
</table>

续表

2. 人员分工

进行人员分工时，应注意校内外资源的综合运用，分工明确，责任到人，见表 1。

表 1　班会人员分工

<table>
<tr><td rowspan="3">教师</td><td>课前</td><td colspan="2">1. 组织班会筹备会议，说明班会目的，做好人员分工
2. 发布学习任务书，准备课件、视频等教学材料
3. 指导主持人审核主持稿
4. 联系学生管理部门及嘉宾，协调校内外资源</td></tr>
<tr><td>课中</td><td colspan="2">适时引导、启发学生，做好总结评价</td></tr>
<tr><td>课后</td><td colspan="2">指导学生执行爱国强国行动规划书</td></tr>
<tr><td rowspan="3">学生</td><td>人员安排</td><td>人数</td><td>工作内容及能力要求</td></tr>
<tr><td>主持人</td><td>1 人</td><td>主持班会，要有较强的语言组织及表达能力</td></tr>
<tr><td>后勤保障人员</td><td>2 人</td><td>现场后勤保障，要有灵活性</td></tr>
<tr><td>青年代表</td><td>访谈嘉宾</td><td>1 人</td><td>优秀毕业生，在广州地铁集团有限公司工作</td></tr>
<tr><td>学生管理部门</td><td colspan="3">1. 协助做好班会课场地、硬件资源准备
2. 协助教师联系优秀毕业生代表
3. 安全防控及班会课效果监督</td></tr>
</table>

3. 班会流程图（图 1）

图 1　班会流程图

续表

四、班会内容与过程				
班会环节	学生活动	教师活动	手段方法	设计意图
课前准备（班会筹备及任务学习）	1. 团队建设 （1）成立活动小组：学生在教师的指导下进行合理分组，确定个性化的组名和口号 （2）以小组方式合作完成红色故事手抄报 2. 学习准备 （1）各小组根据老师给定的主题，提前准备一个表演节目，用不同形式表现在不同时代的爱国情怀 （2）简单学习中国共产党成立以来的红色故事，每位学生完成一篇心得体会，并提交至云班课学习平台	1. 布置团队建设任务，并协调分组 2. 布置各小组课前任务 3. 全程跟踪指导班会筹备过程 4. 准备班会用的教学资料 5. 进入云班课平台，批阅学生课前作业，在线跟进反馈完成情况	云班课平台 小组合作 任务导向法 实践法	1. 团队合作，调动积极性，形成内驱力 2. 翻转课堂，梳理中国共产党红色故事，感悟爱国主义精神，筑梦前行 3. 浸润式体验，学生在与历史事件、革命人物、爱国主义精神的对话中不断反思与感悟
课前礼仪	1. 向老师问好 2. 学生鼓掌欢迎到场的老师和青年榜样嘉宾 3. 认真听主持人介绍竞赛的方式和奖励规则 4. 每个小组介绍自己的组名，展示本组的爱国口号	1. 向学生回应问好 2. 欢迎各位老师和嘉宾的到来 3. 与学生主持人一起宣布主题班会开始，说明小组竞赛方式及奖励规则 4. 请各组保持“友谊第一，竞赛第二”的团队合作精神	师生互动 讲授法 回答法	1. 相互问好，注重课堂礼仪，营造良好的课堂气氛 2. 课前小互动，强化学生尊师重道、严于律己的习惯 3. 说明班会竞赛形式，激发小组的竞争意识 4. 小组展示，增强团队意识，明确每个成员“为团队而战”的责任感
班会在背景音乐《歌唱祖国》中拉开序幕，本环节通过一系列学习任务，帮助学生重温中国共产党的百年奋斗历史，引导学生思考在不同时代背景下我们应该怎样爱国，再结合学生专业发展，践行爱国强国实际行动，升华班会主题				
爱国歌曲导入激发学生兴趣（2分钟）	全班合唱《歌唱祖国》	播放视频和背景音乐，拉开班会序幕	陶冶法 合作法	激发共鸣、进入主题

续表

班会环节	学生活动	教师活动	手段方法	设计意图
回应课前任务 植入班会主题 （5 分钟）	各小组代表汇报课前学习情况，展示红色故事手抄报	1. 点评各组课前任务完成情况 2. 引导学生思考爱国主义精神的内涵	手抄报 展示法 汇报法	1. 通过汇报课前任务完成情况，提高学生自主思考和团队合作能力 2. 引导学生思考爱国主义精神内涵，有利于发散学生思维，集思广益
观看爱国视频 感悟红色文化 （16 分钟）	1. 观看视频《他们与天地共存》《声动中国 2023》 2. 小组讨论，学生代表总结发言 3. 以小组为代表，把“爱国应该怎样做”写在红色卡纸上，小组代表展示汇报	1. 引导学生开展讨论 （1）视频中出现了哪些红色爱国文化 （2）展望当下，青年应该如何爱国 2. 教师播放视频，总结发言	多媒体辅助微视频 情境教学法 启发法 讨论法	播放视频，通过情景熏陶、师生问答的方式，利用光影冲击的效果，激发学生对爱国主义精神的情感共鸣，启发学生爱国行为
小组分组展示 树立爱国信念 （28 分钟）	根据课前分组任务，各组用不同方式展示如何继承爱国主义精神 组一：《我和我的祖国》手语操表演 组二：《如愿》舞蹈欣赏 组三：《请党放心，强国有我》朗诵 组四：观看纪录片《中国地铁伟大工程》 组五：《地铁打工人的一天》视频播放	1. 点评各小组展示情况 2. 汇总各组继承爱国主义精神的观点 组一：“心中爱国，有中国梦” 组二：“代代传承，生生不息” 组三：“心怀远方，脚踏实地” 组四：“关注发展，技能强国” 组五：“努力学习，成就未来” 【教师总结】正如各小组所言，作为青年的我们要继承爱国主义精神，不但要心中爱国，代代传承，还要努力学习，技能强国，成就未来	多媒体辅助 表演法 视频教学法 演示法 汇报法	小组分享汇报，增加学生课堂学习的兴趣，教学效果更好

续表

班会环节	学生活动	教师活动	手段方法	设计意图
嘉宾互动访谈 爱国榜样示范 （16 分钟）	与青年榜样嘉宾互动交流	1. 协助主持人开展嘉宾访谈 2. 总结发言	朋辈教育 榜样示范法	1. 用身边的优秀案例激励学生 2. 强化身份认同，树立爱国强国之志
	【青年榜样简介】青年榜样嘉宾为本校 2021 届毕业生，从学校毕业后，先后在广州南站、广州东站从事站务员工作，目前是广州地铁集团有限公司的一名正式员工，在地铁 14 号线赤草站任副站长。作为学校城市轨道交通运输与管理专业的优秀毕业生，他在高铁、动车和地铁有多年的工作经验，目前带领实习生团队负责地铁站的疫情防控、站务、票务、值站、应急演练、安全等日常工作，能给师弟师妹们提供丰富的实践指导 【访谈提纲】 1. 您认为学校专业学习对日后工作的影响有哪些方面 2. 城轨行业工作有哪些工作岗位，主要职责是什么 3. 工作期间，您一定有很多难忘的经历，请列举 1 ~ 2 个事例与我们分享 4. 地铁行业作为公共服务行业，您认为日常哪些工作体现出爱国强国报国 5. 我们今天的话题是：“城”爱国精神，“道”强国之路，请您结合自己的经历谈一谈对这个话题的认识 6. 在今天这个场合，请您给同样作为祖国未来的我们提几点建议吧 【教师总结】 我们作为祖国的未来，作为新时代奋斗的青年，想要继承爱国主义精神，走强国之路，就要结合自身所学的城市轨道交通运输与管理专业，既要心怀远方，也要脚踏实地。作为在校学生，要认真学习专业知识与行业技能，在将来实习和就业阶段才能发挥所长，为国家的城市轨道交通运输行业贡献力量，从而将心中的爱国主义精神转变为实际的爱国行动，用专业技能成就未来，用技能实现报国强国			
小组抢答感想 增强强国意志 （4 分钟）	学习小组抢答：“城市轨道交通运输与管理专业的我们应该如何继承爱国主义精神，践行爱国行为，实现报国强国？”请分享感想，完成的学生可以获得“中国红”小国旗	1. 教师指导学生抢答，并对分享感想的学生颁发“中国红”小国旗 2. 教师总结：青年要继承爱国主义精神，树立爱国主义信念，践行强国之志	讨论法 抢答法 总结法	通过抢答与奖励的方式，激励学生树立爱国主义信念，增强强国意识
制订行动规划 落实爱国行动 （5 分钟）	制订爱国强国的行动规划书，展示自己的目标与相应行动规划，并找到两位监督员，共同在规划书上签名确认	向学生提问：实现中华民族伟大复兴，实现爱国强国梦，需要你我怎样做	规划书 导向法	发扬爱国主义精神，走强国之路，实现由“真知”到“内化”再到“践行”的教育目的

续表

班会环节	学生活动	教师活动	手段方法	设计意图
坚定爱国理想 践行强国行为 （4分钟）	1. 全班齐做歌曲《把未来点亮》手语操 2. 认真聆听班主任对本次班会课的总结，工作人员给各小组颁发奖品，小组代表上台领奖 3. 完成本次班会课教学评价	1. 播放《把未来点亮》手语操视频 2. 总结班会目标内容，升华主题 3. 组织学生小组评价和个人评价	表演法 总结法 奖励法 评价法	1. 通过手语操的形式提高学生学习积极性，激励学生用实际行动坚定爱国主义理想 2. 进行班会总结，通过颁奖激励学生在日常学习工作中爱国 3. 检测学生课堂参与度和目标达成度，提高学生评价能力
下课礼仪	1. 全体起立，向老师鞠躬致谢 2. 学生鼓掌欢送各位老师和青年榜样嘉宾 3. 值日生完成教室清洁、保养工作 4. 检查课室环境，关闭设备、电源和门窗	1. 宣布主题班会结束，鞠躬回应学生的致谢 2. 一起欢送各位老师和嘉宾离场 3. 提醒并监督学生完成课后教室的清洁与维护	师生互动 实践活动法	1. 相互致谢，注重课堂礼仪，养成善始善终的好习惯 2. 礼貌欢送来宾，言传身教 3. 强化学生的责任意识
课后拓展 制订爱国计划	每位学生根据爱国行动规划书制订为期半年的爱国计划，并认真落实，由监督员监督执行	1. 引导学生独立制订半年的爱国计划 2. 随时关注学生的计划完成情况，并指导学生根据实际变化作出调整	实践活动法	扩展延伸，巩固教育，帮助学生形成良好的目标行为习惯；通过制订并落实爱国计划，达到养成爱国报国习惯的教育目标

续表

五、班会评价

1. 主题班会评价表（见表2）

表2　主题班会评价表

指标 组别	班会活动效果（40分）				职业能力与素养（60分）			总分（100分）
	观看视频，分享感悟（10分）	分组展示，树立信念（10分）	小组抢答，增强意识（10分）	制订规划，落实行动（10分）	团队合作（20分）	自信与口才（20分）	沟通与协调（20分）	
1. 振兴中华组								
2. 精忠报国组								
3. 爱岗敬业组								
4. 自强不息组								
5. 技能强国组								

2. 班会成效评价表（见表3）

表3　班会成效评价表

评价内容	你的答案（选项划“√”）
1. 你认为班会课中的哪个环节最能引发你的思考	A. 观看视频，分享感悟 B. 分组展示，树立信念 C. 嘉宾访谈，榜样示范 D. 制订规划，落实行动 E. 小组抢答，增强意识
2. 对于“新时代青年应该如何继承爱国主义精神，落实强国报国行动”这个问题，你是否有深入思考	A. 是；B. 否；C. 不确定
3. 通过本次班会，你对“作为城市轨道交通运输与管理专业的学生，应该如何坚定爱国信念，践行强国行为”是否有更进一步的认识	A. 是；B. 否；C. 不确定
4. 通过本次班会，你对自己的专业学习和职业规划是否有了更清晰的认识	A. 是；B. 否；C. 不确定
5. 在“小组合作”环节中，你是否做到了积极参与	A. 是；B. 否；C. 不确定
6. 在“头脑风暴”环节中，你是否做到了积极思考	A. 是；B. 否；C. 不确定
7. 在“榜样示范”环节中，青年榜样的现身说法是否能让你有所触动	A. 是；B. 否；C. 不确定
8. 你觉得本次班会课还有哪些可以改进的地方？请举例说明	
9. 你在小组合作中是否遇到了问题？请举例说明	
10. 下次班会你最希望分享什么主题？请举例说明	

六、班会效果

1. 情感行动化

通过本次主题班会的开展，激发了学生们的爱国热情和时代使命感，涵养了家国情怀，达到了预期的教育目的。学生无论在情感上、认知上还是行动上，都对爱国主义精神有了更深刻的理解与感悟，懂得了爱国与责

续表

<table>
<tr><td>
任的关系，明白爱国就要担当自己应负的责任，爱班集体，爱学校，对学业负责，珍惜青春，不负韶华，学好知识，技能报国。
2. 形式多样化
结合专业和班级情况，坚持“教师为主导、学生为主体”的原则，让学生课前、课中、课后全过程“口动、手动、心动、情动”，全方位地参与爱国主义教育。整个班会过程形式多样，既有自主抢答、小组讨论、分享汇报、观看视频，也有舞蹈、手语操和朗诵表演、制订规划，课堂气氛活跃，充分调动了学生参与积极性。
3. 资源多样化
班会课借助了多种资源，既有经典红色故事，也有视频、云班课学习平台。通过多样化的教学素材、线上线下混合教学，深化了教学效果。
4. 人员多样化
班会既邀请了专业课教师和思政教师，也引入了“青年榜样访谈”，还邀请学校优秀毕业生现身说法，增加了互动交流环节，情感共鸣丰富，课堂氛围活跃，教育效果明显。
5. 参与度高
相比于以往的班会课堂，本次班会学生参与度高。他们能突破自我，融入班会环境，与其他成员共同完成班会任务。这充分体现了学生主体性与教师主导性有效结合，在丰富多元的活动中促进学生主动思考，深化了教育效果。
</td></tr>
<tr><td>七、教学反思</td></tr>
<tr><td>
1. 班会亮点
（1）班会课搭建了学生自主发展、自我锻炼的展示舞台，由学生自主搜集红色故事，自主设计不同表演形式展示爱国主义精神，再由教师梳理总结，体现了以学生为主体的教育理念，深化了学生的情感。
（2）班会课以继承爱国主义精神为背景，以青年强国责任为话题，具有强烈的现实性和针对性。教学过程紧扣时政热点，体现时代育人特点。重视思想引领，综合运用校内外资源。发挥学生主体作用，开篇设疑启发学生思考，活动体验激发学生内化，后置任务促进学生落实行动。
（3）本次班会课环环相扣，并且采用了适当奖励机制，驱动力强。学生边思边悟，能从课堂乐趣中逐渐树立爱国主义理想，坚定强国使命感。
（4）班会设计贴近专业，学生参与度高，教育效果明显。设计的各项活动贯穿班会课前、课中、课后全过程，做到了口、手、脑、心并用，全方位动起来，充分发挥了学生的主观能动性。尤其是“青年榜样访谈”的教育环节，学生积极参与，在互动交流过程中深化了教育效果。
2. 不足之处
（1）可以设置更多的互动方式，鼓励部分不善开口、性格内向的学生积极参与班会活动。
（2）把班会效果和评价可视化，让学生及时发现自己的亮点与不足。
</td></tr>
</table>

【点评】广州市从化区高级技工学校　欧成武

该班级建设方案依据的逻辑是创造“良好班风”是构建“良好学风”的前提。在“好班风”与“好学风”的共同作用下，才能为培养德技双馨的职业人才奠定坚实基础。基于这样的逻辑关系，该方案构建了“三位一体”的育人模式，即融合了育德、育技、育职三个核心要素，促进学生的全面发展。本次主题班会以学生为主体，通过自主搜集红色故事、设计表演形式，展现爱国主义精神，并由教师梳理总结，逐步深化学生情感。班会紧扣青年强国责任，结合时政热点，引导学生思考并内化爱国主义精神。活动设计环环相扣，奖励机制激发动力，学生参与度高，全方位调动了学生的主观能动性。特别是“青年榜样访谈”环节，让学生在互动中深刻感悟爱国主义思想，教育效果显著。